Han's Aria 한흑구 아리아

모란봉에 모란꽃 피면
평양 가겠네

아시아

서울 시절(37세)의 한흑구(韓黑鷗)

1909년 평양에서 태어났다. 본명은 세광(世光). 산정현 교회의 최초 조선인 목사였던 아버지 한승곤(흥사단 의사장 역임)의 1916년 미국 망명으로 일곱 살 때부터 부재한 아버지는 편지로만 존재했다. 숭덕학교와 숭인학교를 졸업했으며, 숭인학교 시절에 문학동인 '혜성'을 결성해 주요한, 김동환의 시편을 암송하고 김억의 번역시집을 탐독했다. 1926년 기독교 잡지 《진생》에 시를, 1928년 보성전문학교 상과에 입학해 《동아일보》에 소묘 수필 「인력거꾼」을 발표했다. 1929년 2월 아버지가 기다리는 미국으로 건너가서 흥사단에 입단하고 고학으로 시카고 노스파크대학 영문학과, 필라델피아 템플대학 신문학과를 수학했으며, 방학이나 휴학 기간에는 미주 대륙을 여행했다. 또한 문학 창작에 왕성하여 《신한민보》에 꾸준히 시를 발표해 '미주조선인 문단' 형성에도 일역하는 한편, 서울의 《동광》이나 《우라키》에 시, 소설, 평문, 수필, 번역시, 번역소설을 발표했다. 1934년 4월 어머니의 병환 소식에 유학을 접고 귀국한 모습을 《조선일보》가 크게 보도했다. 이때 그는 "한 개인이 자유롭고 자연스러울 때 비로소 인류의 참된 진·선·미가 있는 것"이라는 신념을 품고 있었다. 그것은 일제의 지배를 거부하는 '자유'와 '개성'인 동시에 인간다운 삶의 근본으로서 '자유'와 '개성'이었다. '인구 16만 평양'에 신문도 없고 잡지도 없는 현실을 개탄하며 조만식, 김동원(소설가 김동인의 가형), 오윤선 등 유력 인사들의 조력을 결집해 종합지 《대평양》의 창간 실무를 주도해 주간을 맡았고, 이어서 문예중심 종합지 《백광》의 창간 실무도 주도해 주간에 버금가는 역할을 맡았다. 1937년 이른바 수양동우회 사건으로 안창호, 이광수, 주요한, 아버지(한승곤) 등과 함께 구속돼 고초를 겪은 뒤 평남 강서군 산골 마을로 이주해 손수 과수원을 일구고 농사를 지으며 일제의 갖은 회유와 강요를 물리치고 시 「동면」을 발표하면서 실제로 창작 활동의 '동면'에 들어갔다. "단 한 편(片)의 친일문장도 쓰지 않은 영광된 작가"로 해방을 맞았으나 '적도(赤都)'로 바뀐 평양에서 살아갈 수 없었다. 1945년 9월 조만식의 주선으로 긴급히 월남해 서울 문단에 합류하고 미군정청 통역관이 되었다. 그해 11월 가족이 무사히 38선을 넘어오게 했다. 해방공간의 서울에서 문인들과 활발히 교류하며 산문과 서평을 발표했다. 1948년 대한민국 정부가 출범하자 '분단 해방'의 세속적 명리를 미련 없이 놓아버리고 일가친척 하나 없는 낯선 땅, 오로지 바다와 갈매기와 백사장과 솔숲을 가슴에 담아 포항 영일만 바닷가로 이주했다. 미국과 만주의 발자취를 빼더라도 한흑구의 삶이 20세기 한반도의 북녘과 남녘에 새겨지는 것이었다. 6·25전쟁 중 부산으로 피난했다 포항으로 돌아와 폐허의 도시 재건에 미군의 도움을 끌어오는 일에 앞장섰다. 전후(戰後) 세월에는 주로 수필 창작에 정성을 기울여 《동아일보》《조선일보》《매일신문》《현대문학》《수필문학》 등 여러 매체에 많은 수필을 발표했다. '시적(詩的) 수필'의 명작으로 남은 「보리」도 포항에 살면서 《동아일보》에 처음 발표한 작품이었다. 포항수산초급대학(현 포항대학) 교수로서 청년들을 가르치고, '흐름회'를 조직해 지역 문학을 일구는 운동에도 열정을 바쳤다. 1973년 7월 포항제철(포스코)이 연산 조강 103만 톤 체제로 출범했을 때는 《조선일보》에 '조국의 무한한 번영'을 기원하는 글을 실었다. 포스코가 대한민국 산업화의 견인차로서 '영일만 신화'라 칭송받는 1979년 11월 자택에서 고요히 눈을 감았다. '은둔의 사색가'라는 헌사가 문학의 이름으로 바치는 훈장처럼 추서되었다. 저서로 『미국의 대학제도』(1948), 번역시집 『현대미국시선』(1949), 『세계위인출세비화록』(1952), 수필집 『동해산문』(1971), 수필집 『인생산문』(1974), 수필선집 『보리』(1975) 등을 남겼다.

작가의 말

　한흑구, 20세기의 한반도에 새겨진 문학인이다. 지금 여기서 우리가 새삼 기려야 하는 문학인이기도 하다. 작가의 삶과 그의 뽐내는 말이 서로를 배반하는 경우가 흔해빠진 오늘 이 통속의 무대를 지켜보면서 조용히 미소 짓는 극소수 관객의 한 분이 선생이라고, 나는 생각한다. 일제강점시대의 평양, 대공황기의 미국, 해방공간의 서울, 전쟁·전후(戰後) 분단시대의 포항에서 핍박과 궁핍의 세월을 빳빳이 관통해온 선생의 궤적은 작가정신과 삶의 일치를 조금도 벗어나지 않는다. "단 한 편(片)의 친일문장을 쓰지 않은 영광된 작가"라는 헌사도 그 증거 목록의 표제 같은 것이다.

　포항 육거리에서 서울까지는 363킬로미터이고 백두산까지래야 두 배도 못 되는 672킬로미터이다. 평양 사람들이 포항 영일만의 갈매기를 바라보며 명리(名利)의 유혹에 흔들리지 않은 선생의 사유도 더듬고, 남녘 사람들이 모란봉에 올라 대동강을 굽어보며 선생의 추억도 더듬는 그날이 언젠가는 와야 하고 마침내 오지 않겠는가. 선생이 소망해 마지않은 평화의 그날을 위해 기구(祈求)의 아리아를 한 곡 한 곡 부르는 마음으로, 포항시가 세우려는 '한흑구 문학관'은 그러한 겨레의 아름다운 미래도 담보할 것이라는 믿음으로, 나는 여기에다 선생의 문학적 생애로 어우러지는 아흔세 편의 글을 쓰고 간추렸다. 저녁마다 노을 지는 저기가 어딘지 몰라도 어느덧 서녘으로 걸어가는 작가로서 내면을 비춰볼 새 거울도 덤으로 걸게 되었고…….

초록이 부풀어 오른 2024년 봄날
날마다 한흑구 선생이 거닐었던 영일만 바닷가에서

이대환

차례

애인보다 가까운 조지훈과 함께
다시 모란봉에 올라보고 싶지만 · 13

아버지는 창끝에 찔려 넘어졌고
나와 동무는 도망하여 나왔노라 · 18

함박눈 내리는 날 지게꾼이 오고
어머니는 소리 없이 울었네 · 21

'High thinking, plain living'을 책상 앞에 붙여놓고
'혜성'을 결성해 문학의 길로 · 26

'봄비'에 촉촉이 젖고
'국경의 밤'을 가슴에 묻고 · 29

《진생》에 처음 시를 발표하고
경성 가는 야간열차에 오르다 · 32

「인력거꾼」으로 남은 경성의 봄날에
누가 해학미를 살리라고 요구하는가 · 36

한 나무의 두 줄기로 어우러져
우람한 거목으로 자라날 작가정신 · 40

세광(世光)이 문학인 흑구(黑鷗)로 거듭나는
태평양 횡단과 검은 갈매기 · 43

시카고에서 아버지와 13년 만에 재회하여
더 홀가분하게 문학의 길로 · 47

시카고의 동포들과 눈물로 맺어준
파인 김동환의 시 한 편 · 50

시카고의 괴테여,
고향의 봄은 언제 오겠소? · 52

명예와 세력의 노예가 되지 말고
한 깃발 아래서 고함소리를 합하자 · 55

미시간호반을 대동강처럼 헤엄치는 '누런' 피부색과
"헤이 몽키!"의 떨어진 포크 · 59

노스파크대학 영문학과에 들어가
월트 휘트먼과 칼 샌드버그를 만나다 · 62

이 악착한 세상에서
나는 시를 쓰는 사람이 되었노라 · 67

영시(英詩) 쓰는 청년의 첫사랑 루스 알바
시인클럽 '페가수스'의 문을 열어준 학장 · 71

하느님은 또다시 봄을 보내시니
꿈에도 거룩한 고향으로 달려가네 · 81

258번째 흥사단 단우 한흑구의 고언(苦言),
"수양을 넘어 실제적 진취로 나아간다면!" · 93

인간사회의 모순을 수술하려는
우리의 수술대에 환자를 눕혀 놓고 · 96

정열의 시인 바이런의 기백으로
1931년 새해의 먼동을 맞다 · 100

나이아가라 폭포의 위대한 진리는
흐르고 모이는 합(合)이거늘, 동지들이여! · 105

'고(苦)'를 '학(學)'하는 고학의 볼티모어에서
조선 문단에 시인으로 이름을 올리는 계절 · 112

낟가리 쌓은 들판의 북풍을 생각하며
송곳 하나 꽂듯이 필라델피아 템플대학으로 · 117

이민문학의 효시 '강용흘의 소설『초당』',
이를 비판하는 청년 한흑구의 새맑은 민족적 자존 · 120

한국문학사에 최초로 흑인문학을 올려놓으니
조선 문단은 데면데면 엑조티시즘으로 여기고 · 125

국제학생회에 조선 학생 대표로 나가
침묵부터 5분간 하는 한흑구 · 131

도산 안창호 체포 소식의 충격과
첫 단편소설「호텔 콘」· 135

감옥 같은 조선 땅에서 배움에 목말라 왔건만
민주주의여, 자유와 평등은 어디 있느냐? · 140

녹슬은 군국주의의 창끝은 부러지고
새로운 조선의 들판으로 달려가리니 · 144

갈 곳 잃은 안익태가 첼로만 들고
필라델피아 한흑구의 셋방에 들다 · 148

걸음에도 리듬을 타는 빈털터리 안익태는
밤낮 꼬박 첼로만 켜고 있는데 · 154

커티스음악학교 장학생 선발시험 후
울지 않은 안익태는 어디로? · 158

한흑구의 주선으로 템플대학 음악과에 들어가고
커티스음악학교 짐바리스트의 지도를 받는 안익태 · 161

한흑구-반하우스 목사-윌리 부부,
그리고 안익태의 '코리아 판타지' 서곡 · 165

1933년 여름을 미시간호반 여관에서 지내며
넥타이 파는 한흑구와 첼로 켜는 안익태 · 171

안익태의 시카고대학 독주회 때
복도에 홀로 서서 눈물짓는 한흑구 · 177

뉴욕에서 눈물로 작별한 안익태와 한흑구,
이들은 언제 다시 만나려나? · 182

1934년 카네기홀에서 〈코리아 판타지〉를
직접 지휘로 초연한 안익태 · 187

안익태의 '고립'을 넘어선 런던 편지와
'독립'을 이룩한 연미복의 지휘봉 · 192

한글 시 200편과 영시(英詩) 100편을 쓴 청년시인이
최초로 필명 '흑구'를 《신한민보》에 올리고 나서 · 197

'심장의 노래'를 다짐한 청년시인의 귀국 소식을
《조선일보》가 크게 특필하다 · 202

식민지 조국에 돌아와 문학의 길로 정진하겠다는
한흑구의 자화상 · 206

'헐어지는 집'에 돌아와 휘트먼을 호출하고
16만 평양시민의 종합지 《대평양》을 창간하다 · 210

심장에 '님'의 조각으로 '영원'을 새겼으니
젊어서 죽거든 내 무덤에 비석을 세우지 말라 · 216

암탉이 달걀을 품듯이 소설을 창작하며
다시 '황혼의 비가'를 듣다 · 220

일제의 검열이 만주 산허리를 갉아먹고 사는
백의인(白衣人)의 유랑생활은 잘라버리고 · 224

어머님의 마지막 눈물을 닦아드리고
당신의 정령은 내 가슴으로 · 228

"판사여, 법률의 눈에서 내가 과연 산 사람이냐?"
영국 실직자의 질문과 함께 산문 시대로 · 231

암흑시대의 등불 '백광(白光)'을 켜고
굳건히 지켜내기 위해서라면! · 237

파인 김동환의 《삼천리》와 최정희의 애수
그리고 한흑구의 휴머니즘 · 243

낙엽을 태우며 《백광》에는 수필만 넘겨주고
평양냉면을 싫어한 소설가 이효석 · 248

일제 검열관이 빨갛게 지워버린 방송 원고와
노총각의 결혼 · 251

아버지와 아들이 안창호와 함께 끌려간
'수양동우회' 사건 · 255

생선 가시 같은 나뭇가지의 마지막 한 잎은
내 마음의 한 조각 · 258

새벽 세 시에 일어나고
눈 감지 못하는 '동면'의 나날들 · 263

칼을 차고 찾아오는 마츠다(松田)와 대작해주고
어린 장남과 나란히 낚시를 드리우며 · 266

'단 한 편(片)의 친일문장도 쓰지 않은 영광된 작가'가
마침내 「닭 울음」을 펜으로 듣다 · 270

나라가 패망한 일본인 노부부는 숨어 지내고
나라가 동강난 한흑구 가족은 고향을 탈출하고 · 273

어머니의 품과 같은 나무
묵상하는 시인과 같은 나무 · 280

문학의 장르로서 수필의 독자적 가치와 양식을
한국문학사에 개척하고 정립하다 · 286

해방공간의 한흑구가 서울에서 대작한
대주가(大酒家)급 문인들 · 293

한흑구의 영혼에 '생명의 서'를 새기고
'바위'로 남은 청마 유치환 · 296

푸른 자기(磁器)의 선(線)에서
슬픈 역사를 읽어낸 지훈이여 · 302

"한 형, 나 아직 주정 안 했지?" 하고
히히 웃는 '귀촉도' 시인 · 306

미군정청 통역관 한흑구가 진정으로 기원한
시인 베네의 유언 같은 자유와 평화 · 311

포항시 남빈동의 낡은 집을 둥지로 삼는
검은 갈매기 · 316

내 머리 위엔 감투가 아니라
태양의 따뜻한 볕이 필요하니 · 322

포항에 정착해 번역시집 『현대미국시선』을 출간하고
월트 휘트먼과 흑인 시인의 비명(碑銘)을 되새기다 · 326

길가의 다복솔아, 우리가 죽어가도
너만은 푸른빛을 잃지 말고 · 331

폐허의 포항 시가지에 멀쩡히 남은
너무 낡은 '평화의 집'으로 · 335

학도병 47명의 넋이 모란꽃처럼 떨어진
포항여자중학교부터 재건하다 · 339

영일만 이무기를 잡았으니
용왕님께 용서를 빌자는 '포항사람 한흑구' · 342

모든 고초와 비명을 다 마친 성자인 양
기도 드리는 '보리' · 348

새벽이 오기 전이 제일 어둡다,
어서 우리의 밤이 다해지기를! · 353

땅은 좁고, 농민은 많고, 먹을 것은 적으니
우리가 어떻게 해야 살아나갈까 · 358

마음은 평양의 고향 집을 더듬고
심야의 기차는 포항으로 달리고 · 361

불타는 눈망울로 의혈과 환희의 4월을 보낸
장남과 함께 포항으로 · 365

쇼팽은 망명길에 폴란드 흙을 봉투에 넣었는데
안익태 너도 언젠가 조국의 흙과 만나기를 · 371

가을의 흘러가는 소리는
인생을 불러가는 하느님의 말씀인지 모르니 · 376

아들뻘 문학청년들과 술벗으로 지내며
포항에서 문학을 일구고 가꾸기 · 380

'청포도 다방' 살롱 시절에서
한흑구 중심의 '흐름회' 시절로 · 384

갈매기, 너는 한낱 슬프고 험하고
기막힌 방랑자이니 · 390

까다롭지만 자진 종생의 귀양살이라도 능히 해낼
묘한 은둔의 사색가 · 394

김녹촌과 함께 떠난 호남순례 여정을
작전지도처럼 그려둔 한흑구 · 398

빈곤의 골짜기에서 풍요의 지평으로 건너가는
철교(鐵橋) 건설을 축원하며 '사농공상'을 비판하다 · 403

노년에는 인생의 주석을 단다는 쇼펜하우어를 생각하며
오랜만에 낚싯대의 먼지를 털다 · 407

운명의 슬픔을 아프게 생각하는 것보다도
저 노목의 그늘 드리우는 사명을 부러워한다 · 411

정년을 기념하듯 『인생산문』을 준비하며
'한 오라기의 허구 없이' 죽마고우 안익태를 회고하다 · 415

허허, 새도 못 주워 먹는 것을
어찌 버릴 수 있겠나? · 418

서울중심주의는 민주주의와 문화 발달에 역행하니
신석정의 '전원'과 예이츠의 '이니스프리'처럼 · 423

"내 고향으로 날 보내주",
모란봉에 모란꽃이 핀다면 · 427

꽁꽁 봉인해둔 '향수(鄕愁) 주머니'가 속절없이 터지니
불쑥 모란봉이 솟아나고 '뻐저리' 아저씨가 찾아오고 · 430

수구초심이 '평양 지도'를 그려놓는데
고향 산천은 유구할 것인가 · 439

갈매기같이 살겠다며 마지막으로
도산 안창호를 호출한 '검은 갈매기' · 443

흰 갈매기의 울음소리를 들으러
검은 갈매기는 영일만 바닷가 흙 속으로 · 449

작가의 말 · 3

Han's Aria 한흑구 아리아

모란봉에 모란꽃 피면
평양 가겠네

애인보다 가까운 조지훈과 함께
다시 모란봉에 올라보고 싶지만

1950년 8월 15일, 광복 5주년 그날, 한흑구는 어린 아들 셋을 앞세우고 네 살 먹은 딸을 아내와 번갈아 업으며 자갈 깔린 도로를 따라 터벅터벅 걷고 있었다. 이튿날은 동래 온천교(溫泉橋) 밑에 닿았다. 피난민이 노숙하는 곳이었다. 그들은 늘어질 지경이었다. 곧 인민군이 쳐들어온다는 포항을 떠나서 꼬박 한 주일이나 걸었으니.

> 늦여름의 이슬을 피하는 다리 밑에는 13도의 피난민이 다 모인 것 같았다. 젊은 사람들은 버라이어티 쇼나 하듯이 13도의 노래를 다 불렀다. 잘 수도 없고, 울 수도 없고, 나오는 것이 미친 사람의 아우성 같은 노랫소리뿐이었다.[1]

그래도 마흔한 살의 가장(家長)은 재빨리 걸인 가족 신세를 벗어났다. 일찍이 남쪽으로 내려와 부산에 터를 잡은 고향 친지에게 임시 거처를 얻었다. 일자리도 얼른 잡았다. 수영비행장 미군 부대의 통역관이 되었다.

1909년 평양에서 태어난 한흑구는 1929년 2월부터 1934년 3월까지 다섯 해 남짓 미국에 살았다. 고달픈 고학으로 대학을 다녔다. 방학에는 떠돌이도 했다. 시와 소설과 평론과 수필을 발표했다. 영시(英詩)도 썼다. 영문학을 번역했다. 미국 흑인문학을 최초로 한국현대문학사에 올렸다. 미국 시절부터 조선 문단에 알려진 문학인이었다. 그리고 흥사단 단우였다.

귀국한 한흑구는 평양에서 잡지 《대평양》과 《백광》을 주재했다. 1937년 '수양동우회 사건' 때 안창호, 이광수, 주요한, 아버지 한승곤 등과 같이 체포되었다. 친일문학 강요와 회유에는 스스로 펜을 놓았다. 해방 직후 평양을 탈출해 서울에 들어와 미군정청 통역관으로 두세 해를 지냈다. 이때는 가난한 문인들의 술자리를 자주 떠맡았다. 수주 변영로, 월탄 박종화, 청천 김진섭, 공초 오상순, 춘해 방인근, 무애 양주동, 청마 유치환, 조지훈, 미당 서정주, 마해송, 김광주, 최인욱, 구상 등과 어우러져 술잔을 기울였다. 특히 조지훈과는 거의 날마다 명동 '무궁화' 주점에서 만났다. 통금 시간에 걸리면 둘이서 필동 한흑구네로 옮겨 첫닭이 울도록 더 마시곤 했다. 조지훈에게는 술이 거나하게 올라오면 고개를 들어 눈을 감고 마치 염불 외듯이 자작시를 읊는 버릇이 있었다.

  인연은 언제나 불가사의한 것. 서울의 인연이 피난 도시 부산으로 이어졌다. 조지훈(1920-1968), 공초 오상순(1894-1963), 종군기자로 나선 두 시인과 한흑구는 맨 먼저 해후하게 되었다. 여남은 살 후배이고 열댓 살 선배지만 그깟 나이 따위를 초월해 이미 허물없는 문우이고 주붕(酒朋)이었다.

> 첫 월급을 타가지고, 내 아는 친구가 서울에서 몇 명이나 왔나 하고 궁금해서 동광동으로 가보았다. 마침 미군 PX를 지나다가 마주친 것이 지훈과 공초 선생이었다. 공초 선생과 두 손을 맞잡고, "축하합니다" 하고 인사를 하고, 지훈과는 둘이 꽉 부둥켜안고 볼에, 입술에 막 키스를 퍼부어댔다. 죽은 줄 알았던 애인과 다시 만난 기쁨이요, 반가움이요, 인정이었다. PX 앞에 줄을 섰던 미군들이 손뼉을 치며 기쁜 얼굴로 웃어댔다. "에라 보이! 우린 애인보다 더 친한 사이인데 피난 와서 이렇게 만났다." 나는 미군들에게 이렇게 설명했다.
>   지훈과 나는 공초 선생을 모시고 제일 가까운 중국요리집으로 갔다. 오랫동안 굶주렸던 배에 영양을 채우기 위해서 갖가지 요리를 있는 대로 청하고 오랜만에 백주(白酒)를 불렀다.
>   "공초 선생께 '축하합니다' 한 것은 우리가 죽지 않고 살아 있다는 것을 축하한 것입니다. 우리는 살아서, 반드시 승리해야 합니다."

"그래, 그렇구 말구! 꼭 승리해야지."
"그런 의미에서, 오늘 실컷 마셔봅시다!"
이렇게 기쁜 얼굴과 기분으로 밤이 깊도록 술을 마셨다. 세 사람이 서로 끼고, 부둥켜안아서, 돌아와 잠을 든 곳이 국제여관이었다.[2]

며칠 뒤부터 한흑구는 부산 최초의 다방 '에덴다방'에 단골로 등장했다. 에덴다방은 피난 예술가들에게 '숨터' 공간이었다. 청마 유치환(1908-1967), 조지훈, 공초 오상순, 김송(희곡작가, 1909-1988) 등은 미리 진을 치고 퇴근하는 한흑구를 기다렸다.

나는 그들이 마신 찻값을 치르고, 빈대떡을 놓고 소주를 몇 되씩 마셔야 속이 시원했다. 모두 군복을 입은 종군기자들이었고, 찻값은커녕 화랑담배도 떨어지는 형편에 있었다. 이런 형편을 잘 아는 나는 매일같이 이들을 찾아서 술로써 시끄러움을 씻어주고자 하였다. 어떤 때는 이들과 함께 남포동 '갈매기' 집에 앉아서 생선회와 술에 취하고, 훨훨 자유롭게 날아다니는 갈매기에 취하기도 하였다.
또 하루는 밤을 새워가며 정종 열 되를 중국요리와 함께 실컷 먹은 것이 청마, 지훈, 공초, 이숭녕(그때 박사가 아니었다) 씨, 그리고 나까지 5인이었다. 부산 피난머리에 '최고의 밤'이었다는 것을 나는 늘 기억하고 있다.[3]

10월 중순에 들면서 부산 바닥은 마냥 부풀었다. 김일성이 평양을 버리고 줄행랑쳤고, 국군과 유엔군의 평양 접수가 눈앞에 다가왔다는 소식이 마치 굶주린 코로 스며드는 국밥 냄새처럼 거리마다 맴돌고 있었다.
10월 19일 평양을 해방했다. 문인, 화가, 연예인 대표들이 미8군 군용기를 타고 평양으로 날아가야 했다. 문인 대표 3인이 뽑혔다. 조지훈, 김송, 그리고 한흑구.

조지훈은 납북 당한 아버지(조헌영, 국회의원)의 행방을 알아보기 위해서라도 평양에 가야 하는 사람이고, 한흑구는 평양이란 말만 들어도 설레는 사람이었다.

"한 형의 고향이니, 한 형이 앞장서우!"

흥분한 조지훈에게 한흑구가 차분히 대답했다.

"나는 모란봉에 모란꽃이 피면 평양에 가겠네."

미군 부대에서 영어 신문들을 꼼꼼히 살펴보는 그는 차마 말을 하진 않아도 베이징의 마오쩌둥을 찜찜하게 여기고 있었다. 중국 공산당 리더가 압록강이나 두만강을 중국 대륙의 이마라 여기든 항문이라 여기든 거기를 상시로 미국의 총구가 겨누게 되는 형세를 받아들이지 않을 것 같았다. 게다가 마오쩌둥은 만리장정 기간에 미국 언론인 에드가 스노우(1905 -1972, 『중국의 붉은 별』 저자)와 인터뷰하면서 "조선은 중국의 속국이었고 식민지였는데 일본에게 빼앗긴 것"이라 지껄이지 않았던가!

한흑구는 평양으로 날아가지 않았다. 그의 자리를 청마 유치환이 대신했다.

10월 29일 이승만 대통령이 평양에 출현했다. 불과 넉 달 전, 서울을 김일성에게 내줘야 했던 이승만은 거꾸로 김성일이 도망친 평양에서 감개무량했다.

"형제들이여, 우리는 단군의 후예들이요. 다시는 헤어지지 말자!"

국군이 압록강까지 진격했다. 그러나 돌아서야 했다.

아버지의 흔적조차 찾지 못한 조지훈은 중공군의 반격에 밀려 서울로 돌아오는 미군기에 평양의 소설가 김이석(1914-1964), 시인 양명문(1913-1985)을 태운다. 그리고 「패강무정(浿江無情)」이란 쓸쓸한 시를 남긴다. 그 앞부분이다.

    평양에 찾아와도 평양성엔 사람이 없다.

    대동강 언덕길에는 왕닷새 베치마 적삼에 소식(蘇式) 장총을 메고 잡혀 오는 여자 빨치산이 하나.

    스탈린 거리 잎 지는 가로수 밑에 앉아 외로운 나그네처럼 갈 곳이 없다.

'패강'은 고구려 시대의 '대동강' 이름이다.

부산의 피난민 한흑구는 얼마나 고향의 강을, 자신의 심장으로 흐르는 대동강을 그리워했겠는가. 조지훈과 함께 갔더라면, 가서 모란봉에 함께 올랐더라면, 다시 돌아서야 하는 후퇴의 발길이 또 얼마나 천근만근 무거웠겠는가.

> 모란이 피기까지는
> 나는 아직 기다리고 있을 테요
> 찬란한 슬픔의 봄을.

1903년 전남 강진에서 태어나 일제강점기를 살아내며 끝내 민족적 절개를 지켜낸 '모란꽃 절창' 시인 김영랑은 1950년 9월 29일 서울 수복의 유탄을 맞아 모란꽃처럼 떨어지고⋯⋯, 뒤이어 한흑구는 모란봉에 모란꽃이 피면 평양에 가겠다 했건만⋯⋯. 그날부터 한흑구는 평양을 영혼으로만 살아가야 했을까.

모란봉에는 모란꽃이 피지 않는다. 모란이 없기 때문이다. 한흑구는 현실에서 평양으로 돌아갈 수 없는 운명이었다. 하지만 모란봉에는 언제나 모란꽃이 피어나는 중이다. 모란봉이란 피어나는 모란꽃을 닮아서 매겨진 이름이라니!

---

1), 2), 3) 한흑구의 「문단 교우록」에서. 앞으로 한흑구의 작품에서 인용한 글 가운데 인용 서지를 표시하지 않고 작품명만 밝히는 것의 출처는 모두 그의 수필집 『동해산문』(1971년 일지사, 2023년 득수 펴냄)이나 『인생산문』(1974년 일지사, 2023년 득수 펴냄)이라는 점을 일러둔다.

아버지는 창끝에 찔려 넘어졌고
나와 동무는 도망하여 나왔노라

    1919년 새봄의 길목, 대동강 얼음이 풀린다는 우수(雨水)를 지났다. 머잖아 평양에도 새봄은 돌아올 것이었다. 한흑구는 열 살이었다. 아직은 '흑구(黑鷗)'가 아니었다. 아버지는 아들이 세상의 빛이 되기를 발원했다. 이름이 '세광(世光)'이었다. 이 어린이의 뇌리에 그해 새봄은 잊을 수 없는 기억을 새겨준다.

    한흑구(세광)는 어려서부터 서양식 교육을 받았다. 산정현교회에서 찬송가를 들으며 자라나 숭덕학교(崇德學校)에 들어갔다. 1894년 평양 관후리에 처음 세워진 숭덕학교는 1914년부터 보통과 4년, 고등보통과 4년의 학제를 갖추었다. 고등보통과는 1922년부터 5년제 '숭인학교(崇仁學校)'로 거듭난다.

    1919년 새봄에 한흑구는 숭덕학교에 다니고 있었다. 어린이의 육감에도 뭔가 엄청난 일이 일어날 것 같은 새봄이었다. 3월 1일 오후 1시, 숭덕학교 운동장. 광무황제(고종) 봉도식을 갖는다고 알려졌다. 하지만 태극기가 준비되었다. 속속 사람들이 모여들었다. 학생들, 교사들, 교회 신도들이었다.

    봉도식을 마쳤다. 누구도 발길을 떼지 않았다. 단상에 대형 태극기가 걸렸다. 어느덧 참석자 모두가 부채 크기의 태극기를 단단히 거머쥐었다. '대한독립선언식'을 거행했다. 한흑구는 사회를 맡은 목사를 알아보았다. 장엄한 목소리가 독립선언서를 낭독했다. 또 한 사람이 단상에 올라 독립운동을 열변했다. 이천만 민족이 떨치고 일어서야 나라가 독립할 수 있다는 절규의 부르짖음이었다. 만세 삼창이 우렁차게 터져 나왔다.

    "대한독립 만세!"

    운집한 사람들이 퍼져 나간 '만세' 소리를 좇아가듯 줄지어 교문을 나섰다. 맨 앞의 대형 태극기가 시가행진의 길라잡이였다.

그날의 목격담을 미국 선교사 번하이셀이 기록으로 남겼다. 그는 산정현교회 담임목사였다. 세광의 아버지 한승곤(韓承坤)은 1906년 12월부터 1916년 망명의 길을 떠난 때까지 산정현교회에서 조사, 장로, 위임목사로 시무했다. 번하이셀과 한승곤은 각별한 친분이 있었다.

> 운동장은 3,000명의 인파로 발 디딜 틈이 없었다. 우리의 모든 교회학교와 대부분의 공립학교에서 온 학생들이 참석하였다. 일본 경관 수십 명이 달려와서 지도자들을 체포하려 하였으나 수천 군중이 달려들어 우리를 전체로 잡아가라고 고함과 반역을 하니 그들은 실색을 하고 달아나 버리고 말았다. 큰 태극기를 선두에 세우고 해추골로 시가행진을 하려고 나와본즉, 거리는 인산인해를 이루고 만세를 부르고 있었으며, 좌우 상점에는 눈부시리만큼 태극기가 계양되어 있었다. 일장기가 삽시간에 변하여 태극기가 된 것은 장차 일본이 한국의 국권 앞에 머리 숙일 예표인 양 보였다.[1]

한흑구는 열 살 때 그날의 기억을 그로부터 열네 해가 지난 1933년 3월 1일, 스물네 살의 대학생으로 미국 땅에서 삼일절을 맞아 시 「3월 1일!」에 담아낸다. 1933년 3월 9일 《신한민보》에 실린 그 시의 부분이다.

> 아버지는 창끝에 찔려 넘어졌고,
> 어머니는 머리 풀려 엎드려졌고,
> 형은 총에 맞아 죽고,
> 사돈은 뒷짐 지어 옥에 갇히고,
> 나와 동무는 도망하여 나왔노라!

시적 화자(話者)로 등장하는 '나'는 한흑구이지만 '아버지'는 물론 그의 아버지가 아니다. 한승곤은 1919년 3월 1일 숭덕학교 운동장에 있을 수 없는 사람이었다. 어린 한흑구에게 아버지는 부재의 아버지였다. 왜 한승곤은 가족을 두고 미국으로 떠나야 했던가?

---

1) 김승태, 「평양에서의 3·1운동」, 『서울과 평양의 3·1운동』(서울역사박물관, 2019)

함박눈 내리는 날 지게꾼이 오고
어머니는 소리 없이 울었네

한승곤은 1881년(고종 18년) 1월 평양에서 한경홍(1845-?)의 외아들로 태어났다. 살림살이가 괜찮은 양반 집안이었다. 유년 시절부터 한문을 익혀 열여덟 살 때까지 유학을 공부하고 평양에서 소학교(초등학교) 교사로 지내다 다섯 살 위의 박승복과 혼인하여 큰딸 숙희를 얻고 1903년 스물두 살 때 숭실중학교에 들어가 4년간 신학문을 배웠다. 여기서 그는 유학적 세계관을 벗고 기독교에 입문했다. 그에게 새 삶의 길잡이는 성경과 미국인 선교사였다.

1890년 1월 제물포에 상륙한 미국 북장로교 소속 선교사 사무엘 마펫은 1893년 가을부터 평양에 정착하여 게일, 그래함 리(이길함), 윌리엄 제임스 홀 등 동료 선교사들과 함께 평양을 선교의 교두보로 개척해 나갔다. 한승곤은 숭실중학교를 마칠 무렵인 1906년 겨울에 평양 장대현교회에서 분리돼 선교사 번하이셀이 담임목사를 맡은 산정현교회의 조사(助事, 목사를 도와 전도하는 사람)로 선출되었다. 그가 조사를 맡고 있던 1907년에는 평양 기독교회들이 획기적인 사업을 도모했다. 장로교와 감리교가 손을 맞잡고 평양부흥운동을 추진한 것이었다. 이때 한승곤의 활약이 두드러져서 산정현교회는 한 해 만에 당회를 설립하는 규모로 성장할 수 있었다. 1908년 1월 그는 조사를 겸직하는 장로가 되었다.

산정현교회에서 전도와 재정의 중책을 맡은 한승곤은 전도의 일차적 관건이 문맹 탈출이라는 사실을 깨달았다. 우리나라 사람들이 성경, 성서를 우리글로 읽을 수 있어야 했다. 그는 소학교 아이들을 가르쳤던 경험도 살려서 국어 맞춤법 교과서 『국어철자첩경』을 집필하고 출간했다. "한문에 능통한 사람들조차도 국문을 바로 쓸 수 없는 사람이 많음을 한탄하여 저술한다"라는 뜻을 명백히 밝혔다. 네이버

《지식백과》는 『국어철자첩경』을 이렇게 소개한다.

> 1908년 한승곤이 지은 것으로 평양 광명서관에서 발행하였다. 1권 1책 인쇄본. 순국문체로 구성되어 있는데, 본문의 내용은 바로쓰기, 음의 분별, 어법의 세 부분으로 되어 있다. 면을 표시하는 방법이 '일·이·삼·사·일일·일이' 등으로 되어 있어 다른 교과서와는 다른 특이한 방법을 사용하였다. 전체가 한글전용 문장으로 일관된 이 책은 국어 맞춤법의 필요성을 주장하고 이를 실천에 옮기고자 한 당시의 국어 연구가들의 저서 가운데서 특기할 만한 것이다.

한문 서적으로 유학을 공부했지만 자기 저서의 쪽수 표시에도 한자(漢字)를 거부한 한승곤은 1910년 5월 『셩신츙만』을 초집(抄輯)해 출간했다. 역시 순수한 우리글 구어체 문장으로 일관한 이 책은 한국인이 최초로 쓰고 엮은 성령론으로, 그때 전도의 가이드북으로 애용되어 이듬해 재판을 찍는다.

『셩신츙만』의 전체적인 구성은 첫째는 성령의 사역, 둘째는 성령의 위(位), 셋째는 성령을 받는 방법, 넷째는 성령 충만을 계속 받아야 하는 이유는 거룩한 삶을 통하여 교회 봉사인 전도를 하기 위함이라고 말하고 있다.

저자인 한승곤의 해박한 성경 지식과 글의 운율로 인하여 자칫 지루해지거나 딱딱해질 수 있는 신학적 지식을 특유의 운율에 맞추어서 대화 형식의 구어체로 무겁지 않게 풀어서 설명하고 있다. 그래서 당시의 독자들은 특별히 신학적 지식이 없더라도 성령에 대한 이해가 쉬웠을 것이다. 『셩신츙만』은 총 십오과로 구성되어 있는데 내용 분석을 하기 위해서 주제별로 팔과로 나누었다.[1]

한승곤이 산정현교회 조사 겸 장로로서 목회에 열중하고 있던 1911년, 이른바 '105인 사건'이 터졌다. 일제(조선총독부)가 '데라우치 마시타케 총독 암살 모의 사건'을 날조하여 신민회 회원과 평안도, 황해도의 기독교도 600명을 검거했다. 1심 재판에서 억울한 누명의 유죄 판결을 받은 이가 105인이었다.

일제가 '105인 사건'을 획책한 이유는 그때 한반도 서북지역에서 신민회와 기독교도 중심의 신문화운동을 통해 번져나가는 항일·배일운동과 민족자강·독립운동의 근간을 무너뜨리겠다는 것이었다. 신민회는 1907년 안창호, 이승훈 등이 비밀리 조직한 항일단체이다. 오산학교를 세운 남강 이승훈은 1864년 평북 정주에서 태어났다. 점진학교와 대성학교를 세우고 흥사단 운동을 일으킨 도산 안창호는 1878년 평남 강서에서 태어났다. 오산학교 교장을 지내고 기독교계 민족운동에 앞장선 고당 조만식도 1883년 평남 강서에서 태어났다. 한승곤에게는 남강이 받드는 선배이고, 도산과 고당은 친구 같은 동지였다.

한승곤의 맏손자 한동웅(한흑구의 장남)은 다음과 같이 증언한다, 이는 삼대에 걸친 것이었다. 아버지 한승곤이 미국에 유학 온 외아들 한흑구에게, 아버지 한흑구가 포항에 살면서 장남 한동웅에게.

> 안창호가 미국에서 돌아와 1907년 신민회를 설립하고, 대성학원을 설립할 때부터 한승곤의 도움을 받는 등 친분이 있었다.[2]

'대성학원'은 '대성학교'를 지칭한 것이다. 도산 안창호가 1908년 평양에 설립한 대성학교는 곧바로 이름을 떨쳤으나 1912년 문을 닫았다. '105인 사건'에 뒤따른 억압 때문이었다.

'105인 사건' 당시부터 산정현교회 주변에는 감시의 눈초리가 전류처럼 흐르고 있었다. 그러나 1913년 1월 평양신학교를 졸업한 한승곤은 이듬해 6월부터 산정현교회 위임목사를 맡아 번하이셀 담임목사와 공동목회를 펼쳐나갔다. 『바울행적공부』라는 우리글 책을 펴내고 평양지역에서 가장 모범적인 주일학교를 운영했다.

세광(흑구)이 일곱 살이었던 1916년 겨울, 한승곤은 결심을 굳혔다. 자유롭게 목회 활동을 할 수 있는 땅, 자유롭게 독립운동에 이바지할 수 있는 땅, 도산 안창호가 고군분투하고 있는 땅으로 가서 성경의 말씀을 전파하고 성경의 말씀대로 살아가면서 조국 독립에 한 줌의 힘이나마 보태고 싶었다. 네 아이(딸 셋과 외아들)를 시부모 모시는 아내에게 맡기고 여행객처럼 집을 나선 그는 조용히 망명의 길에 올랐다.

> 내가 일곱 살 난 겨울, 함박눈이 내리는 어느 날, 지게꾼 한 분이 와서 큰 가방 하나를 싣고 가버렸다. 어머님이 혼자 앉아서 소리 없이 울고 계시기에,
> "어머니, 왜 울어?"
> 하고 물었더니,
> "아버님은 멀리 청국 상해로 가신다……."
> "상해가 뭐야?"
> 어렸을 적에 어머님과의 이 대화를, 나는 육십이 넘은 오늘까지도 늘 잊지를 못한다.[3]

한승곤에게 상하이는 경유지였다. 상하이에서 망망대해 태평양을 건너간 그는 미국 로스앤젤레스에서 안창호와 만났다. 흥사단 단우 77번을 받는다.

> 한승곤의 사역에는 항상 안창호와 같이 행동하였는데, 그가 사역하는 교회마다 안창호가 출석한 것에서도 알 수 있다.[4]

한승곤의 가족은 고스란히 평양에 남아 있었다. 마흔 살의 아내는 언제쯤 남편

과 재회할 수 있을까? 셋째로 태어난 일곱 살의 외아들은 언제쯤 다시 아버지와 마주할 수 있을까?

흥사단을 창립한 도산 안창호, 흥사단 의사장을 지낸 한승곤 목사

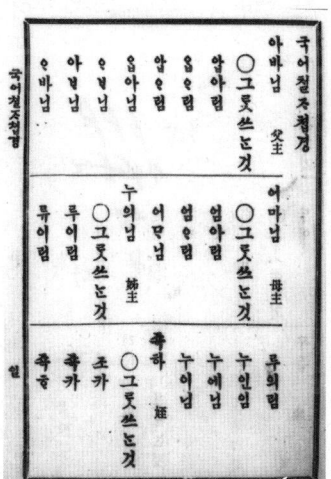

한승곤의 저서
『국어철자첩경』 일례

1) 정원경, 『처음 읽는 평양신학교 성령론』(그리심, 2022)
2) 정원경, 위의 책
3) 한흑구의 「여름이 오면」에서
4) 정원경, 위의 책

'High thinking, plain living'을 책상 앞에 붙여놓고
'혜성'을 결성해 문학의 길로

아버지가 있어도 아버지가 없는 한세광(흑구)은 숭덕학교를 나와서 5년제 숭인학교에 들어갔다. 이윽고 세계를 읽어내는 눈을 영혼에 장착하는 인생의 계절에 소년은 그리운 아버지를 편지로 만나고 있었다. 얼마나 멀리 떨어져 있는가를 가늠하기조차 어려운 미국, 그곳 어디선가 평양으로 날아온 편지를 소년은 언제나 가슴으로 복사했다.

세월이 흐르고 세파에 시달려도 삶의 대들보로 남은 그때 아버지의 당부를 한흑구는 해방된 조국의 중학교 국어 교과서에도 초대된 수필 「나무」(1946년 발표)에 옮겨 적는다.

"너는 십일홍의 들꽃이 되지 말고, 송림이 되었다가 후일에 나라의 큰 재목이 되어라."
이것은 내가 중학 시절에 멀리 미국에 망명 중이시던 아버님이 편지마다 쓰시던 구절이다.

편지로 존재하는 아버지의 빈자리를 어머니가 채워줬다. 소년 한흑구에게 성모 마리아와 다르지 않았던 당신의 사랑을 그는 아주 먼 뒷날, 바야흐로 일흔 고개를 바라보며 효성여대(현 대구가톨릭대학)에 강의를 나가는 걸음에도 포근한 볕살처럼 느끼곤 한다.

효성여대 캠퍼스 안에는 두 개의 흰옷 입은 성모 마리아의 상이 고요히 서 있다. 하나는 예수를 안고 있는 것이고, 또 하나는 두 손을 합장하고 기도를 드리는 형상이다.

　나의 어머님을 성모에 비기는 것은 아니지만, 성모의 상을 볼 때마다 나는 어머님의 인자하시던 모습과 사랑을 잊을 수가 없다.[1]

아버지를 그리워하는 소년에게는 영어를 가르치고 영어책을 선물하고 체력을 길러주는 자원봉사의 가정교사 같은 미국 선교사가 있었다. 지덕체(智德體)의 조화와 겸비를 중시하는 교사였다.

중학시절에 나는 새벽마다 모란봉을 산책하는 것으로 새벽 일과를 삼았었다. 두 손에 아령을 쥐고 뛰기도 하고, 대동강(大同江) 물에 냉수마찰도 하였다.[2]

대동강에서 냉수마찰도 하는 소년이 선교사에게 선물 받은 영어책에는 '신변잡기를 유머와 페이소스를 섞어 훌륭한 문장'으로 엮어낸 영국의 저명 수필가 찰스 램의 글도 들어 있었다. 거기 한 문장이 소년의 순정한 영혼에 마치 뽑을 수 없는 못처럼 박혀 버린다.

　내가 중학 시절에 찰스 램의 수필에서 "High thinking, plain living"이라는 구절을 읽고, 나의 좌우명으로 삼았다.
　"고상한 이상, 평범한 생활"이라는 이 구절을 책상 위 벽에 써서 붙이고 아침저녁으로 늘 쳐다보면서 학창 시절을 보냈다.
　그때부터 일생을 두고 나의 좌우명이 된 이 금언은, 이젠 벽 위에 써 붙이지 않아도 나의 마음속 한복판에 새겨져 있는 것 같다.[3]

찰스 램의 수필을 영어로 읽는 소년은 자신도 모르게 타고난 운명의 길로 발길을 내딛듯 스스로 문학의 문을 열고 들어간다. 1925년, 열여섯 살 한세광은 소년의 허물을 벗고 청년의 길목에 들어선 기념을 하듯이 또래들과 문학동인회 '혜성'을 결성했다. 더 뒷날에 흑구(黑鷗), 검은 갈매기로 날아가는 여린 날개가 혜성(彗星)이었다.

혜성, 여섯 해 전 3·1운동에 동참했던 그들은 태양의 주변을 맴도는 별이 되고 싶었을까, 갑자기 주목받는 혜성처럼 등장하고 싶었을까. '혜성'의 풋풋한 문학도 앞에는 한국 현대시의 형식과 내용을 갖춘 시집들이 출현해 있었다. 1923년 안서 김억의 시집 『해파리의 노래』, 1924년 주요한의 시집 『아름다운 새벽』, 1925년 김소월의 시집 『진달래꽃』, 1925년 파인 김동환의 시집 『국경의 밤』 등이었다. 정말 혜성처럼 등장해 조선 시단의 토대를 만든 시인들, 함경도 경성 출신의 김동환을 제외한 그들의 공통점은 평안도 출신이었다.

'혜성'의 풋내기들은 서구의 시편도 접할 수 있었다. 1921년 김억이 펴낸 한국 최초의 서구시 번역시집 『오뇌의 무도』 덕분이었다. 그들은 프랑스의 베를렌, 구르몽, 보들레르, 아일랜드의 예이츠, 독일의 괴테, 하이네 등을 알게 되었다.

청년의 골격을 갖춰가는 한세광(흑구)은 이미 시의, 문학의 세례를 받은 몸이었다.

1) 한흑구의 「여름이 오면」에서
2) 한흑구의 「모란봉의 봄」에서(《북한》, 1978)
3) 한흑구의 「나의 좌우명」에서

'봄비'에 촉촉이 젖고
'국경의 밤'을 가슴에 묻고

　한국현대문학사는 흔히 1919년 2월 《창조》에 실린 주요한의 산문시 「불놀이」를 우리나라 최초의 근대시로 지목한다. 1900년 평양에서 태어난 주요한은 해방 후 도산 안창호의 생애와 사상을 정리한 『안도산전서』를 저술하고, 1960년 4월혁명으로 탄생한 민주당 정부에서 상공부 장관도 지낸다.

　1925년 '혜성'을 꾸린 한세광(흑구)은 고향의 아홉 해 선배인 주요한의 첫 시집으로 1924년에 나온 『아름다운 새벽』을 탐독했다. '혜성'의 벗들과 『아름다운 새벽』에 대한 독회를 열어, "여기에는 가지각색의 사상·정서가 섞여 있고, 이러한 다양성이 '나'라고 하는 개성에 의하여 통일되어 있다"라는 시인의 말을 붙들고 토론도 벌였다.

　지천명(知天命)을 넘은 한흑구는 포항의 해변을 거니는 발길에도 문학소년 시절에 깊은 인상을 받았던 『아름다운 새벽』을 기억한다. 1960년 《동아일보》에 발표한 수필 「봄비」에도 그 흔적이 촉촉이 젖은 심상(心象)으로 드러난다.

　　봄비가 옵니다.
　　봄비가 옵니다.
　　나무가 새싹을 내려고
　　봄비가 옵니다.

　이 시는 우리나라의 현대시를 제일 먼저 쓰던 시인들 중의 한 분인 주요한 씨의 시집 『아름다운 새벽』에 실렸던 것이다.

중학시절에 읽을 때에는 너무나 평범한 시같이 생각하였으나 나이가 들고 머리가 희끗희끗해진 오늘에는, 이 시가 말하는 것이 평범한 것이 아니고 어쩐지 어떤 진리를 무섭도록 깨우쳐주는 것 같다. 일제시대에 쓴 시인 만큼 3·1정신의 새로움을 불러일으키는 에스프리(esprit, 정신)도 있었을 것이다. 그러나, 시의 세계는 정치적인 한계를 훨씬 넘어선 의의와 존재의 가치성을 지니고 있을 것이다.

「봄비」에 대한 다음과 같은 구절도 생각난다.

비라도 봄비니
맞아나 둘까.
행여나 내 마음에
새싹이 나도.

역시 3·1정신이 시들어 갈 때, 우리의 정신에 새싹이 필요하다고 강조했던 것이지만, 시의 에스프리는 한계성을 지니고 있지는 않을 것이다.

'혜성' 시절의 소년 한흑구에게 주요한의 첫 시집보다 '나도 시인이 되겠다'라는 더 강렬한 자극을 찌른 시집은 파인 김동환의 『국경의 밤』이었다. 1971년, 이윽고 회갑을 넘어선 한흑구는 《현대문학》 7월호 「파인(巴人)과 최정희」에서 "열여섯 살 나던 해에 시집 『국경의 밤』을 사서 읽었다"며 '혜성' 동인을 결성한 계기가 『국경의 밤』이었다는 암시적 회고를 남겨둔다.

지금 생각해도 파인의 『국경의 밤』은 한국의 신시단뿐만 아니라, 문단 전체에 광휘 있는 혜성의 출현과 같았다. 『국경의 밤』의 서문은 서시로 대신했고, 그 서시는 오랜 장맛비 뒤에 비치는 태양과도 같았다.

하품을 친다.
시가(詩歌)가 하품을 친다.
조선의 시가가 곤해서 하품을 친다.

햇발을 보내자.
시가에 햇발을 보내자.
조선의 시가에 재생의 햇발을 보내자.
　　　　　　-1924년 12월, 파인

그의 『국경의 밤』은 시단에 나타난 하나의 빛나는 혜성이었고, 잔잔한 호수에 던진 큰 돌과 같은 것이었다. 그때 내 고향의 문학 소년들이 '혜성' 동인회를 만들게 되었고, 그들이 다 문단에 출세한 일도 기억에 남아 있다.

'혜성'의 풋내기 문학도에게 시 공부의 텍스트 시집을 안겨줬던 송아 주요한, 안서 김억, 파인 김동환은 일제 말기에 친일문장을 쓰게 되어 해방공간의 서울에서 통한의 참회를 남긴다. 안서와 파인은 6·25전쟁 중 납북된다. 이순(耳順)을 지난 한흑구는 영일만 바다를 떠도는 갈매기들의 울음소리를 가슴에 담으며 일찍이 소년시절에 품었던 선배들에 대한 경배를 추억하고 '시의 에스프리는 한계성을 지니고 있지 않다'라는 믿음으로 시대정신을 초월한 드넓은 문학세계의 시원을 바라보는데······.

《진생》에 처음 시를 발표하고
경성 가는 야간열차에 오르다

   시인을 꿈꾸는 청년 한흑구는 조국과 민족의 독립이라는 절대적 시대정신으로 무장하고 있었다. 일곱 살 때 가족을 남겨두고 홀로 미국으로 망명을 떠난 아버지, 열 살 때 겪은 3·1운동의 감격과 일경의 잔혹한 탄압, 선교사의 가르침과 영어로 읽는 서구의 문학 작품들, 일상에서 늘 목격하고 경험하는 식민지 조선인의 고초와 통한, 멀리 미국에서 날아드는 아버지의 편지에 암시된 저항의지. 이들이 그의 문학정신을 키우는 자양분이었다.

   1926년 6월, 열일곱 살 한세광(흑구)은 기독교청년만려회 조선연합회의 기관지 《진생》 제10호에 시 두 편을 발표했다. 「거룩한 새벽하늘」, 「밤거리」.[1]

> 새벽 공기를 파동시키며
> 한 줄기 세찬 소리
> 꼬—꼬— 들릴 때
> 안개 쌓인 숲 아랫마을로부터
> 놀라서 깨인 나의 맘은
> 한껏 거룩한 세례를 받으면서
> 하나님을 향하여 엎드려졌다.
>
> 고요하고 맑은 하늘에
> 땡—땡— 들리는 새벽 종소리
> 멀리 들판을 헤매인다

나는 일어나 동편 문을 열었다
대지의 지평선을 깨트리며
붉은 얼굴로— 웃는 얼굴로
불붙는 듯한 동산(東山) 위에 떠오르는
태양의 위세—
아! 거룩한— 광명한 태양의 빛
- 「거룩한 새벽하늘」에서

밤은 와도 잠 못 이루는 밤거리
곤한 줄도 모르는구나!
명예와 황금만으로 쌈 싸우는
도살장같이 요란한 밤거리!
- 「밤거리」에서

  이 학생의 시에서 무엇보다 주목하는 것은, 시적 자아의 목소리나 정서가 주요한 「봄비」나 김소월의 「진달래꽃」과 담을 쌓고 있다는 점이다. 특히 「밤거리」의 강렬한 비판의식에는 타협의 틈새조차 용납하지 않는다. 이것은 이십 대의 한흑구가 창작하는 시편의 원천적 특질을 보여주고 있다.
  진정한 삶, 진실한 생을 표방한 《진생(眞生)》은 1925년 9월 창간되어 1930년 5월 통권 제64호로 종간된다. 편집 겸 발행인은 미국 선교사 안대선(安大善, W. Anderson), 창간에는 그때 조선 기독교계 지도자 강규찬, 길선주 등이 앞에 나섰다.
  숭인학교 다니는 한세광이 《진생》에 지면을 받은 데는 미국 한인교회에서 목사로 시무하며 흥사단의 핵심 간부로 복무하는 아버지 한승곤이 희붐한 후광으로 비치기도 했을 것이다.
  주요한, 김동환, 김억의 시집을 탐독하며 '혜성' 동인 활동에 열정을 바치고 《진생》을 통해 활자 인쇄로 태어난 자신의 시를 생애에 처음 확인한 문학청년이 1928년 새봄을 맞았다. 숭인학교를 졸업했다.

그는 곧 평양을 떠나야 했다. 보성전문학교(현 고려대) 상과에 합격한 것이었다. 문학의 이미지와 거리가 멀어 보이는 '상과'에 들어가지만 이미 삶의 나침반을 문학의 길로 고정하고 조국과 민족의 독립에 이바지하겠다는 결의를 빳빳이 곧추세우고 있었다. 지구의 어느 곳에 던져놓아도 '가치관과 신념'이라는 두 다리로 앞길을 헤쳐 나아갈 청년 하나가 야간열차를 타고 경성(서울)으로 올라갔다.

평양 사람들도 부산 사람들처럼 경성 가는 길을 '올라간다'고 말하던 시절, 그때 열차는 부산-경성-평양-신의주-안동(단동)-장춘까지 달렸다. 장춘에서 북경(베이징) 가는 열차, 청도(칭다오) 가는 열차로 갈아탈 수 있었고, 베이징에서는 모스크바, 또 어디서는 블라디보스토크(해삼위) 가는 열차, 시베리아 횡단열차로 갈아탈 수 있었다.

경성으로 유학 떠나는 한세광은 중국(만주) 장춘에서 출발한 열차를 평양에서 받아 탔다. 만주 벌판을 가로지르고 압록강 철교를 건너온 열차는 막 자정을 지난 심야의 평양에 기적을 남기고 개성을 거쳐 해돋이 즈음 경성에 도착했다. 평양에서 경성까지 거의 7시간 걸렸다. 1925년 열차 시간표의 출발 기준으로는 장춘역 밤 10시 30분, 신의주역 익일 저녁 6시 50분, 평양역 익일 0시 22분, 개성역 5시 16분이고, 경성역 도착은 6시 55분, 부산역 도착은 저녁 8시 50분이었다. 이것은 1928년에도 별다른 변화가 없었을 터.

문학청년의 눈앞에는 태평양을 건너온 편지로만 존재하는 지아비를 두고 어느덧 열두 해 세월 동안 청상과부와 비슷한 처지에 놓였어도 늘 의연하고 자상한 어머니의 얼굴이 따라붙었다. 하지만 만주 냄새를 풍기는 철마는 어둠을 뚫으며 그저 무심히 덜커덩덜커덩 남으로 남으로 달려가고 있었다.

---

1) 원문의 한자(漢字)는 한글로 바꾸거나 괄호 안에 넣고 현재 철자법에 맞게 고쳤다. 이하 모든 인용은 이와 같다.

《동아일보》 1928년 4월 15일자에 실린 '世光'의 산문 「인력거꾼」 전문이다. 필자 '世光'은 한세광(흑구)이며, 이때 열아홉 살의 그는 보성전문학교 상과 신입생으로 평양을 떠나 경성에 와서 막 하숙을 잡은 즈음이었다.

「인력거꾼」으로 남은 경성의 봄날에
누가 해학미를 살리라고 요구하는가

1928년의 한반도 어딘가에서 국제적으로 통신하는 수단은 크게 두 가지였다. 빠른 것은 전보, 느린 것은 우편. 경성에 하숙을 잡은 한세광(흑구)이 미국 시카고의 아버지에게 전보로 소식을 알리진 않았다. 문학청년의 꿈과 각오를 담은 글월을 국제우편으로 띄웠다.

대한제국 내장원경을 지낸 이용익이 1905년 서울 수송동에 설립한 보성전문학교는 1910년 천도교에서 인수한 때부터 안국동에 목조교사 2동을 지어 법과와 상과를 두고 있었다. 이 학교를 새로 맡은 김성수가 현재의 안암동 고려대학교에 터전을 잡은 때는 1933년이었다.

평양의 문학청년에게 경성은 낯선 도시였다. 안국동 학교와 가까운 경성 번화가를 눈여겨보고 지리도 익혀둬야 했다. 1928년 4월의 경성 거리는 봄기운이 완연했다. 여기 기웃, 저기 기웃, 한세광은 완상의 느린 발길을 옮겼다. 청계천변에는 빨래하는 아낙들이 섬돌처럼 쪼그려 앉았고, 방물장수 노점에는 손님들이 구경 반 흥정 반 꼬여 들었다. 종로통을 거닐었다. 3·1운동의 심장부였던 탑골공원을 둘러보고 화신상회, 보신각을 눈에 담아 3층 건물의 동아일보사에 닿았다.

문득 그는 이름난 시인을 생각했다. 1896년 평북 정주에서 태어나 오산학교를 졸업하고 일본 유학을 거쳐 스무 살에 모교로 와서 이태 남짓 가르치며 김소월을 시인으로 문단에 올리고, 1921년 한국 최초의 서구시 번역시집 『오뇌의 무도』와 1923년 한국 최초의 창작시집 『해파리의 노래』를 펴낸 안서 김억. '혜성' 동인 시절의 어느 날에 "조선 문단의 혜성 같은 안서 시인이 동아일보 문예부장으로 있다"며 친구들끼리 떠들었던 장면을 떠올린 것이었다.

그때도 그랬지만, 인구 15만을 넘어선 평양은 여전히 신문사가 없는 도시였다. 문학청년은 고향의 뒤처진 문명 현실에 대해 좀 겸연쩍어하며 조선을 대표하는 신문사의 외관을 일별하고 정문 옆 게시판을 지켜섰다. 당일에 나온 신문이 벽지처럼 활짝 펼쳐져 붙어 있었다. 공고 하나가 그의 시선을 끌었다.

'스케취문모집'인데 '제(題)'는 '춘일가상소견'이라 했다. 그러니까 봄날 거리에서 본 것에 대한 소견을 스케치한 글로 써서 투고해 보라는 것.

> 서울이고 시골이고 봄날 거리에서 본 일은 무엇이든 흥미를 느끼는 일이거든 흐리지 않은 관조(觀照), 예리한 붓으로 심각하게 여실히 해학미가 있게 '스케치'를 보내주십시오. 우수한 작에는 박사(薄謝)를 드리겠습니다.

관조하라. 예리하고 심각하면서도 해학성을 갖추라. 뽑히면 박사(조그마한 사례)를 하겠다. '박사'에 비하면 퍽 까다로운 요구였다. 분량은 '1행 14자로 50행 이내'로 하고, 투고 기간은 '4월 말까지'이고, '우수작은 도착하는 대로 4월 12일부터 지면에 게재한다'고 했다.

이제 막 경성 공기를 호흡한 문학청년은 주저하지 않았다. 하숙집 책상에 앉아 종로 네거리에서 목격한 '인력거' 접촉사고 현장을 소환했다. 다수 행인이 에워싼 가운데 '키 크고 코 높은 색다른 양인(洋人), 인력거꾼, 쓰러진 노인'이 '무언극의 클라이맥스를 연출하고 있는' 장면이다. 양인은 관광객의 일원이다. 바삐 서두르는 인력거에 부딪혀 쓰러진 노인과 인력거꾼은 '불쌍한 조선사람'이다. 에워싼 사람들은 양인을 재미난 구경거리처럼 쳐다보고 있다. 인력거꾼이 무언극을 깨고 입을 연다. 우리말 모르는 양인을 타박하는 데는 해학도 어른거린다.

"무거운 몸뚱이에 긴 다리를 뻗치고 허리를 꺾어지라는 듯 뒤로 젖히고는 무어라 중얼대며 몽둥이로 땀 배인 뒤를 막 미는 고로 무어라고 대답할 수도 없고 그냥 이곳을 빠져나가려다가 이 노인을 부딪쳐 쓰러트리었구려!"
    인력거꾼은 한 손에 인력거 채를 잡고 이렇게 말하고는 양인과 군중을 번갈아 둘러본다. 군중은 인력거꾼-노인-양인을 번갈아 볼 뿐이요 웃지도 않고 말도 없이 섰을 뿐이다. 양인은 인력거 위에 앉아 긴 몽둥이로 앞을 가리키며 무어라고 중얼댄다.

'무죄 탄원' 같은 인력거꾼의 하소연은, 양인이 지팡이로 땀에 젖은 등을 쑤셔대는 서슬에 서두르느라 그만 노인을 치었다는 것이다. 하지만 양인은 넘어진 노인이야 탈이 없어 보이니 빨리 가기나 하자고 성화를 부려댄다. 지팡이로 찌르듯 앞을 가리키면서. 어쩌랴. 인력거꾼이 다시 두 손으로 채를 잡는다.

"노인 어른, 어서 일어나서 가보십시오. 그리 상한 곳은 없습니다만 너무 노쇠하셔서 제가 붙들어 드려야겠지마는." 말을 마치지 못하고 미안한 듯 엎드러진 노인을 보며 한 걸음 두 걸음 끌고 나간다. 노인은 인력거 가는 것만 바라보고 앉았다. 군중은 그냥 서서 입들을 벌리고 인력거 위에 좌우로 건들거리는 모자가 보이지 않을 때까지 보고 있다. 인력거가 모퉁이를 돌아설 때까지 인력거꾼은 연하여 뒤를 돌아보며 달음질을 친다.

  200자 원고지 5매 미만의 소품 「인력거꾼」은 '世光(세광)'이란 이름만으로 1928년 4월 15일 《동아일보》 3면에 실렸다. 글을 쓴 날짜는 4월 13일이다. 아마도 그날 '스케취' 받는 창구에 직접 접수했을 테고, '선외'로 실렸으니 용돈에 보탤 '박사'는 더 얇아졌을 것이다. 어쩌면 '선외'로 밀려난 결정적 실수가 '불쌍한 조선사람'이란 말을 직접 썼기 때문이 아니었을까?
  또 모르는 일이다. 한세광(흑구)의 소묘 대상은 양인이어도 펜을 움직이는 그의 정신은 양인을 왜인(倭人)의 상징으로 삼았을 수 있다. 왜인은 몸집이 왜소해야 한다. 그러나 식민지배를 당하는 조선인에게 '무거운 몸뚱이에 긴 다리를 뻗치고 허리를 꺾어지라는 듯 뒤로 젖히고는 땀에 범벅된 인력거꾼의 등을 지팡이로 밀어대는 양인'과 '일본제국주의'는 무엇이 얼마나 달랐겠는가. 단지 그의 민족의식 혈기가 깜박 '관조'를 놓치고는 욱 치받는 감정 그대로 '불쌍한 조선사람'을 날것 그대로 뱉어내고 말았으니…….

  현진건의 단편소설 「운수 좋은 날」에 주인공이 경성의 인력거꾼이다. 1924년 6월에 나왔다. 1928년 4월 경성 견문에 나선 문학청년의 눈에 찍힌 인력거꾼은 「운수 좋은 날」의 주인공처럼 그날 가장 운수 고약한 일진과 마주치지는 않았으려나. 노인을 넘어뜨리고 양인의 지팡이에 떠밀려 '뺑소니치듯' 현장을 빠져나가면서 마음이 졸려 자꾸만 뒤돌아봐야 했던 그날이 인력거꾼에게 설령 말 그대로 운수 좋은 날이 되었다고 할지라도, 불원간 그는 새 직업을 구하러 나섰을지 모른다. 그해 4월 19일, 경성에 최초의 시내버스가 등장하는 것이다.

한 나무의 두 줄기로 어우러져
우람한 거목으로 자라날 작가정신

'세광(世光)'이 보성전문 입학 기념처럼 《동아일보》에 관찰 소묘기 「인력거꾼」을 발표해 최소한 학내에는 자신의 문명적(文名的) 존재를 한 톨의 촛불처럼 밝혔던 1928년 봄날, 그즈음 경성(서울) 문단, 그러니까 조선(한국) 문단의 막강한 한 축은 카프였다.

카프(KAPF)는 1925년 8월 결성된 '조선프롤레타리아 예술가동맹'을 에스페란토어로 표기한 'Korea Artista Proleta Federacio' 약칭이다. 박영희 김기진 이활 이상화 조명희 최학송 이기영 한설야 임화 김남천 등 당대의 쟁쟁한 시인, 소설가, 평론가들이 맹원으로 포진해 블라디미르 레닌의 러시아 볼셰비키처럼 세상을 뒤엎는 혁명의 꿈을 키우며 예술은 거기에 복무해야 한다는 신념을 불태우고 있었다. 카프의 강령이 그것을 타오르는 불꽃처럼 표방했다.

> 일체의 전제세력(專制勢力)과 항쟁한다. 우리는 예술을 무기로 하여 조선민족의 계급적 해방을 목적으로 한다.

이 강령의 '항쟁'에서 일차적 적대세력은 조선을 식민지로 지배하며 억압하는 일본제국주의였다. 이것은 민족주의 문학과 다르지 않았다. 하지만 '계급적 해방'에서 확연히 갈라졌다. 카프는 민족주의 문학을 부르조아 문학이라 규정했다. 양측의 격렬한 논쟁이 벌어질 수밖에 없었다. 실상은 박래품(舶來品) 이데올로기로 무장한 지식인끼리 문학의 포대기 속에서 맞붙은 사변의 치열한 칼부림 같았지만……

《동아일보》 학예부가 응모자 주의사항에 '관조'를 제일의 조건으로 내세웠음에도 「인력거꾼」에서 기어이 '불쌍한 조선사람'이라 써버렸던 한세광. 스스로 감정을 다스리지 못한 그 혈기의 방울에도 맺혀 있었다시피, 그는 일제의 지배와 억압을 극복해야 한다는 민족의식과 독립정신이 강렬한 문학청년이었다. 다만 그의 기독교적 성장 환경은 카프의 강령이 지도하는 프로문학으로 기울어지기 어려운 것이었다. 앞으로 두세 해 더 지나서는 마르크스주의에 관심을 기울이는 한때를 보내기도 하지만, '1928년 경성'을 살아가는 이 문학청년의 내면에는 갓 묘목을 벗어나는 작가정신이 한 나무의 두 줄기로 어우러져 있었다. 일제의 지배를 거부하고 조국의 독립을 지향하는 민족주의, 인간에 의한 인간의 억압을 거부하는 휴머니즘, 이렇게 두 줄기였다. '머잖은 장래'에 그가 가입하는 도산 안창호의 '흥사단'이 불굴의 민족주의를 키워내는 소중한 거름이 된다면, '머잖은 장래'에 그가 미국 흑인의 노예적 실태를 창작 현장으로 불러들이고 미국 흑인문학을 번역과 평문으로 조선 문단에 올려놓는 작가정신은 '인간에 의한 인간의 억압'을 거부하고 '인간의 인간다운 삶'을 추구하는 휴머니즘에 뿌리를 내리고 있었다.

> 뉴휴머니즘을 구의(究意)하려면 우리는 먼저 미국의 최근 평론사를 참고하지 않을 수 없고, 또한 하버드대학 교수 어빙 배빗(Irving Babbitt)의 제논문(諸論文)을 연구하여야 할 것이다. 이 때문에 1910년 이후로부터 최근 20여 년 동안 미국 평론계를 좌우하던 사상은 배빗 교수 일파의 뉴휴머니즘에 대한 갑론을박의 이론투쟁사에서야 찾아볼 수 있을 것이다.

위의 글은 한흑구의 「휴머니즘 문학론」에서 인용한 것으로, '1928년 봄날'로부터 아홉 해쯤 지나 1937년 2월 《백광》에 발표하는 평문이다. '1928년 경성'의 한세광은 어빙 배빗(1865-1933)의 뉴휴머니즘(New Humanism)을 모르는 문학청년이었다. 그것도 공부할 '머잖은 장래'를 불현듯 그의 눈앞에 끌어온 것은 어느 날 날아든 편지 한 통이었다. 미국 대륙을 가로지르고 태평양을 건너온 아버지의 편지. 한승곤이 외아들을 미국 시카고로 불렀다. '고학'을 감내해야 한다는 조건을 달아서…….

1928년 늦가을에 보성전문학교를 중퇴하고 평양 가는 열차에 몸을 실은 문학청년에게는 버거운 작별이 기다리고 있었다. 경성과 작별, 평양과 작별, 그리고 사랑하는 어머니와 작별.

시나브로 열네 해째 독수공방으로 지내는 박승복, 1871년에 태어난 아버지보다 다섯 살이 많아서 이미 머리칼마저 희끗희끗한 어머니. 당신을 버려두고 하염없이 머나먼 길을 떠나야 하다니……, 더 뒷날에 나오는 안서 김억의 번역시 「동심초」 한 구절 같이 '만날 날은 아득타' 기약조차 해둘 수 없으니…….

감수성 예민한 외아들은 가슴이 미어지고 있었다. 그러나 이 세상 어디에 작별 없는 새 출발이 있으랴.

세광(世光)이 문학인 흑구(黑鷗)로 거듭나는
태평양 횡단과 검은 갈매기

햇빛은 일곱 가지 무지갯빛으로 이뤄져 있고 그것들이 한데 모여 흰빛이 된다는 사실을 아이작 뉴턴이 프리즘을 통해 알아냈다. 그런데 빨강, 파랑, 초록 등 여러 색깔을 한데 합치면 검은색이 된다. 이러한 과학적 기초지식을 한세광은 숭인학교 시절에 배웠다.

이탈리아 제노바 출신의 탐험가 크리스토퍼 콜럼버스가 1492년 스페인(에스파냐) 이사벨 여왕의 후원을 받은 대항해에서 뒷날 유럽인들이 '신대륙'이라 부른 아메리카대륙을 발견했다. 이러한 역사적 기초지식도 한세광은 숭인학교 시절에 배웠다.

1929년 새해 벽두, 사랑하는 어머니와 누이의 전송을 받으며 평양역을 떠난 청년 문학도 한세광. 갓 자정을 지난 시각에 만주 장춘에서 달려온 열차에 삶 전체를 송두리째 실은 그는 아침에 경성을 지나고 밤 9시 못 미쳐 부산에 내렸다. 경성에서부터 그의 여정은 1922년 「묘지」라는 제목으로 발표되고 1924년 8월 양규룡이란 이름으로 처음 출간된 염상섭의 중편소설 「만세전」의 '나'의 여정을 거슬러 가는 길이었다. '나'는 도쿄-고베-시모노세키-부산-김천-대전을 거쳐 경성에 도착하고, 그는 거꾸로 경성-대전-김천-부산-시모노세키-고베를 거쳐 요코하마까지 가야 했다.

한반도와 만주를 지배하는 일제의 교통 시간표는 '환승 대기 시간'을 줄여주는 정교한 짜임새였다. 장춘에서 출발한 열차를 타고 부산에 닿으면 시모노세키로 가는 관부연락선으로 갈아탈 수 있었다. 대한해협(현해탄)을 건너 시모노세키에 내리면 또 시모노세키와 고베를 이어주는 열차 산요선으로, 고베에서는 도쿄로 들어가는 도카이도선으로 갈아탈 수 있었다.

태평양을 가로질러 미국 샌프란시스코로 항해하는 여객선의 출항지 요코하마, 이 국제항은 도쿄의 목젖 같은 곳이다. 한세광은 초대형 여객선 '대양환(大洋丸)'에 올랐다. 먼 뒷날에 그는 '3만 톤 급'으로 회고하는데, 일본우선(郵船)주식회사 관련 문헌에는 1만4500톤으로 적혀 있다.

한 달쯤 걸린다는 항해에 오른 문학청년은 무엇보다 망망한 바다에 압도당하여 교실에서 배우고 책에서 읽은 콜럼버스를 떠올렸다.

> 삼만 톤급의 여객선을 타고 뱃머리에 서서 콜럼버스의 위대함을 얼마나 감탄하였던가. 고개를 둘러보아도 물과 하늘뿐이요, 둥글한 대야에 물을 떠서 놓은 것 같은데 어디에 육지가 있었을 것인가. 나는 배우고, 알고, 믿고 가면서도 의심스럽기만 했다.[1]

또한 그의 눈길은 '흰 갈매기 떼'에 홀렸다.

> 진남포(鎭南浦)의 앞바다에 가서 한두 마리 또는 수십 마리의 갈매기를 바라볼 뿐이었던 나에게 눈앞에 수천 마리의 흰 갈매기 떼가 하늘을 덮고, 긴 나래를 훨훨 휘저으며 춤을 추는 그 광경은 참으로 황홀할 지경이었다.
> 하룻밤을 배에서 지내고 갑판에 올라섰더니 그 많던 갈매기들이 다 어디로 갔는지 한 마리도 보이지 않았다.[2]

한 주일쯤 지났다. 웨이크, 미드웨이 같은 섬 근처를 지난다는 안내방송이 나왔다. 그는 다시 갑판으로 나갔다. 섬은 한 조각도 드러나지 않았다. 그런데 방송의 섬에서 날아왔는지 수천 마리 검은색 갈매기 떼가 대양환을 호위하듯 에워싸는 것이었다.

흰 갈매기보다 거의 배나 크고, 큰 독수리같이 힘차게 날고 있었다. 하룻밤을 자고 나서 다 날아갔을 것이라고 생각하며 배 꼬리 쪽을 살펴보았더니, 웬일인지 검은색의 갈매기 한 마리, 단 한 마리가 긴 나래를 펴고 배를 쫓아오고 있었다.

그 검은 한 마리는 하와이에 올 때까지, 바람이 불거나 비가 와도 그냥 한 주일이나 쉬지 않고 쫓아왔다.[3]

외톨로 낯선 대륙을 찾아가는 문학청년은 어쩐지 '그 검은 갈매기 한 마리'가 자신의 처지를 비유하고 상징하는 것 같았다.

"비가 오거나, 바람이 불거나, 옛것을 버리고 새 대륙을 찾아서 대양을 건너는 검은 갈매기 한 마리, 어딘가 나의 신세와 같다."

이런 구절을 일기에 쓰다가 문득 나의 필명으로 사용하기로 생각했다. '흑구(黑鷗)'라고 하면, 흰 갈매기들만 보던 사람들이 혹시 역설적이라고 생각하지 않을까 하고도 염려했으나 그것은 아무 문제도 되지 않는다고 생각했다. 나는 조국도 잃어버리고 세상을 끝없이 방랑하여야 하는 갈매기와도 같은 신세였기 때문이었다.

'흑색'은 서양에서는 '죽음'과 '상실'과 '상표(喪表)'를 상징하는 것이었다. 나는 그런 것들을 상관하지 않고, 다만 외로운 색, 어느 색에도 물이 들지 않는 굳센 색, 죽어도 나라를 사랑하는 부표(符表)의 색이라는 생각에서 '흑'자를 택하기로 했다.[4]

모든 색을 융합한 검은색, 가장 강렬한 색인 흑색을 '죽어도 나라를 사랑하는 부표의 색'으로 규정한 한세광은 중간 기항지 하와이 앞바다 위에서 문학인 '한흑구'로 거듭나게 되었다. 미국 관공서의 서류에, 학적부에, 신문에, 잡지에 '한세광'으로 나와도 펜을 잡는 그의 정신은 언제나 '흑구'로 존재할 것이었다.

이제 막 '흑구'라는 필명을 비밀의 보물처럼 영혼 속에 보듬은 그가 하와이 부두에 내렸다. 흥사단 본부의 연락을 받은 동포들이 따뜻한 환대를 준비해 기다리고 있었다.

미주지역 동포들에게《신한민보》는 귀중한 신문이었다. 1909년 2월 한인단체들의 통합체 '대한인국민회(약칭 국민회)'가 기관지로 창간했다.

'흑구'를 실은 대양환은 2월 4일 샌프란시스코에 닻을 내리고, 사흘 뒤에 나온《신한민보》가 "며칠 전(2월 4일) 미대륙에 첫발을 디딘" 유학생 '한세광'의 소식을 눈에 띄게 싣는다.

1920년대 태평양을 횡단(요코하마-샌프란시스코)한 대양환

1) 한흑구의 「여름이 오면」에서
2), 3), 4) 한흑구의 「나의 필명의 유래」에서

시카고에서 아버지와 13년 만에 재회하여
더 홀가분하게 문학의 길로

《신한민보》가 한세광(흑구)의 미국 도착을 기사로 알린 것은 1929년 당시 조선에서 미국으로 유학 오는 청년이 희소했다는 사정에 비춰볼 수 있다. 또, 아버지의 후광도 고려하지 않을 수 없다.

1916년 평양을 떠나 상하이를 거쳐 미국으로 건너온 한승곤은 농장 인부 같은 노역으로 생계를 꾸려내며 정착기를 감당하는 가운데 대한인국민회 북미지방회에 가입하고 로스앤젤레스 한인감리교회 목사로 시무하면서 1919년에는 흥사단 본부 의사장(議事長)에 선임되었다. 지역과 교회를 옮겨도 언제나 도산 안창호의 믿음직스럽고 굳건한 동지였다. 미국 유학생이 늘어나면서 1924년에는 미주 흥사단 단우들도 많이 늘어났다. 이때 한승곤은 흥사단 이사부장(理事部長)에 선임돼 문명훤, 홍언 등과 함께 이사부를 이끌었다. 1925년 새해 벽두에는 흥사단 제11차 미주 서부대회가 로스앤젤레스 청년회관에서 열렸다. 도산 안창호의 미주 순방 일정에 맞춘 일이었다. 한승곤은 문명훤, 홍언, 장리욱 등과 만반의 준비를 주관하고 직접 대회의 사회를 맡았다. 흥사단 77번 단우로 가입하는 지원서의 '특기사항'에다 '저술활동'이라 써넣었던 한승곤은 '특기'를 그대로 살려서 단행본 분량의 원고 뭉치를 평양으로 우송하기도 했다. 이것이 1922년 광명서관에서 출간한 『신약젼서대지』였다. 또한 그는 주일학교를 활용해 한인 2세 국어교육에 열정을 바치고 국어학교를 운영했다. 국어교육이 한인 2세의 민족의식을 바로 세우는 바탕이라 생각한 것이었다.

한승곤은 1912년부터 민찬호가 사역하던 LA 한인감리교회를 1919년부터 맡아 사역하면서 1924년부터 나성국어학교를 운영하였고, 1925년 11월 차경신을 교장으로 맞으면서 본격적인 국어교육의 체제를 갖추게 된다. 특히 다뉴브 교회는 국내에서 일어난 3·1운동의 소식을 듣고 감격하여 다뉴브 지역에서 3·1운동 기념식을 통해 한인들의 민족의식을 고취했을 뿐만 아니라, 한인 아동들에게 우리말 교육에도 앞장섰다. 특히 각종 명목의 독립운동 모금을 하여 이를 임시정부에 전달하고, 만주 동포들을 위해 성금을 모으며, 만주에 있는 민족 지도자들을 위한 민중 기도회를 개최했다.[1]

목회 사역, 흥사단 활동, 국어교육, 독립운동. 조국을 빼앗긴 지식인으로서, 십자가의 목자로서 그들 4역에는 한 치 빈틈없이 충실한 한승곤이었다. 단지 하나, 가장(家長) 역할만 할 수 없는 처지였다. 일곱 살에 떨어졌던 외아들이 바야흐로 청년이 되어 샌프란시스코 산페드로항에 첫발을 디딘 날에도 그는 시카고에 있었다.

한흑구는 아버지의 형제 같은 사람들의 마중을 받았다. '아버지의 형제'란 흥사단 단우들이었다. 다음 차례는 오랜 항해의 여독을 풀어내면서 샌프란시스코를 대강 돌아보고 아버지가 기다리는 시카고로 가는 것이었다. 아직은 '금문교(Golden Gate Bridge)'라는 주홍빛 다리가 존재하지 않았다. 시가지 지역과 북쪽 맞은편 마린 카운티를 갈라놓은 골든게이트 해협을 여객선이 건네주는 형편이었다.

시카고까지 직통은 아니어도 열차로 갈 수 있었다. 1939년에 가면, 미주 대륙을 횡단하는 직통 열차가 달리게 된다. 샌프란시스코와 시카고의 철로 길이는 4,075킬로미터, 조선 사람들이 흔히 서울을 '한양 천 리'라 일컬으니 그 열 배의 만 리 길이었다. 석탄 때는 열차로 꼬박 달려도 50시간 넘게 걸렸다.

1929년 2월 23일 시카고 역두에 조선 청년 하나가 출현했다. 한승곤과 한세광, 아버지와 아들이 무려 열세 해 만에 다시 만났다. 대화 상대로는 서로가 처음 만난 것과 마찬가지였다. 짧고도 뜨거운 포옹에 이어진 첫 대화는 거의 전부가 아버지의 질문에 아들이 대답하는 형식이었다.

아버지의 길어진 설명은, 자신이 평양을 떠나야 했던 사정이었다. 뒷날에 한흑구가 '아버지의 부재'에 대해 남긴 한 문장은 아마도 그날 재회 자리의 대화에 근거했을 것이다.

> 1929년, 내가 스무 살 되던 해에, 나는 보성전문학교를 중퇴하고 미국 시카고로 유학을 가게 되었다. 105인 사건 때 상해로 망명하셨던 아버님이 미국으로 건너가서 시카고에 계셨기 때문이다.

1971년 7월, 예순두 살의 한흑구가 《현대문학》에 발표한 「파인과 최정희」의 한 부분이다. '105인 사건 때'는 '105인 사건 때의 여파를 피하여' 정도로 읽어내는 것이 좋겠다. 105인 사건은 1911년에 터졌고, 목사 한승곤은 1916년에 평양을 떠났으니.

서부지역 농장에서 일품을 팔며 살았던 이야기도 솔직히 털어놓은 아버지가 아들의 장래에 대한 계획을 내놓았다. 아주 단출했다.

"먼저 영어 공부를 더 해서 올해 가을학기에 대학에 들어가거라. 미국의 경제 사정이 심상찮게 돌아가고 있지만, 학비는 여가 시간이나 방학 기간에 일을 해서 마련해야 한다. 고학을 달게 받아야지. 우리 민족 전체가 고난을 짊어지고 있으니……. 자기 인생은 자기가 개척하는 거다."

아들은 아버지의 당부 말씀에 홀가분했다. 불가사의의 미래가 온전히 자신에게 맡겨졌기 때문이었다.

---

1) 정원경, 앞의 책.

시카고의 동포들과 눈물로 맺어준
파인 김동환의 시 한 편

오늘도 종로 네거리에
어이어이 외우고 지나는 저 상여
저 상여 속에 하고 싶던 일 다 못하고
죽어가는 이 여북 분하였으랴

내 일 같아야
두 주먹 불끈 쥐고 달음질친다!

분하고 또 분하여 뒷 장태에 올라가
느티나무를 안고 힘껏 흔들어 보았네.
그러나 옴실도 않는걸!
힘이 약하구나, 내 힘이 약하구나!

오늘도 나는 홀로 강변에 나가
힘껏 돌팔매를 친다!

이 시를 한세광(흑구)은 1929년 3월 1일 시카고의 옥데일 에비뉴에 위치한 한인 교회에서 비분의 격한 목소리로 암송했다. 시집 『국경의 밤』으로 조선 문단을 깨우고 평양 '혜성' 풋내기 문학도의 영혼을 둥둥둥 울렸던 자칭 '촌뜨기(파인, 巴人)' 김동환의 작품이다. 죽기 전에 기필코 독립('하고 싶던 일')을 쟁취해야 한다는, 독립의 실력('느티나무를 흔들 힘')을 길러야 한다는 메시지를 담고 있다. 열세 해 만에 재회한 아버지와 한 주일을 함께 보낸 그날, 그는 3·1운동 10주년 기념 예배에서 고국 소식을 전해 달라는 동포들의 부탁을 받고 마이크 앞에 서 있었다.

> 그때 시카고에는 유학생이 30여 명 있었고, 교포도 근 100명이 살고 있었으며, 양식당을 경영하는 이들도 13명이나 있어서 꽤 윤택한 생활을 하고 있었다.[1]

시카고의 조그만 한인 커뮤니티에 얼굴을 알리는 스무 살 한흑구가 왜 파인의 시 한 편을 암송해야 했는가? 동포들에게 들려준 고국의 현실이 속절없이 애송시를 불러낸 것이었다.

> 나는 고국의 슬픈 소식을 눈물을 흘리면서 전하여 주었다. 생활고에 쫓겨서 남부여대(男負女戴)하여 만주와 서북간도로 유랑의 길을 떠나는 사람들이 해마다 몇만 명인지 모른다는 사실과, 언론과 결사의 자유가 없을 뿐만 아니라, '요시찰인의 명부'라는 것을 만들고, 기념행사나 결사조직이 있으리라고 생각이 되면 미리 '예비검속'을 하는 비인도적이고 비법적인 강압 정책을 함부로 쓰고 있는 일제의 극악무도함을 호소했다.
> 　청중과 나도 비분과 격동의 눈물을 흘렸다. 이때 나는 외우고 있던 파인의 시 한 편을 큰 목소리로 암송하였다.[2]

파인의 시 한 편으로 한흑구는 시카고의 동포들과 눈물로 맺는 첫 만남을 마무리했다. 눈물보다 단단한 끈이 또 몇이나 있으랴.

---

1), 2) 한흑구의 「파인과 최정희」에서(《현대문학》 1971년 7월호)

시카고의 괴테여,
고향의 봄은 언제 오겠소?

시카고 한인교회에 모인 동포들 앞에서 비장한 시 암송으로 3·1운동 10주년을 기리고 되새긴 한흑구(세광)는 루이스 인스티튜트에 다니면서 시카고의 첫 계절을 지나게 되었다. 봄날의 새움처럼 돋아나는 시 창작의 열정을 종이에 받아내는 청년시인이 무엇보다 영어 공부에 주의를 기울이는 날들이었다. 평양 학창시절부터 미국 선교사의 도움으로 영어를 익혔지만 청취력(listening), 말하기(speaking), 쓰기(writing), 이 삼박자를 미국인 대학생과 버금갈 만하게 제대로 갖춰야 대학에 들어가도 낑낑대지 않으며 영문학을 공부할 것이었다.

또한 그는 번화하고 복잡한 시카고의 지리를 손금처럼 챙겨둬야 했다. 빌딩이 즐비한 미국 제2의 도시. 급성장의 계기는 1893년 시카고에서 열린, 콜럼버스의 미주대륙 발견 400주년을 기념하는 '콜럼버스 국제 박람회(World's Columbian Exposition)'였다. 그때 박람회장은 웅장한 미술관으로 변모해 있었다.

한흑구는 혼자서 빌딩의 거리를 휘젓고 다녔다. 1871년 10월 대화재가 목조건물의 도시를 잿더미로 둔갑시켰다는데, 당시의 폐허 사진과 비교해보는 눈앞의 마천루들은 현대적 천지창조의 현장 같았다. 전화위복, 상전벽해, 이런 말로는 실감할 수 없어서 괜스레 담배 연기를 불어내곤 했다. 하지만 문학의 강림을 몸으로 받은 젊은이의 시선은 동상 하나를 오래 잊지 못한다.

> 내가 처음으로 동상을 보게 된 것은 1929년, 내 나이 20세 때 미국의 시카고시 링컨공원이었다. 미시간호반에 자리한 넓은 링컨공원 안에 있는 동물원 뒤에서 실물 크기의 동상이 하나 나의 눈에 띄었다. 지리 교과서에나 사진으

로만 볼 수 있었던 동상을 처음으로 볼 수 있었다. 누구의 동상인가 가슴을 두근거리며 호기심을 갖고 동상이 서 있는 곳으로 빨리 가보았다.

나는 그 동상을 보고 놀라지 않을 수 없었다. 그것은 에이브러햄 링컨의 동상이 아니요, 미국인도 동양인도 아닌 독일의 시성(詩聖) 괴테의 동상이었기 때문이다. 한 손에 책을 들고 호수를 내려다보고 서 있는 시성 괴테의 형상이 지금도 나의 눈앞에 훤히 보이는 것 같다.[1]

요즘은 서울 광화문을 큰 칼 옆에 찬 충무공 이순신의 동상이 늠름히 지켜서 있다. 그러나 1929년에는 경성에도 평양에도 동상이 존재하지 않았다. 한반도 어느 곳에도 동상은 없었다. 저 에밀레종(성덕대왕 신종)을 창조한 후손들에게 그깟 동상 만드는 솜씨야 없었을까마는……

시카고 지리를 익히는 봄날의 한흑구는 링컨공원에서 생애 최초로 발견한 동상이 더구나 링컨이 아니라 독일의 괴테였으니 놀라움을 평생 간직하게 되었을 것이다. 숭인학교 '혜성' 동인 때 시(詩)와 첫사랑을 시작하며 안서 김억의 번역시집 『오뇌의 무도』를 통해 설레는 가슴으로 처음 마주쳤던 괴테 아닌가.

어쩌면 그는 링컨공원의 괴테 동상 앞에서 시인이 되고 괴테처럼 장르의 울타리에 갇히지 않는 문학인이 되겠다는 결의를 더 야무지게 다졌는지 모른다. 그래서 1929년 3월 1일 아침에 미국 와서 첫 번째로 써놓은 시 「그러한 봄은 또 왔는가」를 더 망설이지 않고 《신한민보》로 보냈을 것이다. 이 지면에 한흑구의 그 시가 '한세광'의 이름으로 등장한 것은 1929년 5월 2일, 미국 한인 매체에 젊은 시인이 탄생한 일이었다. 가까운 시일 안에 조선 문단에도 오를 이름이었다.

　　대동강 얼음이 풀리면
　　뱃노래 포구에 어지럽고
　　뒷마을 거러지 떼

한숨에 젖어 빨래하는 내 고향

아! 그러한 봄은 또 왔는가!

강물 위에 웃음 띄워 또 노래 띄워

청춘의 귀한 생명 노래여!

능라도 실버들 땅에서 높아지고

반월도 흰 모래 위에 조약돌 드러나는

아! 빛 낡은 내 고향!

그러한 봄은 또 왔는가!

진달래 꽃향내 목단봉 위에 사라졌으나

꽃 구경꾼의 발자국 더욱이 어지러움이여!

빛 낡은 유정 아래 늙은이의 담뱃대 터는 소리

아! 내 고향 산천에 내 고향 산천에

그러한 봄은 또 왔는가!

「그러한 봄은 또 왔는가」 첫 연이다. 자유와 번영의 시카고에서 한흑구는 억압과 빈곤에 시달리는 고향(평양)의 봄을 탄식하고 있다. 물론 고향은 고국으로 확장되는 것이다. 춘래불사춘, 봄이 돌아왔으나 '빛 낡은' 고향의 암울한 봄.

---

1) 한흑구의 「동상(銅像)의 명(銘)」에서

명예와 세력의 노예가 되지 말고
한 깃발 아래서 고함소리를 합하자

시카고의 봄이 물러나고 있었다. 어느덧 한흑구는 시카고의 지리와 풍물을 엔간히 꿰차고 있는 이방인이었다. 영어의 삼박자에도 자신감이 붙었다. 이를 증거하듯 1929년 6월 《신한민보》에 번역한 영시(英詩) 두 편을 차례로 발표했다. 로버트 번즈(Rorbert Burns)가 1796년에 발표한 시 「옛날」과 1790년에 발표한 시 「나의 쟌 My Jhan」이었다. 1929년 6월 12일 《신한민보》에 실린 「옛날」의 끝부분이다.

그러면 힘 있는 네 손은 내 손에
내 손은 또 네 손 위에
옛날을 위해 힘 있게 마주 잡고
다시 한번 이 잔을 들어라!
아! 옛날이여 —

한흑구는 미주 한인사회의 정파적 분열을 안타까워하고 있었다. 거기에 부화뇌동하는 동포 청년들의 분열도 보고 겪었다. 이것은 참고 견디기 어려웠다. '무엇 때문에 네 손과 내 손을 합칠 수 없단 말인가.' 목청껏 외치고 싶었다. 그래야 갑갑증이라도 조금 풀어낼 수 있을 것 같았다. 여름에 접어드는 어느 저녁에 그는 격문과 같은 글을 썼다. 제목도 도발적으로 달았다. 「그대여, 잠깐만 섯거라」. 이 글은 그해 6월 27일 그들 모두가 애독하는 《신한민보》에 실렸다.

그대의 갈 길은 오직 한곳에 있나니 해 뜨는 동편 하늘 아래로 그대는 나갈 것이다. 오직 동편이다. 서편도 아니요 북과 남도 아니다―지금이라도 그대는 다시금 명예와 세력의 노예가 되지 말고 한곳에 모여서 한 깃발 아래에서 고함 소리를 합하여라.

한흑구는 미주 동포 청년들을 향하여 제목 그대로 잠깐만 짬을 내서 내 말에 귀를 진지하게 기울여달라고 고함지르듯 외쳤다. 그의 '동편'은 고국이고 그의 '깃발'은 독립이다. 아, 몸서리치는 속물적 명예욕이여! 아, 지긋지긋한 분파적 세력화여! 그래서 그는 더욱 격정적으로 준엄하게 꾸짖었다.

그대여! 만일 너희 가운데 나라를 팔며 사리(私利)를 도모하는 자가 있느냐! 만일 나랏일을 빙자하고 사리를 취하는 자가 있거든 그는 도저히 용서할 수 없는 것이다. 그는 이완용에 몇백 배 더 악한 매국노일 것이다.

스무 살의 한흑구는 미국에 와서 공부하는 자기 또래들이 '새로운 나라', 다시 말해 '독립한 고국'의 미래를 짊어지는 주역이 돼야 한다는 점도 깨닫고 있었다. 그래서 격정을 다스리며 다음과 같이 글을 마무리했다.

그대는 참으로 위대한 자다. 그대야말로 새로운 나라의 어머니요 지도자인 것이다.

한흑구가 울분의 격정을 풀어내는 무렵, 여름이 문을 활짝 열렸다. 시카고가 여름을 시작하는 것은 그러나 단순히 더위의 시작이 아니었다. 태양의 작열보다 더 뜨거운 축제의 환호와 열기가 여름의 들머리를 장식했다. 그는 마냥 부러웠다. 부러운 그만큼 고국의 현실은 젊은 시인의 가슴을 쓰라리게 했다. 시카고가 축제에 타오르는 날, 그는 펜을 들지 않을 수 없었다. 시의 제목도 날짜 그대로 「7월 4일!」

이라 매겼다. 그 전문이다.

>꽝 꽝 꽝 꽝—
>나는 오늘 이 나라 거리에서
>그들의 즐기는 노래를 듣네—
>아침부터 밤 깊도록
>그들의 '독립절'의 노래를—
>
>"자유를 달라! 그렇지 않으면 죽음을!"
>입술이 말라 터지도록 듣던 그 노래를!
>한 세기가 넘은 오늘의 이 땅은
>웃음과 노래에 밤 깊는 줄 모르네!
>
>7월 4일! 누구나 맞는 오늘이지만
>이 땅의 사람들은 왜 이리 기뻐하누—
>나는 혼자 이 땅의 거리 위에서
>가슴을 안고 숨차게 돌아다니네—
>
>부러움과 부끄러움 속에
>거리 모퉁이에 우두커니 혼자 섰네—
>그러나 내 가슴 끓는 소리
>내 다시 주먹을 불끈 쥐고 이 거리를 달음질치네—

1929년 8월 1일 《신한민보》에 실렸다. 세로짜기 조판의 원문에는 제목이 「七日四日!」로 찍혀 있다. '7월'의 '月'을 문선공이 '日'로 잘못 골랐을 것이다.

7월 4일은 미국의 인디펜던스데이, 우리가 광복절이라 부르는 독립절이다. 미국에 유학하는 동포 청년들이 조국 독립의 깃발 아래서 일치단결하지 못하는 모습에 대해 불과 며칠 전 '이완용'까지 호출하여 격하게 꾸짖었던 한흑구는 시카고 시민들의 독립절 축제가 얼마나 부러웠겠는가. 또한 여러 세력으로 분열된 민족의 모습이 얼마나 부끄러웠겠는가. 그러나 그는 '거리 모퉁이'의 외톨이에 멈추지 않는다. 독립의 힘을 길러야 한다는 '가슴 끓는 소리'를 듣고 떨쳐 나아간다. 그리고 이 시에도 애절한 정한적(情恨的) 정조는 한 방울도 묻지 않았다. 패배주의는 한 가닥도 얼씬대지 않는다. 이것이 한흑구 시의 주요 특질이다.

1929년 12월 12일 《신한민보》. 흥사단 단우이며 미주 한인 문단의 평론가로 활약하는 이정두가 그해 발표된 미주 한인 시인들의 작품을 총평하는 지면 「1년 시단 총회고」에서 한세광(흑구)의 시 「7월 4일!」을 높게 평가한다.

> 한세광 씨의 「7월 4일」이라 한 시는 성공한 시다. 작가의 내용 사상이 풍부하니만큼 그 표현도 현저하다. 지교의 표현이 순하면서도 그 내면생활을 잘 표현한 시다. 나는 이 시의 제3장과 4장을 재삼 독하였다. 끝에 가서는 나도 그와 동감을 가졌다. 독자로 하여금 작가의 본감과 동감을 느끼게 함은 실로 시인의 능란한 수단이다. 나는 저윽이 우리 미주 문단에도 이러한 시가 있음을 볼 때 위안을 느꼈다.

이쯤에서 슬그머니 한번 돋아나는 궁금증이지만, 1929년 여름 시카고에서 그토록 강렬히 명예와 세력의 노예가 되지 말아야 한다고 외쳤던 한흑구는 먼 후일에도 젊은 날의 그 목소리에 대해 스스로 부끄러워하지 않을 수 있으려나?

미시간호반을 대동강처럼 헤엄치는 '누런' 피부색과 "헤이 몽키!"의 떨어진 포크

한흑구가 인간의 피부색 차이에 대해 그야말로 피부로 깨달은 것은 시카고에서 처음 맞은 1929년 여름에 미시간호반으로 피서를 겸해 수영하러 나간 날이었다.

미국과 캐나다의 국경에 걸쳐 펼쳐진 광대한 오대호의 하나가 미시간호이다. 한 귀퉁이도 빠짐없이 몽땅 미국 땅에 속한 이 호수는 미시간주, 위스콘신주, 일리노이주, 인디애나주 등으로 둘러싸여 있다. 바다처럼 넓다. 하지만 짠물이 아니다. 민물이다.

>한창 여름철이었다. 미시간호반에는 수만 명의 젊은 남녀가 수영을 즐기고 있었다.
>민물 호수라, 내 고향의 대동강과 다름이 없어서 마음껏 수영을 즐길 수는 있었으나, 누런 피부를 갖고 검은 머리를 하고 있던 나의 모양이 나 자신도 좀 이상스럽게 생각되었다.
>그러나 하느님께서는 여러 가지 색을 즐기셔서 일곱 색의 무지개도 만드셨고, 다섯 색의 인종과, 수없이 많은 색의 꽃을 만드신 것이라고 생각했다.[1]

온통 백인들 틈바구니에서 하느님의 창조를 생각한 다음에야 편안한 마음으로 수영을 즐길 수 있었던 한흑구가 어느 저물 무렵에는 '누런 피부색'과 '검은 머리칼' 때문에 전혀 뜻밖에도 액션 영화의 한 장면을 연출하게 된다.

그때 사건을 그가 글로는 남기지 않았다. 자녀들 앞에서 재미난 추억담 삼아 들려주기에도 어울리지 않는 것이었다. 허물없는 술자리의 술맛 돋구는 안줏감으로

나 알맞은 얘깃거리였다.

1970년대로 접어드는 즈음의 한흑구는 포항에서 문학의 길을 걸어가는 아동문학가 김녹촌, 손춘익 등 젊은 후배들과 곧잘 술자리에 어우러졌다. 무릇 문인들의 주흥이 대체로 그러하거니와 고담준론이 길어지면 하품을 치기도 하지만 뭔가 색다른 화제가 올라오면 시들해 있던 눈빛마저 되살아난다.

퇴근길의 사내들이 모여든 미국 시카고의 허름한 카페. 한흑구는 혼자서 주문한 음식을 받았다. 여럿이 둘러앉는 탁자가 아니었다. 서부영화의 총잡이처럼 바텐더와 마주 보며 꾸부정하게 서 있었다.

"땡그렁!"

쇠붙이가 바닥에 떨어지는 소리였다.

한흑구는 또렷이 들었다. 자신이 포크를 잡다 떨어뜨렸으니까.

'새로 달라고 할까, 그냥 주워서 쓸까.'

잠깐 망설인 그가 허리를 굽혀 손을 뻗었다. 바쁜 시간이니까 성가시게 하진 말자. 이런 판단이었다. 그가 옷자락에 닦은 포크로 음식을 찌르려 했다.

"헤이, 몽키!"

가까운 탁자에 앉은 백인이었다. 한흑구의 일거수일투족을 관찰하듯 지켜본 녀석이었다. 백인의 표정과 눈빛에는 벌써 황색인에 대한 조롱과 비하가 넘쳐나고 있었다.

한흑구가 포크를 도로 접시에 놓고 몸을 돌리며 한마디 던졌다.

"원숭이는 동물원에 있어. 입장료 없어? 내가 줄까?"

웅성웅성 시끄럽던 실내가 순간적으로 찬물을 끼얹은 것처럼 조용해지는가 싶더니 별안간 손님들이 엄한 지시를 따르듯 바삐 설쳐서 탁자 몇 개를 벽 쪽으로 치우고는 한가운데를 비워 두 패로 딱 갈라졌다.

급조된, 링이 없는 격투 무대.

시비를 걸었던 백인도, 물러서지 않았던 한흑구도 졸지에 선수로 나설 수밖에 없었다.

두 선수가 마주 섰다. 심판은 없었다. 관중 모두가 심판이었다. 악수부터 나눴다. 똑같이 먼저 권투 자세를 잡았다.

"으샤! 으샤!"

응원 함성이 터졌다. 흡사 내기를 걸어둔 관중들 같았다.

두 선수가 몇 차례 소득 없는 주먹을 날리다 어깨를 맞잡게 되었다. 권투에서 씨름이나 유도로 넘어갈 참이었다. 하지만 평양 출신에게는 바로 그런 찰나에 써먹을 비장의 무기가 따로 있었다. 박치기였다.

추억의 무용담은 결말이 이랬다.

"박치기 두 번에 나가떨어졌지. 아령 들고 모란봉을 뛰어오르고 선교사에게 권투도 배우고 했지만, 생애 최초이자 최후였던 실전에서는 평양 박치기가 최고였어. 그 녀석은 스페인 출신이었는데, 신사적으로 헤어졌고."

1) 한흑구의 「여름이 오면」에서

노스파크대학 영문학과에 들어가
월트 휘트먼과 칼 샌드버그를 만나다

　1929년 가을 들머리, 노스파크대학(North Park College) 영문학과에 들어간 한흑구는 동포 유학생들에게 '한세광'이란 이름으로 알려진 존재였다. 시카고에 와서 두 계절을 보내는 동안 강건한 민족의식을 바탕으로 문학적 실력을 발휘하여《신한민보》에 창작시, 번역시, 산문 등을 발표함으로써 '한승곤 목사의 아들 한세광'을 넘어 '미주 한인문단의 청년시인 한세광'으로 성장하고 있었다. 어쩌면 입학기념이었다고 할까. 그는 고려학우회에서 마련한 웅변대회에 나가 마이크를 잡았다. 연제를 '자주의 의식에서 출발하자'로 잡았으니 '한흑구다운' 것이었다. 이 소식은 그때(9월 12일)《신한민보》에 실렸다.

　한흑구는 노스파크대학에서 영문학을 공부하면서 필생에 걸쳐 언제나 높이 받드는 한 시인과 만난다. 월트 휘트먼(Walt Whitman)이다.

　1819년 5월 미국 롱아일랜드에서 농부의 아들로 태어난 월트 휘트먼은 가난한 가정 형편 때문에 교육을 제대로 받지 못했으나 문학에 심취한 독서와 사색과 재능의 힘으로 저널리스트가 되었다. 그러나 1850년대에 들어선 휘트먼은 직업을 버리고 민중의 삶을 지켜보거나 아버지의 목수 일을 거드는 침묵의 시기를 거치며 시인으로 거듭나서 드디어 1855년 시집 『풀잎』을 출간했다.

　『Leaves of Grass』, 휘트먼의 『풀잎』은 형식과 시정신의 두 축에서 영시(英詩)의 일대 혁신이었다. 운율을 맞추는 전통적 시형(詩型)을 벗어나 자유시형(自由詩型)을 창안한 것이었고, 미국의 적나라한 현실과 함께 성애(性愛)마저 노래한 것이었다. 뒷날에 '자유시의 아버지'라 불리는 것은 형식을 혁신했다는 찬사이고, 당시에 쏟아졌던 보수적 저명인사들의 "불경하고 외설적이어서 쓰레기 같다"는 폄훼와 비난은 고루한 시정신의 혁신에 대한 거부와 저항이었다.

1860년부터 미국 대륙을 방랑의 나그네로 여행하고 남북전쟁 때는 부상병들의 처참한 신음소리가 넘쳐나는 병원에서 간호사역을 헌신적으로 수행한 휘트먼은 시집 『풀잎』을 지속적으로 증보해 나갔다. 남북전쟁에 관한 「북소리」, 에이브러햄 링컨에게 바치는 「오 캡틴, 마이 캡틴」 같은 시도 담았다. 시집 『풀잎』이 19세기 미국을 대표하는 위대한 시집으로 완성된 때는 1891년으로, 389편의 시를 엮은 대시집으로 종결되었다. 당대 독자들이 '임종판'이라 불러준 『풀잎』이 출간된 이듬해 봄날, 1892년 3월 휘트먼은 뉴저지에서 숨을 거두었다.

청년시인 한흑구는 월트 휘트먼의 시와 삶을 흠모했다. 그때로부터 열여섯 해쯤 지나 해방을 맞은 조국이 새 출발의 장도에 오르는 서울 거리에서도 그는 휘트먼의 장대하고 웅혼한 기상의 시 「광휘 있는 침묵의 태양을 나에게 달라」에서 한 소절을 불러온다.

> 큰아들을 부둥켜 일으키어, 군중들 틈에 서서, 태극기를 선두로 행진하는 대한의 젊은 병사들을 바라다보았다. 미국 뉴욕시의 브로드웨이를 물밀듯이 행진하는 병사들을 노래한 시인 휘트먼을 생각하면서, 나는 열심히 젊은 대한 병사들의 행진을 바라보았다.

> 젊은 병사들이 행진하는
> 브로드웨이를 나에게 달라!
> 나팔과 군고(軍鼓)의
> 우렁찬 노래를 나에게 달라!

휘트먼의 이러한 노래를, 나도 마음속으로 열심히 부르짖고 있었다.[1]

또한 그는 시카고 출신 시인들의 충실한 독자로 지낸 날들에 대해 아주 먼 후일에도 축복의 시간으로 추억하게 된다.

자유시형(自由詩型)을 창작한 미국의 대표적인 시인 휘트먼이 동부에서 나온 뒤를 이어서, 서민들의 자유주의를 노래한 칼 샌드버그, 에드거 리 매스터스, 바첼 린저, 헤리엇 먼로 등의 시인과, 〈시잡지〉 동인 시인을 수십 명이나 배출한 곳도 시카고였다.
문학을 좋아하는 나였기에 시카고를 나의 둘째 고향과 같이 노래하고 또한 사랑하였다.[2]

1974년 9월, 예순다섯 살 한흑구의 수필 「여름이 오면」에 떠오른 추억이다. 늙어가는 수필가가 호명한 미국 시인들 가운데 월트 휘트먼 다음으로 '시카고의 청년시인'에게 영향을 끼쳤던 시인은 1940년과 1951년에 퓰리처상도 수상하는 칼 샌드버그(Carl Sandburg, 1878-1967)였다.
《두산백과》에 나오는 칼 샌드버그의 시적 특질은 이렇다.

시카고라는 근대도시를 대담 솔직하게 다루었으며 부두 노동자나 트럭 운전사들이 쓰는 속어나 비어(卑語)까지도 시에 도입해 전통적인 시어(詩語)에 집착하는 사람들에게 충격을 주었다.

이 간명한 소개에 비춰봐도 시카고를 사랑한 '조선의 청년시인'이 칼 샌드버그의 시를 탐독했을 것으로 짐작할 수 있다. 시카고를 떠나 몇 년이 지난 뒤, 1935년 11월, 한흑구는 《조선중앙일보》에 평론 「기계문화를 구가하는 미시인 칼 쌘드빅」을 다섯 번에 나눠 싣는다. 이때 칼 샌드버그를 '미국의 선구적 민중시인 월트 휘트먼의 영향을 다분히 받고 있는' 시인이라면서도 '미국 프로시단의 태양이 된 존재'로서 '휘트먼 이후의 세계적 위대한 시인일 것'이라 소개한 데 이어, 칼 샌드버그의 대표작 「시카고」 전문을 번역해 알린다. 그 긴 시의 전반부이다.

세계적인 도야지의 도살장,
도구 제조자, 밀의 집산지여
철도를 좌우하는 자, 전국의 운송업자여, 난폭하고
떠들썩하고, 쌈질 즐기는 자여, 어깨 큰 자들의 도시여.

사람들은 너를 악하다고 하였나니, 나는 그것을 믿는다.
나는 분장한 계집이 와서 와사등 아래서
농촌의 청년들을 유혹하는 것을 내 눈으로 본 때문이다.
또는 세상이 너를 난폭하다고 말한다.
나는 대답한다—
그렇다, 나는 사실로 총을 가진 강도가 사람을 죽이고도
다시 사람을 죽이려고 자유로이 가는 것을 본 때문이다.
또는 사람들이 너를 잔인하다고 한다.
나는 이렇게 대답한다—
부녀들과 어린애들의 얼굴 위에는
비참한 주림의 흔적이 박혀 있는 것을 보았다고.
나는 이렇게 대답하고는
이 우리의 도시를 냉소하는 사람들에게 냉소로써 말해준다.
이 시카고 같이 생기 넘치고, 더럽고,
강하고, 교활하고, 머리를 들어

자랑스럽게 뽐낼 도시가 어디에 있는가,
있으면 나에게 보여달라고.

박현수(경북대 국문학과 교수)는 논문 「한흑구 초기시의 모더니즘 경향과 칼 샌드버그의 도시 민중시학」에서 이렇게 밝혀놓는다.

한흑구의 '모더니즘 경향의 민중시'의 기원은 칼 샌드버그의 도시 민중시학이라 할 수 있다. 한흑구는 그의 초기 평론에서부터 칼 샌드버그를 주목하였다. 민중 지향적 시선으로 대도시의 부정적 사회 현실을 다루는 샌드버그는 한흑구의 이런 시적 경향에 많은 영향을 준 것으로 보인다.[3]

시인 월트 휘트먼

시인 칼 샌드버그

---

1) 한흑구의 「닭울음」에서
2) 한흑구의 「여름이 오면」에서
3) 방민호 외, 『한흑구의 삶과 문학』(아시아, 2022)

이 악착한 세상에서
나는 시를 쓰는 사람이 되었노라

> 님이여,
> 발가숭이 현실 속에
> 세상은 악착한 것뿐이노라.
> 진·선·미의 그림자뿐—
> 이 더러운 세상에서
> 님이여, 나는 시를 쓰는 사람이 되었노라.

시카고의 고학하는 대학생 한흑구의 시 「시 쓰는 사람」의 첫 연이다. 1929년 시카고에서 쓴 작품으로, 1933년 12월 14일 《신한민보》에 실린다.

인간이 정신의 이름으로 추구하는 궁극적 가치인 '진·선·미'는 그림자만 어른거리고 '악착한 것뿐'인 '이 더러운 세상'에서 '시를 쓰는 사람이 되었노라'고, 청년 시인은 마치 스스로 가슴을 치며 통탄하듯 선언하고 있다. 궁핍한 시대를 온몸으로 뚫고 나가며 시와 삶의 일치를 추구하는 진정한 시인의 길이 얼마나 고독한 운명인가. 그 길의 동반자로 기다리는 고달픔과 팍팍함을 스무 살 한흑구는 예지하고 있었다. 그래서 쇠토막 같은 신념을 가슴에 품는다. 1929년 10월에 쓴 시 「무제록」에 그것을 오롯이 담아두고 있다. 첫 연이다.

> 내 노래 내 가슴의 맥박임을
> 님께 먼저 아뢰오니
> 명예와 부귀 아래

내 목이 어찌 마를쏘냐!

'명예와 부귀'를 쳐다보지 않을지언정 피 끓는 시인에게 어찌 눈길 머무를 여인이 없으랴. 흰색이든 검은색이든 누런색이든 어떤 피부색이든 여인의 야릇한 시선이 자기 눈동자에 머물면 어찌 영혼이 흔들리지 않을 수 있으랴. 그러나 한흑구는 여인의 오는 눈빛을 피하려 하고 여인에게로 가는 자신의 눈길을 꺾으려 했다. 「무제록」의 마지막 연이다.

나는 한 여자의 사랑을 얻기 위하여
노래를 부르지 않나니
울거나 웃거나 내 가슴의 맥박 위에
위대하신 내 님을 노래하네.

월트 휘트먼, 칼 샌드버그의 시와 삶을 탐독하는 대학생 한흑구의 '님'은 조국 독립·민족 독립이며 한흑구의 '노래'는 시(문학)이고 더 나아가 삶이다. 그는 자신의 시(문학)와 삶을 명예나 부귀 따위에 바치지 않겠으며 '여자의 사랑을 얻기 위하여' 허비하지 않겠노라고 다짐했다. 아니, 그러한 시인이 '되었노라'고 선언했다.

악착의 더러운 세상에서 시인이 되었노라고 한흑구가 당당히 천명한 그때, 1929년 가을에서 겨울로 넘어가는 그때, 미국은 온갖 주식들이 거리에 나뒹구는 낙엽과 다름없는 계절이었다. 1929년 10월 24일 뉴욕 월스트리트 주가 대폭락의 '검은 목요일'로 막을 올린 대공황이 그야말로 하늘 크기의 검은 보자기처럼 미국 사회를 덮쳐 버렸다. 1997년 12월 한국경제에 핵폭탄처럼 떨어졌던 이른바 '아이엠프사태(IMF사태)'를 경험한 우리나라 사람들은 1929년 겨울의 미국 사회가 경제적으로, 심리적으로 얼마나 몸서리치게 얼어붙었겠는가를 대강은 상상할 수 있을 것이다.

평양의 겨울에 버금갈 만했던 시카고의 겨울이 물러나고 1930년 새봄이 돌아왔다. 3월 1일을 생각하는 한세광(흑구)은 그날의 되새김에 바칠 만한, 스코틀랜드 시인 로버트 번즈의 시 두 편을 골라 번역했다. 한 편은 1788년에 쓴 「올드 랭 사인(Auld Lang Syne)」이었다. 1930년 2월 23일 《신한민보》에 실렸다. 오랜 친구도, 그리운 시절도 정녕 잊혀야만 하는가. 이러한 석별의 정을 담은 그의 시는 언제부터인가 스코틀랜드 민요 곡조에 얹혀 유럽과 미국을 넘어 세계 여러 나라에서 '보내거나 헤어지는 자리'의 함께 부르는 노래로 애창되었다. 묵은해를 보내고 새해를 맞는 제야의 특별한 시간에는 송구영신 축가로 불리고……. 한흑구는 역자(譯者)로서 굳이 '지금 여기서' 「올드 랭 사인(Auld Lang Syne)」을 번역한 이유에 대한 메모도 덧붙였다.

> 스코틀랜드의 열정적 애국시인인 로버트 번즈(Robert Burens)의 시는 우리 민족에 부대끼는 정서가 적지 않은 것이다. 더욱이 3·1기념일을 몇 날 앞두고 그의 시 두 편을 역초하였다. 평화스러운 옛날의 내 집을 늘 그리고 있는 우리들은 이 애국시인의 노래를 가슴 깊이 들을 것이다. 우리가 늘 읽는 그의 시이지만 오늘을 당하여 다시 한번 불러보는 것도 무의미한 일은 아닐 줄 안다.

1919년 3월 열 살 먹은 한흑구도 따라 불렀었지만, 그해 3월 만세 운동 현장에서 조선 사람들의 가슴과 가슴을 하나로 묶어줬던 '애국가'의 곡조가 바로 스코틀랜드 민요 「올드 랭 사인」의 그것이었다.

> 동해물과 백두산이 마르고 닳도록
> 하느님이 보우하사 우리나라 만세
> 무궁화 삼천리 화려강산

대한 사람 대한으로 길이 보전하세

　이 가사를, 안창호 또는 윤치호가 지었다는 이 애국가 가사를 3·1운동에 모여든 조선 사람들은 「올드 랭 사인」 곡조에 얹어 부르고 또 불렀다. 현재의 애국가 곡조는 〈코리아 판타지(한국 환상곡)〉의 안익태가 작곡한 것으로, 1948년 8월 15일 대한민국 정부 출범 때 최초로 부르게 된다.

　1930년 3월 1일 시카고 한인교회에 모인 동포들은 한승곤과 함께 「올드 랭 사인」 곡조에 얹은 애국가를 불렀다. 한흑구도 지그시 눈을 감고 불렀다. 찬송이 되지 못한 노래는 비장한 여운으로 십자가를 맴돌았다.

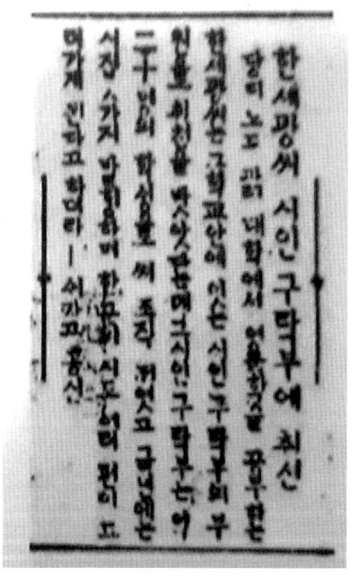

《신한민보》 1930년 5월 15일

　그 여운을 야무지게 부여잡은 청년시인, 악착하고 더러운 세상에서 진·선·미의 가치를 추구하는 시인의 길을 걸어가겠다고 맹세한 그는 그해 봄날 노스파크대학의 시인클럽 '페가수스' 창립에 참여한다. 대학신문에 발표한 '한세광'의 영시(英詩)들이 화제작으로 주목을 받은 것이다. 추천인은 학장이었다. 《신한민보》로서는 아주 늦어진 '지각 보도'로 내더라도 놓칠 수 없는 단신 거리였다.

영시(英詩) 쓰는 청년의 첫사랑 루스 알바
시인클럽 '페가수스'의 문을 열어준 학장

노스파크대학에서 영문학을 공부하는 한세광 씨는 그의 학교 안에 있는 시인 구락부의 부원으로 취선 받았다는데 그 시인구락부는 약 20명의 학생으로써 조직되었고 금년에는 시집까지 발행하며 한 군의 시도 여러 편이 들어가게 된다고 하더라.

1930년 5월 15일 《신한민보》가 '취선 받았다는데'라고 알려준 '시인구락부'는 노스파크대학 시인클럽 '페가수스(The Pegasus)'를 일컫는다. 페가수스는 이 기사보다 두 달쯤 앞선 3월 7일 창립 회의를 열었다. 회원도 32명으로 출범했다. 1930년 3월 14일 《노스파크대학신문》(North Park College News)에서 확인할 수 있다. 원문은 생략한다.

봄이 왔다! 그것이 문학적 폭발의 이유가 될 수 있을까? 계절이 원인이든 아니든, 노스 파크에 시인클럽이 결성되었다. 3월 7일 금요일 저녁, 창립 회의에서 제라드 존슨이 클럽의 회장으로 선출되었다. 커밋 선드버그는 부회장이자 비평위원회 위원장으로 활동하며, 그의 보조는 폴 엘멘과 한세광이다. 에블린 존슨을 서기로 선출하였다. 32명의 학생이 회원이 되었다는 것은 이 새로운 문학 클럽에 관한 관심의 증거로 볼 수 있다. [1]

원문에 나오는 '한세광'은 'Say K. Hahn'이다. 조선총독부가 발급한 여권에 그는 성(姓)을 'Hahn'이라 표기했다. ('한세광'을 '한흑구'라 부르는 이 책의 표지에는 흔히 쓰는 대로 그냥 'Han'이라 한다.)

그리스 신화에 등장하는 페가수스는 비마(飛馬)이다. 지상에 매여 살아가야 하는 굴레를 타고난 인간, 신의 숨소리도 엿듣는 시인의 상상력만이 그의 귀를 천상의 목소리와 연결해줄 수 있다면, 아마도 '페가수스'의 젊은 시인들은 그 비마의 등에 올라 하늘로 날아오르는 것 같은 시적 정열과 상상력을 청춘의 가장 찬란한 두 날개로 장착하고 싶지 않았으랴.

한흑구(세광)가 페가수스의 창립 회원, 그것도 비평위원회 부위원장으로 당당히 동참할 수 있었던 제일의 필수조건은 '비영어권 동양인의 언어적 한계를 넘어서고 동양의 독특한 지역성과 정서를 영시에 담아내는 시적 성취의 수준'이었다. 몇 년 뒤 평양으로 돌아와 '고학하던 미국 유학 시절'을 돌이켜보는 「재미 6년간 추억 편편」(《신인문학》1936년 3월)에서 '매일 5시간씩 노동을 하고도 새벽 3시까지 영어 자전을 다 치느라 나의 볼 위에 풍만하던 살이 다 빠졌다'라고 밝혀놓듯이, 1929년 가을을 맞으며 노스파크대학 영문학과에 입학한 그는 영문학 공부와 함께 영시 창작의 정열을 불사르고 있었다.

그런데 그때 그는 한글 시 창작에도 열중했다. 한글 시와 영시를 동시에 쓰는 한국인의 창작 자리에서 두 언어는 서로 충돌할 수밖에 없다. 이것은 누구를 예외로 밀어두지 않는다. 「재미 6년간 추억 편편」에서 한흑구도 '영문으로 창작을 힘쓰는 동안 조선문 창작이 퇴래할 것'을 깨달았고 '실로 이것은 나의 머리를 괴롭히었다'고 털어놓는다. 피할 수 없는 고충, 그렇다고 마냥 끙끙대며 지낼 수는 없었다. 그는 단단히 결심했다. '나는 조선 사람으로서 조선의 작가가 돼야 하니 영문공부도 조선인적 태도로써 하겠다.' 이것이 돌파구였다. 다만 하나의 문제가 그대로 남았다. 외로움이었다.

노스파크대학의 조선 청년시인은 모국어로 시를 쓰든 영어로 시를 쓰든 고독한 청춘이었다. 조국 독립을 염원하는 정신과 문학으로 고독을 극복하는 청춘이었다. 이제 막 스무 살을 넘어선 한흑구에게서는 고독이 오묘한 향기로 피어나고 있었을 것이다. 꽃향기는 나비를 부른다. 고독의 향기는 누군가의 영혼에 스며들어 잔잔히 파문을 일으킬 수 있고, 여기서 운명과 같은 사랑과 우정이 탄생할 수 있다.

느닷없이, 문득, 한 백인 여학생이 다가왔다. 도서관에 앉아 고독을 달래며 평양의 친구에게 편지를 쓰는 한흑구에게로, 마치 꽃향기에 끌려 어디선가 사뿐사뿐 날아든 나비처럼 그렇게.

지구 위에 있는 땅을 동서로 갈라서 이름을 지었으나 땅 위에 자라는 수목들은 조금도 다름이 없고 다만 사람들의 겉 피부가 다르고 언어가 다르고 풍속이 다를 뿐이라고. 시카고에는 400여만 명의 인구가 살고 있지만 나는 아직 혼자서 살고 있는 것 같은 외로움을 참기가 어렵다고.

여기까지 쓰고 나는 또 창밖을 내다보았다. 멀리 다운타운 번화가에 우뚝우뚝 서 있는 높은 빌딩들을 바라볼 때 나는 몇만 리 밖 이국에서 외로운 객이 되어있는 것을 또다시 깨닫게 되었다.

고향, 집, 부모, 형제, 친구…….

이런 생각이 줄을 이어 떠올라서 나는 정신없는 사람같이 멍하니 앉아 있었다.

"미스터 한!"

누가 부르는 소리에 나는 깜짝 놀라서 고개를 돌렸다. 그 목소리와 같이 부드러운 얼굴의 여학생이 유달리 큰 두 눈에 미소를 머금고 나를 바라보고 서 있는 것이었다. 나는 어쩔 줄 모르고 곧 일어서서 그에게 의자를 권하였다. 그는 나를 먼저 앉으라고 권하면서 그도 자리에 앉았다.

"미스터 한은 한국에서 온 학생이라는 것을 학보를 통해서 알았지만 저의 이름은 모르지요? 전 루스 알바라고 해요."

그는 미소를 지으면서 하얀 손을 내밀었다.[2)]

나라 없는 고통과 친구 없는 고립을 이겨내느라 시 「무제록」에서 〈한 여자의 사랑을 얻기 위하여/노래를 부르지 않는〉다고 다짐한 청년시인의 눈앞에 꿈인가 싶도록 홀연히 나타난 루스 알바, Ruth Alva. 한흑구가 일생 잊지 못하는 이름이 된다. Say K. Hahn, 한세광. 루스 알바도 일생 잊지 못하는 이름이 될 것이다.

시인 김춘수(1922-2004)는 시 「꽃」에서 〈내가 그의 이름을 불러주었을 때/그는 나에게로 와서/꽃이 되었다〉라고 노래했다. 루스 알바가 한흑구의 이름을 불러주고 한흑구가 루스 알바의 이름을 불러준 순간, 청춘 남녀는 서로의 영혼에 들어가 김춘수가 노래한 '꽃'으로 피어났다. 화석의 꽃, 언젠가는 돌 속에 박히는 꽃이다. 그러나 아무리 오랜 세월이 흘러가도 향기를 잃지 않는 꽃이다.

피부색이 다른 한흑구와 루스 알바에게는 두 가지 공통점이 있었다. 시를 쓴다는 점, 아버지가 목사라는 점. 루스 알바는 아버지가 미시간주 아이언 마운틴(Iron Mountain)의 스웨덴계 교회에 목사로 부임하면서 스웨덴을 떠나 미국으로 건너온 것이었다.

위의 인용한 글에서 한흑구는 루스 알바의 외모를 구체적으로 묘사하지 않았다. 그나마 추측해볼 근거는 남겨뒀다. 그가 영문학과에 다닌 당시에 '신학대학을 합해서 학생 수가 수천 명 되는' 노스파크대학은 '스웨덴에서 이민 온 사람들이 세운 특색 있는' 작은 대학이었다.

> 내가 학교에 통학하면서부터 곧 알 수 있었던 것은 스웨덴 사람들의 이름들 - 즉 성(姓)들이 슨(Son)으로 끝맺는 것이 대부분이라는 것이다. 말하자면 학장의 성도 Olson이었고, 교수와 학생들의 성도 Johnson, Peterson, Nelson, Jacobson, Anderson, Dowson, Harrison 등등 거의가 슨(Son)자 돌림이었다.
>
> 또 하나 스웨덴 사람들의 특징은 남녀가 다 키가 크고, 머리가 금발(Blonde)이고, 눈이 청공색(Sky Blue)의 벽안(碧眼)이고, 피부색이 우윳빛(Milk White) 같

이 흰 것이었다. 적도에서 먼 북방에 사는 사람들의 특징이지만, 북구인이 서구인보다 키가 크고 피부색이 흰 것은 북경인이나 만주인이 광동인(廣東人)이나 남양인(南洋人)보다 크고 흰 것과 같다.[3]

벽안에 금발의 늘씬한 처녀가 내민 하얀 손을 한흑구는 미소 지으며 선뜻 잡았으나 이상하게도 가슴이 울렁대서 곧 놓아버렸다. 하지만 루스 알바는 미국에서 성장한 백인 처녀였다.

나이 스무 살에 여자의 손, 더구나 처녀의 손, 또한 외국여자의 손을 처음으로 잡아보았기 때문이었다. 어색한 표정을 짓고 있는 나를 보고 그는 타이르듯이 부드럽게 말했다.
"미스터 한은 객지에 오시니 외로우시지요? 아까부터 미스터 한이 앉아 있는 모양을 유심히 바라보고 있었는데 퍽 외로워하는 것 같아요. 고향 생각이 나죠? 네?"
처음엔 무어라고 대답해야 좋을지 알 수가 없었다. 그러나 솔직하게 "그렇습니다. 고향 생각도 나고 외롭기도 해요."라고 대답하면서 마치 내가 정글 속에서 혼자 살다가 돌아온 타잔과 같은 느낌을 가져보기도 하였다. 그는 곧 나의 대답을 듣고 나자 이렇게 나를 위로하였다.
"우리 미국은 자유와 평등을 숭상하는 나라이지요. 고하(高下)가 없고 귀천이 없고 노소가 없이 남녀가 다 함께 자유를 즐길 수 있고 즐기고 있는 것이 우리 미국이에요. 링컨 대통령의 자유, 박애, 평등의 정신으로 우리 인류는 형제같이 살아야 해요. 오늘부터 제가 미스터 한의 친구가 되어줄 테니 조금도 외로워하지 말아요. 향수병에 걸리면 안 돼요."
그는 파아란 가을하늘같이 빛나는 두 눈으로 나의 얼굴을 두리번두리번 살펴가면서 조심스럽게 그리고 정답게 얘기했다. 나는 난생처음으로 내가 아닌

다른 사람, 더구나 서양 여성으로부터 따뜻하고 부드러운 순정의 얘기를 가슴속으로 새기는 듯이 고맙게 들었다.

내가 이국에 가서 난처한 때에 처해 있었기 때문이었는지는 모르나, 그의 순(純)스럽고 정다운 얘기는 일찍이 부모님이나 선생님에게서도 들어보지 못한 것이었다.[4]

인생에서 처음 꿈틀댄 묘한 감정을 가만히 다스리는 한흑구에게 루스 알바는 맑은 목소리로 미국인의 낙관주의를 피력했다. 출생과 더불어 나라를 잃어버린 청년으로서는 여태껏 잊어먹고 살아온 말이 '낙관주의'였다.

"우리는 항상 웃으면서 살아야 해요. 미국 속담에 이런 말이 있지요. '울고 싶거든 울어라! 너, 혼자만이 울 것이다. 웃고 싶거든 웃어라! 백만인이 다 함께 너와 웃어줄 것이다.' 이와 같이 미국인은 모두 낙관주의자예요. 울어도 안 되고 슬퍼해도 안 돼요. 비관주의는 미국에서 용납하지 않아요."

그는 나의 웃음을 보고 어린애를 달래는 것 같이 기뻤던지 미국인의 낙관주의론을 나에게 펴주었다. 나면서부터 나라를 잃었던 나에게 낙관주의가 무엇인지 생각조차 못해보고 살아온 터였다. 그러나 나는 알바에게서 비로소 낙관주의 관념을 가질 수 있었고 나의 젊음과 같은 강렬한 적극성을 파악할 수도 있었다.

"절대로 나는 비관주의자가 아니에요. 더구나 오늘 미스 알바와 같은 낙관주의의 친구를 만나게 된 것을 고맙게 생각해요."

"좋아요. 그럼 내일부터 하학 후엔 도서관에서 만나도록 해요. 미스터 한."[5]

한흑구와 루스 알바는 대학 도서관에서 자주 만났다. 청춘 남녀를 묶어주는 튼실한 끈이 또 하나 있었다. 그것은 바로 시, 영시였다.

알바는 내가 밤을 새워가면서 쓴 영문 시를 모두 고쳐주었다. [6]

루스 알바의 훈수는 라임 맞추기에 애를 먹은 한흑구의 영시에 완결성을 높여주었다. 그것이 Say K. Hahn을 노스파크대학에서 유명한 시인으로 만들었다.

잘 되었다고 생각되는 두 편을 문학형식론을 가르치는 넬슨 교수에게 보였더니 그는 곧 학보에 실어주었다. 나의 이름과 내가 쓴 시가 영문으로 인쇄된 것을 처음으로 바라볼 때에 나는 얼마나 기쁘고 좋았던지 잠을 이루지 못할 지경이었다.

그것보다도 알바는 물론이고, 학보 문예부의 여학생 기자들까지도 나를 큰 시인인 것 같이 대우하고 또한 격려하였다. 나는 용기를 얻어서 밤을 새우면서 영미 시인들의 시를 공부하였다. 그리고 계속해서 학보에 수십 편의 시를 발표하였다. [7]

새봄의 어느 날이었다. 학장이 '영시'로 이름을 날리는 조선 학생을 찾았다. 그 만남은 한흑구에게 곧 창립하는 시인클럽 '페가수스'의 문을 열어준 것이기도 했다.

학장님이 나를 부르신다고 넬슨 교수가 일러주어서 학장님을 만나 뵙게 되었다.
"한 군은 시인이셔……."
그는 진지한 태도로 이렇게 한마디 하고 한참 나를 바라다보고는
"앞으로 더욱 많은 시를 쓰게. 우리 학교의 이름으로 출판을 해줄 터이니."
하고 나의 어깨를 두드려주실 것 같은 자세를 하다가 그냥 한번 웃어 보였다.
"참으로 감사합니다. 학장님."
나는 참으로 고마워서 머리를 숙여 이렇게 대답하였다.
"응, 그런데 한 군은 예의가 아주 밝아. 인사할 때마다 꼭 모자를 벗고 머리

를 숙이고. 미국에 왔지만 미국 애들은 닮지 말아요. 한국 예의의 표준을 우리 애들에게 좀 보여주어요."

그는 역시 진지한 태도로 말씀하셨다.

"학장님, 웃어른에겐 모자를 벗고 머리를 숙이고 인사를 하지만, 웃어른이신 학장님은 아랫사람인 저에게 그냥 모자를 쓰신 채 응 하고 대꾸만 하시면 됩니다."

나는 웃으면서 장유유서(長幼有序)를 말씀드렸다.

"그건 안 되지. 노소간에 사람은 다 같은데, 예의도 똑같이 지켜야지."

학장님의 이러한 말씀을 들었을 때 나는 민주주의가 무엇인가를 깨달았다. 학장님의 추천으로 35명 정원으로 되어있는 페가수스 클럽(Pegasus Club, 詩神 클럽)에 가입되었고, 내가 쓴 영시 8편이 시집에 들어가기도 하였다.[8]

한흑구와 루스 알바가 처음 도서관에서 만난 뒤로 계절이 바뀌고 해가 바뀌고 새봄이 돌아온 1930년 3월, 두 청춘은 함께 '페가수스' 창립 회원이 되었다. 봄, 여름, 가을, 겨울, 그리고 다시 봄. 계절의 순환을 타고 우정이든 연정이든 인연이 더할 나위 없이 깊어지고 있었다.

한흑구는 어떤 글에서도 '도서관이 아닌 곳'에서, '시와 관련 없는 일'로써 루스 알바와 함께 가꾼 시간을 불러오지 않았다. 아주 뒷날, 회갑을 넘어선 다음에야 포항의 후학들과 술잔을 기울이는 자리에서 '아련한 추억을 생생히 더듬는 이야기'에 루스 알바를 마치 젊은 시절에 감동적으로 읽었던 소설의 주인공처럼 형상화한다. 그때 초대한 청춘의 루스 알바는 순정의 학우일뿐더러 아름답고 산뜻하고 포근한 연인이었다.

"미스터 한, 당신은 훌륭한 시인이 돼라."

이것이 루스 알바의 한결같은 격려요 희원이었다. 하지만 미래란 인간의 의지를 거부하는 불가사의를 하늘로부터 부여받은 특권처럼 비장(祕藏)하였으니……. 슬품, 애통, 회한 등은 다 거기서 나오는 것들이다.

"아버지가 스웨덴으로 돌아가게 되었어."

한흑구와 루스 알바가 나란히 시를 실은 《페가수스》 제2집이 발간된 그때, 노스파크대학 캠퍼스에는 1931년 여름이 다가오고 있었다.

루스 알바가 서전(瑞典, 스웨덴)으로 떠나버린 1931년 여름, 한흑구는 달포 남짓한 일정으로 아버지를 따라 캐나다 토론토로 간다. 그리고 시카고로 돌아오지 않는다. 볼티모어에 두어 계절을 머물다 필라델피아로 옮긴다. 대학도 템플대학 신문학과로 전학해 버린다.

흐르고 또 흐르며 절대 멈추지 않는 시간의 나룻배에 태워둘 수밖에 없는 루스 알바, 시나브로 가슴속에 화석으로 새겨진 그 이름을 한흑구는 아끼고 또 아껴서 겨우 수필 두 편에서 쓰다듬어본다. 1936년, 아직 결혼하기 전, 평양에서 스물일곱 살에 쓰는 「슬펐던 이별」에는 그것이 속절없이 잃어버린 '첫사랑의 쓰라림'으로 애틋하게 피어난다. 1975년, '나의 인생도 낙엽과 같이 떨어질 날이 가까워온다'고 예감하며 포항에서 예순여섯 살에 쓰는 「순정의 학우 알바」에는 그것이 인간 본연의 순정한 인정을 향한 '회한의 그리움'으로 서려 가라앉는다.

> 나는 그가 그처럼 떠나간 후에야 비로소 여자에 대한 사랑이 어떠하다는 것을 느끼게 되었다. 그러나 그때는 이미 그가 나의 눈앞을 떠나서 멀리 눈 내리는 북쪽 나라 서전에 가 있었고, 나도 첫사랑의 불행이라는 것을 체험해 보았다.[9]

> 내가 동부로 가게 되어서 템플대학교에 전학하였을 때에도 알바 양은 늘 편지로 나를 위로해주었고 꼭 시인이 되어달라고 격려해주었다. 내가 귀국하였을 때에도 잊지 않고 편지가 오고 갔다. 그러나 대동아전쟁이라는 부질없는 싸움 때문에 나와의 순정을 나눌 수 있는 알바를 잃어버리고 말았다. 그러나

나는 나라를 되찾게 되었고, 잊을 수 없는 알바 양에게선 영원한 인정의 아름다운 인간상을 찾았다. [10]

1930년 노스파크대학 시인클럽 동인지
Pegasus 창간호 표지 [11]

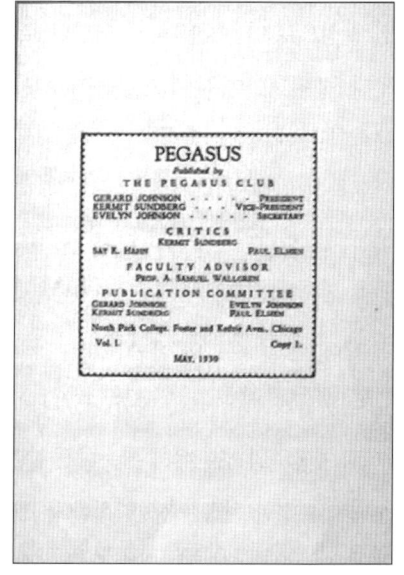

Pegasus 창간호의 판권면에 SAY. K. HAHN이라는 한세광의 성명이 찍혀 있다. [12]

---

1) 한명수, 『흑구 한세광의 영시들』(부크크, 2024)
2)~8), 10) 한흑구, 「순정의 학우 알바」(《신동아》 1975년 2월)
9) 한흑구, 「슬펐던 이별」(《부인공론》 1936년 7월)
11), 12) 한명수, 위의 책.

하느님은 또다시 봄을 보내시니
꿈에도 거룩한 고향으로 달려가네

　1930년 봄날에서는 앞으로 열서너 계절이 더 흘러간 때의 일이지만, 한흑구는 귀국을 준비하는 1933년 세모에 이르러 《신한민보》에 '시 200편과 영시 100편'을 남긴다고 알린다. 그가 영시(英詩)를 창작하고 발표한 사연은, 앞에서 보았듯, 1975년 2월 《신동아》에 실린 「순정의 학우 알바」를 통해서도 엔간히 확인할 수 있었다. 최근 들어 그의 영시와 영역(英譯) 시 15편을 찾아내 친절한 해설을 붙여 둔 한명수의 『흑구 한세광의 영시들』(2024, 부크크)은 그 발표 지면을 다음과 같이 밝히고 있다.

> 한세광은 1929년 10월 25일 노스 파크 대학 신문에 처음으로 창작 영시 「You and I」, 「My Native Home」, 「In The Midnight」 3편과 한국 시인 노자영의 시를 번역한 「The Rose Flower」, 일본 작가 도쿠토미 로카(德富蘆花)의 시를 번역한 「Clouds」, 그리고 현대 일본 민요를 번역한 「I Am A Withered Grass」 3편 등 모두 6편의 영시를 발표하였다. 이어서 11월 13일 Korean Poems 2편을 번역 발표하였다. (중략) 1930년 1월 17일에는 영어로 쓴 산문 「Hahn Contributes Korean Story」를 발표하였고, 같은 해 4월 16일에는 「My Eternal Home, Korea」와 「Moon And Bell」 등 2편을 발표하였다. 1931년 1월 28일에는 「You Will Meet Them」을 발표하였다. 한세광은 *North Park College News*에 모두 11편의 영시와 1편의 영역산문을 발표하였다.

한세광은 『페가수스』 제1집에 영시 4편을 발표하였다. 「My Eternal Home, Korea」, 「Moon And Bell」, 「Lines On Spring」, 「Life and Death」 등이다. 이 가운데 「Life and Death」는 양주동의 시 「소곡(小曲)」을 번역한 작품이고 나머지는 창작시이다. 그리고 「My Eternal Home, Korea」와 「Moon And Bell」은 위에서 말한 대로 노스 파크 대학 신문(1930년 4월 16일)에 발표한 작품을 다시 수록한 것이다. 그리고 제2집에는 「You Will Meet Them」, 「At Riverside」, 「I Like A Spring Morning」 등 창작 영시 3편을 발표하였다. 이 가운데 「You Will Meet Them」도 노스 파크 대학 신문(1931년 1월 28일)에 발표한 것을 다시 수록한 것이다. 그는 동인지 『페가수스』 1집과 2집에 모두 7편의 영시를 발표하였다.

『한국학생회보(The Korean Student Bulletin)』는 미주 한인 유학생들이 결성한 '미주 대한인유학생회'에서 발간한 영문판 회보이다. 한세광은 이 회보에 2편의 영시를 발표하였다. 1929년 12월에 발표한 「The Rose Flower」는 이미 *North Park College News*에 발표한 것을 다시 수록한 것이고, 1930년 10월에 발표한 「My Eternal Home, Korea」는 *North Park College News*와 Pegasus 제1집에 발표한 것을 일부 수정하여 다시 수록한 것이다. 최종적으로 이 책에 반영한 시 「My Eternal Home, Korea」는 *The Korean Student Bulletin*에 게재한 것을 택했다.

예순여섯 살의 한흑구가 「순정의 학우 알바」를 쓰면서 사십오륙 년 전 동인시집 『페가수스』에 자신의 영시 '8편이 들어갔다'고 밝혀놓은 기억에는 위의 인용이 『페가수스』에서 찾아낸 한세광의 영시 '7편'보다 1편이 더 없었는데, 처음 국내로 들여온 그의 창작 영시와 영역 시 총 15편 중 몇 편을 초대한다.

My Native Home

My dream flies away with her soft wings,
  And wanders over the sea
  On her way home;
Even though rough waves wet her wings,
  She never failed, even once,
  To find her home.
- From Homesick [1)]

내 고향

내 꿈은 부드러운 날개로 날아가네,
  바다 위를 배회하며
  집으로 향하네.
거친 파도가 날개를 젖게 하더라도,
  내 꿈은 단 한 번의 실패도 없이
  집을 찾아가네.
- 향수병으로부터 [2)]

My Eternal Home, Korea

The sun rises and shines,

Where people sing the essence of Asia;
Calm is the sky with harmless clouds above shrines.
My eternal home, Korea!

Across the river thy soft breeze blows
Sweet with scents of ricefields far away;
From mountain lake the stream flows
With delights to the ocean on its way.

Thou are the "Land of Morning Calm."
My beloved, eternal home, Korea!
But now, thou hearest the wailing from the farm,
And also from every youthful heart of Korea.

And yet thy bright lamps thou bear,
Still burning and brightening the night;
Dawning of the East is drawing near,
Chillness and darkness will be gone with the night.

O my beloved, "The Land of Morning Calm."
O my eternal home, Korea! [3]

나의 영원한 고향, 조선이여

태양이 뜨고 빛난다,

사람들이 아시아의 정수를 노래하는 곳에서.
거룩한 땅 위 무해한 구름을 품은 하늘은 고요하다.
나의 영원한 고향, 조선이여!

강 건너 부드러운 바람이 불어오고
저 멀리 논밭에서 풍겨오는 향기가 달콤하다.
산호(山湖)에서 흘러내리는 물은
즐거움과 함께 바다로 나아간다.

너는 "고요한 아침의 나라"
나의 사랑하는, 영원한 고향, 조선이여!
하지만 지금, 너는 농가에서 울부짖는 소리를 듣고,
조선의 젊은 가슴이 울부짖는 소리를 듣는다.

그래도 그대가 품은 밝은 등불은
여전히 타오르며 밤을 밝히는구나.
동쪽 하늘은 밝아오고,
추위와 어둠은 밤과 함께 사라질 것이다.

오, 나의 사랑하는, "고요한 아침의 나라여."
오, 나의 영원한 고향, 조선이여! [4]

Lines On Spring

God always sends the Spring,
And Spring brings us a new life;
Lo! Fresh leaves, fair flowers, and the Spring,
Which show us the freshness and resurrection of life.

But, Look at the neighboring housewife
Who's waiting for her husband at the window;
We beings are suffering in our strife
With poverty, ennui, loneliness, and sorrow.

I see beautiful daffodils on the lawn,
Which remind me of past days.
Whither am I wandering alone?
What am I longing for these days? [5)]

봄에 대한 시

하느님은 항상 봄을 보내시고,
봄은 우리에게 새 삶을 가져다준다.
보라! 신선한 잎사귀, 아름다운 꽃들, 그리고 봄,
우리에게 신선함과 생명의 부활을 보여주네.

그러나 창가에서 남편을 기다리는

이웃 여자를 보라.
우리 존재는 각자 불화에 시달린다,
가난, 무료함, 외로움, 슬픔 속에서.

정원의 아름다운 수선화를 보고 있자니,
지나간 날들이 생각난다.
나는 홀로 어디로 부유하고 있나?
나는 무엇을 그리워하고 있나?[6)]

You Will Meet Them

Lonesome? Never say it again;
   But, cry alone! Cry alone!
The frogs cry out together,
   Following the first one.

Pessimistic? Never say it again;
   But, laugh alone! Laugh alone!
The mountain lilies bloom out together,
   Following the first one.

Go round the world, friends!
   With laughter and also tears;
Then from some part of the earth,

You will meet them with their ears.

(From my diary) [7]

너는 그들을 만날 것이다

외롭다고? 다시는 그런 말 말라.
　대신, 혼자 울어라! 혼자 울어라!
개구리 떼가 운다,
　첫 번째 녀석을 따라.

비관적이라고? 다시는 그런 말 말라.
　대신, 혼자 웃어라! 혼자 웃어라!
산(山) 백합들이 밭을 이뤄 피어난다,
　첫 번째 꽃을 따라.

세상을 돌아다녀라, 친구들아!
　웃음과 눈물과 함께.
그러면 지구 어느 한 곳에서,
　그들은 그 소리와 마주하게 될 것이다.

(내 일기에서) [8]

양주동의 시 「소곡」, 이 제목을 한흑구는 「Life And Death」라 번역했다.

소곡(小曲)

삶이란 무엇? 빛이며
운동(運動)이며, 그것의 조화(調和) -
보라, 창공(蒼空)에 날려가는
하얀 새 두 마리.
구름 속으로
뜰 앞에 꽃 한 송이
절로 진다.

오 죽음은! 소리며,
정지(靜止)며, 그것의 전율(戰慄) -
들어라, 대지(大地) 위에 흩날리는
낙화(落花)의 울음을. [9]

Life And Death

What is life?
It is motion;
It is color;
And it is harmony;
Behold, the blue sky
Where two white birds are flying!

I see a fallen flower

In a gloomy garden.

Oh, what is death?
It is rest;
It is the last sound;
And it is horror;
Hear, the cry, of a fallen flower
Which shocks the heart of the ground. [10]

 한흑구가《노스파크대학신문》에 'Korean Poems'로 조선의 고시조 두 편을 영역해 발표한 날짜는 1929년 11월 13일이다. 한국인이 쓴 미국 이민소설의 효시로 불리는 강용흘의 영문 장편소설『The Grass Roof 초당(草堂)』은 1931년 미국에서 출간된다.『The Grass Roof』가 그때 미국과 유럽의 독자들에게 호평을 받으며 널리 이름을 날리는 미덕의 하나는 소설 속에 조선의 고시조들을 맛깔나게 영역해 적절히 배치했다는 점이다.

 한흑구가 간택한 두 편 중 하나는, 조선 제9대 임금 성종의 형 월산대군이 남긴 유일한 시조 '추강에 밤이 드니 물결이 차노매라/낚시 드리우니 고기 아니 무노매라/무심한 달빛만 가득 싣고서 빈 배 홀로 오노매라'이다. 권력욕과 물욕을 넘어선 유유자적이 빈 배의 달빛처럼 넘쳐나는 작품이다. 이 시조를 골라잡은 시카고의 젊은 시인은 그의 인생 후반기부터 눈을 감는 날까지 포항 바닷가에서 세속적 명리를 등지고 낚시도 드리우며 은둔의 사색가로 살아가는데…….

 또 한 편은 조선시대의 손꼽히는 여류시인 계랑의 시조이다. 계랑은 신분이 기생이었다. 사대부 사내들과 어울리고 사귀었다. 허균(1569-1618), 이귀(1557-1633), 유희경(1545-1636) 등이다. 특히 유희경과 각별한 관계를 맺어, 떠나간 그의 소식이 끊겼어도 '이화우~' 노래를 짓고는 절개를 지켰다고 한다. 이 시조를 골라

잡은 한흑구는 무슨 생각을 했을까. 순정한 우정을 나눈 첫사랑의 루스 알바가 아직은 스웨덴으로 떠나지 않은 때였는데.

이화우(梨花雨) 흩뿌릴 제 울며 잡고 이별한 임
추풍낙엽(秋風落葉)에 저도 날 생각는가
천 리에 외로운 꿈만 오락가락 하노매.[11]

Spendthrift peach blossoms were raining down,
When after weeping embraces my lover departed.
Now in the Autumn wind the leaves drift,
And I wonder if he, too, is thinking
Thousands of miles away of the same lonesome dream
Which alone lingers, when all else is gone.[12]

1), 3), 5), 7), 9)~12) 한명수, 『흑구 한세광의 영시들』(2024, 부크크)
2), 4), 6), 8) 번역 서주희(영문학 박사, 서울대 영문학과 강사, 논문 「번역의 유토피아적 장소: 한흑구의 미국흑인 번역시를 중심으로」 등 다수)

한세광이 처음 영시를 발표한 *North Park Collge News* 1면(1929. 10. 25)
처음 발표한 영시 6편. 시의 앞에 한세광에 대하여 편집자가 소개하는 글이 있다. – 한명수, 앞의 책

258번째 흥사단 단우 한흑구의 고언(苦言), "수양을 넘어 실제적 진취로 나아간다면!"

시카고에서 꼬박 한 해를 보낸 1930년 새봄, 한세광(흑구)은 흥사단에 들어갔다. 아버지가 권유한 것이 아니었다. 네 인생은 네가 개척하는 거다. 이 원칙을 솔선수범 준수하는 한승곤은 아들의 삶에 간섭하지 않는 아버지였다.

미국에 와서 한 해를 보냈으나 한 번도 필명으로 '흑구'를 내지 않았고 여전히 '흑구'를 가슴속에 보듬은 한세광, 그의 흥사단 단우 번호는 258. 입단서류는 우편으로 로스앤젤레스의 흥사단 본부로 띄웠다.

다음 글은 1930년 2월 20일 '단제(團弟) 한세광 배상'으로 흥사단 본부의 최희송에게 보낸 편지이다.

> 희송 형.
>
> 이사부(理事部) 발(發) 제89호의 공함(公函)은 작도(昨度)에 받았습니다.
>
> 그동안 통지를 못하게 된 것은 보고 용지가 없으므로 그만두었습니다. 얼마 전에 반장 주간께 송달하라는 송서(送書)를 하였으니까 올 줄 압니다.
>
> 역시 한 모양으로 학업을 계속 중에 있습니다.
>
> 아직 단(團)에 대하여 특별히 일을 하지 못하는 것을 자신으로도 유감으로 생각합니다. 그렇다고 단에 대하여 불충실한 것은 절대 아닙니다. 모든 것이 실력준비를 요하는 이상 좀 더 신중하여야 할 것이라 생각합니다. 특히 목전(目前)에서 신뢰할 동지를 권하여 실력준비 운동에 있는 우리의 동지를 많이 모이기를 힘씁니다.
>
> 그 외 의무는 하시(下示)하는 대로 실행위계(實行爲計)입니다.[1]

이 편지에서 '역시 한 모양으로 학업을 계속 중'이란 말은 고학으로 노스파크대학을 계속 다니고 있다는 뜻이었다. 대공황의 거대한 '검은 보자기'가 미국 사회를 덮치고 있어도 학비를 모을 만한 허드렛일 자리는 쥐구멍처럼 뚫려 있었다. 그것이 한흑구에게는 숨구멍과 진배없었다.

1929년 10월의 '검은 목요일' 이후로 세 해 동안 미국 경제는 시가 총액의 88.88퍼센트가 증발한다. 1934년에 가야 비로소 악화일로의 고비를 넘어서게 된다. 숨구멍을 찾지 못한 고학 유학생은 학업을 포기할 수밖에 없었다. 만약 그가 흥사단 단우라면 '단우 회비 성실 납부'를 만만찮은 부담으로 떠안아야 했다. 이러한 사정은 1931년 5월 8일 한흑구가 최희송에게 보낸 편지에서 엿볼 수 있다.

> 오랫동안 글을 드리지 못하였습니다. 역시 분주한 생활에 불민한 탓이라고 용서하십시오.
> 작년도 의무금(義務金)을 내지 못하였으나 입단 즉년(卽年)에는 면제되는 듯하와 묵과(默過) 중에 있습니다. 하시(下示)하시기를 바랍니다.
> 그리고 금년도 의무금 10원에 대해서는 반감(反減)하여 주시도록 이사부(理事部)에 청합니다. 역시 결의하시고 하시하심을 바라나이다.
> 돈으로 하여금 인간의 존재가 조그만 스페이스를 차지하게 되는 것은 매우 현대인으로서 우려할 바라고 생각합니다. 물자적, 유형적 의무는 불충분할지라도 정신적 의무만은 늘 충실하도록 힘씁니다.
> 그 다음 사진과 건강진단서에 대하여도 너무도 불민한 감을 많이 느끼고 있습니다. 수일 전에 사진 1매를 찍었던 것을 동봉합니다. 진단서는 방학간(放學間)에 보내겠습니다.[2)]

흥사단 단우로 가입하려면 얼굴 사진과 함께 의사의 건강진단서도 제출해야 한다는 점을 알려주는 이 편지는, 청년시인이 흥사단 단우로서 흥사단에 보내는 날카로운 비판적 고언(苦言)도 담고 있다.

> 모든 것을 수양(修養) 그것만을 위하는 데서 한 걸음 실제적 활동을 준비하는 곳으로 진취(進取)하였으면 합니다. 수양에도 동적(動的) 수양과 정적(靜的) 수양이 있지 않습니까? 이론적과 실제적이겠지요?
> 　세상이 자꾸 움직이면서 있으니까 역시 수양도 움직임에 대상적(對象的)이 되어야 할 듯합니다.
> 　물론 민족적으로 우리는 아직 성과적 증명을 수확하지 못하고 일을 성상(成上)하기 위하여 단결·수양 등의 표어를 갖고 있는 과정에 있을 뿐이겠습니다. 그리고 우리는 합(合)한 후에도 수양이 부족하여 아무 성과적 변증물(辨證物)을 대중에게 집착(執着)하지 못하고 다소 해소(解消)의 분신적·소극적 결과를 거듭하는 듯하외다.[3]

이날 편지에서 주목할 것은 두 가지이다. 하나는 서두에 적은 '분주한 생활'이고, 또 하나는 '실제적 활동을 준비하는 진취'이다. '분주'와 '진취'에 쫓긴 한흑구는 1930년 가을과 겨울을 건너뛰어 1931년 5월에 이르러서야 '작년도 의무금을 면제'해주고 '금년도 의무금을 반감'해주기를 청원하는 편지 속에다 그동안 미뤄둔 자신의 얼굴 사진 1매를 동봉했는데……

1930년 후반기의 한흑구를 분주 속으로 몰아간 일은 학업, 고학의 돈벌이, 글쓰기 이외에 또 다른 무엇이 있었을까. 연애마저 멀리하기로 다짐한 청년시인에게? '진취'가 답이다.

---

1)~3) 민충환 엮음, 『한흑구문학선집2』(아르코, 2012)

인간사회의 모순을 수술하려는
우리의 수술대에 환자를 눕혀 놓고

시카고의 사계절을 다 호흡하고 다시 두 계절을 더 지낸 1930년 가을, 한흑구는 세계적 자본주의 도시의 화려한 풍모와 풍요한 물질과 갖가지 선진 문물, 영문학의 새로운 세계와 혼혈적 다양체 문화를 보고 듣고 겪고 공부했다. 변화와 풍요의 밑바닥에 깔린 신음 소리도 그 현장에서 생생히 보고 듣고 겪었다. 생존을 위해 몸부림치는 하층민들과 노동자들, 노예 처지의 흑인들과 인종 차별에 시달리는 동양인들……

대공황은 날이 갈수록 '부익부 빈익빈'을 악화시켰다. 시카고는 그 표본이었다. 더구나 타락한 권력은 알 카포네 같은 갱단과 결탁해 있었다. 이 열악한 인간 조건은 정의와 평등과 인권에 예민한 젊은 지식인들을 마르크시즘으로 기울게 했다. 인간 조건이 이념 성장의 토양으로 조성되면, 이념은 인간 조건을 갈아엎을 메시아로 둔갑하는 것이다. 젊은 그들의 뜨거운 토론장에는 때마침 러시아에서 불어온 볼셰비키 혁명의 바람이 스며들고 있었다.

> 시카고는 시인을 미치게 하였고
> 사회학자를 잠 못 자게 하였나니
> 카포네의 총대는 호텔 문을 잠그고
> 시장은 카포네의 축배를 마시었다.
>
> 돈 많은 사람의 놀이터,
> 예술에게 이혼당한 그림쟁이의 놀이터,

음악가의 엉덩이춤,
그 속에도 내 동무들 무겁게 숙인 머리.

시카고는 나의 둘째 고향!
쌈 많은 그곳, 술 많은 그곳,
돈 많은 그곳, 일자리 없는 사람들 —
그 중에도 내 동무, 그리고 붉은 깃발이 날리는 곳.

동무여! 시카고에 있는 동무여!
그곳은 세상에 둘도 없는
현대인의 수술실이어니,
굶고, 배고파도
그곳에 우리의 수술대가 놓였고,
우리의 환자가 뉘여 있다.

「시카고 사과연구 동지들에게」라는 이 시는 한세광의 이름으로 1932년 4월 21일 《신한민보》에 실리는데, 이때 그는 시카고를 떠나 필리델피아에서 템플대학을 다니고 있지만, 이 시를 제대로 독해하고 감상하려면 '1930년 가을 시카고에서' 청년시인이 '분주하게' 뛰어다녀야 했던 '특별한 진취의 사정'을 알아야 한다.

특별한 진취의 사정이란 시의 제목에 나오는 '사과연구' 활동이었다. '사과연구'는 '재미 한인 사회과학연구회'를 줄인 말이다. 1930년 10월 18일 창립했다. 강해주, 김고려, 김호철, 김태선, 편민영, 이승철, 이태호, 한흑구 등 젊은 지식인이 발기인에 이름을 올렸다.

그들이 내놓은 취지문의 서두는 소박하고 밋밋했다. "과학상에 남보다 뒤떨어진 우리는 기관이 있어야 할 것을 느끼고 단체적으로 사회과학을 연구하며 사상 문제를, 뜻을 같이하기로 맹약하고" 이에 사회과학연구회를 조직하는 것이라 밝혔다. 그렇다면 무엇을 할 것인가? 이 목소리는 거창하고 강경했다.

> 우리는 세계 무산계급의 부르짖음에 보조를 같이하여 약소민족의 설움을 위하여 투쟁 전선에 나아갈 것이다.¹⁾

시「시카고의 사과연구 동지들에게」의 '우리'는 취지문의 '우리'와 동일하다. 그래서 '우리'에게 '환자'는 무산계급과 약소민족을 억압하는 사회적 모순이니, 이것을 수술할 '수술대'를 비록 궁핍에 시달릴지라도('굶고 배고파도') 지켜내자는 것이다.

사회과학연구회는 1930년대 미주 한인사회에 주목할 만한 족적을 남기는 단체로 성장하지 못하고 두세 해 더 지나는 사이에 조용히 자취를 감추지만, 창립의 열정이 뜨거웠던 1930년 가을부터 몇 계절에 걸쳐 그들은 정기적 회합을 열었다. 독서와 토론이 활발하고 민족 현실과 세계 정세에 대한 논의도 날카로웠다. 한흑구의 글에도 사회과학연구회 시기의 학습 흔적이 선명히 남아 있다.

> 자본주의 국가를 재건하려는 금일의 무솔리니는 젊은 시절의 부름을 받아 고아원에서 도망 나왔다. 막심 고리끼는 지하생활에서 해상생활로 나왔다. 초부로의 링컨은 도끼를 버리고 노예해방운동선에 나섰다. 스탈린, 레닌 등은 시베리아 옥중에서 젊은 시절을 보냈다. 바이런은 모국을 버리고 남국에 방랑하였다. 마르크스는 런던 빈민굴에서 세상을 규시(窺視)하였다.

1933년 5월《동광》에 실리는 한흑구의 산문「젊은 시절」에 등장한 이름들이다. 런던의 골방에서 세계를 엿살폈던(규시) 마르크스를 비롯해 레닌, 막심 고리키, 스탈린 등 시대와 역사를 움직인 좌파 거두에 관한 글을 그는 '사과연구' 활동기에 링컨, 바이런 등과 함께 읽었던 것이다.

   도산 안창호가 1913년 조직한 미주지역 흥사단을 배경으로 1926년 1월 평양에 중심을 두고 결성한 수양동우회(修養同友會)에서 그해 5월 기관지 성격으로 창간한 종합지가 《동광(東光)》이다. 당시 조선 문단을 카프동맹이 주도했다시피 경성에 사회주의운동을 표방한 잡지들이 드세게 나선 가운데 《동광》은 민족운동지라는 점을 분명히 내세웠다. 서울 서대문구에 소재한 동광사에서 발행하고, 평양 출신으로 한국 자유시를 개벽한 시인 주요한이 편집인 겸 발행인을 맡았다.

   재미(在美) 청년시인 한흑구가 아직은 '한세광'의 이름으로 《동광》의 주요한에게 맨 처음 국제우편으로 자신의 시를 띄우는 때는 1931년 가을이다. 태평양을 건너간 시는 그해 12월에 한글 활자 인쇄로 태어나고……

《동광》 창간호 표지

---

1) 〈사회과학연구회창립〉, 《신한민보》, 1930. 10. 30.

정열의 시인 바이런의 기백으로
1931년 새해의 먼동을 맞다

> 자, 나의 작은 배여, 너와 더불어
> 어서 가자, 거친 바다를 가로질러
> 다시 고향만 아니라면
> 어느 나라로 날 싣고 가든 상관없다.
> — 바이런의 「이별」에서

'잉크 한 방울이 백만 명의 사람을 생각하게 할 수도 있다'라는 자부심을 품었던 19세기 영국 낭만주의 시인 조지 고든 바이런, 그는 1788년에 태어나 서른여섯 살에 생을 마쳤다. 짧은 생애에서 바이런은 당대의 누추한 속박이나 거추장스러운 억압을 거부했다. 귀족계급이나 사교계의 위선을 가차 없이 비꼬았다. 자유분방의 상징 같은 존재였다. 속물적 인간의 역겨움만 아니라, 사회와 국가의 문제를 비판하고 질타했다. 그것을 시인의 사명으로 믿었다.

휘트먼을 흠모하는 청년시인 한흑구는 바이런을 사랑했다.

> 나는 시인 가운데서 바이런을 가장 사랑한다. 그는 워즈워스나 롱펠로 같이 많은 사람들에게 사랑받을 민요를 쓰지 않았고, 키츠 같이 고상하고 아름다운 것을 노래하지도 않았고, 브라운 같이 인간의 영혼을 노래하지도 않았고, 하이네 같이 인생의 아름다운 사랑을 노래하지도 않았다. 그러나 그는 인생의 정열을 노래하였고 청춘의 아름다운 생명을 노래하였다.[1]

1930년이 사라지는 제야(除夜)의 깊은 밤, 시카고의 한흑구는 혼자였다. 아버지 한승곤은 뉴욕에 머물고 있었다. 그해 세밑(12월 27일-28일) 뉴욕 한인기독교회에서 열리는 제17차 흥사단 뉴욕대회의 주석으로서 대회장을 맡은 것이었다.

청년시인은 도무지 잠을 이룰 수가 없었다. 하얗게 깨어 있었다. 이제 새해가 열리고 두 달이 더 지나면 미국에 들어온 지도 꼬박 두 해를 채운다. 노스파크대학은 세 학기를 다녔다. 강의 시간에 배우는 것보다 독서와 사색, 쓰기와 대화가 더 알찬 지식으로 쌓이고 있었다. 사회과학연구회는 흥사단의 빈자리를 채워주는 모임이었다. 하지만 흥사단을 이탈할 생각은 털끝만큼도 해본 적이 없었다. 그는 무실역행의 수양을 실천하면서 독립의 실력을 배양하겠다는 정신과 신념을 초지일관 빳빳이 견지하고 있었다. 넉 달쯤 지난 8월 24일, 시카고 한인교회에서 열린 남강 이승훈 추도식에 참석하여 뜨거운 눈물을 흘렸던 것도 평소에 남강 선생을 도산 선생처럼 존경해온 진심의 발현이었다.

> 첫째, 마음과 몸을 다하여 일함으로써 각 사회 인중(人衆)의 신앙을 받는 지경에 이르는 질실(質實)한 진인(眞人)이 되라.
> 둘째, 가면이 아니요 진실로 일하는 사람이 있거든 그에 대하여는 혈기방강(血氣方强)의 청년들까지라도 그를 정당히 경애하고 숭앙하며 사회중심의 추세를 지게 하라.

남강 선생이 조선 사람들에게 당부한 말씀이다. 언제였나. 한흑구는 숭인학교 시절에 친구들과 읽은 적이 있었다. 남강 선생의 그 당부가 곧 도산 선생의 무실역행이었다.

이승훈(李昇薰)은 1864년 평북 정주의 빈한한 집에서 태어나 어려서 부모를 여의고 한학을 조금 배운 소년 시절에 상점의 사환으로 일하다 이윽고 사업의 길로 나아가 대성한 즈음 안창호와 만나 신민회에 가입했다. 오산학교를 설립하여 교장으로 헌신하고 '105인 사건'으로는 징역 6년의 고초를 이겨내며 3·1운동 독립선언에서 민족대표 33인의 일원으로 앞장섰다.

이승훈은 안창호나 한승곤보다 훨씬 나이가 많아도 서로 존중하는 동지였다. 한승곤이 평양 신학교 졸업을 앞둔 1915년에 이승훈은 쉰두 살로 입학했다. 이 학교가 기독교계 3·1운동의 중추적 역할을 맡은 길선주, 유여대, 양전백, 김병조 목사를 배출했다.

남강 선생 추모식이 열린 그날(8월 24일) 저녁, 한흑구는 당신의 영전에 바치는 추모시를 지었다. 「고 남강 선생을 도상함」, 1930년 10월 9일《신한민보》에 실린 그 시의 뒷부분 두 연이다.

> 선생은 가시고 못 오셔도
> 뜨거운 선생의 사랑은 끝없어
> 바람이 되고 냇물이 되어
> 쓸쓸한 뜰 밖에서 부르실걸—
>
> 가슴 복판에 우러나는 정을
> 붓으로 다 할 수 없사오니—
> 태평양의 물결이 잠잠하여
> 말할 수 없는 우리의 정을 전하여라!

1930년 제야를 홀로 지키는 한흑구는 넉 달 전 남강 선생의 영전에 바친 결의를 그대로 보듬고 있었다. 1931년 신새벽을 맞이하는 시 「첫 동이 틀 때」에도 투영돼 있다.

먼저, 그는 웅혼한 시인 바이런을 초대하여 사라져가는 1930년의 마지막 꼬리를 무한의 허공 속으로 던져버린다.

열정의 시인 바이런같이
내 맘의 불꽃이 향수에 탈 때—
나는 몇 번이나 이 불덩이 표면 위에서
식어져 가는 인생을 탓하였더냐!

궤도를 밟으며 돌아가는
이 조그만 불덩이의 표면 위에 서서
나는 1930의 한 토레의 실꾸리를
무한한 공간을 향하여 던지었나니—

이렇게 지구의 표면 위에 서서 한 해의 끄트머리를 무한의 허공 속으로 던져버린 그는 헛되이 들뜨는 것이 아니라 거꾸로 새해 첫 먼동이 비추는 험악한 현실을 직시한다.

첫 동은 지평선 위에 빗기었나니
횡포, 살육, 기근, 그리고 저 요부(妖婦)를—
인생의 배후의 텅 비인 거칠은 들판을

그리고 한흑구는 기필코 '거칠은 들판'으로 달려나가야 한다는 결의를 질주마(疾走馬)의 갈기처럼 곤추세운다.

넘어진 넘어진 네 몸뚱이를
일으키지 않으려는가 않으려는가!

「첫 동이 틀 때」를 한흑구는 시가고 힌인교회의 새해맞이 모임에서 낭송하고, 다음날 흥사단 중서부대회(시카고) 임원(서기)으로 선출되어 같은 교회에 마련된 시카고학생회 주최 학생영신대회에서 한 번 더 낭송했다. 그리고 이 시가 《우라키》에 실리는 것은 1931년 7월이다.

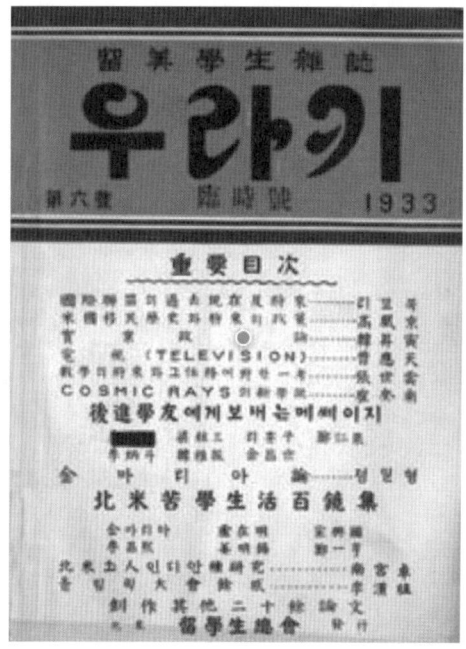

《우라키》 표지. '우라키'는 로키산맥의 'Rocky'를 표음한 제호이다.

1) 한흑구의 「문예독어록」에서

나이아가라 폭포의 위대한 진리는
흐르고 모이는 합(合)이거늘, 동지들이여!

한흑구는 1931년에도 굳건히 일어나서 고달픈 고학을 감당해나갔다. 바이런을 사랑하는 청년시인은 그러나 바이런 같은 자유분방으로 청춘을 낭비하는 생활은 철저히 멀리해왔다. 무실역행의 길을 걸어가며 민족독립을 꿈꾸는 흥사단 단우로서 조금도 부끄럽지 않아야 했다. 그의 건실한 생활 모습은 영시(英詩)를 창작하는 열정에도 나타나 있다.

> 노스파크대학 영문과에 적을 두고 밤낮 영어를 배우고 도미 초년부터 영어시를 지어 조선심(朝鮮心)을 표현해 보겠다는 결심에서 매일 5시간씩 노동을 하던 몸으로써 밤 세시까지 영시(英詩)의 라임을 맞추기 위하여 자전을 다 치던 때는 1930년이었다.[1)]

영문학 공부, 고학 노동, 모국어로 시와 산문 쓰기, 영시 쓰기, 흥사단과 사회과학연구회 활동으로 청춘의 한 줌도 헛되이 낭비하지 않는 한흑구는 1931년 여름 무렵부터 《우라키》에도 시를 발표한다.

'우라키'는 로키산맥의 '로키 Rocky'를 미국인의 발음에 가장 가깝게 표음한 말이다. 1880년대에 유길준, 윤치호, 서재필 등이 첫발을 들였던 미국 유학생은 1919년 1월 일흔일곱 명을 헤아리게 되었다. 이때 북미조선인유학생총회를 결성한 유학생들은 1920년대 들어 인원이 크게 불어나자 1925년 한글판《우리키》와 영어판《영문월보》를 창간했다. 《우리키》는 선진문물을 소개하고 미래사회의 방향을 제시하는 계몽주의적 잡지로, 경성과 평양에 총판을 두고 1937년 7월까지 발간되었다. 《영문월보》는 유학생과 외국인을 위한 홍보용으로 제작되었다. 한세광(흑구)은 1931년 6월호 《우리키》에 처음 시를 선보인 뒤로 창작시, 번역시, 번역소설, 평문 등을 발표했다. 《신한민보》와 함께 《우리키》는 청년시인에게 귀중한 지면이었다.

1931년 7월호 《우리키》에 실린 한흑구의 시 두 편 중 「여유」의 2연, 3연이다.

> 어떤 때는 아무 생각없이
> 일터에서 기계와 같이 헤매고—
> 어떤 때는 번잡한 두뇌로
> 싹— 하고 모터와 같이 주저앉지 않는가
>
> 나에게 여유가 있었으면!
> 좀 더 인생을 구극할—
> 세상은 복잡한 난사들
> 그대로 엉키며 돌아가지 않는가!

대공황의 검은 보자기를 덮어쓰고 고장 생긴 '모터와 같이' 주저앉기도 하며 숨구멍을 찾아 허덕이는 고학의 청년시인에게 정녕 '여유'는 허락되지 않을 것인가! 인생의 진선미를 사유하며 추구하는 여유, 복잡하고 어지러운 일들이 얽히고설켜 돌아가는 세상을 깊이 연구할 여유. 그 축복의 시간은 대체 어디에 있단 말인가? 그는 휘트먼 같은 방랑의 여행을 떠올리곤 했다.

한승곤 목사와 한흑구 시인, 아버지와 아들은 어떡하든 더 트인 숨구멍을 찾아야 했다. 쥐꼬리 같은 목사의 월급, 빵조각 같은 허드레 노동의 주급, 두 봉투를 합치면 굶고 헐벗지야 않아도 인간다운 생활을 영위하거나 흥사단의 사명을 실천할 밑천에는 턱없이 모자랐다.

목사가 장사 보따리를 꾸리고 나섰다. 같은 상품이 이 도시에서는 좀 싸고 저 도시에서는 좀 비싸고, 그 반대의 경우도 있었다. 도산 안창호가 미국에 들어와 서부 지역 농장에서 노동했던 것과 같은 과정을 거쳤던 한승곤에게 상업적 행보는 쑥스럽거나 부담스럽지 않은 일이었다.

1931년 여름에 드는 무렵, 한흑구는 두 해 동안 네 학기를 다닌 노스파크대학에 휴학계를 제출했다. 그리고 캐나다로 장사하러 떠나는 아버지와 함께 두 달 넘는 일정으로 길을 나섰다. 다시 시카고로 돌아올 것인가? 기약은 없었다. 한흑구가 미주 대륙을 방랑하는 여행의 문을 열었다. 그해 11월 21일 로스앤젤레스의 흥사단 단우 김병연에게 보낸 그의 편지에도 나와 있다.

> 김병연 형!
> 저간에 소식을 들으니 김형이 겸무 일을 맡아 보신다고 하오니 감사하며, 아직 대면치 못한 것을 유감으로 생각하오며 초필을 들었습니다.
> 단무(團務)의 다망하심 중에도 안과(安過)이겠지요? 제(弟)는 거하휴(去夏休)에 시카고를 떠나 부친과 같이 캐나다로 상업 겸 여행을 하고 거십월 초순에 귀래해서 이곳저곳 방랑하다가 워싱톤을 거쳐 이곳 볼티모어까지 왔습니다.[2)]

거하휴(去夏休), 지난 여름방학, 그러니까 1931년 여름에 한흑구는 캐나다 토론토 가는 여정에 8월 1일 나이아가라 폭포를 찾았다. 젊은 시심(詩心)에 장엄한 폭포 같은 언어들이 떨어져 시 「나이아가라 폭포여!」를 이루었다.

> 그대의 이름을 처음 듣던 때는
> 소학교 지리 선생께
> 꾸지람 듣던 때……

내 이제 이역의 홀몸으로
네 발 옆에 지나다 섰나니.
아! 장엄한 그대의 소리!
남성적 그대의 얼굴!
너는 영원한 남아의 상징이로다.

시의 1연이다. 3연에서 청년시인은 세상의 잘난 자, 못난 자, 모두를 소환한다.

시인이여!
이곳에 오라!
화가여!
이곳에 오라!
철학가든 종교가든 음악가든
영웅이든 소인이든
세상에 움직이는 모든 사람아!
너희는 이곳에 오라!

시인은 무슨 연유로 세상의 모든 사람을 나이아가라 폭포로 불러 모으려는가? 한흑구의 본심은 특히 우리 민족의 지도자들과 지식인들을 그곳으로 불러 모으고 싶었을 것이다. 피 끓는 시인은 미국에서도, 중국에서도, 그리고 고국에서도 분열을 멈출 줄 모르는 그들을 그곳에 모두 다 집합시키고 싶었을 것이다. 그때 폭포 같은 목소리로 이렇게 일갈하고 싶었을 것이다.

"나이아가라 폭포는 물줄기들의 합(合)이 창조한 위대한 천품이란 사실을, 당신들도 나처럼 똑똑히 보란 말이오!"

그래서 시인은 마지막 연에 쓴다.

> 위대하다! 나이아가라여!
> 너는 오로지 이 땅의 남성이로다.
> 흐르고 합하고 모이어
> 네 몸을 이루었나니……
> 이 진리! 이 귀한 교훈만은……
> 내 이제 깨달았도다.

이 시는 다른 지면에도 몇 자를 수정해 발표하지만 1931년 9월 17일 《신한민보》에 처음 실린 때는 '나이아가라 폭포를 지나며, 동지들에게 보내노라! 캐나다 토론토에서'라는 메모가 원고 끝에 날짜(8월 1일)와 같이 달려 있었다.

8월 4일 혼자서 버펄로의 밤거리를 배회하는 한흑구의 시심에는 '나이아가라 폭포'와 사뭇 다른 언어들이 고여 있었다. 생계를 도모하며 길을 떠난 나그네의 고적한 심혼이 좋은 시를 낳았다. 1931년 8월 27일 《신한민보》에 실린 그의 시 「방랑잡금」 첫 연이다.

> 피곤한 다리
> 이곳까지 끌고 왔음은
> 행여 살 길이 있는가!
> 가는 곳 모두 낯설은 곳.
> 내 몸조차 뜬 몸이려니
> 포구에 닻 던지는 소리
> 내 가슴 복판에 철렁 떨어지는 듯.

오호, 낯선 거리를 쓸쓸히 거니는 '가슴 복판'으로 '포구에 닻 던지는 소리'가 떨어지다니! 그러나 정박할 수 없는 배와 같은 신세이다. '살 길'을 찾아 떠나온 '피곤한 다리'도 말리지 못하는 젊은 시인의 방랑, 휘트먼이 걸었던 길을 떠올려보는 그의 발길을 붙잡아 세울 닻이 있었으랴. 다만, 한밤에 홀로 앉아 몇 번이나 눈을 감았다 쓰는 영문(英文) 편지에는 심회 덩어리의 한 자락을 드러낼 것이었다. 아늑한 기쁨과 눅눅한 슬픔의 첫사랑을 남기고 가족과 함께 스웨덴으로 돌아간 루스 알바…….

그런데 한흑구는 어쩌면 1931년 여름방학 때 아버지에게서 배워둔 '상업 요령'을 그로부터 무려 마흔 해쯤 지난 뒤에도 꼬깃꼬깃 간직하는 사람이다. 아니다. 아득한 추억의 갈피에 박힌 박제(剝製)에다 별안간 생명을 불어넣는 주술을 부린 것인지 모른다. 1971년 여름이다. 포항에서 아이들을 가르치는 전남 장흥 출신의 아동문학가 김녹촌(1927-2012)과 호남 여행을 준비하는 과정에 그가 뜻밖의 엉뚱한 제안을 내놓는다.

> 한흑구 선생님을 추억할 때 가장 깊은 것이 선생님을 모시고 다녀온 4박5일의 호남지방 순회여행이다. 나는 그 여행을 통해서 선생님께선 서민적이고 소탈한 성품의 소유자라는 것과 그리고 철두철미한 도산정신의 신봉자요 실천자라는 것을 다시 한번 확인할 수가 있었다.
> 선생님께서 우리나라 자연산천의 아름다움을 자주 예찬하시면서도 호남지방, 특히 한국의 나폴리라고 할 수 있는 목포엘 가보지 못한 것을 못내 아쉬워하고 계셨다. 그래서 한해 여름방학에 내가 고향 갈 때 동행하자고 했더니 기꺼이 동의하시며 같이 가자고 하셨다.
> 여비는 각자 만 원을 내되, 예산이 초과하지 않도록 기차도 완행을 타고 여관도 하류 여관에 들며, 좀 고생이 되더라도 검소한 여행을 해보자고 뜻을 모

았다.

　그런데 그 합의가 이루어진 것은 그날 밤 10시경이었고, 그 다음날 아침에 부산행 완행열차를 타기로 되어 있었는데, 선생님께서 갑자기,

　"어이 녹촌이, 그 2만 원 가지고 죽도시장에 가자우."

　하시는 것이었다. 하도 의아해서,

　"밤이 늦었는데 뭐하시게요?"

　했더니,

　"이 바보야. 여행은 제 돈 가지고 하는 게 아니야. 죽도시장에서 오징어나 미역을 사가지고 부산 가서 팔고, 또 부산서 싼 것 사가지고 여수 가서 팔면 이득금이 나올 것 아니야? 그 돈으로 여행을 하자는 거야……."

　하시며 껄껄 웃으시는 것 아닌가.[3]

---

1) 한흑구의 「재미 6년간 추억 편편」(《신인문학》, 1936. 3.)
2) 한흑구의 편지에서(『한흑구문학선집2』, 아르코, 2012)
3) 김녹촌, 「잃어버린 한 시절」(《포항문학》 창간호, 1981.)

'고(苦)'를 '학(學)'하는 고학의 볼티모어에서
조선 문단에 시인으로 이름을 올리는 계절

북으로 나이아가라 폭포를 넘어서 캐나다의 토론토시에 가서 한여름 동안 살아보았다. 그때 캐나다에는 토론토대학교에서 유학을 하고 있는 한국 학생이 세 명밖에 없었다. 영국풍의 나라이지만 미국보다도 윤택한 것같이 보였다.[1]

1931년 여름을 돈벌이에 나선 아버지와 함께 캐나다 토론토에서 보낸 한흑구는 워싱턴을 거쳐 9월에 시카고로 돌아와 한동안 머물며 생애 첫 단편소설의 초고를 완성했다. 「호텔 콘」이다. 그리고 다시 볼티모어로 떠났다.

한흑구는 1931년 가을과 겨울을 볼티모어에 머물렀다. 아버지와 동행한 길이었으나 한승곤은 곧 필라델피아로 옮겼다. 1931년 11월 21일 그가 흥사단 본부의 김병연에게 쓴 편지에 적힌 주소는 '520 Park Ave, Baltimore'였다.

> 부친은 필라델피아로 가서 상업을 준비하시는 중인 것 같고, 제(弟)는 이곳에서 반일(半日) 노동을 하고 볼티모아대학에 몇 시간씩 야학을 하나 불안정한 것이외다.
> 이곳서 2월 초에는 뉴욕 구경이나 가서 하고 다시 시카고로 갔다가 내학기(來學期)에는 복교위계(復校爲計)외다.
> 어느 때나 나성에 한번 왕방(往訪)하고 싶은 것이 여러 단우 형제도 배알하고 또 이세(二世) 단민(團民)이 많다니 한번 우리의 생활을 시찰하고 싶은 생각이 늘 있습니다.
> 그곳에서 고학하는 형편이 동부나 중부보다 낫다고 하면 그곳으로 전학하

여 그곳에서 여러분과 같이 생활해 보고 싶은 생각도 있으나, 그 역(亦) 각기 실력 여하에 있는 것이니 대답하기 힘든 문의일 것이외다.[2]

마치 밤하늘이 그대로 털썩 주저앉은 것 같은 대공황의 검은 보자기 밑에 깔린 광대한 미국 땅 한 귀퉁이 볼티모어에서 낮에는 다섯 시간을 숨구멍의 노동에 바치고 밤에는 대학에 나가 수강생으로 공부하는 주경야독의 한흑구. 휘트먼을 흠모하며 나성(로스앤젤레스)으로 가는 새로운 고학의 여행을 꿈꾸는 청년시인. 미래는 불가사의한 안개의 시간이어도 뜻이 있는 곳에는 길이 있다지 않나.

'서부의 고학 상황'에 대해 김병연에게 문의하고는 즉각 자답(自答)을 내놓은 한흑구는 그 장면에서 순간적으로 전영택의 편지를 떠올리며 서부의 고학이 동부나 중부에 비해 결코 녹록지 않다고 생각했을지 모른다.

한흑구는 열다섯 살 위의 전영택과 교분이 두터웠다. 1894년 평양에서 태어난 전영택은 1919년 2월 김동인, 주요한도 함께한 '창조' 동인으로서 한국 현대문학의 개척에 이바지하고 「화수분」 같은 소설을 남긴 소설가이지만 신학 공부에 매진하는 목사였다. 문학의 끈이 아니었다면 나이로든 신앙으로든 아들 한흑구가 아니라 아버지 한승곤과 더 막역하게 지낼 사람이었다. 일본 유학을 거친 전영택은 1930년에 미국 서부로 유학을 와서 패시픽신학교에 다니면서 흥사단에도 입단하고 1932년에 평양으로 돌아갔다. 학업을 중도에 그만두고 귀국을 결심한 즈음에 그는 멀리서 고학하는 고향 후배 한흑구에게 편지를 띄웠다.

> 시카고에 있을 때 어떤 날 서부에 계시던 전영택 씨로부터 미국에 있어 고학이라는 것은 불가능하니 그만 귀국하기로 결심하셨다는 편지를 받은 일이 있었다. 이러한 편지를 받은 나는 얼마간 공통적 감정을 가졌으나 아직 도미 일천에 인내함이 좋겠다고, 고학이라는 것은 '고(苦)'를 '학(學)' 한다는 것을 인식하고 나도 참고 있다는 동정의 동서(同書)를 씨보냈던 일이 지금에 와서 나

시금 기억되는 동시에 이러한 고학난의 통정(通情)이 미국 유학생 전부의 공통적 환경이었다고 생각한다.[3]

고학이란 '고(苦)'를 '학(學)' 한다는 것으로 인식하고 있다는 한흑구의 답신은 실상 그대로 조금도 과장되지 않은 표현이었다. 시키고에서 노스파크대학의 두 해를 그가 어떻게 감당했던가. 수업을 마치고 나와 늦은 오후부터 다섯 시간을 노동에 바치고 방으로 돌아와 새벽 3시까지 영어 공부와 영시 창작에 매달린 나날이었다. '고학'을 인생의 고달픔에 대해 탐구하는 것으로 받아들인 유학생이었다.

몸이 말한다는 말이 있다. 무슨 일이든, 어떤 일과든 사람은 한번 오지게 몸에 밴 다음에는 너끈히 견뎌내는 존재이다. '고(苦)를 학(學)하는 고학'이 1931년 가을의 한흑구에게는 그런 경우로 굳어져 있었다. 이때 경성에서 발간하는 잡지 《동광》 제27호(1931년 11월)에 실린 그의 산문 「젊은 시절」은 청년시인이 자신의 양심과 신념에서 우러난 통탄과 희망을 국내외 조선 청년들에게 보내는 격문과 같았다.

동료 청년들이 엄혹한 현실 앞에 생기와 정열을 잃고 쉽게 낙망하여 '환멸과 절망 속에 벼랑타리 길을 걷고 마는 것'을 못내 안타까워하면서 무엇보다도 '내가 갈 길, 내가 살 길, 내가 싸울 길을 인식할 때 우리에게는 생의 희망과 고뇌의 가치와 승리의 환희가 있는 것'을 역설하고 있다. 이것이 스물두 살 한흑구의 정신적 진정성이었다.

우리는 먼저 세상을 인식하고 내가 젊었고, 세상이 젊었다는 것을 재의식할 것이 아니냐! 삶을 긍정하고 살아 있는 이상 우리는 탄력을 갖고 움직여야 할 것이다.

1931년 가을과 겨울의 한흑구는 아버지의 상업(商業)에 동행하는 여행으로 '고(苦)의 여유'를 부리느라 두세 달포에 걸쳐 빼먹었던 인고(忍苦)의 시간을 벌충하듯 볼티모어에서 '노동과 수강'으로 혼자 보내는 가운데 '한세광'이란 이름으로 《동광》 제28호(1931년 12월)에 처음으로 시를 선보인다. 시카고에서 써둔 시 「밤 전차 안에서」. 그때 조선 시단에는 이채로운 수작이다.

  자정이 넘어서
  홀스테드 전차를 탔네.
  차 안에는
  일터로부터 돌아오는 노동자들,
  껌둥이, 파란(波蘭) 여자, 애란(愛蘭) 색시.

  노예에서 해방된 껌둥이
  오늘은 다시 돈의 철쇄(鐵鎖)에…
  러시아서 해방된 파란 여자
  오늘은 다시 돈의 속박에…
  녹색치마의 애란 색시
  오늘도 그 녹색 치마…

 시의 1연과 2연이다. 시인은 고학의 야간 노동을 마치고 귀가하는 전차에 동승한 흑인, 폴란드 여자, 아일랜드 색시를 넌지시 지켜본다. 자신과 마찬가지로 돈을 벌기 위해 고생하는 만국의 무산계급 노동자들이다. '하품하며 끄덕끄덕 졸고 앉았던 모두가 내려버리고'(3연), 혼자 덩그러니 남아 전차의 덜커덩거리는 소리를 들으며 썰렁한 방으로 돌아와 누운(4연) 시인은 그제야 문득 '그들은 명절이 있고 설 곳이 있'지만 '나는 송곳 하나 꽂을 땅'도 없다는 사실을 절감하고 통탄하며 시를 맺는다.

나는 송곳 하나 꽂을 땅도—
아! 나는 송곳 하나 꽂을 땅도….

시인의 고국은 식민지배를 받고 있으니 그에게는 '송곳 하나 꽂을 땅'조차 없다는 것이다.

시카고의 밤 전차가 경성의 한글 활자로 쓸쓸히 달려가는 세모, 이제 곧 열리는 1932년 새해는 '송곳 하나 꽂을 땅'이 없는 그의 청춘을 또 어디로 데려갈 것인가. 김병연에게 보낸 편지에 썼다시피 시카고로 돌아가 노스파크대학에 복학하게 될지, 아니면 또 다른 낯선 도시로 가서 '고학난의 통정'에 동참하게 될지…….

1) 한흑구의 「여름이 오면」에서
2) 한흑구의 편지에서(앞의 책)
3) 한흑구의 「재미 6년간 추억 편편」에서(앞의 책)

낟가리 쌓은 들판의 북풍을 생각하며
송곳 하나 꽂듯이 필라델피아 템플대학으로

1932년 새해에 한흑구는 노스파크대학으로 돌아가지 않았다. 볼티모어를 떠나 필라델피아로 갔다. 대학도 옮기고 학과도 바꾸었다. 아버지가 자리를 잡고 부른 것이었다. 1932년 2월 12일 김병연에게 쓴 편지에 그러한 변화가 잘 담겨 있다.

> 단제(團弟)는 볼티모아를 떠나 이곳 비성(費城)으로 이교(移校)하고 가친주(家親主)와 동거합니다. 얼마 전부터 Temple University의 School of Journalism에 입학하여, 과거 2년간 학득(學得)한 영문과를 중지하고, 신문학을 시작했습니다. 다행히 학비 면제의 Scholarship을 얻어서 고학을 근근 계속하게 된 형편이올시다.[1]

이 편지에 나오는 '가친주와 동거'란 말 그대로 '아버지와 같이 지낸다'라는 뜻이었다. 하지만 한승곤은 흥사단 복무와 목회 시무에 쫓겨 머잖아 필라델피아를 떠나게 된다.

한흑구는 템플대학 신문학과에 장학생으로 입학한 즈음부터 흥사단 계열의 《동광》에 '한세광'의 이름으로 자주 등장한다. 산문 「젊은 시절」과 시 「밤 전차 안에서」가 발판이 되었지만, 《동광》을 주재하는 주요한 시인이 고향(평양) 후배이며 흥사단 단체인 그의 문재(文才)를 북돋우는 과정에는 아픈 사연도 있었다.

시의 검열이 가혹해지고 있었다. 1931년 시카고에 있을 때 「대륙방랑시편」이라는 제목 아래 시 열 편을 써서 《동광》지의 주간 주요한 씨에게 보낸 일이 있었다. 그 가운데에 「조국」이라는 일 편을 써놓았으나, 빼앗긴 조국을 그대로 조국이라고 쓰면 검열 통과 같은 문제도 안 되고, 나를 잡아 가두려고 할 것은 뻔한 노릇이었다. 그래서 선수를 써서 「故×」라고 시제 한 자를 ×자로 넣어서 카무플라즈해 버렸다. 요행히 통과를 하면 〈고향〉이라고 읽든지 〈고국〉이라고 읽든지, 〈조국〉이라는 이미지가 나타날 것이라고 생각했던 것이 통과되었다.[2]

다음은 「故×」 첫 연이다.

조선, 나의 고×이어!
조선 사람, 나의 동포여!
산 높고, 물 맑은 네 품.
그리고 그리운 한 겨레여!

시인의 목소리에는 그리움이 꿈틀거린다. 통한의 '×'를 타격하듯이.

한흑구는 1932년 1월호 《동광》에 번역시 한 편을 발표한다. 존 그릭스비(Joan S. Grigsby)의 시 「조선의 가을」이다. '역(譯)'이라 하지 않았다. 굳이 '역초(譯抄)'라 했다. 원시(原詩)와 조금 다르게 번역한 것이었다. '역자의 말'도 한마디 곁들였다.

이 시의 내용 여하는 문제 외로 하고 외국인이 정기간행지에 조선에 대한 시가를 발표함이 희소하므로 번역한 것이다.

스코틀랜드 출신의 여성 시인으로 일찍이 조선, 중국, 일본, 인도 등을 여행한 그릭비스는 「조선의 가을」을 잡지 《ASIA》에 발표한 그때(1931년) 캐나다에서 노년을 보내고 있었다. 그릭비스의 젊은 날의 기억에 찍힌 조선 농촌은 1930년대에도 그대로였다.

집안 청간 속에는
누런 쥐들이 싸다닌다.
빨가숭이 애들은
가지고 놀던 돌과 모래를 던지고
길가에 섰는 어머니께로 달려들도다.
그리고 배고픈 애들은
마당귀로 몰려들도다.
낟가리 쌓아놓은 건너편 들판 위로
북풍이 불어오도다.

1) 한흑구의 편지에서(민충환, 앞의 책)
2) 한흑구의 「재미 6년간 추억 편편」에서(민충환, 앞의 책)

이민문학의 효시 '강용흘의 소설 『초당』', 이를 비판하는 청년 한흑구의 새맑은 민족적 자존

재미 한국계 작가들은 미국의 다문화주의라는 새로운 사회적 패러다임을 수용하면서 다양한 인종과 문화를 국가적 저력으로 승화하려는 움직임을 보이는 추세와 더불어 최근 변방에서 중심으로 진입하고 있는 경향이 우세하여 활발하게 창작활동을 펼치고 있다.[1]

　도널드 트럼프의 아시아 순방이 끝나가는 지난 주말 재미교포 1.5세 작가 이민진(48)의 소설 『파친코』가 뉴욕타임스 북리뷰에 소개된 것은 우연일게다. 뉴욕타임스는 미국 '올해의 책(내셔널 북 어워드)' 후보에 오른 것을 계기로 새삼 『파친코』가 담아낸 자이니치 문제를 조명했다. 한 면을 헐었다. 이미 영미권에서 올해의 주요 베스트셀러에 오른 소설이다.[2]

　두 인용에서 앞의 것은 2006년에 나온 논문의 한 문장이고, 뒤의 것은 2017년에 보도된 기사의 한 부분이다. 둘 사이에는 여남은 해의 거리가 가로놓여 있다. 옛말을 따르면 그것은 강산도 변할 만한 세월이지만, '한국계 미국 작가들이 변방에서 중심으로 진입하고 있다'라는 논문의 분석적 견해가 빗나가지 않았음을 실증해주는 주요 사례의 하나가 바로 기사에 등장한 이민진의 소설 『파친코』일 것이다.
　2017년 장편소설 『파친코』로 일약 문명을 날린 재미동포 작가 이민진은 1968년 서울에서 태어나 7세 때 가족과 함께 뉴욕 퀸스로 이민을 떠나 맨해튼에서 성장기를 보냈다. 이민진의 『파친코』는 이민 선배 작가들의 기반 위에서 자전적 소설이 아니라 '일본을 배경으로 재일동포 2세(자이니치)'를 소설 속으로 불러들여 '문학적으로 크게 상찬받는 저력'을 발휘했다.

그렇다면 미국으로 건너간 한국인들 가운데 영어로 쓴 소설로 가장 먼저 영어권에 문명을 떨쳤던 작가는 누구이며 작품은 무엇일까? 강용흘(姜鏞訖)의 『초당』이다. 1931년에 초판 출간된 『초당』은 이민문학의 효시이기도 하다.

1975년 일곱 살 이민진이 미국 땅에 첫발을 디뎠을 때 강용흘은 이미 세 해 전 육신을 흙의 세계에 의탁한 작가였다. 이를테면 이민진에게 강용흘은 작고한 할아버지 같은 '이민 선배 작가'이다.

네이버 《두산백과》는 1972년 일흔네 살에 영면한 재미동포 작가 강용흘을 이렇게 소개하고 있다.

> 1898년 함남 홍원(洪原)에서 태어났다. 함흥 영생(永生)중학을 졸업하고 도미(渡美)하여 보스턴대학교에서는 의학을, 하버드대학교에서는 영미문학을 전공했다. 미국에 귀화하여 『대영백과사전』의 편집위원으로 근무하면서 동양문학을 번역·소개하는 한편, 영문소설 창작에 전념, 1931년에 자서전적인 장편소설 『초당(草堂): The Grass Roof』을 발표하였다. 국권피탈과 3·1운동을 배경으로 한국 고유의 정서를 그린 이 작품은 10개 국어로 번역되는 성공을 거두어 일약 세계적인 작가로 각광을 받으면서 구겐하임상(賞)을 수상했다. 그 후 소설 『행복한 숲: The Happy Grove』, 『동양인 서양에 가다: East Goes West』 등을 발표했고, 1971년 한용운(韓龍雲)의 『님의 침묵』을 번역·간행하였다. 해외에 거주하면서도 작품의 소재는 항상 한국에서 구한 '영원한 한국인'이었던 그는 아끼던 장서 5,000권을 고려대학교에 기증했고, 1970년 서울에서 개최된 국제펜클럽대회에 참석하였다.

『초당』에 대해 미국 소설가 펄벅(1892-1973)은 "가장 빛나는 동양의 지혜"라는 찬사를 보냈고, 미국 소설가 토머스 울프(1900-1938)는 "자유롭고 생기 있는 타고

난 시인"이라 호평했다. 펄벅과 토머스 울프의 찬사나 호평은 강용홀이 『초당』에 영역(英譯)해서 불러들인 조선 고시조나 우리 민요와 분리할 수 없을 것이다.

강용홀 자신이라고 봐야 하는, 실제로 작가 자신의 대역이라고 봐야 하는 주인공 '나'가 3·1운동 후 중국을 거쳐 미국으로 향발하는 선상(船上)에서 과거를 회고하는 형식으로 시작하는 『초당』은 그래서 자전적 소설, 자전적 성장소설이라 부를 수 있다.

『초당』에는 함경도에서 성장하여 미국으로 떠나게 될 때까지 '나'가 성장 과정에서 보고 겪은 일들, 사물들, 풍습들이 구체적으로 묘사돼 있다. 당연히 당시 조선의 비참한 실상을 고스란히 반영할 수밖에 없었다.

또한 『초당』에는 조선의 고시조, 민요, 그리고 만해 한용운의 시를 영어로 번역해 작품 속에 적절히 배치해놓은 점이 색다른 특징으로 돋보이고 있다. 이러한 '시적인 요소'는 우리의 고시조, 민요, 한용운의 시를 최초로 영문학계에 널리 알린 공적으로 평가받기도 한다.

한국인이 쓴 최초의 영문소설로서 세계적 주목을 받았던 『초당』, 이 소설이 1930년대 초반에 미국과 서구의 지식인 독자들에게 매력을 끌었던 이유는 무엇보다 그들의 눈에는 이국적으로 비쳤을 조선의 정서와 동양정신이었다. 작가가 소설 속에 배치해둔 조선 고시조와 우리 민요도 매력의 원천이었다.

그런데 1931년 미국 시카고에서 강용홀의 영어소설 《The Grass Roof》를 읽은 청년시인 한흑구는 어떻게 반응했을까?

한마디로 그는 깜짝 놀랐다. 무엇보다 열 살쯤 선배의 영어 문장력이 경이로웠다. 3·1운동 후에 상하이를 거쳐 미국으로 건너왔다니 어느덧 영어 공부도 십여 년을 쌓긴 했겠으나 원어민 작가를 뺨치고 남을 문장력을 높이 쳐다보지 않을 수 없었다. 조선의 시조와 민요를 영역한 실력에도 그는 찬탄을 보냈다. 후배의 분발을 촉구하는 모범과 만난 것 같았다. 하지만 그를 더 놀라게 만드는 무엇이 있었다. 이 반응은 비판을 넘어 분개에 가까운 것이었다.

'빈궁하고 비참한 조국의 모습을 이토록 적나라하게 세계를 향해 비웃듯이 드러내다니. 민족적 자존심을 깨뜨려서 그것으로 문명을 떨치면 무슨 소용이란 말인가.'

한흑구는 뜨겁게 달궈지는 가슴을 억누르기 어려웠다. 펜을 들어야 했다. 한숨을 들이쉬며 편지를 썼다. 수신인은 강용흘이었다.

외인 비평가의 말을 종합하면 "강씨의 『초당』은 동양인으로서 영문 창작을 한 것이 놀랄 만하고 동양적인 시구가 서양인으로서 한번 읽을 만한 작품이다." 이러한 말로써 대개 호평이었다. 이 작품에 대하여 악평을 한 사람은 서양인으로서는 1인도 없었으나 조선 학생으로서 당시 미시간대학 영문과에 있던 최말타 양이 몇 가지 논점을 들어 악평을 한 일이 있었다.

나는 『초당』을 읽으며 강씨의 영문 지식에 몇 번이나 감탄하였다. 그러나 조선의 아름다운 고시조를 역인(譯引)한 것 이외에 그의 문구에서는 얼굴을 붉힐 만큼 조선 사람 된 것이 부끄러운 생각이 남을 금할 수 없었다. 그것은 조선의 악습이며 옛 풍습을 부끄러운 줄 모르고 웃음 섞어 서술해 놓은 때문이었다.

강씨의 『초당』을 주관적으로 평하기를 피하나 나는 그 후에 강씨에게 나의 감상을 적어서 편지 하였더니 '나는 민족적 배경이나 어떤 사상의 이데올로기 등을 예술에 내포시켜야 한다는 것을 부인하오. 나는 다만 예술을 위한 예술을 신봉하오.'라는 회서를 받고 나는 먹먹하여지었었다.

그가 그 후 파리로 갔을 적에는 자기가 조선 사람인 것을 인식하게 되었고 그런 생각에서 안중근 씨를 테마로 장편소설을 쓰리라는 소식을 전문(傳聞)하였었다.

이외에 우리들이 해외에 있을 때 조선인적 태도를 몰각하는 사람이 많은 것을 나는 지금까지도 생각하지 않을 수 없다. 미국 청중에게 "나는 10세 시에 한 번도 보지 못한 15세의 신부와 결혼하였더니 아주 못 생겨서 그만 자식들이 있으나 버리고 미국으로 왔노라."는 말이나 "조선서는 땅바닥 위에서 자다가 미국 와서는 침대 위에서 자니까 여러 번 떨어졌다."는 말 등을 하여 전체에게 망신시키는 줄을 모르는 사람도 많음을 볼 때 참으로 나는 섭섭한 때가 많았다.[3]

---

1) 김효중, 「재미 한인문학에 인용된 고시조 영역 고찰-강용흘의 『초당』을 중심으로」(대구가톨릭대학교 박사논문, 2006)
2) 《경향신문》 2017.11.12.
3) 한흑구의 「재미 6년간 추억 편편」에서(《신인문학》 1936. 3.)

한국문학사에 최초로 흑인문학을 올려놓으니
조선 문단은 데면데면 엑조티시즘으로 여기고

1931년 11월호부터 잇따라 네 번째로 《동광》에 등장하는 '한세광', 1932년 2월호 《동광》에 그는 조선 문단에 처음으로 평론을 발표했다. 「미국 니그로 시인 연구」였다. 이것은 한국문학사에 올려놓은 최초의 미국 흑인문학이기도 했다.

> 밥그릇을 옆구리에 끼고 공장으로 가는 그들(흑인)이나 호텔 문간에서 손님을 맞아들이는 그들이나 또는 책을 끼고 대학으로 가는 그들을 볼 때마다 그들의 내적 생활을 표현한 그들의 예술이 알고 싶었다. 무엇보다 먼저 그들의 심정을 노래한 시가와 민요를 찾아보았다.

이렇게 서두에서 글을 쓰는 동기와 이유를 밝힌 한흑구는 '니그로 작가의 사회적 지위'를 일별하고 춘원 이광수의 주장을 들춰내 니그로 문학을 정의한다. '작가의 국적에 따라 그의 작품이 그 나라의 문학이 되는 것이 아니라 그 작품의 방언을 따라 그 나라의 문학으로 인정될 것'이라는 이광수의 주장을 '적의(適意)라고 생각'하면서도 그는 일정한 높이의 반기를 든다.

> 나는 니그로가 쓴 문학은 무슨 방언으로 썼든지 니그로의 문학이라고 지칭함이 차라리 타당할 것이라고 생각해 본다. 그들에게는(미국에 있는 니그로) 미국어 외에 아무 방언도 가진 것이 없다. 그러나 그들의 문학은 그들의 신산한 생활의 표현이며 그들의 노예적 생활의 노래다. 이 노래는 니그로 자신을 위한 노래요 그들의 지신에 대한 신인일 것이다.

이어서 그는 니그로 문학의 대표적 시인들과 몇 편의 시를 소개하면서 작품에 대한 비평을 곁들였다. 쿤데 쿨랑, 랭스톤 휴즈, 클로드 맥케이 같은 니그로 시인들의 이름과 시와 시적 세계가 최초로 식민지 한반도에 알려지는 문학사적 사건이었다.

> 우리는 우리의 해가 돋는
> 우리의 땅을 가져야 한다.
> 보드라운 시내가 흐르는 땅
> 그리고 바나나를 감싸는 듯
> 붉고 누런 손수건 같이
> 황혼이 잠기는 그 땅
> 　　　　　- 랭스튼 휴즈, 「우리의 땅」에서

젊은 니그로 시인 랭스톤 휴즈가 백인의 땅에서 노예나 다름없이 가혹한 노동에 시달리는 흑인들이 흑인의 농장을 소유해야 한다는 울분을 노래하고 있다. 노예해방이 선언됐으나 여전히 자기 소유의 땅도 없이 백인의 농장에서 거의 노예 상태로 고달프게 살아가는 미국 니그로들, 아예 나라를 통째로 빼앗겨 '송곳 하나 꽂을 땅'조차 없는 한흑구. 고학의 젊은 시인은 니그로의 처지에 자신의 처지를 대입했을 것이다.

> 오! 나는 시간마다
> 지혜를 구해야 한다!
> 깊이 깊이 불타는 내 가슴속에
> 초인의 힘을 길러내어
> 그대의 법전을 뒤집어볼!

> 아, 나의 가슴은 맹렬히 불타야 한다.
> 그대의 증오를 물리칠…….
> - 클로드 맥케이, 「백악관」에서

이 시에서 '그대의 법전을 뒤집어보겠다'라는 시적 화자의 의지는 미국 정부(백악관)의 미국 흑인에 대한 차별을 뒤집어보겠다는 것으로 읽힌다. 『뉴 니그로』에 실린 이 시의 제목은 「White House」이다. 하지만 원제는 「The White House」였다. 편집자가 일방적으로 슬쩍 'The'를 뺀 것이었다. 이래서 미국 문학계에는 뒷말이 남았다.

> 편집자 로크가 맥케이의 시를 『뉴 니그로』에 실을 때 정치적 논란을 피하기 위해 미국 대통령이 거주하는 백악관을 암시하는 제목 "The White House"를 맥케이의 허락없이 "White House"라는 다소 중립적인 제목으로 바꿔 맥케이의 불만을 샀다는 일화가 있다. 그후 1937년 자서전 『고향으로부터 멀리』(A Long from Way Home)에서 맥케이는 제목의 상징성을 강조하며, "백인들이 사는 사적 공간에 한정된 뜻이 아니라 흑인들을 밖으로 내모는 미국 산업 전반의 근대 체계"를 의도했다고 말한 바 있다. 로크는 "백악관"에 대한 직접적 비판이 이민자 출신인 맥케이가 미국 입국 거부를 당할 것에 대한 우려로 제목을 바꿨다고 설명했지만, 맥케이는 변경된 제목이 시가 원래 갖고 있던 저항성을 경감시키고 오히려 백인들의 집에 진입하지 못하는 흑인들의 불만에 대한 시로 잘못 읽힐 위험이 있다고 생각했다.[1]

편집자 로크는 원제의 'The'를 삭제해 혹시나 시인에게 닥칠지 모르는 사법적 나쁜 조치를 예방하려 했다며 양해를 부탁하고, 맥케이는 'The'를 빼버려 미국의 근대 체계에 대한 저항성을 증발시키고 말았다며 불만을 표명했다. 그러나 한흑구는 'The'가 있든 없든 번역을 아예 "백악관"으로 해버렸을 뿐만 아니라, 이 시를 가리켜 흑인들의 국적도 미국이라며 "맥케이의 니그로를 대표하는 선언"이라 평가했다. 법적으로는 미국 시민이지만 국가의 보호로부터 배제되어 오히려 국가로부터 비인간적 차별을 받는 니그로들의 저항 의지를 잘 담아낸 맥케이의 「백악관」을 번역하는 한흑구의 시각에서 '니그로의 처지'와 '나라를 빼앗긴 우리 민족의 처지'가 무엇이 얼마나 달라 보였으랴.

그러나 1932년의 대다수 조선 독자들은 그릭스비의 「조선의 가을」을 차라리 익숙한 시로 느낄지언정 「미국 니그로 시인 연구」에 등장한 논의나 번역시가 한흑구의 시 「밤 전차 안에서」만큼이나 낯설었을 것이다. 이 점에 대하여 방민호의 예리한 통찰이 돋보인다.

> 일제의 억압 아래 신음하는 조선의 현실에서 태평양 바다 너머의 대륙에서 암흑을 겪고 있는 흑인들의 삶은 직접적인 충격을 주기보다는 일종의 엑조티시즘으로 받아들여졌을 가능성마저 없지 않다.[2]

엑조티시즘, 이 단어가 "매우 적의해 보인다"라며 지금 한흑구가 들어도 틀림없이 고개를 끄덕일 듯하다. 이국적인 정서나 정취에 탐닉하는 태도라고, 그때 그 시절의 조선 문학계는 한흑구가 옮겨주는 미국 흑인문학이든 '니그로'의 실상을 다룬 그의 문학작품이든 대체로 데면데면 뜨악한 시선을 보냈을 것이다. 또한, 조선 시단이 정한적(情恨的) 정조의 애소나 메타포(비유)에 지나치게 기울어져 있었으니 영시(英詩)를 공부하고 창작하는 영향을 받기도 했던 한흑구의 서구적 시풍이나 시적 자아의 강렬한 목소리에 친밀한 반응을 보이기가 쉽지 않았을 것이다.

한흑구가 「미국 니그로 시인 연구」에 활용한 텍스트 『뉴 니그로』는 앨런 로크(Alain Locke)가 편집하고 발간한 문학선집이다. 하버드대와 옥스퍼드대에서 학위를 취득하고 베를린, 파리에서 철학과 문학을 공부한 로크는 워싱턴 D. C. 소재 하워드대학교(Howard University) 조교수로 재직하면서 『뉴 니그로』 발간을 구상하고 작가들을 섭외했다. 이 책은 '니그로 르네상스'를 촉발한 중요한 자극제로 평가받고 있다.(참고로, '니그로'라는 말은 1960년대의 민권운동 이전까지 미국 흑인을 일컫는 용어로 쓰였으며, 이후 '미국 흑인' 또는 '아프리카계 미국인'으로 대체되면서 '니그로'는 흑인을 비하하는 용어로 굳어졌다.)

> 로크는 서문에서 "뉴 니그로의 문화적, 사회적 측면을 기록하기 위해, 지난 몇 년 간 흑인들의 외적, 내적 삶의 변화를 기록하기 위해" 이 선집을 발간한다고 취지를 설명한다.[3]

'니그로 르네상스' 촉발의 한 자극제가 되었다는 『뉴 니그로』에서 '뉴 New'의 의미는 역사적 전환을 내포한 말이다. 노예제로부터 해방된 미국의 흑인 세대, 이 새로운 세대가 새로운 출발을 선포하고 그들의 새로운 전망을 낙관하는 의지를 표방하고 있었다. '뉴 니그로'의 출현과 대세에는 당연히 사회적, 시대적 배경이 있었다. 남북전쟁과 노예제 폐지, 19세기 말 남부 지역 백인들의 조직적 반발과 잔혹한 린칭 사건들, 그리고 20세기 초 미국의 대대적인 산업화와 도시화에 따른 남부 지역 흑인들의 북동부, 중부, 북서부 지역으로의 대이주 등이었다. 흑인의 대이주는 흑인의 신세계로 이어졌다. 뉴욕, 시카고 등 대도시를 중심으로 과거와 비교할 수 없는 풍요와 새로운 문화예술을 일구고 누리며 마침내 미국사회에 '뉴' 니그로로 대두했다.

한흑구는 「미국 니그로 시인 연구」에 로크의 '니그로 청년은 말한다'에서 다음 문장을 번역한다. 역자의 속뜻을 담은 것이다.

> 우리의 시인들은 더 오래 애소(哀訴)의 노래를 부르지 않을 것이다. 만일 미국이 기머거리(聾者)라고 하면 그들은 지금까지 애소의 노래만을 부르고 있을

것이다.

그러나 우리는 우리의 새로운 예술을 노래하고 새로운 우리의 세계를 노래할 것이다.

그러나 미국이 어느 때나 우리의 노래를 들을 때가 있을 것이다. 처음에는 호기심에서 그 다음에는 이해와 같이……

랭스튼 휴즈는, 클로드 맥케이는 애소를 노래하지 않았다. 당당하고 강건했다. 한흑구는 애소를 사절한 청년시인이었다.

시인 랭스튼 휴즈

《뉴니그로》 표지

1) 서주희, 「번역의 유토피아적 장소:한흑구의 미국흑인 번역시를 중심으로」(『일제강점기 한국 영문학과 수필문학의 개척자 한흑구』, 아시아, 2024.)
2) 방민호, 「한흑구 문학의 특질과 한국현대문학사에서의 의미」(『한흑구의 삶과 문학』, 아시아, 2022.)
3) 서주희, 위의 책.

국제학생회에 조선 학생 대표로 나가 침묵부터 5분간 하는 한흑구

메인스트맅을
직선으로 달아나는 전차.
발걸음 멈추고 서서
크림슨 빛 황혼을 쳐다보네.

고향의 저녁 하늘
환영(幻影)이 또 떠오르느냐!
눈을 무겁게 감으면
가슴 깊이 숨어드는 듯!

가만히 눈을 뜨니
아스팔트 위로 걸어가는
붉은 코트 입은 부녀들
그리고 극장의 색전등(色電燈) 불이여!

한흑구의 시 「사향(思鄕)」 전문이다. 1932년 가을 《동광》에 실렸다. 문학사의 시각으로도 다시 눈여겨볼 만한 시이다. 그때 조선 시단에는 아직 볼 수 없었던 도시 풍경을, 그것도 그에게서 넘쳐나는 '시적 정열'을 누그러뜨려 감정을 절제한 시선으로 그려내고 있다.

미국 유학을 하는 한흑구의 시편에서 도시 풍경은 대체로 구체적으로 등장하며,

그것을 비판적 시각으로 쏘아보는 경우에도 거의 감정을 절제하고 있다. 「사향」이 대표적인 작품이다. 이러한 한흑구의 시적 특질에 대하여 박현수는 다음과 같이 평가하였다.

> 결과적으로 한흑구의 이런 시들은 감정을 절제하고 도시와 관련된 어휘를 사용하면서 자연스럽게 모더니즘 시와 닮게 되었다. 감정의 절제와 도시어의 사용 등은 모더니즘 시의 중요한 특징이기 때문이다. 특히 「사향」 같은 작품은 한 편의 모더니즘 시로 내세워도 손색이 없다. 이 작품이 발표된 때(1932)는 김기림의 생경한 작품들 외에 모더니즘 대표작으로 불리는 작품들이 본격적으로 등장하지 않을 때이기 때문이다. 김광균의 「오후의 구도」(1935), 「와사등」(1938)도 몇 년 후에 나온다.[1]

한흑구가 고학의 평범한 일상을 보내고 있는 하루였다. 주인 할머니가 그에게 전화 메모를 건넸다. 국제학생회가 주최하는 동양 학생 강연회에 조선 학생 연사로 초청한다는 것이었다. 연제(演題)는 동양 문제, 연설 시간은 20분, 펜대회 강당에서 오후 7시 정각부터.

그는 백화점 점원 노릇을 마치기 바쁘게 헐레벌떡 회장(會場)으로 달려갔다. 이미 청중이 강당을 가득 메우고 있었다. 사회자를 만나 인사를 하고 연단으로 올라갔다. 동양인 연사(학생) 넷이 의자에 앉아 있고, 그들 뒤에는 남녀 합창대원 50여 명이 앉아 있었다.

사회자가 개회를 선언했다. 합창대가 먼저 합창을 했다. 이어서 연사들의 차례였다.

먼저, 필리핀 학생이 나섰다. 그리 유창하지 못한 어조였다. 단지 처음부터 청중을 웃게 했다. '우리에게 자유를 주든지 불연(不然)이면 죽음을 달라! 이것은 당신네들에게서 배운 말입니다.' 이것이 그의 연설 골자였다. 청중은 웃기만 했다.

다음은 중국 학생이었다. 그는 애원하듯 말했다. 미국이 정의와 인도(人道)로써 중국을 동정하여 달라는 것이었다. 한흑구는 청년다운, 학생다운 정신을 보여주지 못한다고 평가했다.

세 번째로 인도 학생이었다. 영국의 정치를 거론하고 인도인의 자립적 정신을 이야기했다. 한흑구는 앞의 두 연설보다 높은 점수를 부여했다.

네 번째는 일본 학생이었다. 그가 마이크 앞에 서자 문득 청중들이 긴장하고 있었다. 일본의 만주침략, 국제연맹 탈퇴 등에 대해 무슨 말을 하려는가. 모두가 그를 주시했다. 한흑구는 그의 연설에 실망했다. 무슨 과(科)를 전공하는지 몰라도 그는 정치론을 상당히 조직적으로 떠들더니 일본 외무성 대외선전 담당 공무원의 발표문으로 내놓아도 전혀 어그러지지 않을 말들을 늘어놓았다. 심지어 조선 학생이 바로 뒤에 앉아 있건만 조선에 대한 일본의 정책을 선전하고 옹호했다.

마지막으로 한흑구의 차례가 왔다. 그는 무겁게 의자에서 일어섰다.

나는 연단에 나서자 머리를 숙이고 5분간이나 그냥 서 있어서 나의 감정이 무엇이라는 것을 오디엔스에게 극적으로 나타내었다. 그것이 그때의 취할 수 있는 분위기였던 때문이다.

"나는 할 말이 없다. 내가 할 말이 너무나 많기 때문에 이곳에서 20분 동안에 할 말이 없다."

이 말을 전두로 조선에 대한 이야기 외에 다른 말은 하나도 하지 않았다.

다시 합창이 있고 폐회하자, 군중은 연단 아래에 나와서 연사들과 악수를 하기 시작하였다. 누구보다도 나의 앞에 악수를 청하는 사람들이 많았고, 어떤 노파는 나의 이야기를 반복하면서 나의 손을 두 손으로 꽉 잡고 눈물을 흘리시는 것이었다. 나는 가슴이 내려앉는 듯 무서우리만큼 큰 감격을 하였으나 나오는 눈물을 침았다.

어떤 이들은 "조선 사람들은 모두 강연을 잘 하는 것이 세계적 언재(言才)를 가졌소. 신흥우(申興雨), 박인덕(朴仁德), 김활란(金活蘭)씨 등의 강연을 들었는데 모두 우리 대통령보다도 강연을 잘들 합디다." "그래요." 하고 대답하는데 그들은 모두 고개를 끄덕하였다.

더구나 돌아올 때에 사회자는 나의 손을 잡더니 돈 25불을 쥐어주면서 "다른 연사들은 모두 20불씩 주었는데 조선 대표인 당신에게는 5불을 더 줍니다." 하면서 미국식 웃음을 한번 웃어 보였었다. 미국서는 연사에게 얼마씩 꼭 주는 것이니 미국에 없는 사양을 할 필요는 없었다.

전차 안에 앉아 돌아오면서도 감격에 싸여 침묵하고 있는 나의 모양을 바라보던 사람이 많았던 것을 기억한다.[2]

---

1) 박현수, 「한흑구 초기시의 모더니즘 경향과 칼 샌드버그의 도시 민중시학」(앞의 책)
2) 한흑구의 「재미 6년간 추억 편편」에서(앞의 책)

도산 안창호 체포 소식의 충격과 첫 단편소설 「호텔 콘」

한흑구는 1932년 3월 6일 슬픈 소식을 받았다. 시카고에서 고학을 하고 있던 동포 학우 한 사람이 심장마비로 급서했다는 것. 장례에는 가지 못했다. 깊이 간직한 슬픔과 마음의 빚을 그는 고인의 1주기를 맞는 즈음에 추모시로 풀어놓는다. 「고 최 군의 일년 상」이 그것이다. 이 시는 이듬해(1933년) 5월 18일 《신한민보》에 실리게 된다.

> 그 요란한 공장의 기계 소리.
> 지심을 울리는 자동차 소리.
> 전쟁마당 같은 시카고의 한 구석
> 조그만 묘지에 한 줌 흙 속에
> 그대의 정열이 식고 말았는가!

시의 첫 연이다. 심장마비로 세상을 떠난 '최 군'은 어떤 고학생이었을까? 2연에 나와 있다.

> 그대는 정열의 젊은이,
> 쌈싸우던 젊은이였노라!
> 그대의 고민,
> 그대의 울분,
> 그대의 고독,

> 그대의 환멸,
> 그리고 그대의 모든 투구.
> 오! 그대는 조선 사람의 하나였고,
> 조선 젊은이의 하나였노라!

제1차 세계대전에 아들 셋을 잃고 남편마저 여읜 과수댁 할머니 주택의 셋방에서 김블형제(Gimble Brothers)백화점 점원으로 일하며 템플대학 신문학과에 다니는 한흑구. 1932년 5월 초순의 어느 시각, 한흑구는 큰 충격에 휩싸였다. '도산 안창호 체포' 소식을 접한 것이었다.

1932년 4월 29일, 윤봉길이 중국 상하이 홍커우 공원에서 의거를 감행한 그날, 안창호는 상하이의 동포 소년들이 조직한 소년단에 기부금을 내기로 한 약속을 지키기 위해 흥사단원 이필우의 집을 찾았다. 하지만 삼엄한 특별 경계령에 걸리고 말았다. 곧 경성으로 압송된 안창호는 서대문형무소에 갇힌다. 흥사단원뿐 아니라 미국 한인사회를 쓰라리게 만든 소식이었다. 아버지와 함께 여러 차례 안창호를 만나기도 했던 한흑구는 시인 한용운이 노래한 그 '님'을 빼앗긴 비탄에 젖어 펜을 들었다. 「잡혀간 님」, 이 시는 1932년 10월 6일 《신한민보》에 실린다. 첫 연이다.

> 떠다니던 나의 님이매
> 내 맘도 떠다니었나이다.
> 괴로우신 나의 님이매
> 내 맘도 괴로워하였나이다.
> 외로우신 나의 님이매
> 내 맘도 외로워하였나이다.
> 오! 그러나 옥중에 계신 님이매
> 우리 맘도 그러하오리까?

필라델피아에 1932년 여름이 다가오고 있었다. 한흑구는 생애 처음으로 단편소설 「호텔 콘 Hotel Con」을 1932년 6월 《동광》에 발표했다. 고국 문단에 소설가로 이름을 올린 일이었다. 여전히 필명을 자제하고 '한세광'이라 했다.

「호텔 콘」은 대공항의 디플레이션이 창궐하는 미국 사회의 풍속도를 배경으로 위스콘신주 메디슨의 호텔 콘에서 호텔보이로 일하며 고학을 하는 '토마스 리'가 호텔의 흑인 웨이트리스를 임신케 했다는 오해에 몰려 쫓겨나게 되는 줄거리이다. 실제로 그녀를 임신케 한 남자는 객실 358호에 투숙한 '배 뚱뚱한 백인'이었으니 그가 받은 일방적 오해는 인종 차별에서 비롯한 사건이었다. 이 소설은 "(백인들이) 동양 사람은 깜둥이건 누구건 찬스만 있으면 사랑이니 무어니 지랄하는 줄"로 생각한다는 인종적 편견에 빠져 있다는 비판을 제기한다. "마르크스의 런던 빈민굴 생활이나 레닌의 옥중생활 그리고 화가 고갱의 방랑생활"을 보며 "커다란 힘과 교시"를 받아온 토마스 리는 "××가 없는 사람은 만주로 가든지 시베리아로 가든지 미국으로 가든지 이 세상 어느 곳으로 가든지 그의 설 곳이 없을 것이요 송곳 하나 꽂을 땅도 없을 것"이라는 깨달음을 삶의 철칙으로 새기며 호텔에서 쫓겨난다. 일제의 검열을 피하려는 '××'는 '나라' 또는 '국가'이다. 이 소설의 전개는 고학하는 미국 조선인 유학생의 보편적 상황과 한흑구의 사상적 변화의 추이를 보여주기도 한다.

이경재(숭실대 국문학과 교수)는 「호텔 콘」을 통해 '계급문제'에서 '인종문제'로 뻗어가는 한흑구의 사상적 변화의 움직임을 읽어냈다.

> 한흑구가 첫 번째로 발표한 소설인 「호텔콘」에서는 인종차별이 가장 핵심적이고 심각한 문제임이 드러난다. 이 작품에서 주인공인 토마스 리는 나름의 계급의식을 지닌 존재로 그려진다. 그런데 나중에는 여러 가지 일들을 겪으며 계급문제보다 인종문제가 심각한 모순임을 깨닫게 된다.[1)]

「호텔 콘」에는 한흑구의 고학 경험과 사회과학연구회 활동이 투영돼 있다. 앞의 것이 그때 미국에서 고학하는 한인 유학생들의 보편적 상황을 담아내게 했다면, 뒤의 것은 그의 사상적 변화의 추이를 보여주었다. 한흑구를 포함해 시카고에 체류하는 젊은 한인 여덟 명이 1930년 10월 결성한 사회과학연구회는 취지문에 '우리는 세계 무산계급의 부르짖음에 보조를 같이하며 약소민족의 설움을 위하여 투쟁전선에 나아갈 것이다'라는 대담한 선언을 담지 않았는가. 그들의 활동도 그러한 궤적으로 나아갔다. 1931년 3월 25일의 신간회 해소론에 대한 토론회, 6월 14일의 〈현 경제 제도에 대한 우리의 태도〉와 〈제 일세기 사회주의자〉라는 주제의 시국강연회, 12월 19일의 만주 문제에 대한 시국강연회 등이 가장 대표적인 것이었다. 하지만 한흑구는 1931년 여름부터 고학의 방랑 여행으로 이 도시 저 도시로 떠도는 가운데 계급문제보다 인종문제를 더 근본적이고 더 심각한 문제로 인식하는 쪽으로 이동하고 있었다. 물론 민족독립을 향한 열망은 흥사단 단우로서 명예에 일말의 부끄럼 없이 언제든 강건하여 「호텔 콘」에서도 토마스 리를 통해 '××가 없는 사람은 송곳 하나 꽂을 땅이 없다'라는 생각을 드러낸다. 이 소설의 마무리 장면에 나오는 깨달음은 1931년 12월 《동광》에 발표한 그의 시 「밤 전차 안에서」의 한 줄을 그대로 끌어온 것이다.

「호텔 콘」의 의의에 대해 방민호는 다음과 같이 평가한다.

> 미국 유학시절의 한흑구가 민족주의 사상뿐 아니라 다양한 사상적 조류에 관심을 가졌으며 특히 미국의 디플레이션, 공황 국면의 여러 사회경제적, 계급계층적, 인종적 문제들을 직시하며 사회주의 사상의 동향에도 상당히 민감했음을 알 수 있다. 그의 소설 「호텔 콘」은 이러한 문제의식과 시야를 아울러 보여주는 수작이기도 했다.[2]

소설 창작은 노동의 시간을 요구한다. 한흑구는 미국을 떠나 평양으로 돌아온 뒤 몇 년간 소설 창작에도 열중하게 된다.

  템플대학이 방학을 시작했다. 김블형제백화점은 여름철 비수기를 맞아 종업원들에게 무급 휴가를 제안했다. 다른 일자리를 찾아야 하는 한흑구는 고학의 밑천도 장만하는 방랑의 길을 떠나기로 작심했다. 아무래도 여름 휴양지로 이름난 도시로 가면 일자리를 얻기에 수월할 것 같았다. 대서양의 피서지로 유명한 애틀랜틱시티, 그 섬을 혼자서 찾아 나섰다. 휘트먼의 걸음걸이로.

1) 이경재, 「불멸의 민족혼 한흑구와 그의 소설에 나오는 미국」,『한흑구의 삶과 문학』, 아시아, 2022.)
2) 방민호, 한흑구 문학의 특질과 한국현대문학사에서의 의미(위의 책)

감옥 같은 조선 땅에서 배움에 목말라 왔건만
민주주의여, 자유와 평등은 어디 있느냐?

 한흑구는 애틀랜틱시티로 가는 길에 다시 뉴욕을 둘러보았다. 지난 6월에도 며칠 뉴욕을 다녀왔었다. 그때는 필라델피아 대표단 일원으로 미주 한인임시총회에 참석했으니 일종의 공무 출장이었다.
 그는 허드슨강에 어둠이 내린 다음에도 강변을 떠나지 못했다. 선유(船遊)를 즐기는 '자유 시민'을 부러운 눈으로 바라보며 얼마 전 미국에서 축출당한 동포 학우를 생각하고 있었다. 어두운 강물 위의 불 밝힌 뱃놀이와 강제축출의 철퇴를 맞고 쫓겨난 가난한 조선 청년. 이 극명한 대조가 그의 시혼(詩魂)을 아프게 건드렸다. 미국에서 쫓겨난 친구를 위하여 시를 바쳐야 했다. 이 시가 1932년 10월 《동광》 제38호에 실린 「축출명령」이다. '축출당한 K군을 생각하고'라는 부제가 달렸다. 전문이다.

>우리 속 같은 조선 땅에서
>배움에 목말라 왔던 그대는
>교실에서 철창으로
>쫓기다 못하여 먼 나라로 갔구나!
>
>자유가 좋다는 이 나라이기로
>검은 머리 우리야 쓸 데 있느냐!
>고학도 괴로운 것을
>그같이 축출을 명하더냐!

디플레이션의 홍수는
우리들을 교문 밖으로 쫓아내거든,
공통적 운명이라고
저마다 공포에 싸였구나!

이민(移民) 관리(官吏)는 눈을 굴리어
공부 못하는 그대를 잡아갔구나!
시험도 못 채운 책을 들고
전당 잡히러 다니던 그대를

삼십일 내로 출국하라는
축출령을 받았던 그대여!
눈물인들 나왔으랴!
타고 타는 두 눈의 불빛에.

"갈곳이 없다"던
안타까운 동무의 낯이여!
그나마 "두 편의 시"로써
먼 나라를 갈 여비를 얻었구나!

잘 갔다! 그대여!
푸른 입술 마르기 전에,
두 눈의 타는 불을 세우고
그대는 붉은빛의 ××나라로 갔구나.

'우리(감옥)' 속 같은 조선에서 미국으로 고학을 왔던 한흑구의 동료 'K'는 누구이며 왜 강제축출을 당해야 했는가? 《신한민보》에 발표한 시의 원고료까지 보태서 간신히 '붉은빛의 ××나라'로 떠나간 'K'는 누구이며 대체 어떤 사건에 연루되었는가?

'김호철'과 '스코츠버러 소년들 사건'을 생각하는 것이 합당하다. 김호철은 한흑구와 함께한 시카고 '사회과학연구회' 발기인 여덟 명의 일원이고, 흑인 소년들이 누명을 쓰고 사형당한 사건이 스코츠버러 소년들 사건이다.

> 한흑구는 시카고의 노스파크대학 재학 중 사회과학연구회를 발족하여 활동하였는데, 동료 김호철이 스코츠버러 소년들(Scottsboro Boys) 사건에 항의하다가 4개월 간 옥살이를 한 뒤, 1932년 추방당해 독일, 소련을 거쳐 함흥으로 돌아가게 된다. 김호철은 1919년 삼일운동에도 참여한 이력을 가진 인물로, 1927년 유학하러 미국으로 건너가는데, 선교사 혹은 양반 집안의 자제들과 달리 처음 당도한 샌프란시스코에서 서비스업에 종사하며 고학을 이어가던 중 시카고로 이주하게 된 배경을 가진 인물이다. 김호철은 고국에서의 독립운동에 이어 미국에서 반자본주의, 반제국주의 사회주의 운동을 계속해 나갔고, 특히 1931년 앨라바마 주 스코츠버러에서 흑인 소년들이 백인 여성 두 명을 강간한 혐의로 억울하게 사형선고를 받은 사건(가장 어린 12살 소년만 징역형으로 감형)에 항의하는 운동에 가담하였다. 「축출명령」에서 시적 화자는 "두 편의 시"를 쓴 것을 치하하는데, 실제로 김호철은 1932년 1월 《신한민보》에 「여들검둥이아희희게(너희들 검둥이 아이에게)」라는 시를 발표하였다.[1]

한흑구는 축출당한 김호철이 어디선가 새로운 환경에서 늠름히 살아가기를 바라며 대서양 애틀랜틱시티로 나아가는 여객선에 몸을 실었다. 답답한 심회를 털어내고 싶었다. 갑판 위로 올라갔다. 풍광을 즐기려는 승객들이 모여 있었다. 거기서 이방의 젊은 시인은, 김호철을 축출한 자유와 풍요의 민주주의 나라가 당당히 내세운 차별과 부닥쳤다.

> 중앙의 갑판 위에는
> '1st class Passenger only'(일등 선객 외 엄금)
> 배꼬리 좁은 갑판 위에는
> '3rd class Passengers only'(삼등 승객 외 엄금)
>
> 이 무슨 모롱(侮弄)의 기만이냐!
> 데모크라시는 무슨 뜻이더냐?
> 배도 한낱 사회의 축도(縮圖)
> 평등과 자유는 어디 있느냐?

한흑구의 시 「갑판 위에서」 뒷부분이다. 「축출명령」과 나란히 1932년 10월 《동광》 제38호에 실린다.

---

1) 서주희, 「번역의 유토피아적 장소: 한흑구의 미국흑인 번역시를 중심으로」(앞의 책)

녹슬은 군국주의의 창끝은 부러지고
새로운 조선의 들판으로 달려가리니

 가을의 길목에 한흑구는 지갑도 채워서 애틀랜틱시티를 등지고 필라델피아로 돌아왔다. 김블형제백화점 동양물품부 점원으로 복귀할 것이었다. 곧 8월 29일이 되었다. 이날이 바로 나라를 통째로 빼앗긴 날이란 사실을 그는 새삼 뼈에 아로새겼다.
 "아, 조국!"
 청년시인은 목메어 불러보지 않을 수 없었다.

> 아, 나의 조선!
> 아, 나의 동포여!
> 새벽 항구, 종소리, 포구에 날 때까지
> 성좌(星座)를 쳐다보고, 나가고 나가소서.
>
> 아침에 동해가 울고,
> 저녁에 서천이 불타도다!
> 영(嶺) 위에 달 밝은 밤에
> 사천 년 맑은 시내 어디로 가나!

 국치일에 쓴 한흑구의 시 「고국」 3연, 4연이다. 활자로는 1932년 10월 26일 《신한민보》에 등장한다. 그는 조국 독립의 갈망에 목이 타는 청년시인이었다.

> 님이여!
> 내가 만일 죽거든
> 님의 이슬을
> 나의 무덤가에 내리소서.

한흑구의 시 「목마른 무덤」 첫 연이다. 국치일 며칠 뒤에 쓴 것이다. 죽을 때까지 조국 독립을 못 볼세라 목이 타고 또 타서 그 무덤은 세상에서 '가장 목마른 무덤'이 될 것이니 '님의 이슬을' '나의 무덤가'에 내려 달라고 소원한다. 이 시는 이듬해 3월 《우라키》에 실린다.

한흑구는 1932년 가을과 겨울을 필라델피아에 있었다. 대학 신문에 영시(英詩)를 발표해 주목을 받기도 하며 학업에 열중했다. 장학금만으로는 부족한 학비와 생활비를 백화점 점원 노릇으로 충당했다.

겨울방학을 앞둔 한흑구는 코스모폴리탄클럽(Cosmopolitan Club)의 초청을 받았다. 1932년 12월 11일, 인터내셔널 인스티튜트(International Institute). 무엇을 할 것인가. 그는 〈코리안 나이트〉라는 현수막을 걸었다. 강론의 제목은 묵중했다. 조선의 정치와 문화사, 조선인이 본 만주 문제. 그리고 조선 민요에 대한 강연도 넣었다.

필라델피아에 봄기운이 감돌고 있었다. 한흑구는 필라델피아 지방회의 회장, 코스모폴리탄클럽 부회장으로 선임됐다. 템플대학, 필라델피아 한인 커뮤니티에서 주목받는 존재로 떠올랐다. 하지만 미국의 어느 곳에서 무슨 일을 하든 청년시인 한흑구에게 새봄을 데려오는 것은 3·1운동이었다. 바야흐로 3·1운동 14주년, 그는 경건한 마음으로 고요한 밤에 펜을 들었다. 신새벽이 열리는 '조국의 새날'을 뜨겁게 노래하고 싶었다. 시 「3월 1일!」이 태어났다.

> 날카로운 창끝으로도

무찌르지 못한 그 마음
총으로 쏘아 죽여도
뺏지 못한 그 정신.
오! 이는 빨간 새 조선의 맘이며
빨간 새 조선의 첫날이어라.

  2연에서 3·1운동을 우리 민족의 피('빨간')로 열어젖힌 '새 조선의 첫날'이라 규정한 시인은 이어서 장엄한 선언을 웅변한다.

이 위대한 한날의 선언은
사천 년 내 정신을 밝히려는
새 조선의 행진곡이었노라!

  마지막 5연에서는 '새로운 조선의 들판을 달음질치는' 그날이 기필코 오고야 만다는 강렬한 희망과 낙관을 예언하고 있다.

녹슬은 군국주의자의 창끝은 부러지고
독 오른 배암은
제 꼬리를 물고 괴로워하리라!
선풍이어! 광풍이어!
악독한 세상을 모두 휩쓸어 가거라!
오, 새로운 세기로 행진할
서광의 새벽이 발갛게 떠오를 때
우리는 가슴을 헤치고
새로운 조선의 들판을 달음질치리라!

오, 새로운 조선의 들판이여!
붉은 아침의 새로운 노래를 맞아라!

한흑구의 시 「3월 1일!」은 경성의 어떤 지면도 살려낼 수 없는, 다시 말해 일제의 검열에 걸려 통째로 죽어야(잘려야) 하는 작품이었다. 1933년 3월 9일 《신한민보》에 실렸다. 그때 필라델피아의 그는 '한세광'의 이름으로 시카고의 김태선, 뉴욕의 강용흘 등과 함께 '북미 조선인 문단'을 형성하고 있었다. 그의 시 「3월 1일!」을 게재한 바로 그 날짜에 《신한민보》가 〈북미 조선인 문단 형성〉이라는 제하 기사에 그렇게 지목해 놓았다.

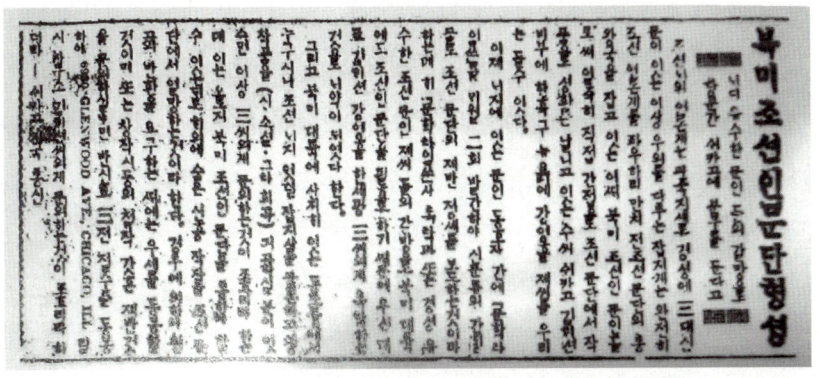

《신한민보》 1933년 3월 9일. 시인 한세광(흑구)이 북미조선인문단 형성에 일역하고 있다는 기사.

갈 곳 잃은 안익태가 첼로만 들고
필라델피아 한흑구의 셋방에 들다

1930년대에 미국의 제3 도시로 꼽힌 필라델피아(약칭 필리). 역사가 짧은 미국에서 유서의 풍모와 현대의 번영이 조화를 이룬 신흥도시 필리를 한흑구는 좋아했다.

미국 독립을 선언한 독립관과 자유의 종이 있다. 미국에서 가장 유명한 시립도서관과 국립미술박물관이 있다. 고적도 많은 편이다. 고층 빌딩이 숲을 이룬 번화가에는 호화 상점이 즐비한 가운데 백화점의 효시로 알려진, 백화점의 왕이라 불리는 존 워너메이커의 백화점이 자본주의의 화려한 성처럼 버티고 있다. 이 백화점의 왕은 조선의 경성을 비롯한 세계 여러 나라에 YMCA 건물을 지어줬다.

그리고 미시간호 같은 호반은 없어도 한흑구가 대동강을 그려볼 강이 있다. 미국 독립전쟁 때 워싱턴이 직접 도하작전을 지휘한 델라웨어강이다. 필리의 한쪽을 가로질러 대서양으로 흘러드는 강의 맞은편에 위치한 작은 도시 캠든에는 그가 흠모하는 시인 월트 휘트먼의 기념관이 있다.

1933년 2월 3일 오후 3시를 막 지난 시각, 한흑구는 혼자서 걷고 있었다. 오른편에 도서관을 끼고 저만치 떨어진 미술관 왼쪽의 필라델피아역을 바라보았다. 그는 마냥 설레고 있었다. 이역만리 타관 땅에서 어떤 운명에 순종하듯 죽마고우를 마중하러 나가는 걸음이었다.

오하이오주 신시내티에서 기차를 타고 오는 친구는 보나마나 빈털터리 상태였다. 미국에 와서 아주 오랜만에 연락이 닿아 드문드문 편지를 주고받았는데, 새해에 필라델피아로 보내온 친구의 편지는 딱한 하소연을 담고 있었다. 미국 경기가 좋지 않아 고학이 너무 힘들어서 도저히 더 견딜 수 없으니 필리의 그대를 찾아가겠다는 것. 친구의 출발이 차일피일 미뤄진 이유조차도 '여비 장만'이었다. 기차표를 예매했으니 마중 나오라고 알리는 편지에는 '이제 겨우 여비를 장만해서 필리로 찾아간다'라는 사연이 적혀 있었다.

한흑구가 대합실 안으로 들어가서 출구를 지켜섰다. 곧 승객들이 나오기 시작했다. 3시 20분. 신시내티에서 출발한 기차가 정시에 도착한 것이었다. 젊은 부부나 연인들이 서로 얼싸안고 키스를 나누는 곁에서 그는 꿈결인가 싶은 마음으로 홀연히 나타난 한 청년을 시선에 넣었다. 한 손에 첼로 가방을 들고 또 한 손엔 짐 가방을 들었다. 검은테 안경을 썼다. 얼굴이 파리해 보였다.

"익태!"

나는 고함을 지르고 손을 높이 쳐들고 흔들었다.

"어! 한 군!"

그는 반가운 얼굴을 하면서 고함을 질렀다. 그가 출구로 나오자 짐을 놓고 두 손으로 나의 팔을 잡았다.

"야, 이거 얼마 만인가!"

우리도 키스라도 하고 싶을 정도로 반가웠다. 중학 시절에 고향에서 떨어진 지 십여 년 만이었다. 그러나 나이 아직 27, 8세라 더 늙지도 않고, 젊어지지도 않고, 아무 변화가 없는 것 같았다.

"오늘이 며칠이지?"

그는 이렇게 물었다.

"아니, 세월 가는 것도 모르나."

"오늘을 기억해 두세. 우리가 이 먼 나라에서 만난 날을!"

그의 센티한 성격은 전과 다름이 없는 것 같았다.

"오늘이 바로 1933년 2월 3일일세."

"커티스음악학교에서 장학생을 뽑는 시험이 엿새밖에 안 남았어."

그는 만나는 순간부터 자기 앞날에 대한 사무적인 얘기부터 했다.[1]

안익태와 한흑구(세광), 한흑구와 안익태. 평양 한동네에서 같이 뒹굴며 자랐다. 1906년 12월, 한흑구보다 서른 달쯤 앞서 험한 세상에 태어난 안익태는 유아를 벗어난 즈음부터 한승곤이 시무하는 산정현교회에 다녔다.

> (안익태는) 네 살 때 동리에 있는 예배당에서 흘러나오는 찬송가 소리에 끌려 산정현교회에 다니면서 음악을 배웠다. 일곱 살 때는 일본에 유학하던 큰형 익삼이 사다 준 바이올린을 독학으로 배워 연주했으며, 아홉 살 때부터는 코넷도 자유자재로 연주하게 되어 '평양의 음악 신동'으로 널리 알려졌다.[2]

1910년대 조선의 풍속은 '음악 신동'이든 '문학 신동'이든 한동네의 두세 살 차이는 어린 시절에 그냥 동무로 어우러져 지냈다. 언제 어디서나 "익태야", "세광아" 불렀다.

평양이 얼마나 떨어져 있는지, 거리조차 가늠하기 어려운 머나먼 필라델피아. 재회의 그날을 한흑구는 십여 년만으로 헤아렸다. 그가 평양을 떠나온 지는 어언 네 해쯤 지났고, 친구가 미국에 들어온 지는 세 해째 접어들었으니, 두 사람이 미국 땅에서 서로 겹치는 시간은 안익태의 미국 체류 시간과 일치한다. 한흑구는 안익태가 미국에 음악 유학을 왔다는 사실을 잘 알고 있었다. 안익태도 한흑구가 미국에 유학하고 있다는 사실을 잘 알고 있었다. 정확한 메신저가 존재했다. 대한인국민회에서 발간하는 《신한민보》, 이 지면이 두 유학생의 활동 소식을 수시로 알려준 것이었다. 죽마고우끼리 이따금 편지를 주고받았다. 하지만 대면의 재회는 이뤄지지 않았다. 그래서 한흑구는 '십여 년'만의 재회라 했는데, 안익태의 이력을 들춰보면 그의 계산을 쉽게 이해할 수 있다.

안익태는 1921년 평양을 떠나 일본 도쿄의 세이소쿠중학교에 음악 특기생으로 입학해 과정을 마친 뒤 1926년 도쿄음악학교를 첼로 전공으로 졸업하고 1930년 9월 미국으로 건너와 신시내티음악원에 들어갔다. 그때 신시내티에는 작곡가 박태준(동요 〈오빠 생각〉 등을 작곡했으며 연세대 음대 교수 역임), 피아니스트 박경호 등도 고학을 하고 있었다.

한흑구가 평양에서 안익태를 마지막으로 만난 것은 그가 도쿄음악학교에 다니는 여름방학의 어느 날이었다. 경성의 장곡촌(長谷川) 공회당에서 한국인 최초의 첼로 연주회를 절찬리에 마친 안익태가 고향으로 올라와 숭실대학 강당에서 다시 연주회를 열었다. 백여 명의 미국 선교사들과 평양시민이 빈자리를 두지 않았다. 그가 연주를 끝내자 기립 박수와 환호성이 폭포처럼 쏟아졌다. 열광, 그 자체였다. 그를 지도하는 모우리 교수도 제자의 목을 끌어안고 눈물을 흘렸다. 그때 모든 장면을 한흑구는 현장에서 듣고 보았다. "익태, 너는 음악의 천재다!" 죽마고우에게 꽃다발 대신 저절로 우러난 찬사를 바쳤다.

1933년 2월 3일 신시내티에서 필라델피아로 옮겨온 안익태에게는 두 가지 사정이 있었다. 하나는 고학에 시달리느라 무리하게 아르바이트를 늘리다 불법 체류자로 의심받게 된 것이고, 또 하나는 더 좋은 환경에서 음악 공부를 미친 듯이 제대로 해보자는 꿈이었다. 하나는 절박한 것이고, 또 하나는 불타는 것이었다.

유대인 식당에서 트리오 멤버로 저녁 5시부터 9시까지 연주하며 3달러를 받는 아르바이트를 1년 동안 계속하였다. 2학년 때인 1932년 1월 아서 잭(Arthur Zack, 1900—?)이 지휘하던 신시내티심포니오케스트라의 제1첼로 주자로 발탁되었다. 이렇게 유학 생활에 적응하며 연주자의 꿈을 펼치기 시작할 무렵 추방 위기에 놓이게 되었다. 공황으로 학교 운영이 어려워진 신시내티음악원은 운영 주체가 바우어 가문에서 신시내티예술협회로 이관되었다.

이로 인해 1학년 때 전액 장학금을 받았던 안익태는 2학년이 되자 일부 장학금만 받게 되었고, 앞으로는 장학금을 줄 수가 없다는 통보를 받았다. 당시 안익태는 신시내티음악원 장학금에다 미국북장로교 해외선교위원회로부터 생활비 일부를 지원받았는데, 학교 장학금이 감액되자 아르바이트를 늘리다가 이민국으로부터 불법 체류자로 의심받게 된 것이다. 안익태는 다양한 방법으로 학비와 생활비를 마련했는데 이민국의 조사가 시작되자 모든 수입원이 다 막혀버렸다. 신시내티심포니오케스트라 단원이지만 수입이 없었고 한국에서 가져온 물건도 일절 팔 수 없었다.[3]

1932년 11월 30일 이민국에 불려가서 불법 체류자 혐의로 조사까지 받아야 했던 안익태, 그러나 한흑구는 첼로밖에 없는 빈손의 친구가 필라델피아로 자신을 찾아온 것은 고학의 고통보다 음악이 더 큰 이유라고 느꼈다.

더 큰 이유가 있었다. 그것은 필라델피아가 음악의 도시라는 것이다.
  아침마다 전차, 버스, 지하철에 오르내리는 사람 중에 악기를 옆에 끼든지 들고 다니는 사람을 수없이 볼 수 있다. 다섯 살밖에 안 되어 보이는 어린 소년이 바이올린을 끼고 다니는 것을 보는 것도 드문 일이 아니다. 왜냐하면, 이 음악의 도시에는 음악으로 사는 사람, 또는 음악으로 출세하려는 음악생이 십만 명도 더 된다는 것이다.[4]

그러나 1933년 필라델피아에는 안익태에게 음악적 분위기나 음악 인구보다 훨씬 더 중요한 무엇이 있었다. 러시아 출신, 오스트리아 출신의 당대 최고 음악가들이 가르치는 학교가 바로 그것이었다.

세계적으로 유명한 바이올리스트인 짐발리스트, 앨먼, 크라이스러 씨 등이 다 이곳 커티스음악학교에 있기 때문이다. 또한 심포니오케스트라의 명지휘자인 <u>스토코프스키</u> 씨도 이곳에 있었다. 그러니까 음악을 지망하는 첼리스트 안익태가 이곳으로 오려고 애쓴 것은 당연한 일인 것이다.[5]

엿새밖에 안 남은 커티스음악학교 장학생 선발 시험에 신시내티심포니오케스트라 제1첼리스트 경력의 안익태는 합격할 것인가? 그래서 덜 고생스럽게 음악의 길로 정진할 수 있을 것인가? 만약 불운하게도 불합격해서 '대동강 오리알' 신세로 떨어진다면 한흑구가 죽마고우의 음악적 대성을 위해 두어 살 아래가 아니라 거꾸로 두어 살 위의 가형(家兄)이 되어 뒷바라지를 맡아야 하지 않겠는가? 템플대학 신문학과 장학생으로서 김블형제백화점에 일자리를 잡은 고학생 신세인데…….

1) 한흑구가 안익태와 미국에서 동고동락한 시절을 회고한 글 「예술가 안익태」(1974년 일지사에서 펴낸 수필집 『인생산문』, 이후 2023년 득수에서 복간)에는 안익태와 필라델피아 정거장에서 만난 날이 '1932년 2월 4일'로 나와 있다. 여기서 '1932년'은 첫 출판 과정의 오식(誤植)이었거나 그의 기억이 헛갈렸을 것으로 추측할 수 있다. 이 기회에 필자는 '1933년'으로 정정해둔다.
2) 블로그 '김형석의 역사산책' 중 「숭실중 4번 타자 안익태는 누구인가」에서(김형석: 역사학자, '안익태기념재단' 연구위원장)
3) 블로그 '김형석의 역사산책' 중 「미국 유학 시절의 안익태」에서
4), 5) 한흑구의 「예술가 안익태」에서

걸음에도 리듬을 타는 빈털터리 안익태는
밤낮 꼬박 첼로만 켜고 있는데

안익태로서는 명확한 '뜻'이 있고 한흑구에게는 '뜻밖'이었던 십여 년 만의 재회. 그는 친구의 짐을 보고 택시를 잡았다. 남은 하루는 필라델피아 견문에 보내기로 합의했다. 첼로와 옷가지 가방을 한흑구의 셋방에 두고 곧장 밖으로 나왔다. 경성의 종로 격인 번화 상가를 두루 일람하고 시청을 돌아서 도서관으로 갔다. 검은 대리석 흉상이 앞을 지켜섰다. 셰익스피어였다. 두 청년은 모자를 벗었다. 받침돌 대리석에는 그의 명구가 새겨져 있었다.

All the world's stage.
And all the men and women merely players.

'세계는 무대요,
사나이들과 여인들은 한낱 배우들이다.'

이 문장을 읽고 젊은 시인과 젊은 음악인은 묵묵했다. 그래, 문학인도 음악가도 이 세상의 배우 아닌가! 이러한 생각이 이심전심 예술의 폐부를 찔렀을 것이다. 도서관 안으로 들어가는 것을 다음으로 미루고 미술박물관으로 걸어갔다.

"왜 그렇게 천천히 걷나? 걸음을 걸어도 박자를 맞추고 리듬이 있게 이렇게 걸어야지."
갑자기 안은 두 어깨를 우쭐대고 발뒤축을 높이 떼었다 댔다 하면서 멋지게 걸어갔다. 과연 걸음걸이도 음악적으로 걷는 것이 옳다고 생각하였다. 그러나 나는 안에게 지지 않으려고 이렇게 말했다.

"이 사람아, 이 세상에 음악이면 제일인가! 나는 철학가이거든. 이렇게 천천히 걸으면서 사색을 하는 거야. 지금 우리는 이 거리를 걷고 있지만 지구 위를 한 발자국 한 발자국 걸어가고 있지 않는가 하고 사색을 하면서 걸어가는 것이야."

나는 더 천천히 걸었다.

"그것도 일리가 있는 듯하이. 어쨌든 길을 걸으면서도 사색을 하는 것도 좋고, 발걸음과 리듬을 맞추어서 음악적으로 걷는 것도 좋은 것이야."

안은 언제나 모든 것을 음악적으로 보려고 하였다.[1]

즐거운 대화를 나누고 로댕기념관 앞에 멈춰섰다. 안익태는 로댕의 〈묵상하는 사나이〉를 한참 바라보면서 "로댕은 미켈란젤로와 함께 영원히 자랑할 수 있는 조각가야." 하고 감격하는 어조로 말했다.

두 사람의 눈앞에 하얀 대리석 외관의 웅장한 건물이 버티고 있었다. 필라델피아의 자존심 같은 미술박물관이었다. 계단을 올라가 안으로 들어갔다. 고흐의 〈해바라기〉를 비롯해 세잔, 드가, 반 동겐, 아망 장, 고야의 작품들이 젊은 음악인과 젊은 시인을 예술적 마취의 시간으로 이끌었다. 하지만 다음 차례는 '먹고 자는' 현실의 문제였다. 하릴없이 고학의 처지로 돌아가야 했다.

우리 둘은 밖으로 나오자 현관 앞 층대에 앉아서 살아갈 이야기를 주고받았다.

"그래, 시험을 볼 때까지는 내 방에서 같이 지내야지?"

나는 단도직입적으로 안에게 이렇게 물었다.

"그렇지. 돌아갈 여비도 없는걸."

안은 이렇게 두어 마디 하자, 그 작은 눈을 더 작게 하면서 돌층층대를 내려다보았다.

"응. 염려 말게. 자넨 담배도 술도 안 먹으니까 그리 큰 비용이야 들겠나. 나하고 한 침대에 자면서 부부같이 지내면 안 되겠나."

응당 나는 이렇게 대답을 하였으나 혼자 벌어서 둘이 고학을 한다는 것은 그렇게 수월한 일이 아니라는 것을 속으로 걱정하지 않을 수 없었다.

"장학생 시험에 꼭 패스를 해야겠어."

안은 이렇게 결심하는 빛을 보여주었다.

"너무 걱정 말고 힘써보게. 우리의 정열이면 무엇이나 이루어지겠지. 그럼 집으로 돌아가세."

안과 나는 일어서서 층층대를 하나씩 걸어 내려왔다.[2)]

다시 젊은 예술가로 복귀한 두 사람은 뜨거운 정열을 밑천 삼아 서로 위로하고 격려하며 저녁놀에 불그레하게 물드는 메이플 나무들 사이로 산책하듯 걸어서 첼로가 기다리는 셋방으로 돌아갔다.

세계 여러 나라의 어떤 음악 수재들이 얼마나 모여들지 몰라도, 일곱 명을 뽑는다는 커티스음악학교 장학생 선발 시험. 신시내티로 돌아갈 여비도 없이 한흑구를 찾아온 안익태는 기필코 붙어야 했다. 필리의 첫날 밤부터 안익태는 두어 살 아래 죽마고우의 셋방에 틀어박혀 첼로 연습에 몰두한다.

아침부터 저녁까지, 저녁부터 자정까지, 또 새벽 세 시부터 조반 때까지 안은 거의 쉬지도 않고 자지도 않고 첼로만 연습하였다. 며칠 동안은 잠을 잘 수 없을 정도였으나, 나는 첼로 소리에 만성이 되어버렸는지, 오히려 그 소리를 들어야 잠이 더 잘 오는 것 같았다. 요새는 방학 때라 신문, 잡지 외엔 별로 독서도 아니 하기 때문에 나에게 방해가 되기는커녕 매일 첼로 연주회에서 살

고, 자고 하는 느낌을 주었다.[3]

모든 열정을 첼로 연주에 쏟아붓는 예술가의 눈과 귀에는 다른 어떤 사물도 의미가 없는 시간이었다. 그러한 안익태의 모습을 한흑구는 어떻게 지켜보았을까?

얼마나 성스럽고 아름다운가.
인생은 짧고 예술은 길다.
예술은 인간에게만 있는 것이다.
예술로써 우리나라를 빛내라.
너는 천재다![4]

1)~4) 한흑구의 「예술가 안익태」에서

커티스음악학교 장학생 선발시험 후
울지 않은 안익태는 어디로?

    시험이 이틀 앞이었다. 안익태는 새벽 세 시부터 쉼 없이 첼로를 켜고 있었다. 날이 밝아왔다. 누군가 요란하게 문을 두드렸다. 첼로 소리가 멈추었다. 한흑구가 실내복을 걸치고 문을 열었다. 뚱뚱한 중년 사나이, 바로 아랫방 사람이었다. 분개한 목소리로 머리를 흔들고 두 손을 휘저었다. 아직 영어가 짧은 첼리스트는 분위기로만 알아채고, 방 주인은 공손히 들어줬다.

    밤늦게까지 일을 하는 사람이다. 윗방에서 천둥벼락을 치는 소리같이 첼로 소리가 온 천장을 울려대니 잠을 못 자겠다. 오늘부터는 오전 여덟 시가 지나기 전까지는 아예 첼로를 긁지 마라. 그렇지 않으면 내가 정신병원으로 가든지 너희들이 이사를 가라. 그놈의 G선을 뿌욱 그을 때는 내 배꼽 밑까지도 흔들려서 소름이 끼칠 정도다.

    나는 그 미국 사람이 이야기하던 것을 그대로 설명하였다.
    "그러면 야단이네. 시험날이 이틀밖에 안 남았는데, 다른 데 가서 연습할 곳도 없고."
    안은 아직도 첼로를 놓지 않고 이렇게 걱정을 하였다.
    "밤 자정부터 아침 여덟 시까지는 잠을 푹 자면서 쉬게나."
    나는 이렇게 권하였다.
    "별수 없지. 그렇게 하는 수밖에."
    조반을 먹자, 안은 또 첼로를 연습하였고, 나는 모자를 쓰고 일터로 나갔다.[1]

다음날 꼭두새벽이었다. 예쁜 아가씨를 만나 공원으로 들어가는 달콤한 꿈을 꾸고 있던 한흑구가 문 두드리는 소리에 번쩍 눈을 떴다. 이번에도 아랫방 사내였다. 다짜고짜로 너희들은 약속을 어겼으니 내가 정신병원 가기 전에 나기라고 요구했다. 집주인 할머니도 불러놨다니, 정말 방을 빼야 하는 형세였다.

안익태가 새벽 세 시에 일어나서 슬리프 두 개를 첼로 밑에 받치고 연습했노라고 자백했다. 한흑구는 저절로 머리가 숙여졌다. 옛날 집이라 방바닥이 마루여서 그럴 거라고 친구를 위로한 그가 문 앞에 버텨선 사내에게 다가갔다.

"좋습니다! 이제부터 첼로 소리를 내지 않고 오늘 안으로 이사를 할 터이니 안심하시고 정신병원에 가실 생각을 마시오."

나는 자세를 바로하고 똑똑한 목소리로 그 뚱뚱한 친구에게 선언을 하였다.

"미안하오. 첼로 소리만 없었으면······. 나도 객지를 돌아다니며 홀아비 생활을 하는 처지인데······. 매우 미안합니다."

아랫방 친구는 또 머리를 설레설레 흔들면서 아래로 내려갔다.

"내일이 시험인데 갑자기 어디 가서 방을 얻나?"

안도 적이 근심스러운 표정을 하였다.

"걱정 없어. 오늘 하루 일을 쉬고라도 내가 방을 얻을 터이니까. 이 넓은 도시에 방이 없겠나."[2]

한흑구는 안익태를 위로하느라 큰소리를 쳤으나 방 구하는 일이 만만찮다는 점을 익히 알고 있었다. 피부색이 제일의 장애물이었다. 지금의 방을 얻기 전에도 몇 번이나 동양인이어서 거절을 당했다. 난처한 처지에 놓였을 때 같은 교회에 다니는 백인 할머니가 사정을 알아서 자기 주택의 방을 내줬다.

날이 밝았다. 아랫방 홀아비의 예고대로 집주인 할머니가 찾아왔다. 제1차 세계대전 전장에서 아들 셋을 잃고 얼마 전 남편마저 여의었다는 외롭고 친절한 노인이었다. 한흑구는 지난 며칠 간의 사정을 털어놓았다. 할머니가 어디 말해둔 방이 있느냐고 물었다. 그는 아는 데 있으면 소개를 부탁한다고 했다. 문득 할머니가 묘안을 냈다. 아래층 구석방을 손자가 쓰는데 방학이라 비어 있으니 오늘 하룻밤은 그 방에 가서 맘껏 연습하라는 것. 젊은 시인과 젊은 음악인은 그저 감사할 따름이었다.

드디어 시험일이 왔다. 하루 일을 쉬는 한흑구가 안익태를 커티스음악학교로 안내했다. 응시생은 모두 서른 명이었다. 주사위는 던져졌다. 첫 번째를 못 잡아도 일곱 번째로는 걸릴 것인가?

> 첫째로 뽑힌 사람은 첼로를 하는 십칠 세의 소녀였다. 참으로 놀랄 만한 천재 소녀라고 아니할 수 없다. 왜냐하면, 열째로 떨어진 사람도 캐나다에서 온 서른이 넘은 청년으로 캐나다에서 삼십 회 이상의 연주회를 가졌고, 일류 바이올리니스트로 알려진 사람이었기 때문이다. 그는 눈물을 흘리면서 그의 스크랩북을 나에게 보여주었다.
> "이것들을 보시오! 이렇게 연주를 많이 했는데도 나를 떨어뜨렸으니!"
> 그의 스크랩북에는 그가 연주했던 곳과 각 신문에 실렸던 기사와 음악 평론가들의 평론이 조각조각 붙어 있었다.
> 그러나 안은 울지 않았다.[2]

'울지 않은' 안익태는 아홉 번째 점수였다. 열 번째 점수를 받은 캐나다 바이올리니스트는 억울해서 울고, 아홉 번째 점수를 받은 조선 첼리스트는 억울해도 울지는 않았다. 우느냐, 참느냐. 엿새 전에 흉상으로 만났던 셰익스피어의 대사를 빌리더라도, 그것은 안익태의 문제가 아니었다. 자, 당장에 어떡할 것인가? 이것이 그의 문제였다.

1), 2) 한흑구의 「예술가 안익태」에서

한흑구의 주선으로 템플대학 음악과에 들어가고 커티스음악학교 짐바리스트의 지도를 받는 안익태

커티스음악학교 장학생 선발에 간발의 차이로 고배를 들게 된 안익태가 더 머뭇거리지 않고 한흑구에게 부탁했다. 굉장히 난처할 수 있는 일을 그저 '철없는' 예술가답게 내놓았다.

"한 군! 자네 학교 음악과에 잘 말해서 나를 장학생으로 좀 넣어주게나. 자넨 총장을 잘 알지 않나."

안은 침착한 태도로 말하였다.

안의 말대로 나는 찰스 베리(Charles Buery) 총장을 만나 안을 소개해서 내가 다니고 있던 템플대학교 음악대학 기악과에 외국인 장학생으로 무난히 넣을 수 있었다.[1]

안익태의 첼로 연주 실력에 대한 한흑구의 믿음과 스크랩북 같은 객관적 증명이 밑바탕이 되긴 했지만, 보이지는 않아도 무엇보다 강력한 후원의 힘은 한승곤 목사였다. 아버지가 아들을 장학생으로 넣은 대학에 아들은 음악 천재라 믿는 죽마고우를 장학생으로 넣었다.

그래도 안익태는 커티스음악학교에 대한 미련을 버리지 못했다. 특히 짐바리스트 교수의 개인지도를 소원하고 있었다.

"글쎄, 그것이 그렇게 쉽게 되겠나!"

나는 주저했다.

커티스음악학교는 필리에서 제일 오래된 신문인 〈퍼플릭 랫저(Public Ledger)〉의 사장이 자기 이름을 따서 음악학교를 세우고, 미국뿐만 아니라 세계의 유명한 음악가들을 채용해서 음악 학도들을 학비 없이 교육시키는 유명한 학교였다.[2)]

그러나 안익태는 짐바리스트 교수를 만나러 가자며 비장의 무기를 보여줬다. 한흑구가 의지를 곤추세웠다. 전화로 그의 비서에게 만날 시간부터 받았다.

입도 크고 코도 크고 앞이마가 벗겨진 짐바리스트는 깐깐하면서도 친절했다. 안익태가 불과 일주일 전에 아깝게 탈락한 사연을 한흑구가 들려주자, 그는 참 서운하게 됐다면서도 시험관들은 정확하다는 말을 덧붙였다. 이때 한흑구가 잽싸게 부탁을 냈다. 우리 둘은 고학생이지만 배움에 주려서 미국까지 유학을 왔는데, 선생님께서 미스터 안에게 한 주일에 단 한 시간이라도 개인교수를 해달라. 짐바리스트는 난색을 표했다. 그럴 만했다. 커티스음악학교 외에도 보스턴, 뉴욕, 워싱턴의 세 학교에 비행기로 강의를 더 나간다지 않는가. 틀림없는 거절의 순간, 두 사람은 예행연습을 해둔 것처럼 착착 박자에 맞게 비장의 무기를 들이밀었다. 안익태는 챙겨온 스크랩북을 펼치고, 한흑구가 좀 들뜬 목소리로 설명을 했다.

"이것은 선생님이 일본에 오셨을 때, 그리고 미스터 안의 연주회에 오셨을 때의 아사히신문 기사입니다. 일본 글이 되어서 모르시겠지만, 그때 선생님이 이런 평을 하신 것을 기억하시겠습니까?

'안 군의 첼로의 음색은 동양적인 특색을 가진 애수적인 멜로디다. 앞으로 세계적인 대가가 될 것이 틀림없다고 기대한다.'

선생님께서 이렇게 극구 칭찬하신 것을 잊으셨나요?"

나는 신이 나서 이렇게 열심히 설명해 주었다. 그는 한참 동안 신문 기사와 함께 실려 있는 자기의 사진과 안의 사진을 들여다보고 있었다.

"어, 그렇군. 그렇지! 내가 그때 안 군의 연주회에 갔던 생각이 납니다. 이렇게 나의 기억력이 감퇴되었으니……"

그는 오른손을 내밀고 안에게 악수를 청하였다.

"미안하오. 잘 알아보지 못해서. 그럼, 내주부터 매주 월요일 오후 한 시부터 한 시간씩 배우도록 합시다."

그는 안의 손을 그대로 쥐고 흔들면서 이렇게 쾌히 승낙하였다.

그는 우리와 함께 현관까지 나왔다.

"나는 나라도 없는 한국 학생이기 때문에 안 군을 잘 지도해주려는 것이오."

그는 이렇게 말하면서 안의 어깨를 여러 번 두들겨 주었다. 안과 나는 한없이 감격하여 아무 말도 하지 못하고 여러 번 절을 하였다. 우리 둘은 그의 마지막 말을 여러 번 되새기며 아무 말 없이 집으로 돌아왔다.[3]

1933년 3월 16일 《신한민보》의 기사 〈비부학생 동정〉에도 한흑구(한세광)와 안익태가 나란히 등장한다. 물론 '비부'는 필라델피아이다.

새 임원으로 한세광 씨를 지방회의 회장으로 추천하였다. 새로이 이곳으로 온 이는 씬씨내티 음악학교에서 공부하던 안익태 씨이며 그는 템플대학 음악학과에 전학하고 커티스음악학교에서 첼로를 연구하게 되었다.

안익태는 템플대학도 잘 다니고 짐바리스트의 지도도 잘 받았다. 그가 한흑구에게 몇 번이나 거듭 말했다.

"짐바리스트 교수에게서는 연주할 때 숨을 쉬는 방법과 음색 표현 방법에서도 곡을 따라서 무겁게 혹은 가볍게 또는 고상하게, 작곡가가 표현하고자 하는 것을 그대로 연주하는 것이 연주가의 생명이라는 것을 배웠다."[4]

어린이 안익태가 다닌 평양 산정현교회. 그때 조선인 목사는 한흑구의 아버지인 한승곤이었다.

커티스 음악원 로고 : 커티스 음악원은 필라델피아에 있는 세계적인 음악교육 기관으로, 1924년에 설립되었다. 클래식 음악 연주와 작곡을 전문적으로 가르친다. 입학기준이 매우 엄격하며, 현재도 모든 학생에게 전액 장학금을 지급한다.

1)~4) 한흑구의 「예술가 안익태」에서

한흑구-반하우스 목사-윌리 부부, 그리고 안익태의 '코리아 판타지' 서곡

한흑구의 주선으로 필라델피아에 안착하고 한흑구와 함께 기거하는 안익태에게 이제 남은 하나의 문제는 돈이었다. 하지만 당사자는 돈을 벌어볼 생각조차 하지 않았다. 오직 첼로, 자나깨나 음악이었다.

> 나를 동생 같이 믿고 있기 때문인 것 같았다. 그때 나는 김블형제백화점(Gimble Brothers Department Shop)의 동양물품점 점원이었으나 학교 때문에 반나절의 시간일(parttime work)을 했기 때문에 안의 생활비까지 대기에는 넉넉하지 못하였다. 그래서 밖에 나가서 사 먹던 식사를 집에서 자취하며 해먹기로 하였다. 빨래도 우리 손으로 하고 다림질도 우리 손으로 하였다. 우리 손이라고 하지만 사실은 거의 다 내 손으로 한 셈이었다. 그는 밤낮으로 첼로에 열중했기 때문에 잔심부름을 할 정신과 마음의 여유조차 없었던 것이었다.[1]

음악밖에 모르는 예술가 안익태가 돈벌이를 해볼 방법은 없겠는가? 모름지기 하나였다. 음악 활동에 덤으로 돈이 따라붙어야 했다.

하루 저녁은 한흑구가 자신이 다니는, 미국 3대 교회당에 꼽히는 제10장로교회당 소속 교회의 반하우스(Barnhouse) 목사를 따로 찾아갔다. 우리나라 경북 안동에 선교사를 보내 교회를 운영하면서 언제나 코리아와 코리안을 응원하는 목사였다. 게다가 한승곤과 절친하여 그를 아들처럼 대해 주었다.

반하우스 목사는 한흑구를 레스토랑으로 데려가 스테이크를 사주며 이런저런 근황을 물었다. 그가 자연스럽게 동숙하고 있는 고향 동무 얘기를 꺼내 안익태의 음악 실력을 소상히 들려주고 어려운 처지를 덧붙였다.

"수요일 우리 교회 주일학교 애들이 예배 볼 때 음악 예배를 보기로 했으면 좋겠네. 학생들에게 한국 청년도 이렇게 음악을 잘한다는 것을 자랑해보세나. 미국에서 무보수라는 것은 없으니까 이렇게 해서라도 얼마씩 생활비를 보태어 나가면 좋은 아이디어가 또 생기지 않겠나."

이렇게 말하는 목사의 얼굴은 무척 명랑해 보였다. 나는 머리를 숙여 인사를 드렸다.

"한 군도 한국 애들에 대한 이야기, 한국 교회에 대한 이야기를 하지. 안 군은 삼십 분, 나는 찬송하고 성경을 읽고 기도를 할 터이니까 십 분쯤 될 거야."

이러한 결과를 갖고 나는 기쁜 마음으로 집에 돌아와 안에게 모든 것을 설명하였다. 안도 기뻐하며 기꺼이 찬성하였다.[2]

안익태의 음악 예배는 첫 시간부터 대성공이었다. 반하우스 목사도 대만족이었다. 삼십 분과 십 분, 도합 사십 분 수고에 대한 보수도 좋았다. 두 사람의 한 주일치 생활비였다. 그리고 다음 주에는 그가 예언한 '좋은 아이디어'가 출현했다.

목사님께서 윌리(Willey)라는 늙은 부부에게 안 군을 소개했다. 윌리 부부는 어떤 회사에서 삼십 년이나 중역으로 일을 하다가 은퇴하고 넉넉한 재산과 보너스로 한가하게 지내는 부부였다. 슬하의 자식들도 다 분가해 살고 있었고, 두 늙은이만이 한적한 곳에 좋은 집을 가지고 여생을 조용히 보내고 있었다. 더구나 윌리 부인은 스미스대학 음악과에서 피아노를 전공하였다. 그래서 이 늙은 부부가 우리나라는 물론, 세계적으로 유명한 음악 대가가 되기를 꿈꾸는 안 군을 도와주기로 한 것이었다.[3]

'어떤 회사'란 증권회사로, 윌리의 본명은 해리 페블스(Harry. O. Peebles)였다. 순수하고 아름다운 후원자를 얻은 안익태는 한흑구와 떨어져 윌리 부부의 집으로 가게 되었다.

"목사님 덕분으로 넌 이제부턴 걱정없게 되었어. 자, 빨리 가게!"
이렇게 전송하는 나에게 그는 쓸쓸한 얼굴로 눈물을 흘렸다.
"마음이 없는 곳에 시집가는 처녀의 심정과 같네."
안은 이렇게 말하면서 손등으로 눈물을 닦았다.
"이 사람아, 뭐 먼 데로 가는 건가? 무슨 말을 하나? 내일이라도 만날 게 아닌가? 이젠 마음 놓고 공부나 열심히 하게. 나도 이젠 기쁘게 공부를 하겠네."
이렇게 나는 안을 위로해 주었다. 사실 나도 그와 헤어지는 것이 한없이 쓸쓸하였으나 우리 형편으로는 어쩔 수 없었다.[4]

그때부터 두 사람은 학교에서 틈틈이 만났다. 주말에는 한흑구가 윌리 부부의 집으로 찾아가 아늑한 안익태의 방에서 하룻밤씩 묵곤 했다. 두 노인은 그를 볼 때마다 자주 오라는 말을 빼먹지 않았다. '마음이 없는 곳에 시집가는 처녀의 심정'과 같다던 안익태는 시나브로 윌리 부부를 부모님처럼 여기게 된다. 그만큼 윌리 부부는 그를 아들처럼 후원해주는 것이다.

그렇게 봄날이 가고 있었다. 그날은 5월의 토요일이었다. 오늘 낮에는 꼭 와야 한다는 안익태의 전화를 한흑구는 몇 번이나 받았다. 힘을 빌려야 하는 일이 생겼다는 것이었다. 그는 버스를 타고 경치 좋은 집에 점심시간이 지나서 도착했다. 세 사람이 잔뜩 기다리고 있었다. 점심을 먹었다고 해도 막무가내로 케이크, 과일, 커피를 푸짐하게 내놓았다.

안익태는 흥분을 감추지 못하는 표정이었다. 엊저녁에 스토코브스키의 심포니에 다녀왔다고 했다. 그는 필라델피아 관현악단의 지휘자였다. 조선의 청년 음악인에게 충격적 자극과 감동을 선사한 연주는 러시아의 스물다섯 살 작곡가가 작곡했다는 〈러시아 환상곡 Russia Fantasy〉이었다.(한흑구는 「예술가 안익태」에서 '광상곡'이라 했다. 이 글은 인용에서도 '환상곡'으로 바꾼다.)

"처음엔 러시아 제정시대의 한가로운 시대를 그렸는데, 느릿한 템포로 시작하고, 농사를 짓는 농부들의 노래 같은 것도 나오고, 구루마 바퀴가 딸그닥거리는 소리도 나오고, 이러다가 제정이 부패하는 음탕한 음조로 차차 변해가. 그러고는 러시아의 혁명인 듯 트럼펫 소리, 슬라이 트럼퍼가 마치 만세라도 외치는 듯이 굉장히 우렁찬 소리로 변해가네. 이때 지휘자 스토코브스키의 팔이 얼마나 빨리 휘도는지 열두어 개나 되는 것같이 쉴새없이 막 돌아가는 거야. 나도 지휘자가 되어볼 결심이야. 또한 〈한국 환상곡〉도 하나 작곡하고."

안은 쉴새없이 이렇게 열심히 이야기를 해갔다. 상대자인 내가 어떻게 생각하거나 알 바 없다는 듯이 마치 중학생처럼 감상적이고 열정적인 이야기를 그냥 계속하였다. 그러고는 일어서서 나를 끌고 피아노 앞으로 갔다.

"자, 이 바통도 어제 저녁에 사왔어."

그는 때 하나 묻지 않은 바통(지휘봉)을 피아노 위에서 들어서 내게 보이고는 다시 피아노 위에 올려놓았다. 그러고는 피아노 앞에 앉아서 피아노를 꽝꽝 치기 시작하였다. 한참 치다가 피아노에서 두 손을 떼어 올리면서,

"이것이 〈코리아 판타지 Korea Fantasy〉의 프롤로그야."

그는 이렇게 말하고 나의 얼굴을 쳐다보았다.

"참 좋네! 훌륭하이. 꼭 하나 작곡해 보게."

음악을 모르는 나이지만 어쨌든 그의 엠비션과 재주에 놀라지 않을 수 없었다. 그는 계속해서 〈춘향전〉에 나오는 것 같은 노래와 〈도라지타령〉, 〈천안삼거리〉, 〈노들강변〉, 〈아리랑〉 또는 〈수심가〉 같은 멜로디가 섞인 곡을 피아

노가 깨지라 치고 있었다.

"대체로 아웃라인이 잡히기도 했는데, 한국 민요를 몰라서 큰 야단이야. 이건 모두 내가 들은 한국 민요를 내 멋대로 편곡한 것인데 꼭 그대로 할 필요는 없어도 줄거리는 잘 알아야 해. 한 군! 아무 곡이나 하나 해봐. 응? 〈도라지타령〉을 한번 불러봐."

그는 나의 얼굴을 쳐다보면서 청을 한다기보다는 강요하는 표정을 했다.[5]

필라델피아 교외 윌리 부부의 전원주택에서 안익태는 최초로 한흑구에게 〈코리아 판타지 프롤로그〉를 피아노로 연주했다. 기필코 작곡을 완성할 의지와 영감도 강력히 피력했다. 한흑구는 〈한국 환상곡〉 탄생에 깃털 같은 도움이 될지 모르는 친구의 청을 피할 도리가 없었다. '회피할 자유는 없다', 유대인의 그 말이 적절한 때를 맞춰 사과처럼 떨어진 장면 같았다.

"어서! 아무 곡이나 좋아!"

"그럼 〈양산도〉를 한번 해보지."

잘할 줄 모르는 노래지만 그의 작곡에 도움이 될 것 같아서 양산도를 숨이 차게 불렀다. 그는 머리를 끄덕끄덕하면서 한 손으로는 피아노의 키를 짚어가면서 멜로디의 피치를 암송하는 것 같았다. 이렇게 해서 약 한 시간 동안 술 한 잔도 없는 피아노 앞에서 잘 부르거나 말거나 아는 노래는 모두 핏대를 올려서 불렀다.[6]

한흑구가 안익태를 회억하는 글에 언급하진 않았으나 〈코리아 판타지〉 작곡에 사용한 그의 만년필은 애틋한 사연을 간직하고 있었다. 1930년 9월 안익태가 조선총독부에서 발급한 여권을 소지하고 샌프란시스코에 내려 조그만 한인교회에서 하룻밤을 묵었을 때 동포들이 "대한국의 애국가를 작곡해 달라"며 선물한 만년필이었으니……. 그 만년필로 안익태는 〈코리아 판타지〉 작곡을 오선지에 완성한다. 1935년에는 '동해물과 백두산이 마르고 닳도록 하느님이 보우하사 우리나라 만세'라는 애국가 가사를 스코틀랜드 민요 〈올드 랭 사인〉의 곡조가 아니라 오늘날 우리 국민이 부르는 애국가 곡조에 올려놓는다.

필라델피아에서 한흑구의 연줄로 맺어져
안익태를 아들처럼 후원해준 윌리 부부

안익태의 '애국가' 악보 표지

1)~6) 앞의 글에서

1933년 여름을 미시간호반 여관에서 지내며 넥타이 파는 한흑구와 첼로 켜는 안익태

1933년!

그대는 굶주림을 가져왔고,

그대는 강폭한 힘을 가져왔나니.

꽃 없는 만주 벌판에

봄이 왔는들 무엇하랴.

매 맞고 짓밟히고 쫓겨나

이름없는 가시덤굴 속에 내 몸을 뉘고

강폭한 그대의 총칼이 가슴을 어일 때

오! 누구를 원망하랴!

동무야! 동포야!

피 끓는 그들의 가슴은 듣느냐!

쩔쩔 끓는 분노의 절규 같다. 한흑구가 1933년 5월에 쓰고 그해 5월 25일 《신한민보》에 발표한 「1933년 광상곡」 2연이다. 어쩌면 죽마고우 안익태가 작곡하고 있는 〈코리아 판타지〉에서 '광상곡'을 얻었으려나.

봄이 돌아와도 만주 벌판에는 꽃이 없다니……. 1931년 9월 만주사변을 일으켜 1932년 만주 전역을 완전히 점령한 일제는 괴뢰정권 만주국을 세우고 1933년 2월 국제연맹(UN)의 철병 요구를 거절한 데 이어서 마치 귀찮고 성가신 잔소리를 듣기 싫다는 것처럼 아예 국제연맹에서 탈퇴해 버렸다.

평양에서 기차를 타고 신의주를 지나 압록강 철교를 건너가면 만주에 접어든다.

드넓은 땅 곳곳에는 남부여대로 무리를 지어 디아스포라의 길에 올랐던 동포들이 간신히 움막 같은 집을 짓고 농토를 일구며 살아가고 있다. 그것은 1929년 3월 1일 시카고에 첫발을 들인 한흑구가 한인교회에서 눈물을 흘리며 들려준 고국 소식이기도 했었다.

> 첼로의 넉 줄만 그을 줄 알지 다른 일을 하나도 못해본 안이 첼로로써 윌리 부부의 사랑을 받아서 생활의 지장이 없어진 것은 안의 장래를 위하여 한없이 기쁜 일이었다.[1)]

템플대학이 여름방학에 들어갔다. 이번에는 시카고로 가겠다고 결정한 한흑구가 편안하게 음악에 열중하는 안익태에게 동행을 권유했다. 때마침 시카고에는 '세계 박람회(World's Fair, 1933)'가 열리고 있었다. 시카고에서 여름을 보내겠다는 두 젊은이에게 윌리 부부는 생활비를 담은 봉투까지 선물했다.

한흑구에게 시카고는 그때까지 제2의 고향이라 부를 정도로 익숙한 도시이고 친숙한 동포들이 많았다. 하지만 셋방을 찾느라 수소문하지 않았다. 윌리 부부의 봉투 덕분이었다.

> 안과 나는 시카고에 도착하자마자 미시간호반에 있는 조그만 여관에 방을 하나씩 얻어서 같이 있기로 하였다. 먼 외국에서 고향 친구와 함께 여행을 하는 것도 즐거웠고, 더구나 여관에서 묵게 된 것은 더없이 흐뭇한 일이었다. 우리가 묵는 곳에서 멀지 않은 곳에 서 있는 큰 궁성과 같은, 유명한 에치워러호텔의 네온사인을 밤마다 바라보면서, 우린 언제나 저런 호텔에서 살아볼 수 있을까 하고 한탄도 해보았다.[2)]

한흑구의 시급한 과제는 두 가지였다. 자신의 일자리를 구하는 것, 친구의 음악

공부를 돕는 것. 친구의 일에 더 중점을 둔 그가 먼저 시카고의 유명한 음악대학을 찾아갔다. 헛걸음이었다. 여름방학 특별강좌가 없다는 것. 몇 군데 더 알아봤다. 시카고대학교 음악대학에 '음악교사 여름방학 특별 강습회'가 마련돼 있었다. 안익태는 물론 음악교사가 아니다. 그러나 한흑구는 친구를 들이밀기로 했다. 주관하는 대표를 찾아갔다. 안익태의 학력과 경력을 설명했다. 강습받을 실력과 자격이 충분하지 않냐고 설득했다.

> 회장은 회칙에 위반되는 일이지만 하나의 비회원 청강생이라는 명목하에 강습을 받으라고 간신히 승낙을 하였다. 물론 다른 회원들과 꼭같이 강습비를 내기로 하고 강습을 받은 뒤에는 강습을 받은 증서나 교사의 승급장 같은 것은 일체 받지 않아도 좋다는 조건으로 강습생이 된 것이다.[3]

안익태의 과제는 잘 풀렸다. 그는 새벽부터 일어나는 대로 첼로를 부둥켜안았다. 시카고대학 강습회를 다녀오면 샤워도 미루고 또 첼로 넉 줄을 그어댔다.

한흑구는 고전하고 있었다. 대공황의 검은 보자기를 걷어내려고 세계 박람회도 유치했는데 서민들의 경제적 사정은 여전히 답답한 시카고였다. 한인 실업가 김경(金慶)을 찾아갔다.

김경은 시카고 중심지 룹(Loop) 안에서 일류 식당 '워싱턴 카페테리아'를 경영하고 있었다. 좌석 오백 개에 종업원이 칠십 명도 넘는 식당이었다. 더구나 그는 한인 학생이나 교포가 곤경에 빠지면 늘 도와주는 자선가였다. 그때 시카고의 한인 식당 열두 개는 모두 그의 도움을 받아 개업했다. '워싱턴 카페테리아'에 취직시켜 식당의 모든 노하우를 배우게 하고 독립해 나갈 때는 운영 자금이 부족하면 자금을 융통해줬다. 한마디로 김경은 도산 안창호의 정신을 자기 나름의 방식대로 실천하는 실업가였다. 그래서 한흑구는 그를 편안히 만날 수 있었다.

나는 일자리를 얻을 때까지 그의 식당에서 쿡이고 무엇이고 해보겠다고 그에게 말했으나 그는 대답을 하지 않았다.

"한 군은 며칠만 우리 집에서 식사를 하시오. 박람회 회장도 잘 알지만 그곳의 인사 소개소에 아는 사람이 있으니까 일자리를 얻는 것은 시간의 문제입니다."

김경 씨는 이렇게 친절하게 말하면서 용돈으로 쓰라고 오십 달러를 나의 포켓 속에 넣어주기도 하였다.[4]

한흑구는 시카고 한인 식당의 특색 있는 요리로 동양인과 서양인에게 두루 인기 좋은 '찹 수이(Chop Suey)'를 오래 기억하게 된다. 녹두(숙주)나물을 비롯한 여러 가지 채소와 고기와 양념을 한데 섞어서 중국식으로 볶아낸 음식이었다. 맛의 비결은 숙주나물에 있었다.

시카고에서 콩나물 장사를 해서 돈을 많이 벌었다는 콩나물대왕의 이야기가 있지만, 그것은 콩나물이 아니고 녹두나물이었다.

찹 수이를 누가 먼저 요리하는 데 성공했는지는 몰라도, 찹 수이가 재미 한인에게 막대한 이익을 가져온 것을 우리는 잊을 수 없다.[5]

한흑구가 더 언급하지 않았지만 '콩나물대왕'은 일제의 억압과 찬탈을 견뎌내는 조국에 '유한양행'을 창립한 유일한이고, 녹두나물은 숙주나물이다. 1895년 평양에서 태어난 유일한은 아홉 살 때 미국으로 건너가 대학을 졸업하고 1922년 식품회사 '라 초이(La Choy)'를 설립해 무엇보다 숙주나물 사업으로 대성취를 이룩하고 1926년 고국 경성에 "건강한 국민만이 잃었던 주권을 되찾을 수 있다"라는 신념으로 제약기업 유한양행을 창립했다.

김경의 한흑구 일자리 주선은 이틀밖에 걸리지 않았다. 박람회장의 프랑스 회관, 와이셔츠와 넥타이 전문 상점, 영어만 잘하면 동양인도 오케이.

"잘 팔아주면 넥타이도 얻겠군요!"
"그게 문젠가! 월급도 많은데 잘 팔면 돈벌이가 좋겠어. 매상고(賣上高)의 오 부를 판매원에게 준다니까 좋지 않은가. 하루 천 달러씩만 올리게나."
김경 씨는 나를 이렇게 위로해주고 또한 도와주었다. 이튿날부터 나는 시카고 세계 박람회 프랑스 회관에서 넥타이를 파는 판매원이 되었다.[6]

일자리를 구하러 다니는 와중에도 한흑구는 사색의 시간에는 안익태의 첼로 소리를 들으며 글을 읽고 시를 썼다. 시 「그리운 생각」은 1933년 7월 12일에 써서 7월 27일 《신한민보》에 발표했다. 2연이다.

그립던 산수를 찾아
동무와 옛날을 이야기하고,
씨름 잘하던 그를 강변에 만나
씨름이라도 해보았으면!
오! 조선은 산수의 나라
낮엔 산이 그립고, 밤엔 냇소리가!
스코틀랜드의 고원을 떠나
런던에 유랑하던 번즈와 같이
나는 조선의 산과 물이 그리워
객창의 짧은 여름밤을
오! 이렇듯 그리운 생각에
몇 번이나 앉아 새우노!

미국의 음악교사도 아니면서 음악교사 강습회를 수강하는 안익태, 낮에는 많이 팔수록 수입도 많아지는 박람회장 프랑스 상점에서 넥타이를 팔고 밤에는 향수에 젖어 전전반측 뒤척이며 시를 쓰는 한흑구.

청년시인은 휴일이 돌아오면 음악밖에 모르는 친구에게 부둥켜안은 첼로를 좀 놓아주자고 했다. 서로 환히 웃는 얼굴로 여관을 나서는 날에는 한흑구가 안익태의 시카고 관광 가이드였다. 일요일 낮에는 산책의 걸음걸이로 여유작작 미시간호반을 따라 거닐기도 했다. 미시간호반의 크기가 우리나라 면적의 반이나 된다(이때 한흑구의 '우리나라'는 비록 식민지 상태지만 분단되지 않은 한반도 전체였다)는 얘기를 나누며 문득 향수에 젖기도 했다.

> 커피와 버터 맛도 곧잘 알지만, 김치에 굴비 반찬을 먹는 내 고향이 하루같이 그리웠다. 사실 뼈가 저리게 그리울 때가 많았다. 병이라고 하면 기막힌 병인 것 같았다.
> "한 군! 우리도 빨리 성공을 해갖고 돌아가보세."
> 안은 또 이렇게 말하면서 호수를 멀거니 바라보았다.
> "글쎄, 성공이라는 것이 한계가 있겠나? 그것보다도 우리는 나라를 잃어버렸으니까 고국도 고향도 없는 셈이지. 생각하면 영영 돌아가고 싶은 곳이 없는 것 같애. 넌 특별한 음악의 재간을 갖고 있으니까 어떻게든지 세계 일류의 음악 예술가가 되어야 해. 우리의 나라를 찾는 길도, 우리의 민족을 세계에 알리는 것도 우리의 자랑할 만한 슬기를 남에게 증명해야지."
> 나도 모르게 좀 흥분한 어조로 이렇게 말하자, 안은 아무 말 없이 고개를 떨어뜨리고 푸른 잔디밭을 내려다보고 있었다.[7]

---

1)~7) 한흑구의 「예술가 안익태」에서

안익태의 시카고대학 독주회 때
복도에 홀로 서서 눈물짓는 한흑구

시카고의 여름이 퇴각하고 있었다. 시카고대학교 음악교사 강습회는 종강을 했다. 한흑구는 며칠 더 프랑스 넥타이를 팔고 '첼로 넉 줄만 켜는' 안익태와 함께 필라델피아로 돌아가야 했다.

넥타이를 많이 팔고 여관으로 돌아온 한흑구에게 안익태가 뜬금없이 '또 하나의 부탁'이 있다고 했다. 그는 가벼이 받았다. 친구끼리 부탁이 무슨 말이냐고 짐짓 퉁바리를 놓고는 오늘 밤에 어디 영화 구경이라도 가겠느냐며 활짝 웃었다.

한흑구는 시카고 박람회와 프랑스 넥타이 덕분에 좋은 구경도 많이 하고 지갑도 제법 두툼해졌다. 겨울옷 장만이나 가을학기 책값은 걱정할 필요도 없게 되었다. 하지만 안익태가 더 진지하게 나왔다.

> "자네도 알다시피 나는 아직 영어가 서툴지 않나. 그래서 자네가 우리 강습회 회장을 만나서 첼로 독주회를 한번 해보자고 제의해 달라는 거야. 회장이 내 연주를 듣고서는 내 두 손을 맞잡고 흔들어대면서 굿, 굿을 연발하고 넘버원 첼리스트라고 엄지손가락을 하늘로 자꾸 쳐드는데, 내가 영어를 잘해야 뭐라고 설명을 해보지. 자네가 가서 한번 제의하면 혹시 독주회를 가지게 될지도 모를 거야."

이렇게 말하면서 안은 창밖으로 미시간호수를 내려다보았다.[1]

한흑구는 미국인의 적극성을 기대해보자며 즐거이 받아들였다. 안익태가 기분 좋은 아이 같은 표정으로 아이스크림도 사 먹고 영화도 보자고 했다. 한흑구는 보고 싶은 영화가 있었다. 벌써 두 달 가까이 상영하고 있는 찰리 채플린의 〈거리의 등불〉이었다. 젊은 시인과 젊은 음악인은 신나게 여관을 나섰다.

다음날 오전에 한흑구는 음악교사 강습회를 관장했던 피터슨 교수와 통화하고 점심시간을 이용해 택시로 달려갔다. 피터슨 교수는 안익태의 첼로 실력을 '넘버 원'으로 인정하고 다만 방학 중이라 교수도 학생도 없으니 수지를 맞출 수 있겠느냐는 걱정을 내세웠다. 돈이 없으면 아무것도 할 수 없다는 세상 이치를 배우기 시작한 한흑구는 교수와 머리를 맞대고 노련한 에이전트처럼 재빨리 홍보 계획과 재정 계산을 내놓았다.

학교신문에다 동양인, 특히 한국인의 색다른 독주회라는 광고와 안익태 소개 기사를 내고 교수들과 학생들의 집으로 통신 광고를 보내는 데 이삼백 달러 정도면 될 터이니, 만약 광고비에 손실이 난다면 저희가 책임지겠다는 제안이었다. 그야말로 미국인의 적극성을 압도하는 적극성이었다. 안익태를 위한 한흑구의 우정이 그만큼 뜨거웠다.

"가만 계시요. 미스터 한, 한번 구체적으로 계산을 해보지요. 학교의 신문 광고는 교내 행사이니 무료로 하고, 또 기사도 하나 내기로 하고, 통신 광고는 편지지, 등사, 봉투, 이 센트짜리 우표, 한 통에 팔 센트 잡고 천 장이면 팔십 달러, 피아노 반주인에 오십 달러, 중간 휴식시간에 독창으로 조연하는 사람에게 이십 달러, 약 백오십 달러면 경비가 되겠군요."

피터슨 교수는 종이 위에 연필을 놓으면서 이렇게 말했다.

"강당을 빌리는데 세는 없습니까?"

"우리 학교의 주최로 하는 행사이니까 그건 걱정할 필요가 없지요."

"그러면 피터슨 교수님, 아까 말씀드린 대로 적자가 나는 경우에는 우리가 전적으로 책임을 지겠습니다. 꼭 우리 한국의 젊은 예술가에게 장래를 열어주는 무대를 마련해주시기 바랍니다."

나는 애원하는 어조로 말하였다.[2]

드디어 시카고대학 강당에서 안익태 첼로 독주회가 열리는 저녁이 왔다. 성황을 이룰 것인가, 프랑스 넥타이 판 돈으로 적자를 메워주게 될 것인가. 하필이면 그날 따라 한흑구에게는 늦게까지 손님이 줄을 이었다. 일을 마치기 바쁘게 택시를 잡았다. 독주회 시작은 저녁 8시. 택시를 타고 캠퍼스 안으로 달렸다. 해는 넘어갔다. 조금 지각이었다. 그는 강당 층층대를 뛰어 올라갔다. 다리가 후들거렸다. 복도에는 불이 켜져 있었다. 첼로의 G선 멜로디가 들려왔다. 피아노 소리도 웅장했다. 안익태가 슈만의 〈트로이메라이〉를 연주하는 중이었다.

과연 객석은?

나는 걸음을 멈추었다. 열어젖힌 창문들과 출입문 사이로 안의 연주하는 성스러운 모습과, 놀랄 만하게 많이 모인 청중을 볼 수 있었다. 나는 안경을 벗었다. 안경이 흐리기 때문이 아니었다. 눈에서 뜨거운 눈물이 자꾸 흘러나오기 때문이었다. 청중들 거의 모두가 손수건을 들고서 눈물을 닦는 것을 볼 수 있었다. 나는 기뻐서, 감격해서, 그냥 복도에 서서 자꾸 울었다.[3]

울음소리가 터져 나올 것 같아 공연장으로 얼른 들어가지 못하는, 프랑스 넥타이를 많이 팔아서 적자가 생겨도 전혀 염려 없는 청년시인 한흑구…….

이날 한국의 젊은 예술가 안익태 군의 첼로 독주회는 우레와 같은 박수를 받았으며, 팔백육십 달러의 수입이 들어왔다.[4]

한흑구와 안익태는 어깨를 펴고 시카고를 떠나 필라델피아에 도착했다. 청년 음악가는 첼로를 부둥켜안고 윌리 부부의 안락한 집으로 돌아갔다. 청년시인은 친구와 몇 달 떨어졌다가 12월에 다시 필라델피아로 와서 백화점 점원이 될 것이었다.

한흑구는 미국 대륙을 횡단할 열차에 몸을 실었다. 목적지는 로스앤젤레스였다. 대학은 사우스캘리포니아대학(남가주대학)으로 전학할 계획을 세웠다. '단보를 받을 때마다 단무를 제대로 실행하지 못해서 죄송하다'라는 편지를 흥사단 본부의 단우 형제에게 보내곤 했으니 가까운 곳으로 가서 그동안 쌓아둔 마음의 빚도 털어내고, 텍사스 같은 서부 지역을 방랑하는 여행의 욕심도 부릴 것이었다. 1933년 9월 29일 《신한민보》에 '한세광 군 라성으로 전학'이란 제하의 기사에도 그가 남가주대학으로 전학한 사실이 실렸다.

한 편의 시를 써도 나라를 생각하지 않을 수 없다.[5)]

이 말은 회갑을 지난 한흑구가 미국 유학 시절을 회고하며 남긴 한 줄인데, 그렇게 한 편의 시에도 나라를 생각하지 않을 수 없는 청년시인은 9월의 로스앤젤레스에서 몇 편의 시를 썼다. 발표는 12월 《신한민보》에 이뤄졌다. 1933년 12월 14일 《신한민보》에 실린 「님은 나의 산 시」 3연과 4연이다.

님이 없으면
나의 노래도 없나니

님은 나의 산 詩요
내 가슴에 뛰는 피어라.

님(조국)이 없으면 나의 시도 없다는 한흑구는 님을 향한 내 사랑이 식어간다면 〈식어진 내 뺨을 후려치고/힘 없는 내 가슴을 문질러라/오, 한번 식어진 이 가슴의 피가/전보다 더 끓을 날이 있으려니!〉 하고 스스로 다그쳤다.

조선 사람들이 '나성'이라 부르는 로스앤젤레스에도 제법 가을 기운이 감돌고 있었다. 어느 한낮에 한흑구는 버스에 앉아 방랑의 여행을 즐기는 것 같은 거리의 또래들을 보았다. 쉬게 해주고 싶었다. 인종과 계급을 초월한 열린 정신으로 그들과 어우러져 세계의 모순에 대해 깊은 대화를 나누고 싶었다. 시 「길가에」가 그것이다. 1933년 12월 21일 《신한민보》에 실린 그 짧은 시의 뒷부분이다.

> 방랑하는 젊은이들의 길가에
> 오, 나의 오막살이는 길가에 지어서
> 그들과 동무가 되게 하여라.

1)~4) 한흑구의 「예술가 안익태」에서
5) 한흑구의 「파인과 최정희」에서 《현대문학》 1971년 7월)

뉴욕에서 눈물로 작별한 안익태와 한흑구,
이들은 언제 다시 만나려나?

1933년 12월, 한흑구는 필라델피아로 돌아와 김블형제백화점에 일자리를 잡았다. 앞으로 달포는 지낼 계획이었다. 안익태와 재회했다. 크리스마스가 다가오는 무렵이었다.

겨울방학이 되자 안은 나에게 뉴욕으로 가자고 했다. 나는 뉴욕을 세 번이나 갔지만 안은 아직도 뉴욕에 가본 적이 없었다. 그러나 안은 뉴욕에 구경 가자는 것이 아니었고, 다른 특별한 용무가 있었기 때문이었다. 그것은 안에게 커다란 용무였다. 미국 전국음악콩쿠르에 출연하기 위해서였다.[1]

크리스마스 시즌은 백화점이 가장 분주한 시기였다. 하지만 한흑구는 휴가를 얻기로 했다.

세상에 모든 것이
흙에서 나고
흙으로 돌아가드냐?

인생은 미친 듯
내 것을 성 쌓고
남의 것을 무너뜨리도다!
아! 손바닥만한 땅 위에서.

한흑구의 시 「흙의 세계」 뒷부분이다. 지난해(1932년) 10월 《동광》에 「사향」, 「갑판 위에서」, 「축출명령」, 「고×」 등 '한흑구 특집'처럼 한꺼번에 열 편이 실린 지면에 같이 나온 작품이다. 인간의 이기적이고 배타적인 욕망에 대한 질타의 노래이다. 지구라는 행성 위에서 오로지 자기 소유의 성 쌓기에 미쳐 날뛰는 인간들을 향해, 그해 여름에 일자리를 찾아 대서양 연안 휴양지 애틀랜틱시티로 가는 길에 세계 최고 변화를 뽐내는 대도시 뉴욕을 지나며 그렇게 준엄히 꾸짖었던 것이다. '내 것(부, 물질, 명예)'으로 '성(城)' 쌓기를 부질없는 짓으로 여기는 시인, 시와 행의 일치를 추구하는 시인이 젊은 한흑구였다.

> 주말의 이틀을 이용하기로 하고 하루를 더 놀도록 허락을 받고 안과 함께 뉴욕 직행의 급행열차를 타게 되었다. 약 세 시간 뒤에 우리는 뉴욕 유니온정거장에 도착하였다. 다른 큰 도시의 정거장들과 마찬가지로 유니온정거장도 지하이었으므로 우리는 거리로 나오는 데 한참 동안이나 걸렸다. 타임스스퀘어 앞에서 우리는 다시 지하로 내려가서 지하철을 타기로 하였다. 맨해튼의 서부로 가는 선에서 급행을 타고 브로드웨이 116번가로 향하였다.[2]

그때는 점심시간도 한참 남았는데 지하철은 콩나물시루 같았다. 조선 전체 인구의 거의 절반쯤 되는 인간들이 복닥복닥 넘쳐나는 세계 최대 도시가 첫걸음의 안익태에게 '만원 지하철'로 자기 형편을 유감없이 보여준 격이었다.

브로드웨이 116번가 오른쪽에는 콜롬비아대학이 자리를 잡고 있고, 왼쪽에는 뉴욕의 가장 아름다운 건물로 꼽히는 리버사이드교회(Riverside Church)가 허드슨 강변에 우뚝 솟아 있다. 음악콩쿠르가 열리는 곳이 리버사이드교회였다. 뉴욕 한인감리교회는 그 아래쪽에 있었다. 현대식 고층 아파트 사이의 작은 4층 돌집, 낡은 건물이었다. 그러나 나라를 빼앗긴 조선 사람들에게는 공사관보다 더 큰 역할을 해주었다. 한흑구는 안익태를 그곳으로 데려갔다.

콩쿠르 장소도 가깝고, 숙식의 편리와 첼로 연습에 지장이 없는 곳을 택하기 위해서 이 한인 교회당을 찾게 된 것이었다. 마침 우리가 교회당에 들어갔을 때는 점심시간이었고, 교회당을 관리하고 계시는 윤 목사님도 외출하지 않고 계셨다. 안과 나는 오래간만에 밥과 김치를 맛볼 수 있었으며, 2층에 있는 조용한 방을 하나 얻을 수 있었다. 큰 방 안에 침대는 둘이 놓였고, 식사는 나가서 사서 먹는 것이 보통이었지만 우리 교포들에게는 방세를 받지 않았다. 방은 그리 좋지 않으나 안이 첼로를 연습하는 데는 별로 장해가 없을 것 같아 이곳을 택한 것이었다.[3]

오랜만에 고향 음식을 맛본 한흑구와 안익태는 서슴없이 밖으로 나섰다. 시인이 첼리스트의 가이드로 나서야 했다. 토요일 오후, 일요일 종일, 월요일 오전. 시간을 관장하는 절대자에게 물어볼 수 없어도 당장은 그것이 둘에게 함께 보내라고 허용된 시간의 전부였다. 한흑구는 지하철을 타지 말자고 했다. '리버사이드 드라이브'라고 불리는 넓은 자동차 도로를 넘어서 허드슨강변의 공원으로 갔다. 나란히 벤치에 앉았다. 침묵이 흐르는 짧은 동안, 한흑구는 허드슨강을 대동강처럼 느꼈다.

"며칠 후면 저 집에서 또 첼로로 싸우겠군. 꼭 이겨주게. 자넨 이제 세계의 꼭대기에 올라설 기회를 가졌네."

나는 미국의 석유왕이요 자선가인 록펠러가 지었다는 리버사이드 처치의 고딕식 위관(偉觀)을 바라보면서 안에게 이렇게 격려하여 주었다.

"힘껏 싸워야지. 이번에도 경쟁자가 수십 명이 되나 봐. 그러나 일등을 해야 한다는 각오야. 입선할 자신이 있지만, 많이 기도해주게."

안은 가는 눈을 감으며 두 입술에 힘을 주고 꼭 다물고 있었다.

"물론 입상해야지. 오늘을 위해서 거의 십 년이나 피눈물 나는 노력을 해왔지 않나!"

안과 나는 한동안 아무 말도 없이 앉아서 흘러내리는 강물만 바라보았다.
"해가 지기 전에 다운타운에 구경이나 가지. 여기서 내려가는 이층버스를 타고 제5번가로 가면 돼."
이렇게 말하고 안과 나는 공원을 떠나서 이층버스 위에 올라탔다.[4]

젊은 시인과 젊은 첼리스트, 두 조선 청년은 뉴욕 관광으로 토요일 오후와 밤, 일요일 오후를 보냈다. 월요일이 밝아왔다. 한흑구가 안익태를 대행해야 하는 일이 기다리고 있었다. 음악콩쿠르에 지원하는 서류 수속이었다. 9시에 맞춰 움직인 그는 기원하는 심정으로 접수를 마쳤다. 머뭇거릴 시간이 남지 않았다. 헤어져야 했다.

안을 위해서 콩쿠르 수속을 다 마치고 나는 다시 필리로 돌아오게 되었다. 유니온정거장 휴게실에 앉아서 아침 열한 시 급행차가 떠나기를 기다리면서 안과 나는 이런 말을 주고받았다.
"콩쿠르가 끝나면 다시 나 있는 곳으로 오겠나?"
나는 이렇게 물었다.
"콩쿠르에 입선하면 여비를 만드는 대로 유럽으로 한번 가볼 생각인데…… 남의 신세는 더 지기 싫고."
안이 남의 신세라고 하는 것은 지금까지 윌리 부부의 도움을 받은 것을 의미하는 것 같았다.
"유럽에 가려면 상당한 돈이 필요할 터인데…… 그러나 예술가건, 과학자건 다 유럽에 한 번은 갔다와야 해. 또 유럽에 있는 사람은 미국에 한 번 다녀가야 세계적인 명성을 날릴 수 있는 거야. 하여간 이번 콩쿠르에 당선하고, 그다음 카네기홀에 데뷔하게 되면 세계적으로 일류가 되는 걸세. 꼭 성공하게."
나는 안에게 간곡하게 부탁하고 또한 격려하여 주려고 하였다. 이때 필리행의 급행 승객들은 폼으로 나가라는 마이크 소리가 들려왔다. 안과 나는 일어서서 굳게 악수를 하였다.

"성공을 비네. 꼭 성공해주게. 그리고 자주 편지를 주게."

"염려 말어. 그동안 자네 신세를 많이 졌네. 이렇게 또 떨어지게 되니 한없이 서운하네."

안의 눈 속에는 눈물이 어리어 있었다.

"아무리 넓은 세상이라고 해도 또 만나게 안 되겠나. 자, 그럼 몸조심하고 잘 싸우기 바라네."

나는 안의 손을 놓자, 작은 가방을 하나 끼고 폼으로 나갔다. 기차에 오르자 나는 안을 향해서 손을 흔들었다. 안도 손을 흔들면서 한 손으로 수건을 꺼내 얼굴을 닦았다.[5]

1933년 크리스마스를 앞둔 날 오전 11시에 다가서는 시각, 뉴욕 유니온역 대합실에서 포옹을 나누고 눈물 젖은 손수건을 흔들며 작별한 안익태와 한흑구.

안익태는 전미음악콩쿠르에서 우수한 성적으로 입상할 것인가? 그래서 그의 꿈을 좇아 유럽으로 가게 될 것인가? 한흑구는 죽마고우의 대성을 빌면서도 마냥 쓸쓸했다.

1)~5) 한흑구의 「예술가 안익태」에서

1934년 카네기홀에서 <코리아 판타지>를
직접 지휘로 초연한 안익태

　한흑구는 아무것도 손에 잡히지 않았다. 마치 뜨겁게 사랑하는 연인을 떼어놓고 돌아온 것 같았다. 백화점 점원 노릇도, 한 주일 뒤(12월 31일) 로스앤젤레스에서 열리는 '제24회 흥사단 대회'에 위원으로 참가하기 위한 준비도 허황하게 느껴졌다. 평양의 어머니에게 크리스마스 안부편지를 썼다. 미국으로 건너온 지도 어느덧 거의 다섯 해, 그동안 한 달에 두세 번씩은 빼먹지 않은 편지이건만, 인생 대사를 앞둔 죽마고우에겐 덮어뒀으나 심상찮은 병환 상태라는 어머니에게 안익태와 작별한 사연을 담자니 맥이 탁 풀렸다. 자꾸만 가슴속이 쓰라렸다. 그의 한마디가 심중에 못으로 박힌 것이었다.
　"그동안 자네 신세를 많이 졌네."
　그 말, 그 눈물 젖은 말이 영원한 작별의 못으로 가슴에 박힌 것만 같았다. 유럽으로 건너가겠다는 안익태…….

　'인생은 하나의 항해다.'
　한흑구는 영국의 비평가 존 러스킨의 말을 생각했다.

　'인생은 하나의 지나가는 그림자다.'
　셰익스피어의 말도 생각했다.

　다 옳은 말이었다.
　'누구든 저마다익 항해를 피할 수 없다. 각별하고 애틋한 우정도 지나가는 그림

자일 것이다.'

이렇게 그는 스스로 다그쳤다. 그래도 너무 허전했다.

저녁에는 극장으로 갔다. 바바라 스탠윅 양이 주연인 「한 댄스에 십 센트(10 Cents a Dance)」를 구경하였다. 새로 나온 여우(女優)였지만 나는 그의 열렬한 팬이었다. 그는 얼굴도 다정해 보였지만, 언제나 따뜻한 마음의 인정 있는 여인의 역할에 많이 나오기 때문에 나는 그를 좋아하였다. 글래머걸이라고 불리는 클라라 보보다도, 잇트 걸(It girl)이라고 불리는 성적 매력의 주인공인 진 할로보다는 포근한 인정을 풍겨주는 바바라 스탠윅 양이 제일 나의 마음을 끌었다. 나는 극장에서 나올 때 스탠윅의 사진 한 장을 사갖고 와서 나의 좁은 테이블 한 모퉁이에 세워 놓았다. 외로울 때, 적적할 때마다 그의 웃는 얼굴을 바라보고, 나는 싱긋이 혼자 웃어 보였다. 그는 내가 어렸을 때 따뜻한 나의 어머님과도 같이 느껴졌다. 안을 뉴욕에서 작별한 이후부터, 나는 이 사진 한 장을 유일한 벗으로 삼았다. 그것은 한 장의 사진에 불과하였으나, 나에게 따뜻한 동정과 기쁨을 주는 하나의 부처님과도 같았다.[1]

여배우 사진으로 위안을 삼는 청년시인에게 별안간 쓸쓸함을 단번에 씻어주는 소낙비처럼 기쁜 소식이 쏟아졌다. 안익태가 뉴욕 전미음악콩쿠르에서 2등을 차지했다는 소식을 라디오로 듣고 신문에서 확인한 것이었다.

나는 아침 일찍이 이 소식을 듣자 조반을 먹을 생각도 하지 않고, 침대 위에 쓰러져서 자꾸 나오는 눈물을 억제할 수가 없었다. 너무나, 너무나 기뻐서 운 것이었다. 사람은 기쁜 일이 있을 때, 더욱 흥분하고, 더욱 눈물이 나온다는 것을 처음으로 경험하여 보았다.

나는 거리에서도 미국 사람들을 만날 때마다, 나의 친구요 한국 사람인 안익태가 음악 콩쿠르에서 첼로 제2위를 얻었다는 것을 자랑하였다. 늘 다니는 담뱃가게, 음식점에 들러서도 안의 입선을 자랑하였다. 테이블 위에 놓여 있는 스탠웍 양의 사진을 향하여서도 안을 자랑하였다.[2]

드디어 안익태의 편지가 날아들었다.

한 군!
　자네의 꾸준한 성원으로 내가 제2위에 입선된 것을 감사히 생각하네.
　연습에 너무 지치지 않았던들 1위를 했으리라고 생각이 되네. 그러나 1위와 2위의 차이보다, 이젠 다소 첼로에 자신을 갖게 되었으니 나 자신 성공이라고 만족하게 여기네.
　상장도 받고, 상금도 얼마간 받아서 생활의 안정을 얻게 되었네. 그것보다도 뉴욕 제2심포니오케스트라의 제1첼리스트로 추천이 되어서 취직이 되었네. 한 군이 모두 축복해준 덕택이라고 생각하네. 기뻐해주게.
　어쩌면 한번 놀러갔으면 하나 지금 형편으로는 떠날 짬이 없네. 반하우스 목사님과 윌리 부부에게도 안부를 전해주게. 나도 따로 편지를 올리겠네만은.
　그러면 여가 있는 대로 한번 나를 찾아주게. 몸 건강하여 공부 잘하기를 비네.[3]

한흑구는 한 번 더 뛸 듯이 기뻤다. 안익태가 뉴욕의 제2심포니오케스트라 제1첼리스트로 추천되었다지 않은가. 일류 첼로계에 데뷔한 것이고 보수도 상당히 많을 테니 이제부터는 친구 걱정을 놓아버려도 되었다. 그는 곧장 축하 답신을 보냈다.
　1934년 새해가 밝아왔다. 안익태는 분주한 날들을 보내고 있었다.

그는 뉴욕 심포니의 일원으로 순회 여행을 떠나 보스턴에서 연주를 하여 많은 성공을 얻었다는 편지가 왔다. 또한 뉴욕주의 북부 지방인 올바니, 시라큐스, 버팔로, 로체스터 등의 도시로 순회 연주를 하면서 가는 곳마다 열광적인 환영을 받았다는 편지도 보내왔다.[4]

한흑구는 또다시 벅차는 가슴으로 축하할 안익태의 편지를 받았다. 어쩌면 우리 민족의 이름으로 기립박수를 보내야 할 경사 같았다.

한 군, 요새도 몸 건강하고, 공부도 잘하겠지.
벌써부터 한 군에게 이야기했었지만, 요사이 나는 〈코리아 판타지〉를 완성하였네. 이것을 연주하는 데에는 작곡자인 나 자신이 하는 것이 좋겠다고 지휘자가 제의해서, 나는 비로소 처음으로 바통을 손에 들고 나섰네.
지금은 연습 중이지만 잘되어가고 있네. 참으로 지휘자야말로 음악가의 음악가라고 생각이 되네. 앞으로는 첼로를 버리고, 주로 심포니 작곡과 지휘봉을 들고 스토코브스키나 토스카니니와 대전해볼 결심이네.
한 군은 끝까지 나를 성원해주고, 축복해주기 바라네.[5]

그리고 얼마 지나지 않아 한흑구는 목청껏 만세를 부르고 싶은 안익태의 편지를 받았다.

언제나 그리운 한 군! 기뻐해주게.
나는 어제저녁 카네기홀에서 〈코리아 판타지〉를 연주하여서 비로소 지휘자로 데뷔하는 데 성공을 얻었네. 무엇보다도 우리나라의 멜로디를 양곡으로 살려서 우리나라의 감정을 표현하는 데 성공한 셈이네. 음악은 총과 칼과는 다르겠지만 많은 사람의 감정을 찌름으로써 우리의 감정을 전하는 데 쓸 수 있는 무기라고 생각하네.

  다른 곡을 창작하기 전까지는 여러 유명한 곡을 지휘할 수 있는 연습을 해서 지휘자로서 세계적으로 출세할 결심이네. 첼로는 근 이십 년이나 만지었으나, 그것만으로써는 진정한 음악의 대가를 할 수 없다고 생각하네.

  이번 〈코리아 판타지〉 연주에 대해서 뉴욕 각 신문의 논평도 퍽 좋은 편이어서 기뻐하네. 작곡에 대해서도 충분한 동양적 정서를 지닌 애수적인 작품으로 성공했다고 했고, 지휘자로서도 손색이 없다고 논평이 되었네.

  한 군과 같이 늘 꿈꾸고 있던 그 이상을 꼭 실현할 날이 올 것을 나 자신 믿고 있네. 늘 축복해 주게.[6]

〈코리아 판타지〉를 완성하고 그 초연을 작곡가의 직접 지휘로 카네기홀에서 열었다. 뉴욕 신문들의 논평도 좋았다. 한흑구는 윌리 부부의 집에서 피아노를 쿵쾅쿵쾅 두들겨대는 안익태 곁에 붙어 서서 무려 한 시간 가까이 목청껏 우리 민요들을 불러댔던 어느 토요일 한낮을 떠올렸다. 저절로 눈물이 흘러내렸다. '충분한 동양적인 정서를 지닌 애수적인 작품'이란 논평은 아무래도 그날의 민요들과 깊은 연관을 맺었을 것 같았다. 언제 어디서 다시 〈코리아 판타지〉 공연을 마련할 것인가. 그날에는 만사를 제쳐두고 달려가고 싶었다.

1)~6) 한흑구의 「예술가 안익태」에서

안익태의 '고립'을 넘어선 런던 편지와
'독립'을 이룩한 연미복의 지휘봉

　이상한 일이었다. 연거푸 한흑구를 울게 만든 편지를 보낸 안익태가 갑자기 한 달이 넘어도 아무런 소식이 없었다. 로스앤젤레스의 주소를 모르는 것도 아니고 미국에 무슨 난리가 터진 것도 아닌데, 아무래도 그는 불길한 예감에 사로잡힐 수밖에 없었다.
　추운 겨울에 너무 과로해서 병을 얻지나 않았나. 혹시 자동차 사고로 부상을 크게 입었나.
　한흑구의 예감은 자꾸만 안 좋은 쪽으로 굴러갔다. 걱정이 눈덩이처럼 커졌다. 아무래도 뉴욕을 한 번 더 다녀와야 하겠다는 생각도 들었다. 한 해 전쯤 활자로 거듭난 '한세광'의 시 「고립」을 불러내서 가만히 되새겨 보았다. 1932년 12월 21일 《신한민보》에 실린 전문이다.

　　　세상에 수많은 영혼들은
　　　조개[貝] 같이 살아가도다.
　　　모래 속에 깊숙이 잠기어 들어서
　　　바다의 민물을 모으고 살아가도다.

　　　세상에 몇몇 영혼들은
　　　밤하늘 위에 별같이 살아가도다.
　　　외로이 제자리에 홀로 서서
　　　자기의 세상을 비추이고 있도다.

그는 소식이 끊긴 안익태도 틀림없이 '밤하늘의 별같이' 살아갈 것이라는 믿음을 새삼 가다듬었다. 걱정과 염려가 조금 가라앉는 듯했다.

그런데 「고립」에는 '삶'을 감당해 나가는 한흑구의 정신적 원형질이 별처럼 박혀 있다.

「고립」은 한흑구의 정신적 지향성을 보여주는 대표적인 텍스트이다. 초월을 지향하는 구도자적 자세를 보여준다. 한흑구 시인이 자신을 시적 화자로 삼고 있는 이 텍스트에서는 대조적인 이미지가 선명하게 제시되어 있다. 대조를 이루는 두 가지 이미지는 조개와 별이다. 그 조개와 별을 부각시키는 이차적 이미지로 바다와 밤하늘이 제시되어 있어 정합적인 이미지의 전개를 보여준다. 더 나아가 '잠기다'와 '비추다' 술어가 각각 조개와 별을 뒤따르고 있다. '잠기다'가 제시하는 바닷물이라는 대상, 그리고 '비추다'가 제시하는 별이라는 대상, 그 양자 사이에는 먼 거리가 존재한다. 지상의 바다와 그 바닷물에 편히 잠기는 조개, 그리고 밤하늘에 고독하게 떠서 빛을 천상에 비추는 별의 이미지를 대조적으로 제시하면서 한흑구는 시인으로서의 자신의 지향성을 선명하게 표현하고 있다. 이 시에서 고립의 이미지는 소외와는 전혀 다른 모습으로 전개된다. 바다와 밤하늘의 공간적 거리가 분명하기 때문이다. 바다와 하늘의 이미지는 다시 "잠기어 들어서"와 "홀로이 서서" 구절을 자연스럽게 추동하고 있다. 바다의 조개는 민물을 모으지만 하늘의 별은 세상을 비춘다. 명예나 재물을 축적하느라 깊숙이 쓸려 들고 잠겨가는 조개들이 세상을 지배하는 것이 현실의 이치이지만 그와는 반대로 외로이 제자리에 서서 소명을 실천하겠다는 것이 시의 핵심 전언이다. 그러므로 한흑구 시인이 삶의 의지를 천명하고 있는 시라고 볼 수 있다.[1]

비록 식민지 고국을 떠나 '고립'된 삶을 꾸려나가지만 틀림없이 안익태는 세상을 '비추는 별같이' 음악으로 세계적 인물이 될 것이라고, 한흑구가 시름을 걷으려는 마음으로 거듭 확신해보는 아침나절이었다. 집주인 마담이 간밤에 늦게 돌아왔던 그에게 소포 하나를 전해줬다. 편지 한 통과 사진들, 발신자 주소가 영국 런던이었다.

> 한 군, 너무 오래 소식을 끊어서 미안하게 되었네.
> 나는 약 삼주일 전에 런던으로 왔네. 어떤 음악 비평가의 소개로 런던 제1심포니의 제1첼리스트로 일 년간 계약을 하고 오게 되었네. 떠날 때와 이곳에 와서도 연주 때문에 분주해서 편지를 쓸 시간이 없었네. 용서해 주게.
> 따로 보내는 소포에는 내가 런던에서 〈코리아 판타지〉를 지휘 연주하던 사진들과 그동안에 연주했던 프로그램과, 신문에 났던 비평문들을 오려 보내는 걸세.
> 잘 보고 또 격려해 주고, 하느님께 기도해 주게.
> 런던에서 성공을 하면 유럽 특히 비엔나에 꼭 가보겠네.
> 비엔나는 음악가의 요람이요 고향일세.
> 그러면 한 군의 건강과 행복을 빌고, 다시 또 쓰기로 하겠네.[2]

사진들은 의연한 '지휘자' 안익태였다. 지휘봉을 높이 들고, 두 팔을 벌리고, 연미복을 입은 새뜻한 사진이었다. 세계적인 젊은 예술가 안익태의 탄생을 알리는 현장 장면이었다.

> 나는 테이블 위에 놓인 스탠윅 양의 사진을 접어서 서랍 속에 넣고, 그 대신 안의 사진을 세워 놓았다. 그리고 오른손을 내밀고 축하의 악수를 청하였으나, 사진 속에 있는 안은 그냥 엄숙한 표정으로 바통만 들고서 가만히 서 있었다.[3]

아, 첼로 넉 줄밖에 모르던 익태는 이제 외따로 떨어져 나간 '고립(孤立)'이 아니로구나. 음악가로서 홀로 우뚝 선 '독립(獨立)'이로구나. 고립을 넘어 독립을 이룬 익태여, 부디 승승장구하여 세계만방에 조선의 이름도 별같이 빛내어다오! 한흑구는 안도했다. 걱정이 많았던 그만큼 기쁨이 더 부풀었다.

안익태는 뉴욕에서 친구와 눈물로 작별할 때 유럽으로 떠날 생각을 내비쳤다. 그 말을 받아 한흑구는 위로하듯이 "아무리 넓은 세상이라고 해도, 또 만나게 안 되겠나" 하고 위로를 건넸고……. 뉴욕 카네기홀에서 〈코리아 판타지〉를 직접 지휘로 초연하고 어느새 런던으로 건너가 그런 공연을 한 차례 더 열고 '음악가의 요람' 비엔나로 입성하겠다는 안익태.

아무리 넓은 세상이라 해도, 길은 억이나 조를 불러와도 다 셀 수 없도록 많다 해도, 모든 기약 없는 이별에 운명의 가느다란 손금처럼 그려진 해후의 길을 완전히 봉쇄할 수는 없다. 한흑구와 안익태, 젊은 시인과 젊은 음악가의 기약 없는 이별에도 그 손금 같은 길이 어느 지점에선가 한번쯤 아슬아슬하게 맺어져 있는 것인가. 1935년 유럽에서 미국으로 돌아온 안익태는 1937년 6월 템플대학교 음악대학원을 졸업하면서 미국 생활을 청산하고 다시 월리 부부의 후원을 받아 유럽으로 떠나는데…….

---

1) 박진임, 「한흑구 창작시와 월트 휘트먼」,『일제강점기 한국영문학과 수필문학의 개척자』, 아시아, 2024
2), 3) 한흑구의 「예술가 안익태」에서

1934년(25세)의 한흑구

《신한민보》 1933년 12월 14일. 처음으로 '흑구'라는 필명을 쓴 '흑구시집 편초' 기사. "5년간 고학하는 여가에 시 200편과 영시 100편을 썼다"고 밝히고 있다.

《신한민보》 1929년 8월 1일. 한세광의 시 「7월 4일!」

《신한민보》 1929년 12월 12일. 한세광의 시 「7월 4일」을 고평한 기사

한글 시 200편과 영시(英詩) 100편을 쓴 청년시인이 최초로 필명 '흑구'를 《신한민보》에 올리고 나서

1933년 가을학기에 로스앤젤레스 남가주대학에 다니는 한흑구는 여가를 만드는 대로 며칠씩 캘리포니아 포도밭이나 텍사스의 드넓은 들판, 아리조나며 네바다며 황막한 사막을 방랑의 발길로 떠돌았다.

로즈매리색 새벽빛이
포도밭 위에 떠오를 때
우리들은 아침잠을 잃어버리고
머리 동이고 포도밭으로 나가노라!

첫 가을 높은 하늘로 떨어진
춤 풀잎 위에 반짝이는 이슬방울들.
어젯밤 꿈 이야기 바꾸어 가며
우리는 포도밭으로 나가노라.

1934년 1월 25일 《신한민보》에 실린 한흑구의 시 「캘리포니아 포도밭」 1연, 2연이다. 이 시에서 시인은 아침 단잠을 떨치고 나선 인부들이 이슬에 신발을 적시며 주고받는 간밤의 꿈 이야기도 듣는다. 존 스타인벡(1902-1968)의 장편소설 『분노의 포도』가 캘리포니아 포도밭을 주요 무대로 삼았다.

그런데 미국 대륙을 두루 여행한 한흑구의 영혼에 찍혀 도무지 바래어지지 않는 사진은 목화 따는 흑인들의 모습이다. 그의 영혼에 녹음돼 도무지 지워지지 않는 노래는 목화 따는 흑인들의 노래이다. 그 모습, 그 노래는 평양으로 돌아온 그의 소설에 되살아난다. 그리고 필생에 걸쳐 잊지 못한다.

안익태와 뉴욕에서 이별하고 필라델피아를 떠나 로스앤젤레스로 돌아온 한흑구는 1933년 12월 31일 '제24회 흥사단 대회'에 위원으로 참가했다. 학업, 창작, 흥사단 단우 책무, 방랑 같은 여행……. 1934년 새해의 한흑구는 무슨 일이든 뜻대로 힘차게 감당할 자신감으로 충만해 있었다. 그러나 무릇 인생은 어떤 보이지 않는 손의 간섭을 타기 마련이다. 때로는 뜻밖의 행운을 불러오고, 때로는 뜻밖의 불운을 불러오는 불가사의의 손.

이미 한흑구는 가슴 아픈 불운을 거머쥐고 있었다. 아무래도 어머니의 병환이 심상찮으니 몇 달 안에는 귀국하기를 바란다는 막내 누이의 편지가 오빠의 손에 들어온 것은 1933년 12월 초순이었다. 남편이나 아들이 평양으로 돌아갈 채비를 갖춰야 했다.

경성 서대문형무소에서 여운형, 조만식과 함께 풀려나긴 했으나 조선에 머무르고 있는 안창호, 그의 빈자리를 미국에서 메워야 하는 한승곤은 당장에 귀국할 형편이 아니었다. 대한민국 임시정부에 보내줄 미주 한인 동포들의 성의를 모으는 행사도 꾸려야 했다.

한흑구가 학업을 접겠다는 결정을 내렸다. 어머니의 병환 때문에 새해 봄날쯤에는 평양으로 돌아갈 것이라는 계획을 그는 뉴욕에서 이별하는 안익태에게 끝내 발설하지 않았다. 미국이나 유럽 음악계의 뉴스나 자신에 관한 것이 아닌 다음에야 활자 기사에는 눈길을 보내지 않고 주야장천 모름지기 '전미음악콩쿠르 1등'만 쳐다보는 예술가 친구의 여린 감성을 건드리지 않겠다고 작심했던 것이었다.

꼬박 5년, 햇수로 6년, 한세광(흑구)은 시카고, 볼티모어, 필라델피아, 로스앤젤레스에서 노동의 품삯으로 캠퍼스를 드나들었으나 미국 대학 졸업장을 하나도 쥐지 않았다. 이 문제에 대해 그는 담담했다. 어차피 졸업장을 들고 식민지 조국으로 돌아가 잘난 자리를 차지할 욕심은 터럭만큼도 내본 적이 없었기 때문이었다.

남들은 최고의 학위를 얻기 위하여 기숙사로 들어가서 책상만 붙안고 싸우고 귀국 이후에 근무하는 기관을 위하여 일정한 목표가 있어 그곳에만 전심 학구(學究)하는 분들이 많으나 나는 어쩐지 바이런이나 괴테의 생활이 그리웠고 또한 그러한 시적 생활을 실행할 수 있는 곳이 미국 대륙이라는 것을 생각하였었다.

이 때문에 나는 나의 고학 육 년간의 고학생활이라는 것은 나의 낭만 시절을 쓰라린 방랑의 생활로써 나의 체험사 위에 남아 있을 뿐이다. 미국 대륙 위에 방랑의 족적을 남긴 막심 고리키며 북구의 중견작가 햄슨이며 인도의 시성 타고르며 미국의 방랑시인 휘트먼 샌드버그 린세이 등을 추적하는 의미로써 나는 방랑의 생활을 즐겨 하였다.

한흑구가 귀국하고 이태 지나 《신인문학》(1936년 3월)에 발표한 산문 「재미 6년간의 추억 편편」 한 분분이다. 미국을 등지는 젊은 시인의 가장 큰 아쉬움은 광대한 대륙을 방랑할 수 없게 된다는 점이었다. 위의 산문에도 그때 그런 심경이 조각으로 박혀 있다.

> 서부 아리조나주, 네바다주 등의 대사막과 사막에 사는 죽은 사람의 해골 모양의 사막의 식물들이며 사막의 황혼이 얼마나 시적이었나 하는 것들이 지금도 꿈과 같이 추억되고 있다. 서부의 헐리우드에 서 있는 야자수들의 길고 넓은 이파리들이며 밤마다 안개 내리는 로스앤젤레스의 밤의 정적이 모두 그립다.

그러나 방랑의 여행을 위하여 어머니 간호를 외면할 수 있으랴. 1934년 새해의 한흑구는 아버지보다 먼저 귀국할 준비를 거의 마쳐놓고 있었다. 어떻게 미국 생활을 마무리할 것인가? 어떻게 미국 곳곳의 동포 유학생들과 작별할 것인가?

그는 《신한민보》에 지면을 얻기로 했다. 미국에 와서 고학하는 '한세광'을 문학인으로 세워준, 그에게 고맙고 귀중한 신문이었다. 《신한민보》도 미주 한인 문단 형성에 중요한 역할을 담당해준 청년시인의 뜻을 흔쾌히 받아줬다.

《신한민보》는 〈흑구시집편초〉라는 제목의 시리즈로 그의 시편을 실었다. 그것이 지면에 최초로 등장한 '흑구(黑鷗)', 검은 갈매기였다. 〈흑구시집편초〉라는 제목 밑에 '한세광'이란 성명이 박혀 있어도 귀국을 준비하는 그가 마침내 '흑구'라는 필명을 가슴 깊은 곳에서 햇빛 속으로 내놓은 사건이었다.

첫 회(1933년 12월 14일)에는 '시인의 말'도 나왔다. '흑구시집편초'에서 '흑구'란 무엇인가에 대해서는 한마디 설명도 없었지만.

> 재미 5년간 써두었던 시 가운데서 수십 편 모아서 재미 동포 여러분께 드립니다. 미국 대륙 위에서 신한민보를 통하여 쓰는 나의 마지막 글이 될 듯합니다.

이렇게 재미 동포들에게 작별인사를 올린 한흑구는 자못 놀랄 만한 고백을 남겼다.

> 재미 5년간 고학생활을 하며 여가에 나는 약 이백 편의 시와 백 편의 영문 시를 썼었다.

200편의 한글 시와 100편의 영시(英詩)를 썼다는 청년시인은 그중 자선(自選)한 시편을 〈젊은 날의 시편〉이라 묶되 이를 다시 〈사향 시편〉, 〈방랑 시편〉, 〈님께 드리는 시편〉, 〈인생 시편〉, 〈영문 시편〉의 5부로 편찬하여 '나의 초기 작품'으로 발표한다고 밝혔다.

또한 그는 귀국의 사정과 발표의 동기도 적었다.

어머님의 병보를 받고 귀국하기로 준비하는 나는 미국에 유하는 여러 동무들을 생각한다. 나는 많은 동무들의 사랑을 받았으나 아직까지 나는 그들에게 즐거움을 주지 못하였다. 미국을 떠나려는 나는 나의 「시편」에서 수삼십 편을 꺼내어 여러 동무에게 주고 가기로 생각한다. 잘 되었건 못 되었건 이것은 모두 재미 간 나의 젊은 날을 노래한 것들이다.

재미(在美) 다섯 해 동안에 쓴 "젊은 날의 노래"를 여러 동무에게 "주고 간다"는 한흑구……. 《신한민보》에서 '흑구시집편초' 연재를 마친 즈음, 안익태는 뉴욕 카네기홀에서 세계적 음악가로 대성하는 미래의 문을 활짝 열어젖혔다. 그 소식은 1934년 2월 15일 《조선일보》를 통해 고국의 동포들에게도 널리 알려졌다. 해당 지면은 안익태 뉴욕 연주회 포스트 사진을 오른쪽에 배치하고 제목을 넉 줄이나 뽑았다.

> 미국음단의 총아
> 우리 음악가 안군
> 첼로 독주가, 익태·안의 쾌소식
> 거장 짐바리스트 씨도 추천

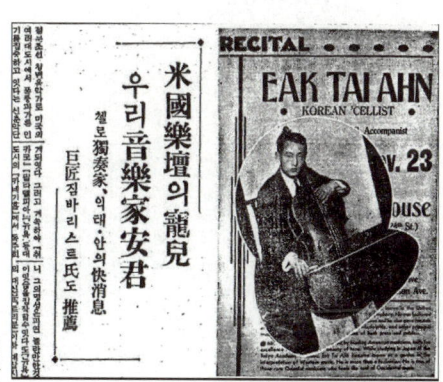

《조선일보》 1934년 2월 15일
뉴욕 카네기홀에서 열리는 안익태 첼로 연주회 기사

'심장의 노래'를 다짐한 청년시인의 귀국 소식을 《조선일보》가 크게 특필하다

노래를 좋아해서
강반에 나가 고함치다가
내 심장이 너무 뜨겁고
내 목이 메어서 그만두었노라.

내 눈에 비치는 자연이 아름다워서
화관을 메고 다니다가
쓰러져 가는 내 살림살이 보기 싫어서
나는 또한 화관을 찢었노라.

이 설움, 이 열정,
뛰는 심장과 동무할 때
여기에 다만
내 심장이 부르는 노래뿐이노라!

내 심장에서 우러나는 피의 노래
이것이 나의 예술이로다!
과거는 나를 만들었고
나는 노래하는 심장의 피를 가졌노라!

1934년 1월 4일《신한민보》에 실린 한흑구의 시「나의 예술」앞부분이다. 고학과 방랑의 미국 생활 다섯 해를 접고 귀국을 준비하는 1934년 새해의 시인은 '심장에서 우러나는 피의 노래'가 바로 '나의 예술'이라는 문학정신을 벼리고 있었다.

그는 잠언(箴言)의 시도 남겼다. 1934년 2월 1일《신한민보》에 실린「자연·인생」마지막 연이다.

> 인간의 지혜는 자연을 속이고
> 인간의 자유는 권세에 매었노라!
> 한 개의 개인이 자유롭고 자연스러울 때
> 비로소 인류의 참 진, 선, 미가 있노라!

1934년 3월 4일, 한흑구는 막 미국으로 들어온 유학생을 환영하는 자리에서 전별의 시간을 가졌다. 그리고 로스앤젤레스를 떠나 샌프란시스코로 올라갔다. 출항은 3월 24일, 산페드로 항.

한흑구는 스무 살에 흘러왔던 태평양 뱃길을 스무다섯 살에 거꾸로 흘러가야 했다. 달라진 것도 있었다. 그때는 일본 여객선이었는데, 이번에는 미국 여객선이었다. 항해에 걸리는 시간도 절반쯤으로 줄어들었다. 이러한 사정은 그가 귀국의 선상에서 실제로 듣고 보았던 사건에 근거한 짧은 소설「태평양상에 세 죽음」(《신인문학》1936년 6월)의 서두에도 나와 있다.

> 내가 미국을 떠나 기선 '후버호'를 타고 귀국하던 때는 1934년의 이른 봄 4월이었다. '후버호'는 태평양상에 최대 거함으로 시속 35노트 이상으로 쾌주하여 태평양을 13일간에 횡단할 수 있었다. 6년 전 도미할 때에 27일을 요하던 것이 13일간으로 단축할 수 있은 것도 그간의 스피드업의 소식을 충분히 알려주는 것이었다. 상항(桑港)을 떠난 지 7일 만에 '후버호'의 거선은 하와이

에 도착하였다.

샌프란시스코(상항)를 출발한 여객선도, 요코하마를 출발한 여객선도 하와이에 들러 엔간히 숨을 돌리며 내릴 승객을 내려주고 새 승객을 더 태워서 다시 떠났다. 한흑구에게는 하와이도 낯설지만은 않았다. 미국으로 들어가던 1929년 봄날에는 하와이에 휴식하듯 내려서 아버지가 주선해둔 동포들의 신세를 졌고, 1931년에는 미주 한인회가 주최하는 하와이 한인대회에 참석해 '대중적 혁명'에 대해 강론한 적 있었다. 그러니 귀국의 뱃길에도 그냥 지나칠 수 없는 섬이었다. 「태평양상에 세 죽음」에서는 이렇게 밝힌다.

> 도미할 때에 하루 상륙하여 하와이의 화산이며 누이누봉이며 와이키키 해변을 구경시켜 주던 조선 동포들을 만나보려고 나는 잠깐 상륙하였다. 그러나 나는 옛날 친구들을 한 사람도 만날 수 없었다. 그들 가운데 더러는 학업을 마치고 귀국하였다 하고 더러는 불경기로 도시를 떠나 촌으로들 나갔다고 하는 것이었다.

《신한민보》에 시리즈로 발표한 〈흑구시집편초〉를 통해 최초로 '흑구'라는 필명을 내놓았던 젊은 시인의 귀국을 축하하는 뜻에서 하와이든 태평양의 조그만 섬이든 그가 지나갈 때는 검은 갈매기들이 뱃꼬리에 따라붙고 있었으려니…….

한흑구가 샌프란시스코를 출발한 날로부터 한 달쯤 지난 1934년 4월 22일, 그는 《조선일보》 1면 한복판에 얼굴 사진과 함께 당시 지면 사정에는 대서특필로 등장한다. 평양발 기사의 제목은 〈신문학과 전수코 한세광군 금의환향〉이었다.

숭덕보통학교와 숭인상업을 졸업한 후 보성전문에서 배우다가 지금부터 육년 전인 일천구백이십구년 북미에 유학하던 한세광 군은 '시카고'에서 '노스파크'대학 영문과를 졸업하고 다시 '필라델피아'에서 '템플'대학 신문학과에서 배운 후 지난 십오일 금의환향하여 방금 부내 하수구리 구십육 번지 자택에 들었다.

한세광(흑구)은 '숭인학교'를 나왔는데 1931년부터 교명이 '숭인상업학교'로 바뀌었다. '부내'의 '부'란 평양발 기사이니 '평양부'이다.

1934년 4월 15일 '평양부 하수구리 96번지' 자택에 도착한 한흑구, 앞으로 그는 무엇을 할 것인가? 이 기사가 그의 말을 옮겨놓았다.

한 군은 문단 방면에 취미가 많아 북미 유학생회에서 발행하는 각 잡지에 작품을 발표하여 많은 환영을 받아왔었는데 귀국 후에도 문단 방면에서 전력하겠다고 감상을 이야기했다 한다.

《조선일보》 1934년 4월 22일. 미국유학에서 돌아오는 한세광(한흑구)의 귀국 소식을 1면에 대서특필하고 있다.

모란봉에 모란꽃 피면 평양 가겠네 | 205

식민지 조국에 돌아와 문학의 길로 정진하겠다는
한흑구의 자화상

　일제의 식민 지배가 1929년 봄날보다 훨씬 더 엄혹해지는 1934년 봄날, 병환 깊은 어머니가 애타게 기다리는 고향집에 들어선 젊은 시인의 자화상은 어떠했을까? 이것은 1933년 12월부터 1934년 1월에 걸쳐 〈흑구시집편초〉라는 제목으로 《신한민보》에 분재한 몇 편의 시만 살펴보아도 얼마든지 짐작할 수 있다.

　　내 몸은 다섯 자 일곱 치—
　　그만하면 큰 키로다.
　　허멀금한 얼굴은 둥글고,
　　몸은 통통하지 않고 알맞노라.
　　손발은 작지 않고,
　　머리털은 굽실굽실하노라.

　　머리는 크다고 하고,
　　이마는 벗어져 빠지어 가고,
　　눈은 조금 작은 편이고,
　　코는 얼굴에 비해 적지 않노라.
　　입은 작고, 가늘고, 애달프게 생기고,
　　귀는 크고, 광대뼈는 조금 나오고—
　　내 프로필은 굴곡이 졌노라!
　　그래도 나는 만족하노라!

한흑구의 시 「자화상」 1연, 2연이다. 시인이 묘사한 자신의 신체적 모습이다. 스스로 만족한다고 당차게 선언한 신체의 내면에 어떤 정신을 간직하고 있었을까.

오— 이로부터 사람은 싸웠노라!
한 여인의 가슴을 위하여 창을 들었고
에덴은 피로 물들고
사람은 죽음 속에 싸웠노라!

예술가들은 피로써 탑을 세우고
한낮의 승리를 노래하였노라.
지혜는 세상을 정복하고
에덴은 조그만 땅덩이가 되었노라.

그의 시 「에덴」 3연, 4연이다. 시인은 세계의 파탄을 노래하고 있다. 그러나 뒤이어 '하늘이 사람에게 무한한 자유'를 주었으니 누구보다 '예술가가 가슴속에 에덴을 그리고/이 세상에 흩어진 에덴의 조각을 집어 모으라!'고 엄명한다.

그래서 그는 시 「시인의 노래」를 통해 파탄의 대지에서 자유를 호흡한 세계의 시인들을 불러들인다. 1연, 2연이다.

단테의 노래는
영원한 삶이었고
괴테의 노래는
영원한 사랑이었노라.

세익스피어는

> 눈물과 웃음으로
> 세상의 헛됨을
> 가슴 깊이 노래하였노라.

「시인의 노래」에서 시인은 마치 새 학기를 여는 담임교사가 출석을 부르는 것처럼 단테, 괴테, 셰익스피어에 이어 여러 시인을 또랑또랑 호명한다. 밀턴, 무어, 키츠, 브라우닝, 하이네, 예이츠, 휘트먼, 이태백, 타고르, 샌드버그, 탁목(啄木), 그리고 마지막으로 조선의 방랑시인 김삿갓을 불러 '뜨거운 얼굴을 삿갓으로 가리우고/돌 같은 세상을 찬웃음으로 비웃었다'고 칭송한다. 아마도 시인은 전설처럼 내려온 김삿갓의 평양 방랑기를 떠올렸을 것이다.

귀향 즈음의 한흑구는 '자유'를 가장 고귀한 가치로 숭배하고 추구하는 시인이었다. 앞에 인용한 시 「자연·인생」에서 보았다시피 '한 개인이 자유롭고 자연스러울 때 비로소 인류의 참다운 진·선·미가 있는 것'이라는 문학정신을 영혼에 보듬고 있었다.

한흑구는 인류의 이름으로 '자유 헌장'에 새겨도 될 만한 선언을 던진다. 그의 시 「자유」 4연이다.

> 하루를 살아도
> 저 태양같이 살고
> 한밤을 살아도
> 저 달 아래 물결같이 살아라

하루를 살아도 태양 같고 물결 같은 자유를 누려야 한다는 한흑구, 그의 시적 자아는 당시 조선 시단의 그것과 확연히 다른 '웅혼한 기상'을 내뿜는다. 시 「나의 예술」 7연, 8연이다.

우주에 비해 보면 나는 미물이고
나에 비해 보면 우주는 미물이노라.
내 몸은 작으나 우주는 내게 있고,
내 예술은 곧 우주의 노래노라!

우주는 나와 같이 진화하고,
창조는 나의 예술과 같이 진화하노라.
나는 죽은 모든 인생 가운데 하나이고,
오, 나의 예술은 우주와 같이 진화하노라.

  자유를 추구하며 진화하는 우주를 내재한 한흑구가 젊은 날의 긴 방랑을 접었다. 이제 '내 집'으로 돌아간다. '내 집'은 어떤 상태이고, 시인은 무엇을 해야 하는가?
  그의 시 「내 집」 3연에 나와 있다.

내 집은 헐어지고
나는 외아들이노라.
헐어지는 내 집을 바로 잡을
나는 조선의 외아들이노라.

'헐어지는 집'에 돌아와 휘트먼을 호출하고
16만 평양시민의 종합지 《대평양》을 창간하다

'외아들' 한세광이 이제 '흑구'가 되어 '헐어지는 집'으로 돌아왔다. '헐어지는 집'을 '바로 잡을 외아들 한흑구'로 돌아왔다. 어머니의 외아들로서 '조국의 외아들'이라는 정신을 빳빳이 세우고 있었다. 때는 평양 모란봉의 진달래가 꽃망울을 터트리는 4월 중순이었다.

한흑구는 회갑을 눈앞에 바라보는 어머니 박승복의 병환을 살피고 헤아렸다. 의사의 소견도 그랬지만 그의 육안에도 백발 여인은 회복할 가능성이 희박해 보였다. 얼마나 견디고 버텨내느냐. 언제부터인가 죽음이 환자의 문밖에 불가시(不可視)의 그림자를 드리우고 있을 듯했다.

어느덧 열여덟 해나 지아비의 손길을 느끼지 못하고 지아비의 목소리를 듣지 못한 병석의 어머니를 위하여 장성한 외아들이 서둘러 실행해야 하는 가장 중요한 효도는 결혼이었다. 하지만 한승곤 가족은 일찌감치 조선의 유습을 벗어던진 사람들이었다. 그래서 그때 풍속에는 노총각이라 불릴 만한 스물다섯 살 총각이 '빨리 결혼하라'는 강박을 당하지 않았다.

한흑구는 1934년 7월 25일부터 8월 1일까지 《조선중앙일보》에 평문 「현대시인 월트 휘트먼」을 분재한다. 휘트먼의 시 세계에 대한 본격적인 소개와 평가를 조선 문단에 처음 올려놓은 이 도전적인 평문의 첫 회에서 휘트먼을 향한 그의 흠모를 물씬하게 느낄 수 있다.

> 현대시의 선구인 월트 휘트먼은 십구 세기 미국 시인군 중의 가장 위대한 민주주의 시인으로서 세계에 정평되었다.

그는 먼저 고전 문학주의의 전통적 사상을 대항하고 나왔으니 시 형식상에 있어 독창적으로 자유시(freeverse=표현형식을 자유로 하는)를 창작하여 예술적 무기로 삼았다.

이 날카로운 무기는 그의 철학적 사상을 자유롭고 강렬하게 표현할 수 있었으니 자유, 평등, 박애의 인도주의 사상을 전인류에게 대항하여 선언하였다.

휘트먼의 방랑에 매료된 그의 속내도 내비친다.

그는 한가히 오하이오 주의 중심지대로부터 낭만적 농원지대인 남방 뉴올리언스 주 등으로 방랑하였다. 다시 북으로 돌아와 캐나다 국경을 넘어 미국의 오대 염수 호반의 제 도시를 만보하여 노동계급의 무지한 동지를 교우하였다. 순전한 도보여행으로써 미국의 모든 지방을 방랑하고 브루클린 시로 귀국하였다.

월트 휘트먼을 조선 독서계에 알려준 여름에 한흑구는 한창 바쁘게 뛰어다녔다. '헐어지는 집'을 바로 세울 조선의 외아들로서 맡아야 하는 책무에 앞장서고 있었다. 평양의 기독교계 민족주의 지도자들을 설득한 그가 종합지《대평양》을 창간하기로 뜻을 모아 실무의 책임을 맡은 것이었다.

한흑구가《대평양》창간호 맨 뒷면에 '흑구'라는 이름으로 남겨둔 '편집 여감(餘感)'의 한 부분만 읽어봐도 그가 얼마나 분주했는가를 짐작할 수 있다.

늙은 처녀가 시집가기도 힘들지마는 시집가서 첫애기 낳기도 힘든 것이다. 인사(人士) 방문 약 300번, 편지 쓰기 50여차—, 평양 중심의 언론 하나를 낳는데 참 난산(難産)이었다. 평양에 돈이 없나! 사람이 없나! 한탄!

출향(出鄕) 인사 오십여 명의 명단을 추리고 일일이 주소를 확인해 편지 보내는 일은 제쳐두고서라도, 대화 나눌 만한 사람을 하루에 두셋씩 찾아다닌다고 셈해 보아도 삼백 명이면 석 달을 바쳐야 한다.

《대평양》의 발행 겸 편집인은 목사이며 소설가인 전영택, 주간은 한흑구가 맡았다. 찬조원(贊助員)으로는 조만식, 김동원(소설가 김동인의 맏형), 오윤선, 최윤호, 이훈구, 송창근 등 평양의 지도급 인사들이 두루 이름을 올렸다.

주간 한흑구는 《대평양》 창간에 아낌없이 정열을 바쳤다. 삼백여 명을 직접 만나고 오십여 명에게 편지를 보내 찬조를 받거나 원고를 받았을 뿐만 아니라, '창간사'를 쓰고, '대평양 건설'에 대한 논설을 쓰고, 〈최근의 세계 동태〉라는 시사 해설을 쓰고, 자신의 신작시와 수필, 단편소설 「길바닥에서 주운 편지」를 실었다. 〈평양이 낳은 예술가는 누구누구〉를 쓴 HH생, 〈조선의 축구왕도(王都)〉를 쓴 H기자, 〈조만식(曺晩植)씨와의 대화〉를 인터뷰하고 정리한 일기자(一記者) 등에 필자로 나오는 'HH생, H기자, 일기자'도 다 한흑구이다. 수필 「독어록(獨語錄)」을 한세광(韓世光)의 이름으로 발표한 것도 한흑구를 숨기려 했던 사정으로 헤아릴 수 있다. 한마디로 그는 북 치고 장구 치고 소리 하고 추임새 넣는 그야말로 일인다역을 거뜬히 해치웠다. 『한국잡지백년』의 《대평양》 소개에는 다음과 같이 '한흑구 찬탄'이 나와 있다.

> 주간이요 기자요 시인이요 소설가요 수필가요 영문학자인 그는 시·소설·논문·잡문 등 적어도 10편 이상을 쓰고, 창간호를 편집했으니, 그 일거리가 얼마나 많았겠는가. 25세의 정열이 아니고서는 해낼 수 없는 일이었다. 그는 1929년 도미(渡美)하여 시카고의 노스파크대학에서 영문학을, 템플대학에서 신문학을 전공했다.

열혈 청년 한흑구의 동분서주는 해를 넘기지 않고 기어코 11월 하순에 《대평양》

창간호를 내놓았다. 그가 쓴 '창간사'의 한 부분이다.

> 본지는 평양의 진화(進化)를 지시하고 평양의 이상(理想)을 수립하는 데 한갓 공기(公器)가 되려 한다. 16만 평양시민의 장래를 위하여 우리는 서로 이야기하고 또한 서로 듣자. 공정한 언론은 사회의 대변자이며 사회의 이상이다.
>   평양지방을 중심으로 하는 언론이 없는 것을 일반시민은 불행으로 생각하게 되었으니, 이에 늦은 감(感)을 불금(不禁)하며 열렬한 찬조자들과 같이 본지를 출세(出世)하게 되었다. 지방과 지방이 합작(合作)하는 곳에 전체 공동합작이 실현될 수 있나니, 우리는 이 의미에서 평양지방의 언론을 이상화하기 위하여 본지 《대평양》을 창간하는 바이다.

서울역사박물관이 소장한 유물자료집 〈각정동직업별호구조사〉에 따르면, 1934년 경성(서울) 인구는 약 30만 명(295,805명 중 조선인 70.7%, 일본인 28%)인데, 신문도 잡지도 만만찮게 나오고 있었다. 하지만 신문도 잡지도 하나 없는 '인구 16만의 조선 제2 도시 평양 1934년', 하물며 그때 다른 지방은 어떠했겠는가.

한흑구는 진정한 공기(公器)로서 언론 매체가 '헐어지는 집'을 '바로 잡을' 버팀목이 될 것으로 생각하고, 여러 지방에서 《대평양》 같은 매체가 출현하여 서로 연대하는 그날이 오기를 바란다고 했다. '언론 매체가 없는 평양'이 얼마나 답답하고 한심해 보였으면 그는 '편집 여감'에 거듭 토로해 놓았다.

> 신문 한 조각 없는 평양에 본지는 우선 월간으로 뛰쳐나왔다. 앞으로 순간(旬刊)·주간으로 '대평양'이 되고자 한다. 본지의 표어는 '평양을 같이 이야기하자! 평양을 같이 듣자!' 이 때문에 본지는 평양 각계 유지의 투고로써 공기(公器)가 되고자 한다. 충심으로 바라는 것은 끝내 성원해 주시기를 갈망한다.

이래서 한흑구는 창간호 표지에 평양을 상징할 만한 '대동문(大同門)' 사진을 앉혔을 것이다. 평양시민이여, 출향 인사들이여, 어찌 '대동'을 잊었단 말인가. 속으로 한탄도 하고 선배들 앞에서는 개탄도 했을 것이다. 창간호에 실린 그의 시 「자정의 평양」은 기생과 요정으로 이름 높은 평양을 질타한다. 시적 자아의 목소리가 자못 거칠게 터져 나온 1연, 2연이다.

    하늘의 숨결을 고하는 듯
    자정의 밤하늘을 째이는 기적—
    간드러진 계집의 깔락거리는 웃음소리
    요정의 하룻밤은 이로써 재우치노라.

    밭 판 돈, 논 판 돈, 다비 판 돈, 고무 판 돈
    때 묻은 돈더미가 노래를 한다.
    미친 듯 어우러져 춤춘다……
    오, 인간의 미련을 보는가.

'자정의 밤하늘을 째이는 기적'이란 만주 땅 장춘을 출발해 압록강을 건너고 신의주를 거쳐 평양에 들어선 열차가 자정을 막 지난 시각에 평양역을 떠나며 고요한 밤하늘에 내지른 것이다. 일곱 해 전 열아홉 살의 그가 보성전문학교에 입학하러 처음 경성으로 가는 몸을 의탁했던 열차는 1934년 가을에도 변함없이 자정의 평양을 깨우는 고함을 몇 차례 내질렀던 모양이다.

'돈더미'를 '요정'의 환락에 갖다 바치는 '자정의 평양'을 향한 질타, 이에 대해 정당한 알리바이라도 세워두려 했을까. 한흑구는 「자정의 평양」 앞에다 성찰의 거울 같은 시 「삶의 철학」을 나란히 세워두었다.

사랑하고, 실연하고
실연하고 또한 사랑하라!

좇아가고, 속고
속고 또한 좇아가라!

주고, 잃고
잃고 또한 주라!

죽는 길이 여럿이니
사는 길도 여럿이 있노라!

《대평양》 창간호 표지

심장에 '님'의 조각으로 '영원'을 새겼으니
젊어서 죽거든 내 무덤에 비석을 세우지 말라

　16만 평양시민을 일깨워나갈 이상을 바라보는 한흑구가 불타는 정열을 아낌없이 바쳐 출범한《대평양》은 그의 순정한 선도적 의지 그대로 월간을 넘어 순간, 주간으로 성장해 나갈 것인가.

　정가 20전의 A5판 84쪽인 창간호《대평양》에 한흑구 혼자서 이름을 숨기거나 바꿔가며 십여 편의 글을 도맡았다는 사실은 무엇보다 원고 수급이 만만찮았던 사정을 보여준다. 조만식, 김동원, 오윤선 등 평양의 지도급 인사들이 후원으로 나서긴 했으나 범시민 캠페인으로 일어나지 못하면 원고료와 제작비를 떠받치는 재정 형편도 쪼들릴 수밖에 없을 것이었다. 게다가 일제의 검열과 압박이 엄존하고 있었다.

　그러한 악조건 속에서 한흑구는 1935년 새해를 맞아《대평양》2호를 '신년호'로 꾸려 내놓는다. 이번에도 고학과 방랑으로 단련한 무실역행은 동분서주, 종횡무진을 멈추지 않았다. 「문명」, 「적은 감정」, 「한 줄의 기억」, 「유언」 등 네 편의 자작시도 실었다. 그중 3연으로 짜인 「유언」은 수작이다. 절벽의 소나무 같은 한흑구의 기상을 잘 보여주고 있다.

　　　내가 만일 젊어서 죽거든
　　　비 오는 날 질퍽한 풀밭 밑
　　　저 늙은 소나무 아래 묻어 달라!
　　　내 무덤 우에는 비석이 쓸데없노라.

나의 무덤 우에는
꽃나무와 푸성귀가 성하라!
꽃나무도 풀도 가시덩굴도 그대로 두어 달라!
나의 무덤에는 다시 손질 말라!

봄에는 꽃이 피고
여름에는 풀이 파릇파릇 빛나고
가을에는 나뭇잎이 떨어지고
오, 겨울에는 가시가 눈 속에 남아 날카로우리라!

거듭 확인하게 되다시피 확실히 한흑구는 애소의 정조와는 담을 쌓은 시인이었다. 「유언」에 이어서 1935년 2월 《신인문학》에 발표한, 미국 유학시절에 써뒀던 「님의 조각(彫刻)」도 정열의 기풍이고, 그 시에 이미 '나의 심장'에다 '님'이 조각한 '영원히 지워지지 않을 영원'을 새겨두고 있었다. 전문이다.

님은 나의 심장 우에다
'영원(永遠)'이라는 두 글자를 조각하노라.
사랑의 논주를 지우고
정열의 망치를 가지여
강철같이도 굳은 내 심장을
나무속인 것같이 쉽게 조각하더라.

'영원'……
님이 내 심장 우에 조각한 두 자(字).
세상은 내 심장 속을 몰라도

> 님과 나는 잊지 않노라.
> 오, 이 보이지 않는 님의 조각은
> 영원히 영원히 지워지지 않을 조각이노라.

한흑구의 심장에 '영원'을 새겨준 '님'은 물론 '조국'이고 '독립'이다. 그 영원에 답하는 길로 한결같이 곧게 걸어갈 것인가? 슬쩍, 슬며시, 한 번이라도 어떤 명리를 얻느라고 벗어날 것인가? 이 문제는 일제의 핍박이 조선 문학인의 목을 조르듯 가혹해지는 시기에 이르면 여실히 판명 나는데…….

'정열'에 대한 그의 육성을 더 들어보자.

> 나는 애란(愛蘭) 사람들의 정열을 사랑한다.
> 그들의 민족성을 대표하는 것은 곧 '정열'의 두 자이다.
> 유미시대(留美時代)에 나는 애란 학생들의 정열적 우정을 받은 것이 지금도 기억난다.
> 애란의 문학은 정열의 문학이라고 해도 과언이 아니겠다.
> 버틀러 예이츠, 오스카 와일드, 조지 무어 등의 작품은 모두 정열의 노래요 이야기였다.

1935년 4월 《신인문학》에 실린 한흑구의 산문 「문예 독어록」에 들어 있다. 아일랜드 문학의 정열을 청년 한흑구는 마치 갈증에 물을 마시는 것처럼 시적 자아의 내면으로 받아들였다. 바이런을 가장 사랑한 것도 인생의 정열을 노래하고 인생의 참된 정열인 청춘을 노래하였기 때문이라고 밝혔던 한흑구.

그는 시와 소설을 씨와 암탉에 비유했다. 시는 민중이라는 초원에 뿌리는 사상의 씨이니 시인은 한 알의 씨(種子)요, 소설가는 암탉이라 했다. 왜 소설가는 암탉이라 했는가? 달걀을 품고 몇 날을 두고 따뜻한 양기를 줘야 병아리가 나올 수 있기 때문이라는 것이었다.

《대평양》을 위한 고군분투를 한흑구는 1935년 봄날에 들어 멈추게 되었다. 그가 창간호에서 질타한 '자정의 평양'은 《대평양》이 사라지니 잔소리꾼이 없어졌다며 더 즐거이 풍악을 울릴 것이었다. 《대평양》은 1937년 겨울에 이르러 세 번째로 한 번 더 등장한 뒤로는 종적을 감춰버리는데, 종간호와 다름없는 《대평양》에 그는 삶의 철학 한 자락을 고스란히 드러내는 산문 「수상록」을 싣는다.

> 이 세상 위에 참다운 생명이 안일하게 영속하는 데는 다만 '주는 데 있고 받는 데 없다'라는 진리를 실천하는 데에서만 실현할 수 있을 것이다.
> 　우리의 귀한 생명, 우리의 사회의 귀한 생명, 우리의 전 인류의 귀한 생명은 다만 서로 사랑하고 부조하는 정신과 실천에서만 연장되고 풍성할 수 있을 것이다.

갑자기 한흑구는 여유 시간이 많아졌다. 생업의 길을 모색하면서 '달걀'을 품어주는 '암탉' 노릇을 할 수 있게 되었다. 1932년 6월 《동광》에 한세광의 이름으로 단편소설 「호텔 콘」을 선보였던 한흑구가 소설 창작의 펜을 들었다. 맨 먼저 실화의 축소판 같은 단편소설 「어떤 젊은 예술가」를 썼다. 미국에서 함께 지낸 안익태를 추억한 자전적 작품이었다.

암탉이 달걀을 품듯이 소설을 창작하며
다시 '황혼의 비가'를 듣다

1935년 4월 한흑구가 《신인문학》에 발표한 단편소설 「어떤 젊은 예술가」에 등장하는 A군은 첼리스트 안익태이다. 이 소설은, 한흑구가 런던으로 건너갔다는 편지를 보내온 안익태에게 띄웠던 답신에 담은 시를 더듬더듬 기억해 서두에 놓고 있다.

'그대에게는 다못 첼로…… 그것밖에 없노라. 모든 것을 잃어버린 그대에게 모든 것을 가져오는 한 개의 첼로…… 다못 첼로 그것이 그대의 생명이노라.'

'다못'은 '다만'이다. 「어떤 젊은 예술가」는 서사의 얼개를 따라 시간이 전개되지 않는다. '나'가 'A'의 행보를 회고하는 서술로 이뤄져 있다. 그러나 한흑구는 소설의 특권에 기대어 훨씬 더 뒷날(1974년)에 남기는 회고록 성격의 산문 「예술가 안익태」에 나오는 실제 그대로의 시간과 장소를 적절히 변형하고 있다. 단 하나, 단편소설 「어떤 젊은 예술가」에서 '나'의 눈에 비친 'A'의 모습은 산문 「예술가 안익태」에 나오는 그것보다 좀 더 구체적이다.

머리털은 짧아지고 옷은 허름하고 바지는 꼬이고 넥타이는 음침하고 모자는 구기고 신은 낡고 그리고 얼굴은 수척하고 동양 사람의 특징인 광대뼈가 너무도 보기 쉽게 나온 것이었다.

이것은 신시내티를 떠나 '나'에게 의지하러 펠라델피아 정거장에 도착한 'A'의 첫 모습이다. 남루하고 야위었다. 궁핍에 내몰린 고학 예술가의 형편을 적나라하게 보여주는 외모이다.

> 지금까지 귀에 남겨 있는 그의 첼로 소리는 꼭 '조선심(朝鮮心)', '조선의 설움', '조선의 애소(哀訴)'를 말하는 음색(音色)을 그가 가졌구나 하는 감각을 그가 전하고 있다고 생각한다. 미국 신문의 평들도 'A는 독특한 음색을 가진 연주가이다. 아마도 그것은 동양적인 감성인가 보다.' 이러한 의미의 비평을 하였다.

언제나 '나'의 마음에는 '낙엽을 스치고 가는 바람소리 같은 A의 첼로 소리'가 들려온다. 소설의 마지막 문장은 'A'와의 이별을 슬퍼하지 않는다는 역설을 담은 '나'의 'A'를 향한 뜨거운 성원이다.

> 그는 아무것도 없는 조선의 젊은 예술가요 희망의 빛이라고 생각한다.

독자는 '희망의 빛'이라는 말보다 '아무것도 없는 조선'이란 말이 눈을 찌른 가시처럼 아팠을 것이다. 식민지 조국을 생각하면 '아무것도 없는' 것 같았던 한흑구.

그는 1935년부터 1937년까지 세 해에 걸쳐 '한흑구'의 이름으로 남은 대다수 단편소설을 창작하고 발표했다. 그의 비유를 따르자면, 암탉이 달걀을 품어주는 여유를 얻었던 것이다.

1935년에는 단편소설 「어떤 젊은 예술가」를 비롯해 「소크라테스의 독백」, 「금비녀」를 발표하고 《농민생활》에 장편소설 〈4형제〉 연재를 시작하며, 1936년에는 「암흑시대」, 「미국 고양이」를 발표하고, 1937년에는 「인간이기 때문에」, 「이민일기」, 「죽은 동무의 편지」, 「황혼의 비가」를 발표한다. 미발표로 보유한 작품이 더 많았다. 《농민생활》에 장편소설 「4형제」 연재를 시작하는 '작자의 말'에서 한흑구는 이렇게 밝히고 있다.

내가 지금까지 쓴 소설은 다 합하면 20여 편이 되나 그중에서 발표한 것은 8편입니다. 장편소설로는 이 「4형제」를 쓴 것이 세 번째입니다.

한흑구의 미국 체험이 한국문학사적으로 남긴 중요한 수확물의 하나는 흑인문제와 흑인문학에 대한 탐구이다. 이것은 그의 번역, 평론, 소설, 수필에서 확인할 수 있다. 돋보이는 수작으로 평가되는 단편소설 「황혼의 비가」, 1935년 현재로서는 미발표로 보유한 '20여 편'에 속해 있었다. 1937년 5월 《백광》에 발표하는 그 작품에도 흑인문제를 포함한 인종 차별의 현장이 생생히 등장한다.

「황혼의 비가」는 흑인을 노예처럼 동원한 텍사스 목화농장에서 노동을 팔아 학비를 준비하는 한인 고학생 '나(김)'와 '박'이 겪은 이야기를 그리고 있다. 박은 농장주 존스의 조카딸 금발머리 이사벨과 연애관계에 놓이는데, 멕시코인 아버지와 흑인 어머니 사이에 태어난 흑인 처녀 아이다가 박을 짝사랑하지만 뜻을 이루지 못해 끝내 유서를 남기고 자살해 버린다. 이에 농장주는 박을 향해 "아무리 동양인"이라 해도 대학생이 "체면"도 없이 "니그로 계집"과 "사랑"을 했다며 그만두고 나갈 것을 명한다. 나와 박은 격분해서 농장을 떠난다. 소설의 마지막 장면은 여운이 깊고 길다.

텍사스의 벌판은 넓었으나 해는 어느덧 그 넓은 벌판 저 끝을 넘어가고 있었다. 하이웨이의 아스팔트는 검푸르고 붉었다. 머언 데서는 저녁마다 늘 듣는 그 노래가 또 들려왔었다. 낮고 굵은 소리.

텍사스 벌판 우에
목화나무 키도 높구나!
무연한 들판에
해도 길구나!

헤에—요
에헤—요

이 세상에 검둥이는
무엇이나 하려 낳나?
목화 딸 사람이 없어서
우리 검둥이가 낳다네!
에헤—요
헤에—요

박과 나는 어디를 걸어가고 있었는지 의식이 없이 자꾸 걷고 있었다. 우리는 아무 데도 가지 않고 다만 지구의 식어가는 표면 위를 걸어가고 있었다. 점점 멀어지는 그 황혼의 엘레지를 귀담으면서.

이 소설에서 한흑구는 '나'를 통해 이런 생각을 밝힌다.

"사람은 필경 다 같은 것이었건만 시간과 공간과 자연의 모든 법칙 안에서 생리적 심리적으로 변화하고 퇴화하고 진화하는 것이라면—사람은 얼마나 우스운 존재이며 또한 비참한 존재이랴!"

자연의 법칙 안에서 피부가 검게 변한 흑인을 퇴화한 인간이라고 윽박지르는 인종 차별의 세계, 여기서 들려온 흑인의 목화 따는 노래는 끝나지 않을 수도 있는 자신의 고통을 감당해나가야 하는 운명에 스스로 바치는 조사가 아니었을까. 황혼의 비가, 한흑구는 그렇게 들었다.

일제의 검열이 만주 산허리를 갉아먹고 사는
백의인(白衣人)의 유랑생활은 잘라버리고

　　소설 「4형제」는 특히 조선의 과거 10여 년 동안 일반 농촌과 도시에서 일어나는 신구사상(新舊思想)의 발전하는 현상을 그려 내놓으려고 힘쓴 것입니다.
　　흙과 자연과 인생의 관계, 종교와 예술과 과학의 새 사조가 조선의 농촌과 도시 사람에게 어떠한 변화를 주고 있는가 하는 것을 이 소설에 나타나는 4형제를 대언자(代言者)로 내세웠습니다.

　　한흑구가 장편소설 「4형제」 연재를 시작할 때 '작자의 말'에 내놓은 창작 의도이다. 대단히 아쉬운 일이지만 거의 혼자서 짊어지다시피 했던 야심의 종합지 《대평양》을 내려놓은 그는 소설 창작에 힘을 쏟으려 했다. 평론도 쓰고, 시도 쓰고, 논설과 산문도 썼다. '쪽모이' 문학을 싫어했다. 장르에 얽매이지 않는, 장르를 두루 아우르는 문학인이 되려 했다. 문학에 열정을 기울이는 한편으로는 생계 수단을 마련했다. 평양과 신의주를 오가며 자동차사업에 손을 댔다. 어떤 자동차로 무엇을 했는가? 구체적으로 밝혀놓지 않아서 제대로 알 수 없지만 아마도 트럭 한 대에 고용 운전사를 붙여 화물 운송을 했을 것이다.
　　신의주로 가는 길은 만주로 가는 길이었다. 한흑구는 1935년 6월에 만주를 둘러보았다. 벌써 여섯 해도 더 지나갔지만, 시카고에 도착하자 곧바로 3·1운동 10주년을 맞은 그가 한인교회에 모인 동포들 앞에서 고국 소식이라며 눈물범벅으로 들려줬던 남부여대의 유랑 동포들이 어떻게 살고 있는가? 문학인으로서, 조국독립의 염원을 품은 지식인으로서 눈여겨 살피고 싶었다.
　　차창 너머로 바라보는 풍경은 움막 같은 거처에 살아가는 동포들의 비참한 실상이고, 차 안의 풍경은 피로에 짓눌린 지칠 대로 지친 동포들의 모습이었다. 한흑구의 가슴에 두 편의 시가 맺혔다. 「차외의 풍경」, 「차내의 풍경」, 두 편을 《동아일보》로 보냈다.

1
맞은편 교자 위에 잠든 사람.
빠져질 듯 늘어진 고개를 건들—건들—
저절로 벌어진 그의 입……
입으로부터 흘러내리는 작은 시내……
감추지 못할 인간의 취한 몸
어쩔 수 없는 인생의 피로다! 피로다.

2
이리저리 꾸부러진 사람의 사지들.
노동자의 다리…… 너무나 무게가 크다.
양복쟁이의 다리…… 배꼽이 왜 보이노?
창가에 괴인 젊은 여인의 팔목…… 팔목 시계.
입체적 좁은 공간 안에서 쉴 곳 찾는 팔과 다리들!
몸뚱이 하나 끌고 다니기도 피로다! 피로다!

3
피로에서 피로로……
흘러가는 인생의 보따리.
시간의 공간 위에서
시들어 가는 인생들.

손바닥만 한 지구덩이.
넓고, 깊고, 끝없고, 끝없는 인생의 바다.

「차내의 풍경」 전문이다. 「차외의 풍경」은 실리지 않았다. 아니, 《동아일보》가 실을 수 없었다. 일제의 검열에 걸린 탓이었다. 그것도 부분 삭제가 아니었다. 전문 삭제였다. 나중에 그는 사정을 들었다.

만주의 산허리를 갉아 먹고 있는 백의인(白衣人)의 유랑생활을 그렸다.[1]

이것이 문제이고 이유였다. 일제 검열관으로서는 평범한 일상 업무의 하나였고, 《동아일보》나 한흑구로서는 어처구니없고 쓰라린 고통이었다.

「차외의 풍경」은 지금도 제목으로만 남았다. 한흑구의 작품에는 제목으로만 남은 것이 더러 있고 제목조차 남지 않고 사라진 것이 훨씬 더 많다. 명리(名利)를 멀리한 그의 성정이 시대적 풍파를 넘어서는 역정에서 그런 아쉬움을 남겼으니…….

피아노가 음악의 모체라면, 시는 문학의 모체다.
어떠한 산문 작품이라 할지라도 시 정신이 내포되어 있지 않으면 문학이 될 수 없을 것이다.[2]

예순다섯 살(1974년)의 한흑구가 남겨둔 문장인데, 정작 그는 시 창작과 발표가 왕성했던 일제강점기(1930년대)를 버텨내는 시절에 시집을 펴내지 않았다. 자신의 손으로 직접 잡지를 만들었으나 자기 작품집 출판의 조력을 구하지 않았다. 소설집도, 수필집도, 평론집도, 번역시집도 펴내지 않았다. 해방 직후 평양을 탈출해 서울로 달려온 그가 1950년 이전에 자신의 손으로 직접 엮는 문학적 저서는 번역시집 『현대미국시선』 하나밖에 없다. 수필집 『동해산문』과 『인생산문』은 포항에 살면서 회갑을 넘겨 후학들에게 떠밀리고 시인 서정주가 주선하여 내놓는 것이다. 한흑구 탄생 100주년을 맞아 2009년에 나온 『한흑구문학선집』 1권(568쪽), 뒤이어 나온 『한흑구문학선집』 2권(431쪽)은 일제강점기와 해방 후 여러 문헌에 산재한 한흑구의 글을 수색하듯 찾아내 일일이 디지털화한 국문학자 민충환의 집요하고 성실한 노력의 결과물이다. 그리고 2019년에는 시인 한명수가 『한흑구시전집』(398쪽)을 펴낸다.

1935년 일제의 검열을 한 행도 통과하지 못했던 「차외의 풍경」을 포함해 한흑구의 노트에는 존재했으나 해방 직후의 긴급한 평양 탈출, 미군정청 통역관, 서울에서 포항으로 이주, 전쟁과 피난—고난의 시대를 뚫고 나오는 길에 어디론가 흔적없이 사라져버린 그의 시편과 소설과 평문과 수필과 번역…… 지금쯤은 역사의 흙으로 존재할 것이다.

1935년 늦가을에 접어들었다. 한흑구는 긴장을 바짝 죄었다. 누가 뭐라든 평양을 떠날 수 없는 처지에 놓인다.

1) 한흑구의 「파인과 최정희」에서(《현대문학》 1971년 7월)
2) 한흑구의 「싸라기 말」에서(《시문학》 1974년 11월)

어머님의 마지막 눈물을 닦아드리고
당신의 정령은 내 가슴으로

    1935년 11월 하순 들어 한흑구는 어머니가 해를 잘 넘겨 회갑연 잔칫상을 받고 아버지 귀국 때까지 이승에 버텨 계시기를 빌고 있었다. 4남매를 키워낸 쉰아홉 살 박승복은 외아들의 기원을 받아 조선 사람들이 흔히 일컫는 '아홉 수'를 겨우겨우 넘길 수 있을 것인가. 그는 11월을 보내며 미국 로스앤젤레스의 아버지 앞으로 편지를 띄웠다. 오래 버티지 못할 것 같은 어머니의 병환을 염려하는 내용을 담아야 했다. 설령 부음을 담은 것이라 해도 빨라야 한 달 뒤에나 수신인의 손에 닿을 테지만.

    아버지가 거의 스무 해 가까이 집을 떠난 터에 외아들마저 임종을 지키지 못한다면 떠나는 당신의 가슴에 스러지지 않을 이승의 한으로 맺히지 않겠나. 한흑구는 겨울이 밀어닥치는 평양에서 최우선으로 어머니 곁을 지키고 있었다.

    1935년 12월의 한승곤은 안창호가 부재한 미국에서 흥사단을 끌어나가는 중이었다. 그즈음에 한승곤의 인품과 발품을 기다리는 업무에는 흥사단과 목회의 비중이 무거웠지만 가장 중대한 일은 1936년 5월로 예고된 북미대한인국민회를 대표로서 성공리에 개최하는 것이었다. 이번 대회는 무엇보다 대한민국 임시정부 재정 후원과 항일독립운동 세력 규합의 문제에 대해 논의할 것이었다. 그의 귀국 계획은 대회를 마친 다음으로 잡혀 있었다.

    12월 12일이었다. 박승복은 해를 넘기지 못했다. 끝내 남편의 얼굴을 보지 못하고 손을 잡아보지 못했다. 총각 외아들이 당신의 임종을 지켰다.

    눈물을 머금고 눈을 감으시는 어머님의 눈물을 닦아드리고, 서장대 묘지에

안장할 수 있었다.[1]

눈물을 머금은 임종의 여인은 틀림없이 스무 해 가까이나 만나지 못한 지아비의 얼굴과 목소리, 그리고 눈을 쓰다듬어 감겨주는 그 따뜻한 손길을 그리워하고 있었을 테지만……. 고인이 묻힌 서장대는 평양 기독교인들의 공동묘지였다.

어머니를 유택으로 모셔준 한흑구는 슬픔을 가누며 펜을 들었다. 시 「가신 어머님」이다. 이듬해 3월 《신인문학》에 실린다.

> 이 작은 지구의 유성이
> 1935라는 시간의 커브를 돌아서려던
> 이 해의 마지막 달이 찼다 이지러지던
> 12월 12일 새벽녘
> 닭이 세 번 울어 캄캄한 빛이
> 얇아가던 새벽 3시에
> 어머님은 사랑하는 나의 어머님은
> 식어가는 이 불덩이의 표면을 떠나서
> 영원히 영원히 돌아가시다!

이렇게 어머니의 임종 시각을 구체적으로 알린 외아들은 여전히 당신의 마음을 생생히 느끼고 있다.

> 암흑과 침묵의 지심 속에서
> 죽음이라는 절대의 시간이 흘러가지마는
> 아직도 외아들을 사랑하는 그 마음
> 내 귀에 말이 되어 들려주시고

내 등에 손이 되어 어루만져 주시건마는
오 어머님이여! 어머님이여!
당신의 정령은 어느 곳에 계시나이까?

외아들은 땅을 들여다보고 밤하늘을 우러러보며 당신의 정령을 찾는다.

땅 위에 계시나이까?
별 위에 계시나이까?
단테의 〈신곡(神曲)〉 가운데 계시나이까?
오, 어머님이여! 당신의 정령이여!
사랑하는 당신의 정령은
영원히 영원히 저와 같이 계소서!
그 무한대한 사랑이 나와 있게 하소서!

세월이 물같이 흐른 뒤, 어느 날 한흑구는 어머님 묘소가 없어진 소식을 듣는다. 그때 분단의 휴전선이 강제하는 요구에 덤벼들 방법이 없어 비보를 안으로 안으로 우겨넣지만 그게 늘그막 계절에는 통한으로 맺히고, 생의 종점에 다가가는 날들에는 삭을 줄 모르는 통한을 하릴없이 한두 번쯤 각혈하듯 토로하게 되고…….

1) 한흑구의 「여름이 오면」에서(《새생명》, 1974년 9월)

"판사여, 법률의 눈에서 내가 과연 산 사람이냐?"
영국 실직자의 질문과 함께 산문 시대로

1936년 6월 마침내 한승곤이 귀국했다. 어언 이십여 년의 망명과 진배없었던 타향살이, 미국 생활을 정리하고 고국으로, 평양으로 돌아왔다. 귀향의 첫걸음은 서장대였다. 그는 꽃묶음과 성경을 들고 아내의 무덤 앞으로 갔다. 꽃묶음을 바치고 성경을 펴고 기도와 예배를 올렸다. 자유와 평화의 하나님 나라에서 다시 만나자는 약속을 걸었으나 속절없이 눈물이 흘러내렸다. 그리고 그는 평양과 가까운 경창문교회, 안주교회에서 목회 활동을 하게 된다.

어머니의 소천, 아버지의 귀향, 그 사이의 두어 계절과 그해 가을까지 한흑구는 어머니를 여읜 슬픔을 극복하려는 의지를 펜으로 옮겨 왕성하게 글을 쓰고 발표했다. 시 창작은 뜸해졌다. 새로 쓰는 글이 거의 다 산문이었다.

수필(산문) 「산사일지」, 「재미 6년간 추억 편편」, 「슬펐던 이별」, 「미국신문의 판매정책」, 「서양어 발음에 대하여」, 단편소설 「암흑시대」, 「미국 고양이」, 비평(평문) 「고양록군(告楊綠君)」, 「현대소설의 방향론」, 「현대시의 방향론」, 「미국문학개관」, 「현대 영국문단의 추세」, 「모더니즘의 경향」, 「모더니즘의 철학」, 「제국주의 시인 루드야드 키플링론(論)」, 「미국문단의 근황」, 「현실주의문학론」, 번역소설 「잃어버린 소설」 등이 그 기간에 나왔다. 시 발표는 「가신 어머님」, 「시카고」 두 편뿐이었다. 문학의 모체는 시라고 생각하는 그가 서서히 산문 시대로 접어드는데, 해방 후에는 한흑구 특유의 '시적 수필'을 창발하는 쪽으로 나가게 된다.

1936년에 발표한 한흑구의 글들에서 세 편만 살펴봐도 스물여섯 살에 문학의 모든 장르를 아우르는 한흑구의 정신적 단면을 확인할 수 있다.

경성제국대학 영문학과를 졸업한 소설가 이효석(1907년 생)의 평양 시절에 한흑구는 그와 남다른 교분을 쌓았다. 이효석은 1930년에 영국 작가 키플링의 첫 소설집 『Plain tales from hills』(1888)에 수록된 마흔 개의 이야기 중 한두 편을 골라 번역한 적이 있었다. 1912년 평북 정주에서 태어나 일본으로 건너가 영문학을 공부한, 한흑구와 교분이 없었던 시인 백석도 1940년에 그렇게 했다. 이효석과 백석의 그 번역은 물론 호감의 발로였다. 키플링의 첫 소설집은 제국주의적 시선에 사로잡히지 않은 것이었다. 그러나 뒤로 갈수록 키플링은 달라진 모양이다. 이에 대해 한흑구는 분개했다. 1936년 1월 25일 《조선중앙일보》에 발표한 「제국주의의 시인 루드야드 키플링론」에서 그는 '내가 영문학을 공부하던 중에 제일 불쾌하였던 것은 키플링의 작품을 배우던 그때'였다며 냉소의 혹평을 서슴지 않았다.

> 키플링은 그의 천재를 원만히 발휘함으로써 그의 영국을 위한 애국적-제국주의적 사상을 다른 어느 문학가보다도 위대하게 공헌함에 성공하였다. 실로 키플링은 영국을 위하여 났었고 제국주의를 위하여 죽었다.
> 그의 작품 속에 표현된 영국인주의(색손이즘), 영국의 제국주의, 인종차별주의, 영국민의 우월관 등을 노골적으로 서술한 그의 시나 소설을 읽다가 불쾌하여지던 기억을 금할 수 없다.

「고양록군」, 양록 군에게 말하노라. 한흑구가 양록에게 무슨 말을 했나. 양록이 《남화통신》 제2호에 대한민국 임시정부를 폄훼하고 백범 김구를 비방하는 논설을 게재했다. 다섯 가지였다. 이에 대해 한흑구는 《한민(韓民)》 제2호(1936.4.29.)에 조목조목 반박하며 질타했다. '첫째'와 '다섯째'의 서너 문장이다.

> 첫째, 군(君)은 임시정부가 토지·인민·주권의 3요소를 구비하지 못한 것을 비소(誹笑)하였다.

그러나 이것은 임시정부의 의의를 모르는 말이다. 만일 그 3요소를 구비하였으면 정식정부가 될 것이 아닌가. 군이 만약 진정한 한인(韓人)이라면 정부가 그와 같은 역경에 처한 것을 볼 때에 다소의 강개(慷慨)한 심지(心志)가 있을 것이어늘 도리어 이 정부를 비방하고 조롱한다.

다섯째, 김구 선생은 큰 사업을 경영하는 자로서 정당한 도움을 청하며 도움을 거절치 아니함은 당연한 일이거늘, 이것을 구태여 피를 팔았다고 이름 짓는 것은 군의 악착한 심회만 표현함에 불과하다. 그 의사(義士)들과 하등의 관계가 없는 군 등은 그 의사 때문에 보내는 외국인의 동정을 횡령하지 아니하였느냐. 돈은 말할 것도 없이 쌀까지도 덜어가지 아니하였나.

한흑구가 번역한 소설은 두 편이 남아 있다. 정부 수립 후 포항에 내려와서 존 스타인벡, 헤밍웨이 같은 미국 소설가들의 장편소설을 번역했으나 피난 와중에 원고를 분실한 것으로 전해진다. 남은 두 편은 영국 단편 하나, 미국 단편 하나뿐이다. 1935년 1월 《대평양》에 게재한 존 골즈워디(1867~1933)의 「죽은 사람 The Dead Man」, 1936년 11월 《우라키》에 발표한 셔우드 앤더슨(1876~1941)의 「잃어버린 소설 The Lost Novel」이 그것이다. 골즈워디는 당대에 노벨문학상을 수상한 작가로서 주목을 받았고, 앤더슨은 당시에 미국 독서계를 풍미하고 있는 작가였다.

「죽은 사람」은 변호사가 그의 친구에게 신문기사를 읽어주는 형식으로 전개된다. 런던재판소에서 다뤘던 한 사건에 관한 기사 내용이 소설의 전문이라 할 수 있다. 특별히 죄를 지은 것도 아닌데 두 달 전부터 실직한 노동자가 판사에게 '살아 있어도 살아 있는 것이 아닌' 자신의 처지를 호소한다.

"나는 법률을 지키렵니다. 그러면 판사께서는 내가 어떻게 음식을 먹지 않고 살 수 있는 것을 제시해주시고, 충고해줄 수 없습니까?"

"내가 그런 것을 제시해줄 힘이 있으면 좋겠다."

"그러면 판사여, 나는 당신에게 묻습니다. 법률의 눈으로 나를 보아, 내가 과연 산 사람입니까?"

"그것이 문제다. 내가 대답 못할 문제. 네 경우를 보면 법률을 어기고야 살 수 있는 모양이나 나는 네가 그렇게 하지 않을 줄 믿는다. 나는 너에 대해서 매우 동정한다. 저 돈궤에서 한 실링(50전쯤)을 가지고 가라. 그 다음 사건은 또 무엇이냐?"[1]

단돈 50전을 받고 법정을 나서야 하는 실직 노동자는 살아 있으나 '죽은 사람'이다.

「잃어버린 소설」의 주인공은 빈한한 농가에서 자라나 학교 교육을 받지 못해도 문인이 되려는 꿈을 품고 여자대학을 졸업한 여성과 결혼해 두 아이를 둔 아버지로서 회사의 서기 직업을 겸하며 귀가 후에는 작은 방에 처박혀 창작에만 골몰하는 인물이다. 그런 생활의 지속은 결국 일자리를 잃게 되고 생활고에 시달리며 가정불화를 일으키기 마련이다.

> 어떤 날 밤에는 그가 그의 아내를 때렸다. 문을 걸 것을 잊고 있었는데 그의 아내는 갑자기 뛰어들어 왔다. 그는 벌떡 일어나서 아내의 곁으로 다가갔다. 그러고는 아내를 때려 방바닥에 쓰러뜨렸다. 그리고 아내는 밖으로 나가 아주 들어오지 않았다. 어쨌든 이것이 그의 소설의 끝이나, 이것은 산 책이요, 산 소설이었다.[2]

소설가를 꿈꾸는 가장(家長)은 현실의 생활을 등한시하는 가운데 열정적으로 창작에 덤벼들지만, 그것이 삶을 구원하기는커녕 오히려 더 망가뜨린다. 모순이다.

예술을 버려야 하는가.

『영국단편소설집』에서 「죽은 사람」, 미국의 『1929년도 걸작 단편선』에서 「잃어버린 소설」을 골라잡아 번역한 한흑구, 두 소설의 주제의식은 그때 문학인으로서 그의 고뇌와 세계관의 일면도 드러내고 있다.

> 두 편 모두 자본시대 인간 존립에 대한 문제를 시사하고 있다. 「죽은 사람」은 노동자의 실직과 비인간화 문제를 제기하는데, 한흑구는 자본주의 사회의 인권 유린을 시사하는 작품에 주목하였다. 앤드슨의 「잃어버린 소설」은 자본주의 사회에서 창작활동은 생활의 몰락으로 이어짐을 시사한다. 작가는 작품을 위해 자기 삶을 송두리째 창작에 쏟지만, 남은 것은 가정과 생활의 파탄, 그리고 상념뿐이다.[3]

산문 시대를 열어나가며 잇따라 소설을 발표하는 한흑구는 소설 이론을 겸비하고 있었다. 1936년 6월 《사해공론》에 「현대소설의 방향론」을 제시했다. 역사의 추이와 더불어 문학 양식이 변화한 사실을 주목한 그는 새로운 소설 형식을 '사건소설', '성격소설', '심리소설' 순으로 설명하고, 현금 세계문학계에 성행하는 현대소설은 '인물을 중심으로 한 성격소설'로서 "현실주의의 발달로 인생의 진(眞), 인생의 현실을 사실적으로 묘사"하며 "인간감정의 시대적 특수성을 표현하고 기록하여 인간심리의 변화를 기록"하는데, "내포된 사상(내용)이 변할 때에는 그 그릇인 형식도 역시 변화함을 면할 수 없다"고 보았다. 이 글에서 그는 현대소설의 나아갈 방향을 다음과 같이 정리하고 있다.

> 현대의 소설의 방향은 모든 과학적 사상에 기인한 세계관적 현대사상을 반영하기 위하여 그 형태를 부단히 진화시키고 있다. 소설은 예술품이요, 공업적 상품이 아닌 이상 어떠한 이데올로기를 내용으로 하든지 소설가는 그 내포한

사상을 현대인에게 전달하기 위하여 현대과학적 태도와 감정과 사상으로써 창작의 태도와 방향을 삼지 않을 수 없을 것이다.

《백광》 창간호 표지

---

1) 민충환 엮음, 『한흑구문학선집II』(아르코, 2012)
2) 위의 책, 399쪽.
3) 안미영, 「한흑구의 영미문학 수용과 문학관 정립」(『한흑구의 삶과 문학』, 아시아, 2022)

암흑시대의 등불 '백광(白光)'을 켜고
굳건히 지켜내기 위해서라면!

　16만 명이 살아가는 명색 조선의 제2 도시 평양. 그러나 1936년 가을 현재 신문뿐 아니라 월간지 하나도 존재하지 않았다. 한흑구가 혼자서 짊어지다시피 했던 《대평양》은 이미 지난해 봄날부터 기약 못할 휴간에 들었다. 평양의 명망가들은 평양의 체면, 평양의 자존심을 생각했다. 물론 단순히 체면과 자존심의 차원만 아니었다. 가장 중요한 것은 독립정신의 진작과 올바른 현실 인식, 그러한 문예와 교양을 담아낼 공기(公器)를 평양도 반드시 가져야 한다는 사명감이었다. 일찍이 1919년 2월 일본 도쿄에서 한국현대문학사 최초의 문예동인지《창조》를 창간했던 김동인, 주요한, 전영택 등이 모두 평양 출신 아닌가.

　때마침 세 해 전(1933년) 타계한 평양의 교육사업가 백선행 여사 기념사업이 활기를 띠고 있었다. 1849년 빈한한 집안에서 태어난 백선행은 결혼 후 일찍 남편을 여의고 상업에 진출하여 큰 재산을 일으킨 재력으로 평양에 광성학교, 숭현여학교를 세우고 숭인상업학교에도 2만원 상당의 토지를 기부하고 재단법인을 설립한 여걸이었다. 여사의 훌륭한 뜻을 기리고 받드는 사회사업의 하나로 재단법인의 재력을 활용해 월간 잡지를 창간하자, 이 중론을 모았다. 제호는 '백 선생의 빛'이라는 뜻의 《백광(白光)》으로 결정됐다. 《백광》은 문예중심 종합지를 표방했다. '1937년 1월 1일 신년호 창간'의 목표도 세웠다.

　소설가이며 목사인 전영택이 편집 겸 발행인을 맡고, 백선행의 양손(養孫) 안일성이 주간을 맡았다. 하지만 문예중심 종합지는 한흑구에게 주간과 다름없는 업무를 맡겨야 했다. 다시 동분서주에 나서기로 작정한 그는《대평양》의 쓰디쓴 경험을 통해 잡지 발행의 세 가지 기본 난제를 터득하고 있었다.

'자금난, 원고난, 검열난.'[1]

한흑구는 《백광》 창간에 뛰어들면서 세 가지 '난'에 대하여 헤아려 보았다.

> 《백광》은 제1인 자금난에 대해서는 걱정이 없었다.
> 제2의 난인 원고난은 난 중의 큰 난이었다. 당시에 조선문인협회에 기입(記入)된 문인이 불과 칠십여 인이었고, 그들의 반수는 각 지방에 흩어져 있었기 때문이었다.
> 제3의 난인 검열난은 난 중의 난이었다. 신문, 잡지, 저술물의 원고는 물론이고 연극, 라디오, 연설의 원고까지도 모두 조선총독부 도서과의 검열에 통과되어야 했다. 검열을 통과하지 못한 작품에는 '전문 삭제'라는 빨간 인(印)이 찍혀져 나오기도 하고, 몇 행수(行數)를 따라 '2행 삭제'니 '5행 삭제'니 하는 식으로 삭제했다는 빨간 줄과 '삭제 인'이 찍혀 나왔다.[2]

《백광》 창간을 준비하는 1936년 가을은 '검열난'이 더 엄혹해지고 있었다. 이른바 '일장기 말소 사건'의 여파였다. 1912년 평북 신의주에서 태어난 손기정, 너무 가난하여 돈이 들지 않는 '달리기'를 선택해 1932년 《동아일보》 주최 하프 마라톤에서 2위를 차지하며 양정고보에 입학해 마라톤 선수로 성장한 그는 1936년 베를린 하계 올림픽에 우승하여 월계관을 쓰고 3위로 들어온 남승룡과 함께 시상대에 올랐다. 현지에 기자를 파견하지도 못했던 경성의 신문사들 가운데 여운형이 대표를 맡은 《조선중앙일보》와 김성수가 창간한 《동아일보》에서 일본 언론사로부터 넘겨받은 손기정의 사진에서 가슴 복판의 일장기를 지워버리고 인쇄기를 돌렸다. 이 사건으로 《조선중앙일보》는 폐간당하고, 《동아일보》는 무기한 정간 처분을 받았다. 그리고 아주 뒷날에 알려졌으니 그때 한흑구로서는 까맣게 몰랐던 일이지만, 베를린에서 주목을 받고 있던 음악가 안익태는 손기정, 남승룡을 찾아가 셋이

서 눈물의 애국가를 불렀다고 한다.

　미국 유학에서 돌아온 한흑구(세광)는 《조선중앙일보》에 1934년 7월 2일부터 5일까지 「수필문학론-ESSAY 연구」를 분재한 뒤로 영문학 관련 평문들을 여러 차례 발표했다. 「월트 휘트먼 연구」(1934년 7월 25일부터 8월 1일까지), 「탄생 70주년을 맞이한 예이츠 시선」(1935년 7월 31일부터 8월 1일까지), 「윈담 루이스론-그의 평론과 소설」(1935년 9월 17일부터 22일까지), 「기계문화를 구가하는 미국 시인 칼 샌드버그-그의 생애와 작품」(1935년 11월 8일부터 10일까지), 「해학작가 마크 트웨인의 미국 문학사적 지위」(1935년 12월 3일부터 5일까지), 「미국문단의 근황, 작가들의 동태 기타」(1936년 5월 29일), 「비평문학의 방향론, 과거의 전통 및 현대의 제상(諸相)」(1936년 7월 12일부터 17일까지) 등이다. 같은 기간에 《조선일보》에는 「최근 영국문단의 시경향」(1934년 5월 2일부터 8일까지), 《동아일보》에는 「D. H. 로렌스론」(1935년 3월 14일부터 15일까지)을 발표했다.

　1936년 가을의 평양에서 '원고난'의 숨구멍은 뚫려 있었다. 작가는 소수지만 탄탄한 진용이었다.

> 1934년 봄, 효석이 평양 숭실전문학교 문과 교수로 오게 되어서 평양은 다시 신문학운동의 부흥이 일어나기 시작했다. 당시 민족문학 평론가로 예필(銳筆)을 드신 무애(无涯) 양주동 선생이 숭전(崇專) 문과 과장으로 계셨고, 이 년 후엔 석훈이 평양방송국으로 오게 되었다. 또한 《단층(斷層)》이라는 동인지를 발간하는 '단층' 동인이 십여 명 되었고, 그들 가운데서 남하한 문인으로는 김이석과 양명문 등이 있었다.[3]

　《백광》 창간호는 《대평양》과 유사한 기치를 내걸었다. 전영택의 '발간사'에 잘 나타나 있다.

평양에는 무엇보다도 언론기관이 결핍하다. 만일 여사께서 좀 더 살아계셨더라면 평양은 이렇게까지 언론계의 적막(寂寞)을 느끼지 않았을 것이다. 이에 본지는 여사의 독지를 계승하여 이 잡지를 만든다.

한흑구가 쓴 '편집후기'도 같은 뜻을 강조하고 있다.

평양에서 전선(全鮮)을 상대로 하는 잡지가 발간되기는 이《백광》이 효시다. 더구나 잡지 한 권 신문 한 장 없는 평양에서 이《백광》의 출현이야말로 커다란 경이(驚異)라 아니할 수 없다.

평양의 커다란 경이, 1937년 새해를 맞아 빛을 비추는《백광》창간호에는《대평양》창간호에 그랬듯이 조만식, 김동원, 이훈구 등 평양의 지도급 인사들이 등장한다. 필진은《대평양》의 테두리를 훌쩍 뛰어넘었다. 이광수, 주요한, 양주동, 이효석, 백철, 이기영, 안회남, 모윤숙, 이석훈, 이무영 등 당대에 문명을 떨치는 문학인들이 출동한다. 베를린 하계 올림픽 월계관의 조선 남아 손기정의 가슴에서 일장기를 지워버린 사건을 일으켜《조선중앙일보》를 폐간당한 여운형의 인물론(「여운형론」)을 담아낸다. 조만식 같은 명사들을 순방하는「명사순례기」를 꾸려둔다. 양주동, 이효석, 이석훈으로 꾸려진 '문인좌담회'도 등장한다.

자신의 문학작품으로 부족한 원고를 채우기도 하는 한흑구는 앞으로 문인좌담회를 '원고난' 돌파의 수단으로 활용하면서 그때마다 '백광'의 빛을 지켜내려는 노고의 하나로서 속기(速記)마저 마다하지 않는다. 까짓, 백광의 불빛을 계속 켜고 굳건히 지켜내기 위해서라면! 그래서 다음과 같은 일화를 남겨둔다.

기자림(箕子林) 숲속에 있는 을송정(乙松亭)이라는 요정에서 가졌던 좌담회 때에 재미있었던 일이 기억이 난다. 그때 십여 인의 문인이 모였는데 효석, 석훈 또 양주동 선생도 참석했었다. 나는 속기를 맡아보고 있었다. 좌담회가 끝날 무렵에 어떤 분이 이런 말을 꺼냈다.

"요샌, 서구의 모든 문학작품과 회화까지가 평범하고 단순하게 표현되는 것이 유행인 것 같애요."

그때 석훈은 이렇게 발언했다.

"시간도 경제(經濟)해야 하는 시대이니까 단순화하는 경향이 옳은 것이지요. 요샌 콩트라는 엽편소설(일본에서 콩트를 엽편이라고 번역했었다)이 일본에서도 많이 유행하지 않아요!"

효석은 이에 반대해서 이렇게 말했다.

"프랑스의 어떤 작가는 낙엽 한 이파리가 떨어지는 과정을 갖고도 한 권의 책을 썼는데, 완벽한 작품을 창작하려면 거기에 필요한 온갖 예술적인 표현이 필요할 것이오."

처음에 말을 꺼냈던 이가 또 이렇게 말을 했다.

"피카소의 그림은 얼마나 단순합니까! 직선, 횡선, 동그라미 몇 개만 섞어 놓으면 명화라고 평판이 되는데……."

양주동 선생은 총평의 결론을 맺는 듯이 이렇게 말했다.

"피카소 그림의 단순성은 이집트 고화(古畵)의 단순성과는 판이한 것입니다. 이집트 고화는 가령, 물고기를 그린다 하면, 물고기의 생긴 모양의 윤곽을 길고, 둥글하게 그리고 나서, 동그라미 하나로 눈을 표시하고, 우물 井자 하나로 비늘을 표시하는 단순성 그대로의 단순한 그림이지만, 피카소 그림의 단순성은 판이하게 다른 것입니다. 피카소의 단순성은 모든 복잡성을 지나서 그것을 다시 단순화시킨 것입니다. 다시 말하면, 이집트 그림의 단순성은 단순 그대로의 단순이요, 피카소의 단순성은 모든 복잡성을 내포하고 있는 단순성입니다."

재미있는 이런 좌담을 끝내고 마시는 술은 즐거웠고 맛이 있었다.[4]

한흑구가 '원고난'을 돌파하는 수단에는 경성이든 어디든 원고료를 챙겨 달려가는 '즐거운 수고'도 포함되었다. 가난한 문학인의 형편에 고료를 선불로 받거나, 써 놓은 원고를 물물교환하듯 즉석에서 고료와 맞바꾸기란 '즐거운 일'이 아닐 수 없었다.

양주동 교수

이효석 작가

1)~4) 한흑구의 「효석과 석훈」에서(《현대문학》 1971년 6월)

파인 김동환의 《삼천리》와 최정희의 애수 그리고 한흑구의 휴머니즘

미처 청탁한 원고가 오지 않으면, 돈을 한 뭉치 싸들고 서울로 올라가야 했다. 현금으로 원고를 사오기는 수월했으나 백광사에는 돈이 많은 줄 알고 선금을 전보로 부탁하는 작가들의 편리를 보아주는 것은 수월한 일이 아니었다. 원고난도 원고난이지만 작가들의 생활난도 그와 상반(相伴)하고 있었다.[1]

미국에서 고학 노동으로 단련한 한흑구는 가난한 작가들의 생활난에 숨구멍을 내줘야 하는 '즐거운 수고'에 정성을 기울였다. 수고만 있는 것은 아니었다. 《백광》에서 주간과 진배없는 역할을 맡았으니 문단의 선배들과 만날 수도 있었다. 그의 기억에 강렬히 남은 선배는 파인 김동환이었다. 시집 『국경의 밤』으로 갓 소년의 허물을 벗은 '혜성' 동인 시절의 한세광에게 큰 충격과 감동을 안겼던 시인 김동환. 일제 말기에는 친일의 붓을 끄적거려 해방 후 통한의 참회를 남기기도 한다. 그것은 파인의 삶에 묻은 오물 자국 같다. 물론 오물 자국은 완전히 지워질 수 없지만, 파인의 진면모는 다음의 글에도 금강석 구슬처럼 박혀 있다.

> 손기정씨가 '마라돈'에서 1등한 소식을 여행 중에 전해 듣고는 "여관에서 울 수가 없어서 바닷가에 나가 멀리 수평선을 바라보며 한없이 울었지요"라는 어머니에게 보낸 엽서 등에서 아빠의 '이미지'가 생생히, 정확히 이제 제게 다가듭니다.

소설가 김채원이 1971년 신문에 발표한 「북에 보내는 편지」의 한 구절이다.

'아빠'는 6·25 전쟁 때 납북된 시인 김동환, '어머니'는 서울에 사는 소설가 최정희이다.

파인은 시인이기 전에 애국자였고, 애국자였기에 애국의 시를 많이 썼다. 「도산 선생」, 「무명전사의 앞에」, 「소생(蘇生)의 노래」 등의 시편은 애국시의 대표적인 주옥편이라고 생각한다.[2]

1929년 2월 하순, 시카고에 첫발을 들인 스무 살의 한흑구, 이 청년시인은 오크테일 에비뉴에 자리 잡은 한인교회의 3·1운동 10주년 기념식에서 파인 김동환의 시를 암송하여 동포들의 비분과 격동을 자아낸 적이 있었다. 그날로부터 여덟 해쯤 흘러간 1937년, 스물여덟 살의 한흑구는 경성에 들러 드디어 존경해온 선배와 가끔 만나게 된다.

내가 주재하던 《백광》 잡지 때문에 종로 YMCA 옆에 있던 '삼천리사'의 파인을 가끔 찾아가게 되었다.
처음 그를 뵈러 갈 때에는 추호(秋湖) 전영택 선생님의 소개로 인도되었다. 내가 본 그의 첫인상은 미남형이요 정열형이었다. 그러나 그의 태도는 영국 신사형이었다.
몇 번 그를 찾을 때마다 그는 나를 다방이거나, 식사를 하자고 하며 냉면집으로 인도했다. 그는 늘 분주한 사람의 태도였고, 늘 무엇인가 생각하고 있는 사람 같았다.
평양에서 올라간 나에게 잊지 않고 평양 소식을 묻고, 조만식, 김동원(김동인의 백씨(伯氏)), 오윤선(극작가 오영진의 부친) 선생님의 안부를 물었다.
이 세 분 선생님은 평양을 대표하는 애국지사들이었고, 《삼천리》 잡지사를 달마다 경제적으로 후원하고 있었던 때문이었다.

적자 운영을 해야 하는 잡지사를 그토록 오래 계속해온 삼천리사는 모두 파인의 열이요, 성이요, 애국의 정신으로 이루어진 것이었다고 생각한다.

그는 이러한 바쁜 생활을 하고 있으면서도 시인의 활동을 멈추지 않았다. 그는 또한 새로운 기풍의 민요를 창작함으로써 소월과 함께 민요시인의 지위를 얻었다.[3]

파인의 '민요풍 시편'에서 대표작으로는 오늘날에도 애송하는 '산 넘어 남촌에는/누가 살기에/해마다 봄바람이/남으로 오나'를 얼른 떠올릴 수 있다.

한흑구가 파인 김동환의 부인인 소설가 최정희와 몇 차례 만나는 것은 해방 후 서울로 들어와 미군정청 통역관으로 일하는 시절이다. 그때 반민족특위 재판정에도 불려 나간 파인은 경춘선 정거장이 있는 한강변 시골마을 덕소에서 지친 심신을 쉬는 중이다. 최정희와 처음 만난 자리에서 그는 1929년 3월 1일 시카고 한인교회에서 파인의 시를 암송했던 추억도 털어놓는다.

며칠 후에 김광주와 최 여사를 명동의 어떤 다방에서 만나뵈었다.

"그이에게(파인을 그이라고 불렀다. 선생이라는 존칭보다 더 다정한 애칭이라고 느껴졌다.) 한 선생의, 시를 읽던 얘기를 했더니 고맙다고 합디다."

최 여사는 명랑한 얼굴로 나를 바라보면서 말했다.

"그래요. 고맙습니다. 전에 내가 《조선중앙일보》 지상에서 파인 선생을 '가두(街頭)의 시인'이라고 논했고, 미국의 휘트먼 같은 시인이라고 한 적이 있습니다. 이젠 우리 민족도 자유를 찾게 되었으니 마음 놓고 정열의 시를 많이 써주시기를 부탁드립니다."

나는 진지한 태도로 말했다. 최 여사는 대답 대신에 고개를 숙이고 잠시 있다가, 다시 고개를 들면서 말머리를 돌렸다.

"저, 한 선생님, 그이가 전번에 한 선생님이 쓰신 수필 「닭 울음」을 읽으시고 참 좋다고 하셔요. '당신도 수필을 쓰려면 좀 배워서 이렇게 쓰시우'라고 하셔요."

최 여사는 나를 격려해 주시려고 이런 말씀을 하시겠지 생각하였으나 '그이가', 파인이 좋다고 하셨다니 나는 속으로 부끄러운 생각도 들었다.

그러나 「닭 울음」이 후에 중학 교과서에까지 들어간 것을 알았을 때, 나도 수필을 좀 더 공부해 가면서 쓸 생각이 들었다.

그 후에도 최 여사를 명동에서 문우들과 함께 만나서 차도 들고, 약주도 같이 마시었으나, 그의 눈과 입술에는 언제나 가느다란 애수의 빛이 떠나지 않고 있었다. 그 애수의 빛은 두말할 것도 없이 '그이', 파인에 대한 처지에서 오는 것이라고 나는 늘 생각해 보았다.[4]

파인 김동환을 한흑구는 정작 해방된 서울에 와서는 직접 만나지 못한다. 어쩌다 부인(최정희)과 만나니 불원간 다시 파인과도 만날 것으로 기대하는데……, 그러나 그는 머잖아 포항으로 내려오고, 전쟁이 터져 파인은 북으로 끌려가는 것이다.

전후의 세월이 여남은 해 가까이 흐른 뒤, 포항의 한흑구는 서울의 최정희가 보내준 시집과 편지를 받는다. 1962년 봄날이다. 시집은 남편의 부재 가운데 아내가 엮은 파인의 제4집 『돌아온 날개』이고, 편지에는 신간평 부탁도 담겨 있다. 한흑구는 파인과 재회한 듯이 반갑지만 어쩐지 서운하고 서러운 느낌을 피하지 못한다.

파인을 만나뵐 수 없는 것이 서운했고, 파인의 애국적 정열의 시들이 끼어 있지 않은 것에 더욱 서러운 마음이 들었다. 지금은 그때 무엇이라고 썼는지 모르나 짧은 독후감을 써 보냈던 기억이 난다.

파인의 애국적인 정열의 시들은 최 여사나, 어느 문학도들이 옛 일간신문을 한 장 한 장 들춰가면 황금 노다지같이 찾아낼 수 있을 것이라고 나는 늘 생각하고 있다.[5]

1937년 새해의 한흑구는 《백광》 창간호를 내놓고 원고난과 검열난을 돌파하면서 문학 교양에 소중한 평문에도 정성을 기울였다. 《백광》 제2호에 발표한 그의 「휴머니즘 문학론」은 귀중한 글이다.

한흑구는 미국 지성계에 이름을 날리는 어빙 배빗(1865~1933)의 뉴휴머니즘 이론을 바탕으로 문학의 휴머니즘을 인도주의와 인간주의의 두 범주로 제시한 다음, 톨스토이와 도스토옙스키를 '인도주의' 작가, 올더스 헉슬리와 T.S.엘리엇을 '인간주의' 작가에 넣고 그 특질을 분석해 보였다.

하버드대학 교수 어빙 배빗의 뉴휴머니즘(신인문주의), 그 요체는 무엇인가?

> 어빙 배빗은 종래의 인도주의와 인간주의를 구별한다. 종래의 종교적 인본주의적 전통에서 기인한 휴머니즘을 인도주의라 명명하는 반면, 20세기 실용주의 과학주의의 발흥과 더불어 인간이 지닌 힘과 욕망을 강조하는 것은 인간주의라 명명한다. 신인문주의(New Humanism)는 자본주의 체제 하에 노골화된 물질만능주의 및 이에 따라 발생하는 범죄와 전쟁 등 세상의 모든 악은 궁극적으로 인성의 문제에서 비롯된다고 판단하였기에, 인성 가운데 이성의 지배를 받는 부분으로써 본능적 욕망의 지배를 받는 부분을 제어해야만 한다는 유가의 극기복례에 가까운 도덕적 방법론을 그 해결책으로 제시하였다.[6]

인생을 살아가는 사상의 한 축으로서 휴머니즘을 구축한 한흑구는 대체로 어빙 배빗의 주장을 수용하고 있었다.

---

1)~5) 한흑구의 「파인과 최정희」에서(《현대문학》 1971년 7월)
6) 안미영, 「한흑구의 영미문학 수용과 문학관 정립」(앞의 책)

낙엽을 태우며 《백광》에는 수필만 넘겨주고
평양냉면을 싫어한 소설가 이효석

효석을 자주 만나게 된 것도 잡지 편집 때문이었다. 원고를 구하러 가끔 그의 집을 찾아가면, 그는 하학(下學) 시간 후에도 집에 있지 않았다.

그는 시간을 귀히 여기고, 규칙적인 생활을 좋아하는 서양풍의 신사와도 같았다. 그러나 서양풍의 사교는 좋아하지 않았고, 언제나 고독과 사색을 즐기며 혼자 다니기를 좋아하였다.

그를 만나기 쉬운 곳은 다방이었고, 특히 서양 고전음악의 판이 늘 돌아가고 있는 '세르팡' 다방이 그의 단골이었다.

그에게 원고를 청하면 한 번도 거절하지는 않았으나, 중앙에 보낼 것이 바빠서 쾌히 승낙해 주지 않았다.

"그렇게 바쁜가요? 아직 시일은 있지만, 짧은 것도 좋으니 단편을 하나 꼭 써주시오, 제발! 지방의 문화운동도 좀 생각해 주시오."

"그러지. 그리할 것이니 염려 마오!"

미소를 지으면서 이렇게 대답하는 그를 더 뭐라고 졸라댈 수도 없었다.

마감날이 오면, 그는 늘 심부름꾼을 시켜서 원고를 보내왔다. 반가워서 펴보면 단편이 아니고, 수필이었다.

또다시 그에게 단편을 간청하면, "이번엔 꼭" 하고 승낙을 하고도, 보내올 때에는 또 수필이었다.

「들」과 같은 명작은 으레 《조광》지 같은 중앙지에 뺏기는 것이 당연한 일이라고 생각하고 그만 체념해버리고 말았다.

그가 통속적인 대중소설을 제쳐놓고 순수문학적인 본격소설을 개척하기에 몰두하고 있던 것을 잘 알고 있었기 때문이었다.

사실, 그때 시인은 많았으나 단편을 쓰는 창작가는 그리 많지 않았다. 그러나 그는 나의 간청을 저버리지 않고, 거의 매호마다 수필을 써주는 신사도를 보여주었다.

지금은 제목조차 기억이 나지 않지만, 「낙엽기」, 「삽화」, 「소사(瑣事)」 등이 《백광》지를 통해서 발표된 것들이다.

그는 옷도 서구적인 것을 사랑했고, 음식도 서구적인 것을 좋아해서 평양 사람들이 즐겨 먹는 냉면도 맛이 없다고 했다.

> 평양 온 후로는 까딱 냉면을 끊어버린 까닭에 냉면의 진미를 아직 모르고 있습니다. 그렇다고 다시 시작해 볼 욕심도 욕기도 나지는 않습니다. 냉면보다는 되려 온면을 즐겨해서 이것은 꽤 맛을 들여놓았습니다.
> - 「유경식보(柳京食譜)」 부분

그가 영국이나 호주의 신사들이 겨울에는 맥주를 데워서 마신다는 것을 알고 있었는지는 몰라도, 그가 서구적인 식성을 갖고 있는 것은 분명하였다.

또한 그는 날씬한 신사와 같은 체격을 갖고 있었고 서구적인 스포츠를 좋아했다.

물론 스포츠의 대부분이 서양에서 왔지만 그는 특히 스릴이 있고, 멋이 있는 스포츠를 좋아했다.

대동강의 빙상 위에서 스케이트를 타지 않으면, 스키를 갖고 산에 오르는 것이 그의 겨울방학의 일과이다 싶었다.

만일 그가 지금까지 생존해 있었다면, 으레 골프를 쳤을 것이라고 생각되었다.

어느 가을날 아침에, 기림리(箕林里) 숲 옆에 있는 효석의 집을 찾아갔다. 마침, 일요일이어서 집에 있었다.

"오늘이야 집에서 만나겠군요." 하고 기뻐하자,

"아, 참 잘 오셨소! 들어갑시다."

이렇게 말하던 그는 마당 한편에서 누런 낙엽들을 쓸어모아서 불을 살라놓고 있었다. 노오란 은행잎들과 누런 포플러 이파리들이었다.

아침 공기를 뚫으면서 하얀 연기가 뜰 안을 휘감고 있는 것을 보고 서 있던 나를 보고, 그는 웃는 얼굴로,

"냄새가 참 좋지요? 불란서 코티 향수의 냄새보다 더 좋지 않아요? 양주 한 잔 드릴 터이니 안으로 들어갑시다."

하였다.

나는 양주라는 말에, 대답할 사이도 없이 그의 서실로 들어갔다.

그는 「낙엽기(落葉記)」를 쓴 지 오 년이 채 못 되어서 36세의 아까운 청춘으로, 한여름에 떨어지는 낙엽과 같이 인생을 버리고 말았다.[1]

한흑구보다 두 살 위의 소설가 이효석. 요즘은 그의 고향 강원도 봉평 메밀꽃 단지에 가을 들머리마다 눈같이 하얀 메밀꽃이 만발한다. 「메밀꽃 필 무렵」으로 널리 기억되고 있는 소설가 이효석은 1940년 아내와 사별하고 차남을 잃은 뒤 1942년 5월 뇌막염으로 숨을 거두고 자신의 손으로 묻어줬던 고향 땅의 아내 곁으로 돌아갔다. 아직은 메밀꽃도 피지 않았건만, 그렇게 서둘러서.

---

[1] 한흑구의 「효석과 석훈」에서(《현대문학》 1971년 6월)

일제 검열관이 빨갛게 지워버린 방송 원고와 노총각의 결혼

한흑구가 《백광》을 만들고 있는 1937년 상반기에 이석훈은 평양방송국에 근무하고 있었다. 평북 정주 출신으로 평양고보를 나와 일본 와세다대학에서 러시아문학을 공부하고 소설과 희곡으로 데뷔하여 1933년 경성에서 '극예술연구회' 회원으로 활약하기도 했던 이석훈은 한흑구보다 한 살 위라서 서로 허물없이 상대하는 사이였다.

1936년 평양방송국 주임으로 부임해 와서 한흑구와 교류하는 시기의 이석훈은 민족의식이 단단한 편이었다. 같은 시기에 이효석과도 교분이 잦았던 한흑구는 "외모로 봐서, 소설가 이효석이 서구의 신사 같은 타입이라면, 이석훈은 키가 크고 늠름한 평민 타입인데 미국의 평민 타입을 대표하던 배우 게리 쿠퍼와 같은 인상을 주는 쾌남풍"이라 했다.

한흑구는 이석훈의 부탁으로 여러 차례 영미문학에 대해 방송할 기회를 얻었다. 한번은 두 작가가 검열의 화(禍)에 부닥쳤다. 그것은 이석훈의 "색다른 방송을 해보자"라는 요청을 받아 한흑구가 준비한 미국 흑인문학에 대한 원고였다.

> 20분간 이야기할 방송 원고를 만들어서 일주일 전에 그에게 보내고, 그것이 평양도청을 거쳐서 총독부 도서과를 통과해서 나와야 했었다.
> 원고를 써 보낸 지 며칠 후에 석훈이 도청에 불려가서 톡톡히 훈시를 받고, 또 사무상에 '실수'를 하였다는 '시말서'를 쓰고 나왔다는 이야기였다.
> "한 형, 미안해. 흑인문학에 대한 방송원고는 전문 삭제를 당했어."
> 나는 아무 말도 하지 않고, 상기된 그의 얼굴만 바라보고 있었다. 그는 곧

말을 이었다.

"개자식들! 오해를 할까 봐 삭제를 했다구! 참!"

호인 타입인 그의 얼굴이 분노에 넘쳐서 어쩔 줄을 모르는 표정이었다.

그의 말을 들어보면, 나의 원고는 청취자들에게 오해를 사기 쉬우므로 전문 삭제를 했다는 것이 일인 검열관들의 구실이라는 것이었다. 나의 원고 줄거리는 이런 것이었다.

'흑인들은 아프리카의 원시림 속에서 백인들에게 납치돼 자연과 자유를 빼앗긴 채 미국의 신대륙에서 노예 생활을 하게 되었습니다. 그들의 문학은 노예해방을 전후해서, 이 비참한 노예생활을 그려낸 것입니다. 흑인 시인 랭스턴 휴스의 시에는 이런 구절이 있습니다.

이 세상의 검둥이들은
무엇하려고 태어났을까!
이 세상엔 목화 딸 사람이 없어서
우리 검둥이가 태어났다네.

조지아나 텍사스주의 목화밭에서 일을 하고 있는 흑인들 사이에서는 이런 노래가 들려오고 있습니다. 흑노(黑奴)들은 아프리카의 바나나 숲 위로 떠오르는 태양을 동경하고 늘 고향의 집을 안타까이 그리워합니다. 그들의 시나 노래의 주제는 모두 집을 생각하고, 고향을 찾자는 것입니다.

「버지니아의 나의 집」이라든지, 「켄터키의 옛집」, 「스와니강가의 나의 집」, 「행복한 집, 나의 집(Home, Sweet Home)」 등, 그들은 언제나 그들의 옛집, 그들의 고향을 안타까이 그리워하고 찾으려고 울부짖고 있는 것입니다.'

이렇게 나는 흑노들이 '집', '고향'을 동경한다는 것을 강조하면서—우리도 잃어버린 우리의 집, 우리의 조국인 대한을 찾아야 하겠다는 것을 은유로 삼아서 썼던 것이었다. 약삭빠른 일본 관리들이 그것을 모를 리가 없었다.
"자식들! 청취자들이 오해할까 봐! 오해할까 봐 너희는 걱정이지만, 우린 이해를 못할까 봐 걱정인데."
석훈과 나는 서러이 마주 바라보면서 쓴웃음을 웃고 말았다.[1]

평양을 떠나 경성으로 돌아간 이석훈은 안타깝게도 친일문학의 길로 미끄러진다. 두 작가가 재회하는 때는 한흑구가 소련 '붉은 군대'의 평양을 탈출해 서울에 안착한 다음이다. 반성의 칩거 기간을 거치는 이석훈은 6·25전쟁의 소용돌이 가운데 인민군에 체포되었다는 소문을 남기고는 어디서 처형된 것인지 폭격의 불상사를 당했는지 연기처럼 종적이 사라져버린다.

일제 검열관이 삭제했던 흑인의 노래들을 필생의 술자리 애창곡으로 삼게 되는 한흑구는 1937년 4월 총각 시절을 마감한다. 스물여덟 살이었으니 당시로는 노총각 그룹의 우두머리급이었다.

신부는 이화여전에서 홍난파에게 배우고 그와 함께 공연도 한, 음악을 전공한 황해도 출신의 방정분(方貞芬). 신랑보다 네 살 아래로, 딸 부잣집의 아홉 번째 딸이다. 중매랄까. 이화여전 다니는 한흑구의 여동생 덕희가 오빠와 친구를 맺어줬다. 방정분은 방학 때 고향으로 내려오면 야학 교사도 하고 공연도 펼쳤다.

> 16~17 양일간 경성 이화전문 음악과 재학 중인 방정분 양 등이 참여한 음악회가 대성황이었다.

1934년 8월 21일 《동아일보》가 보도한 〈방현유치원 동정음악회 성황리에 종막〉이란 제하 기사의 한 문장이다. 그만큼 방정분은 황해도에서 이름난 여대생이었다. 한흑구와 결혼한다는 소식에는 한 신문이 "평양으로 시집가는 바람에 황해도는 아까운 재원 하나를 잃었다"라는 가십 기사도 올렸다고 한다.

그런데 신혼의 단꿈이 백 일을 못 채우고 느닷없이 깨질 줄이야 꿈엔들 상상했으랴.

아주 뒷날, 포항에 정주한 한흑구·방정분 부부

1) 한흑구의 「효석과 석훈」에서(《현대문학》 1971년 6월)

아버지와 아들이 안창호와 함께 끌려간 '수양동우회' 사건

1931년 9월 만주전쟁을 일으켜 중국 동북지방을 점령하고 '만주국'이라는 식민지 위성국을 만들었던 일본제국주의는 1937년 7월 7일 중국 대륙을 통째로 지배하려는 침략을 감행한다. 전쟁을 축소하려고 꼼수를 부려 선전포고도 없이 이른바 '지나사변(支那事變)'이라 명명했지만, 실제로는 중일전쟁을 일으킨 것이다.

일제가 지나사변의 방아쇠를 당기는 것보다 딱 열흘 앞이었다.

1937년 6월 28일, 한승곤과 한흑구(세광), 아버지와 아들은 안창호, 김동원, 이광수, 주요한 등과 함께 전격적으로 일경에 체포되었다.

'작가 한흑구'로서는 《백광》 5호의 단편소설 「황혼의 비가」에 이어 단편소설 「이민일기」를 6호에 발표한 바로 다음이었고, '아버지 한흑구'로서는 이듬해 3월에 태어날 장남이 아내의 자궁 속에 생명을 잉태한 바로 다음이었다.

'수양동우회(修養同友會)'란 인격수양에 뜻을 같이하는 친구들의 모임이란 뜻이다. 하지만 그것은 위장의 명칭이었다. 그 점을 일본 특고는 정확히 포착했다.

> 동우회는 단순한 수양단체가 아니라 흥사단 운동으로서 동우회라는 명칭은 당국을 위장하는 수단이다. 그 흥사단에서 정해진 일반단원, 예비단원, 특별단원 등 자격은 동우회의 일반회원, 예비회원, 특별회원 등의 자격에 각각 해당되며 흥사단원이 조선에 귀국하면 아무런 수속도 필요 없이 그 자격에 맞게 동우회원으로 된다. 또한 동우회원으로서 상해 및 미국에 건너가면 마찬가지로 자격에 응하여 흥사단원으로 된다는 제도가 있다.[1]

수양동우회 사건으로 1938년 3월에 이르기까지 183명이 치안유지법 위반 혐의로 체포·송치되었다. 그들은 철창에 갇힌 상태로 가혹한 조사에 시달리면서 기소, 기소유예, 기소중지 처분을 받게 된다.

기소중지: 평양부(平壤府) 이하 부정확함 신의주부(新義州府): 자동차업: 상민: 한세광: 32세 전후[2]

일본 특고가 작성한 문서에 기재된 '32세 전후'의 '한세광'은 물론 한흑구이다. 연령 추측은 '이하 부정확함'이란 그대로 한참 틀렸다. 28세였으니.
"왜경은 조사로 조진다"라는 말도 있었다시피 철창 속 구류 상태에서 취조실로 불려다니는 기간의 하루하루는 정식 징역살이의 하루하루보다 훨씬 더 가혹한 시간이었다.
그저 요행이었달까. 아버지와 아들이 똑같이 징역살이에 들지는 않았다. 한흑구는 기소중지 처분을 받아 정식 재판에 넘겨지지 않고 풀려났다. 한승곤은 세 해 남짓 옥살이를 하고 쇠약한 몸으로 석방된다.
아버지와 도산 선생을 비롯한 흥사단 지도자들과 형제들을 철창에 남겨두고 집으로 돌아온 한흑구는 조금씩 아랫배가 불러오는 아내를 지켜보며 몇 가지 결심을 가다듬었다.

첫째, 일제의 억압과 회유에 결코 야합하거나 굴복하지 않는다.
둘째, 생계 수단으로 꾸려오던 자동차 사업을 접는다.
셋째, 평양을 떠나 선대의 고향 동네에 가서 과수원 농사로 버텨 나간다.
넷째, 경성 출입은 서대문형무소의 아버지 면회에만 국한한다.

평양의 자존심, 평양 유일의 전국적 잡지를 추구하며 큰 걸음으로 발간해온 《백광〉은 6호까지 내놓고 정신의 기둥과 실무의 손발을 상실했다. 한반도의 어둠을 거부해온 별빛 하나가 우주의 저켠으로 가뭇없이 사라진 사건이었다.

춘원 이광수는 수양동우회 사건에서 풀려난 다음부터 성큼성큼 친일의 길로 나아간다. 주요한 역시 그쪽으로 기울어진다.

도산 안창호, 한흑구가 시에서 '님'이라 부르기도 하며 가장 존경해온 인물은 1937년 12월에 병보석으로 석방되나 이듬해 3월 10일 경성대학부속병원에서 숨을 거둔다. 파란만장한 독립투쟁의 길을 걸어온 선각자는 그렇게 겨우 회갑을 앞둔 때에 고투의 생을 마치고 식민지 지배로 핍박받는 조국, 그 되찾지 못한 하늘로 불려 올라가 생전의 눈빛처럼 반짝이는 새 별로 부활한다. 평양의 사라진 '백광'을 대신하듯이.

서대문형무소의 안창호가 병원으로 실려 가는 즈음, 한흑구는 이미 평양을 떠나 있었다.

수양동우회 사건 즈음의 한승곤, 수양동우회 사건의 수인 안창호

1), 2) 〈흥사단(동우회) 사건 검거에 관한 건〉, 京鍾警高祕 제7735호, 1937. 10. 28.

생선 가시 같은 나뭇가지의 마지막 한 잎은
내 마음의 한 조각

    1937년 가을부터 1938년 봄날까지 한흑구는 몇 편의 시를 《시건설》과 《시인춘추》에 발표한다. 《시건설》은 1936년 11월 평안북도 중강진에서 김익부가 창간한 시 전문지로, 부정기로 간행하다 1940년 6월 통권 8호로 종간한다. 《시인춘추》는 1937년 6월 경성에서 이인영이 창간해 1938년 1월 제2집을 내고 자취를 감추었다. 이들 잡지에 실린 한흑구의 시편에서 시적 자아의 목소리는 가라앉아 있었다.

    그때 그는 주간과 진배없는 열정을 기울인 《백광》의 일에서 손을 놓았다. 수양동우회로 포장했던 흥사단은 정신만 살고 조직이 깨졌다. 생계 수단이었던 자동차 사업도 접었다. 그리고 평양을 떠났다. 일제의 감시와 억압과 회유가 조금은 헐거워질 수 있는 곳으로 이주했다.

    1937년 가을, 한흑구의 거처는 평양에서 육십여 리 떨어진 평남 강서군 성태면 연곡리였다. 조상들의 체취와 유산이 남은 곳이었다. 그는 텍사스 농장의 흑인 일꾼들을 떠올렸다. 그들처럼 손수 밭을 일구었다. 과수원도 꾸렸다. 시골집에다 '성대장(星臺莊)'이라는, 빛이 살아 있는 이름을 부여했다. 성태면(星台面)이니까 '별' 때문에 시비 걸릴 것도 없었다.

    농사를 일구고, 배가 점점 불러오는 아내를 돌보고, 아주 드물게 경성으로 아버지 면회를 다녀오고, 급변하는 세계 정세에 촉각을 곤두세우고, 지조를 더럽히지 않게 정신을 가다듬으며 참을 수 없을 때는 펜을 들고……. 이것이 성대장에서 첫 가을과 첫 겨울을 보내는 한흑구의 생활이었다. 감시의 눈초리가 맴돌곤 해도 그냥 성가시게 여기면 그만이었다. 그러나 말을 빼앗기고 칩거로 처박힌 신세가 얼마나 답답하고 스산했겠는가.

1937년 9월 《시건설》 2호에 실린 한흑구의 시 「가을 언덕」 첫 연이다.

> 후리체같이 부는 바람
> 나는 언덕 우에 서서
> 울면서 헤매이는 낙엽을 본다.
> 생선 가시같이 앙상한 나뭇가지
> 그 우에 다 떨어지다 남은 마지막 잎이여!
> 오, 다못 내 맘의 한 조각인 것같이……

마지막 남은 잎을 내 마음의 한 조각으로 지켜보는 시인은 가을밤의 달을 바라보며 위안을 얻는다. 1937년 12월 《시건설》 3호에 실린 그의 시 「나체의 처녀」 2연이다.

> 창으로 새어드는 가을의 흰 달빛은
> 아랫목에 누운 아내의 얼굴 우에 소리없이 빗기었습니다.
> 새파란 하늘 위에 옷도 입지 않은 찬 달!
> 그 거짓 없이 아름다운 얼굴을 가만히 바라다보았습니다.

낮에는 농사에 몰두하고 집으로 돌아오면 '말'을 해볼 수 있는 아내를 찾는다. 1938년 1월 《시인춘추》 2집에 그의 시 「이방의 가을」이 실렸다. '이방(異邦)'은 강서군 성태면 연곡리이다. 첫 연이다.

> 온 종일, 나는 들판에서 일하고 있었다.
> 피곤함은 나의 마른 사지를 쑤신다.
> "어데로 가고 없는가?"

임신한 아내는 어데로 나가고 보이지 않는다.
다못 오동나무만이 바람에 기울거리고
집안은 빛없이 고요하다.
퍼플색 햇빛만이 헌 책장 속을 드리우고
마루 위에 실꾸리는 풀린 채 누워 있다.

 1938년 3월 안창호가 세상을 떠나고 두 해도 훨씬 더 지난 1940년 8월, 한승곤은 경성복심법원에서 치안유지법 위반으로 징역 2년과 집행유예 3년을 선고받는다. 집행유예, 의미가 없는 말이 된다. 그때는 이미 세 해 남짓 옥살이를 했으니. 수양동우회 사건으로 고초를 겪으며 재판을 받은 피고인들은 모두 다 1941년 11월 최종 재판에서 무죄 판결을 받게 된다.
 조선총독부가 수양동우회 사건을 제멋대로 주무르고 있던 1937년 12월 중순부터 이듬해 벽두까지 일본 군대는 중국 난징을 살육의 피바다로 만들었다. 바야흐로 세계 정세는 인간의 피로 대지를 물들이고 인간의 시체로 거름을 만드는 시대로 거침없이 쳐들어간다. 1939년 9월 1일 히틀러의 독일 군대가 폴란드를 침공한다. 히틀러와 스탈린이 눈을 맞춰서 독소불가침조약을 맺고 겨우 아흐레 지난 다음이다. 9월 3일 영국과 프랑스가 독일에 선전포고를 날린다. 포탄 없는 빈 대포, 아무런 조치도 뒤따르지 않은 가짜 선전포고다. 9월 17일 히틀러와 폴란드 분할점령에 합의한 스탈린이 붉은 군대로 폴란드를 때린다. 폴란드 군대는 중립국 루마니아로 피난하듯 철수한다. 1940년 5월 10일 히틀러 군대가 두께 삼십 미터를 뽐내는 콘크리트 방어진지를 놀려먹듯 간단히 빙 둘러서 프랑스로 진격한다. '마지노 라인'을 철통처럼 믿고 있던 프랑스 군대는 겨우 여섯 주를 버티고 백기를 치켜든다. 6월 22일 히틀러가 독소불가침조약을 깨고 탱크를 소련으로 돌린다. 유대인의 볼셰비즘을 박멸하고 이를 통해 섬나라 영국의 항복을 받아내고 말겠다며…….
 중국 대륙에서 몸집을 잔뜩 키운 일본 군국주의가 히틀러 나치즘에 뒤질세라

1941년 7월 인도차이나반도를 집어삼킨다. 미국이 격렬히 들이댄다. 석유·철강 금수조치를 비롯해 강력한 경제제재 조치를 단행한다. 1941년 12월 7일(일본 12월 8일) 극비리 일본 항공모함에서 출격한 전폭기들이 하와이 진주만을 공습한다. 미국 태평양 함대는 일시적으로 거의 무력 상태에 빠진다. 그 공백을 틈타 일본은 싱가포르, 필리핀, 인도네시아마저 손쉽게 집어먹는다. 태평양전쟁에 끌려 나온 미국이 드디어 중립을 깨고 유럽과 아프리카에도 군대를 보낸다. 제2차 세계대전의 진영이 완성된다.

한흑구는 평양 외곽의 산골에 박혀 세계 정세를 주시하고 있었다. 언젠가 평화가 오는 그날에야 어떤 방식으로든 독립하는 그날이 될 것 같았다.

그의 시 「이방의 가을」 마지막 연이다.

아!
그보다도 어느 때나 평화가 오지 않으려나?
중추의 밤하늘 우에는
조그만 별 하나 반짝이지 않는구나!

농사에 몸을 부리며 평화를 기다리는 '성대장'에 첫봄이 다가왔다. 한흑구는 아버지가 되었다. 1938년 3월, 장남이 태어났다. 이름을 동웅(東雄)이라 지었다.

그해 6월 《시건설》에 발표한 한흑구의 호흡이 긴 시 「색조」 마지막 연이다.

칠색의 무지개여!
그대의 위대한 얼굴은
다못 한바탕 폭풍우 후에야
우리가 볼 수 있나니.

성경에 나오는 무지개는 약속이다. 그러나 인간 세계를 피바다로 만드는 전쟁의 폭풍우가 지나가지 않으면 결코 무지개는 뜨지 않는다. 그의 무지개는 평화이고 독립이건만.

《시건설》표지

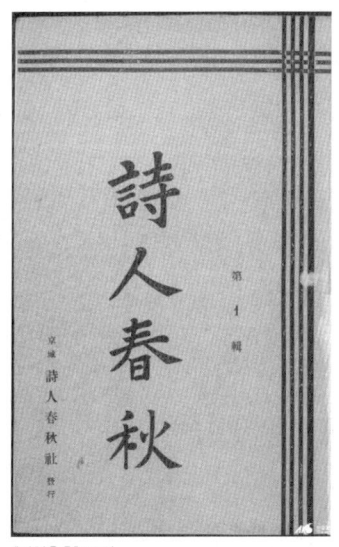
《시인춘추》표지

새벽 세 시에 일어나고
눈 감지 못하는 '동면'의 나날들

　1939년부터 1942년까지 한흑구는 성대장에서 드문드문 펜을 들었다. 그 기간의 작품들은 《문장》, 《사해공론》, 《조광》, 《시건설》, 《비판》, 《여성》, 《농민생활》 등에 산재해 있다. 수필은 「회염」, 「재떨이」, 「농촌유감」, 「농민」 등이고, 평문은 「작가의 정신론」, 「시론의 사적연구 서론」, 「문학상으로 본 미국인의 성격」 등이고, 시는 「동면」 한 편만 보인다.

　《사해공론》(제5권 제1호, 1939)에 실린 수필 「재떨이」에서는 한흑구의 잠들지 못하는 꼭두새벽을 엿볼 수 있다.

> 　벽 우의 시계침은 오전 세 시를 L자(字)로 그리고 있고, 담배를 빨고 누운 나의 입술은 긴 겨울의 밤을 세 번이나 울어 고하는 닭의 소리를 차디차게 감촉한 것이다.
> 　내가 촌으로 와서부터 가지게 된 한 가지 생리적 습관이라는 것은 밤 세 시에 깨어서 닭의 울음을 귀담아 듣고 담배를 한 대씩 태워 버리는 그것이다.

　새벽 세 시에 일어나 담배를 태우고 잠들지 못하는 한흑구는 그러한 날들을 스스로 '동면(冬眠)'이라 했다.

　「동면」은 한흑구가 성대장에서 문예지에 발표한 마지막 시로 남았다. 해방 후 다시 펜을 잡는데 산문들을 내놓는다. 설령 어느 지면에 덮여 있던 그의 시 몇 편을 더 찾아내더라도 '발굴' 그 이상의 특별한 의미를 지니긴 어려울 것이다. 1940년 6월 《시건설》 8호에 실린 「농면」 전문이다.

실내의 동면 더구나
온돌 위에 동면은 부질없다.
나는 아직 독사와 함께
혈내(穴內)의 동면을 해본 적이 없다.

눈을 감지 않은 나의 동면은
천장 위에 사막을 온 겨울 그리어 보았다.
나는 사막을 건너보던 일은 있었으나
준태(駿駄)를 한 마리도 본 기억은 없다.

온 겨울 하늘을 내다보지 않았다.
그러나 거기 바람소리만은 늘 들었다.
간간히 우뢰(雨雷) 소리를 들었으나
겨울에 용(龍)이 솟아오를 일은 없었을 것이다.

나는 봄이 오기를 기다리며
머구리와 같이 동면을 계속한다.
다만 앞동리(洞里)의 연못이 썩지나 않았나
앞겨울 보금자리를 걱정하지 않을 수 없다.

'동면(겨울잠)을 계속한다'고 했지만 실제로는 눈을 감지 않은 한흑구는 그저 농사나 지어서 밥을 먹으며 묵묵히 기다리고 견뎌내는 날들만 보내지는 않았다. 농촌 청년들이 눈을 뜨게 하는 일에도 팔을 걷었다. 그는 연곡리에 야학을 열어 청년들을 가르쳤다. 이화여전 시절에 방학 기간을 농촌계몽 봉사활동으로 보냈던 아내 방정분도 떨치고 나서서 여성들을 위한 야학을 따로 열었다.

방정분은 「농촌부녀 야학통신」에 이렇게 밝혀놓았다.

작년 겨울 이곳 청년들의 간청으로 부군이 야학을 시작하자 야학교의 문밖에는 처녀애들과 젊은 농촌부인들이 구경하며 오기 시작하더니 몇 날 후에는 또 나더러 부녀야학을 지도해 달라고 수십 명이나 떼를 지어 왔습니다.

한흑구가 성대장에 눌러 박혀 동면 아닌 동면의 상태에서 빳빳이 민족의식을 곤두세우고 지내는 시절에 조선 문단은 친일문학으로 풍미하고 있었다. 태평양전쟁까지 일으킨 일제가 조선 문학인들을 겁박하고 회유했다. '내선일체'를 전가의 보도인 양 휘두르며 동참하지 않으면 금세 잡아먹을 것처럼 으르렁거렸다. 훼절 문학인의 상당수는 대한독립을 체념해 버렸다. 동북아와 동남아를 손아귀에 넣어 이른바 대동아공영의 지도를 완성해 나가면서 선제적 기습 공격으로 미국의 혼을 빼놓은 일제의 위세에 짓눌린 것이었다. 그들의 눈과 귀에 일본은 망하지 않을 것만 같았다.

'다만 앞동리의 연못이 썩지나 않았나?'

농사를 짓고 야학을 열고 문학적으로는 '동면'에 들어간 한흑구는 그렇게 은유적으로 암흑기에 들어선 조선 문단을 서글프게 염려하고 있었다.

칼을 차고 찾아오는 마츠다(松田)와 대작해주고
어린 장남과 나란히 낚시를 드리우며

1945년 봄날에 한흑구는 장남 동웅을 소학교(초등학교)에 넣었다. 1942년 《조광》에 수필 「농촌 춘상」을 발표하고는 아예 펜을 놓아버렸다. 지면에 이름을 내면 그만큼 친일문학의 대세에 합류하라는 일제의 강요와 회유가 드세질 것이기 때문이었다. 인생의 척추로 형성된 신념과 맹세를 지키는 방법의 하나가 절필이라고, 그는 입술을 깨물었다.

1945년 상반기를 버텨 나가는 한흑구의 모습은 그의 글에서 찾아보기 어렵다. 말에서든 글에서든 자기 자랑도 남의 허물도 다 멀리하는 성품이어서 친일의 펜을 잡지 않았던 자긍심에 대한 언급도, 친일의 펜을 잡고 말았던 지인들에 대한 비판도 일절 한마디 남기지 않은 한흑구는 1945년 상반기를 어떻게 견뎌내고 있었을까? 그때 소학교에 다닌 장남 한동웅의 기억을 바탕으로 어렴풋이 그려볼 수는 있겠다.

한동웅은 1938년 3월에 태어났다. 원적이 평양부(시) 하수구리 96번지로, 한흑구가 살았던 생가 주소 그대로이다. 아마도 한흑구는 아내의 출산이 임박한 시기에 강서군 성태면 연곡리에서 달포 동안은 평양 본가로 옮겨와 머물렀을 것이다.

2023년 현재 여든다섯 살 한동웅은 고려대를 나와 포항에서 영어 교사와 교장으로 교직에 몸을 담았다. '월남 1.5세대'로서 평안남도 도민회장을 맡고 있다. 평양에 탯줄을 묻고 원적을 올리고 강서군 성태면 연곡리 산골에서 1945년 10월까지 성장한 삶의 이력이 맡겨준 직책이다. 그의 연곡리 어린 시절에 대한 기억은 『원로에게 듣는 포항근현대사 2』(연오랑, 2022)에 잘 기록돼 있다. 이 책에 나온, 한동웅의 제자인 작가 김도형이 가지런히 정돈해둔 그의 회고담—아버지와 어머니

한테서 들은 이야기와 자신의 기억—에서 군데군데 발췌하면 '1945년 상반기 성대장의 한흑구'의 삶을 흐릿한 실루엣으로 그려낸다.

새벽 세 시에 일어나 담배 한 대를 피우고 닭울음 소리를 들었던 한흑구의 '성대장'은 어떤 모습이었을까.

"집은 ㄴ자 기와집이었어. 봄이 되면 울타리에 핀 노란 개나리꽃이 아름다웠지. 닭 둥지에 닭이 수시로 알을 낳았고, 밤에는 승냥이 울음소리가 겁나서 문밖에 나가지도 못했어. 여름이 되면 식구들이 마당에 멍석을 깔아놓고 강냉이를 삶아 먹었지."

한동웅은 아버지가 당국의 허가 없이 소나무를 베어내고 2천여 평 되는 땅에 과수원을 조성했다며 그에 따른 한바탕 소동을 들려준다.

"일본은 정책적으로 밀주와 벌목을 엄격하게 단속했거든. 그런데 아버지가 많은 소나무를 베어냈으니 오죽했겠어? 일본인 면장이 깜짝 놀라 평양시장한테 상황 보고를 했지. 평양시장은 골치 아픈 사람이 갔으니 그냥 내버려두고 동태만 살피라고 했다더군."

한흑구는 닭울음 소리에 예민했다. 어린 장남이 매우 예민하게 반응한 소리는 따로 있었다. 거의 여든 해가 지난 뒤에도 늙은이의 기억에 고스란히 고여 결코 상(傷)할 줄 모르는 그것은 언제든 현실의 소리로 되살아 나온다.

"내가 다니던 학교에 마츠다(松田)라는 교장이 있었는데, 칼을 차고 교단에 올라와 훈시했어. 마츠다 교장은 거의 매일 우리집에 와서 아버지와 술잔을 기울이거나 재끼(노름)를 했지. 아버지를 감시하고 회유하기 위해서였지. 마츠다 교장은 말을 타고 우리집에 왔는데, 말발굽 소리와 철커덕거리는 사브르 (sabre, 軍刀) 소리가 지금도 생생해. 나는 마츠다 교장이 나타나면 집 옆에 있는 언덕바지로 도망갔어. 승냥이 울음소리가 두렵고 모기도 성가셨지만 마츠다 교장이 더 무서웠거든."

펜을 놓고 과수원을 일구면서 일제의 감시와 회유 속에서 살아가는 한흑구에겐 세월을 보내는 새로운 취미가 있어야 했다. 흔히 세월을 낚는다고 비유하는 낚시, 이것이다.

"아버지는 낚시를 좋아하셨어. 집에서 5리 떨어진 낚시터를 즐겨 찾아갔는데 나도 아버지를 따라다녔지. 포항에 와서도 아버지와 낚시를 다녔어."

사탕은 소련제가 맛이 좋았다는 한동웅의 기억에는 그 달콤한 맛처럼 또렷이 남은 한 이름이 있다. 최상수라는 민속학자이다. 아니, 어린아이에게는 최상수가 아니라 바나나였다.

"서울에 있던 최상수라는 민속학자가 연곡리까지 찾아왔던 기억이 나는군. 그분이 바나나를 들고 온 덕분에 난생처음 바나나를 먹었는데 정말 맛있었어."

『한국문화대백과사전』은 최상수를 다음과 같이 기록하고 있다.

최상수(1918-1995)는 『조선민요집성』, 『한국의 세시풍속』, 『한국민속놀이의 연구』 등을 저술한 민속학자다. 1937년 일본 오사카외국어학교 영어부를 졸업하였고, 1940-1950년대에 고등학교에서 교편을 잡았으며, 한국외국어대학 교수를 지냈다. 한국민속학회 초대 회장을 역임하는 등 한국 민속학의 정립에 기여했다.

어린 장남이 말발굽 소리와 칼 소리로 기억하는 마츠다 교장과 대작하던 그때의 한흑구는 이미 일제 패망을 예견하는 사람이었다. 히틀러가 자살했다는 것을 알고 있었고, 도쿄를 비롯한 일본 대도시들이 미군 '삐상'(B29)의 폭격에 불지옥 폐허로 전락했다는 사실을 꿰차고 있었다.

'단 한 편(片)의 친일문장도 쓰지 않은 영광된 작가'가
마침내 「닭 울음」을 펜으로 듣다

그날 새벽에도 한흑구는 닭이 우는 소리를 들었다. 평남 강서군 성태면 연곡리의 성대장에는 목을 놓아 만세 부르는 해방이 '닭 울음' 소리로 왔다고나 할까. 하지만 그는 미처 알아듣지 못했다.

> 이날 새벽, 닭의 울음을 듣고, 나는 별다른 감상 없이 일어나서 조반을 먹고 곧 산으로 올라가 버렸다. 그리고 나의 집이 들어앉아 있는 작은 마을을 한나절 내려다보고 있었다.[1]

'별 다른 감상 없이'라고 했지만, 그날 새벽에도 평소 자주 그랬듯이 성경의 닭 울음을 들으며 묵묵히 지조를 지켜야 한다고 새삼 다짐했을 것이다.

> 예수께서는 그가 사랑하던 제자 베드로가, 닭이 울기 전에 당신을 원수들 앞에서 모른다고 세 번 부인하리라는 것을 예언하시었다. 이때 베드로는 그러한 일은 없을 것이라고 맹세하였다.
> 그러나 베드로는 과연 예수의 말씀대로, 자기도 알지 못하는 사이에, 세 번이나 예수를 모른다고 부인하고, 원수들의 틈에서 생명을 건져 가까스로 숲 사이로 도망하여 나오던 순간, 닭의 울음에 놀라서 엎드렸던 것이다.[2]

1945년 8월 15일 아침상을 물리기 바쁘게 혼자서 마을 뒷산에 올라간 한흑구는 한나절이나 고독하게 앉아서 무슨 상념에 잠겨 있었을까.

어느덧 꿈만 같아진 미국 유학, 그 고학과 방랑의 추억을 휘이휘이 거닐었을 것이다. 비록 소식은 끊겨졌으나 유럽 어디선가 세계적 음악가로 성장하고 있을 안익태, 〈코리아 판타지〉를 지휘하는 그의 모습을 두 눈으로 직접 보고 싶었을 것이다. 언제 다시 글을 써보나. 펜 대신 낫과 삽을 잡은 손바닥의 굳은살을 뚫어지게 들여다보았을 것이다. 그리고 거듭 확신했을 것이다. 미국이 히로시마와 나가사키에 원자폭탄까지 투하했으니 아무리 악독한 일본 군국주의라 해도 머잖아 백기를 들게 될 것이라고.

그러나 분명히 한흑구는 그날 새벽의 '닭 울음'으로 해방을 예감하지는 못했다. 그에게 해방은 뻘뻘 땀 흘리는 자전거로 달려왔다.

> 이날 오후가 되어서, 평양에서 친구가 땀을 흘리면서 자전거를 타고 왔다.
> 왜왕의 항복을 알려주기 위함이었다.
> "오! 하느님!"
> 나는 감격하였다. 울었다. 너무나 기뻐서 눈물이 나왔다. 사십 년 동안 나의 몸속에 서리었던 붉은 피가 심장으로 한꺼번에 용솟음쳐 모여드는 것을 감각하였다.
> 아내와 아이들도 다 나와 같은 마음이었고, 마을의 애들도, 늙은이들도 다 그러하였다.[3]

'사십 년 동안'이라 했어도 그날 한흑구는 서른여섯 살이었다. 일제가 완전한 식민지배의 막을 올리기 직전에 태어났으니 그야말로 생애 최초로, 서른여섯 해 만에 처음으로 마침내 일제의 하늘이 아니라 조국의 하늘 아래 서 있었다.

> 인간으로 태어난 것이 기쁘고, 약한 겨레이나마 한마음 한뜻으로 새로운 국가를 이룩하리라는, 나와 꼭 같은 마음으로 울부짖는, 나의 겨레가 있다는 것

이 한층 더 미쁜 것이었다.[4]

한흑구는 가족을 성대장에 남겨두고 곧장 평양으로 출발했다. 이제 나라를 위해 무슨 일인가를 해야 한다고 생각했다. 아버지도 만나고 안창호 다음의 지도자 조만식도 만나야 했다. 그는 발걸음이 가볍고 기뻤다. 단 한 조각도, 단 한 편(片)도 친일문장을 쓰지 않았으니 양심에 꿀릴 것이 없는 몸이었다.

그날로부터 스무 해쯤 더 흐른 뒤, 한흑구는 그저 조용히 우리 민족의 '영광된 작가'라는 꽃다발 없는 꽃다발을 받게 된다. 일생의 대업으로 삼고 일제강점기 친일문학의 전모를 철저히 조사·연구·집대성한 문학평론가 임종국, 심지어 자기 부친의 친일행적까지 샅샅이 뒤져놓은 그가 1966년 펴낸 『친일문학론』에다 "끝까지 지조를 지켜 단 한 편의 친일문장도 남기지 않은 영광된 작가들"을 밝혀뒀다. 해방을 못 보고 타계한 문학인으로는 윤동주와 이육사가 있고, 해방을 맞이한 문학인으로는 변영로, 오상순, 한흑구, 이희승, 김영랑 등을 비롯해 당시로는 신인과 다름없었던 청록파의 조지훈, 박목월, 박두진 등이다.

'영광된 작가들' 중 한흑구는 해방공간의 서울과 전쟁 중의 부산에서 특히 조지훈, 오상순과 각별한 친분을 나누게 된다.

1946년 《예술조선》에 실리는 한흑구의 수필 「닭 울음」은 그로부터 서른 해 더 지난 1976년 중학교 국어 교과서에 수록되고…….

1)~4) 한흑구의 「닭 울음」에서

나라가 패망한 일본인 노부부는 숨어 지내고
나라가 동강난 한흑구 가족은 고향을 탈출하고

1945년 8월 15일 직후, 해방정국에 대응하는 평양의 정치적 중심에는 조만식이 있었다. 8월 17일 조만식은 평양에서 조선건국준비평남위원회를 결성하여 위원장으로 추대되고, 다음날 평남 도청에서 이뤄진 소련군과 일본군 사이의 일본군 항복조인식에 입회 자격으로 참석하였다. 8월 26일 소련군은 건국준비위원회와 공산당을 평양 호텔로 초청하여 연립정권 수립을 결정한다. 이때 조만식은 건준위 세력이 한낱 허수아비 처지로 전락했다는 사실을 알아채고 있었다. 모든 실권은 이미 소련군정과 김일성의 인민위원회가 장악한 상황에서 평양은 이른바 붉은 군대가 지배하는 붉은 세상으로 바뀌었다.

조만식은 한흑구 등 자신을 따르는 후배들에게 하루빨리 38선을 넘어 서울로 탈출하라고 종용한다. 자기 아내도 재촉해 월남의 길로 보낸다. 그들의 목숨이 위험하다는 점을 확실히 예견한 것이다. 그러나 정작 자신은 월남을 거부한다. 누가 권유해도 꿈쩍하지 않는다.

"나의 일신을 염려하지 마시오. 나는 북한의 일천만 동포와 운명을 같이하기로 이미 굳게 결심하였소."

8월 하순 들어 평양의 한흑구는 신변 위험을 감지했다. 연곡리 성대장에 가족을 두고 먼저 혼자서 남쪽으로 내달려야 했다. 조만식이 그에게 서울 가는 트럭을 주선해줬다. 이 무슨 해괴한 변고인가.《대평양》을 창간했던 젊은 인재가 평양을 탈출해야 하는 '해방'이었다.

그해 11월 3일 평양에서 조선민주당을 창당한 조만식은 12월 28일 모스크바 3상 회의에서 5년간 조선 신탁통치를 결정하자 1946년 1월 2일 소련군정에 신탁통치 반대 의사를 통고하고 '반탁 성명'을 발표한다. 이어서 1월 6일 김일성의 인민위원회 건물로 들어가 소련군정·김일성 일파와 최후 담판을 벌인다. 물론 결렬된다. 그가 인민위원회 현관을 나서자 소련군이 미리 대기해 놓은 승용차로 연행해 간다. 그것이 결출한 민족 지도자의 마지막 모습이다. 김일성이 조만식을 처형하는 것은 1950년 10월 18일로, 인천상륙작전 후 인민군이 패퇴하면서 평양마저 유엔군과 국군에 빼앗기고 줄행랑치는 때이다.

1883년 평남 강서에서 태어난 조만식(曺晩植)은 한승곤이 그랬듯 늦깎이(23세)로 평양 숭실학교에 입학해 신학문을 배우고 일본 유학을 거친 기독교 장로로서 안창호, 여운형 등과 함께 감옥을 드나들며 일생을 독립운동에 바쳤다. 일제 말기의 신사참배나 궁성요배에도 결연히 반대했다.

> 1945년 8월 15일 해방이 되자, 9월 1일 나는 제일 먼저 고향을 뒤로 두고 서울로 뛰어올라왔다.
> 적도(赤都)의 평양은 내가 살 곳이 못 될 것을 잘 알았기 때문이었다.
> 그해 11월에 우리의 온 가족이 삼팔선을 넘어서 무사히 상경하는 데 성공을 하였다.[1]

적도(赤都), '붉은 도시' 평양은 내가 살 곳이 못 될 것을 잘 알았다—겨우 한 문장만 남겼다. 자신의 미래를 통째로 바꿔놓은 인생의 대격변에 대한 설명이 한 문장밖에 없다. 하지만 그것만으로도 망명도생(亡命圖生)의 발길로 후다닥 단걸음에 서울까지 달려온 한흑구의 사정을 넉넉히 짐작해볼 수 있다. 조만식의 도움을 받았다는 것은 술자리 후일담으로만 전해져도 좋다. 1930년 가을의 시카고에서 동포 대학생들과 '사회과학연구회'를 결성해 두어 계절 동안 계급모순에 관심을 기울인 적도 있었던 한흑구는 1934년 봄날에 미국 유학을 접고 평양으로 돌아온 그때 이미 '한 개인이 자유롭고 자연스러울 때 비로소 인류의 참된 진·선·미가 있는 것'이라는 신념을 영혼에 보듬은 시인이지 않던가!

　가족은 11월에 서울로 무사히 왔다—이 한 문장은 아무래도 부족하다. 나는 어찌어찌 서울로 왔다, 가족은 어찌어찌 서울로 왔다. 이러한 정보를 그가 글로는 한마디도 더 남겨두지 않았다. 설령 글로 남겼을지라도, 그때 숱하게 월남한(요즘은 '탈북'이라 하지만 해방공간에는 '월남'이라 했다) 사람들의 〈내가 넘은 38선〉에 대한 증언들이 있으니 그다지 남다른 사연으로 돌출하지 않을 듯하긴 한데……. 다만 낯익은 경성에 헐레벌떡 도착한 한흑구가 금세 '특별 신분'이 되었다는 점은 주목해야 한다.

　1945년 9월 9일 한반도의 38선 이남 지역을 통치하는 재조선 미국 육군사령부 군정청(미군정, 美軍政)이 들어섰다. 사령관에는 존 하지 중장이 부임했다. 이후 미군정은 1948년 8월 15일 대한민국 정부가 출범하는 날까지 공식적으로 존속한다.

　미군정이 들어서면서 조선총독부가 사라졌다. '경성'이란 지명도 폐기되었다. 한양, 한성, 경성을 거쳐 '서울'이 탄생했다. 한자(漢字) 표기는 관심 밖으로 버려졌다. 영어 표기가 중요했다. SEOUL. 수도란 뜻의 순우리말 '서울'은 그냥 'SEOUL의 서울'로 거듭났다.

　한흑구는 미군정의 통역관 모집 공고를 보았다. 고학과 방랑으로 청춘의 다섯 해를 꼬박 바쳤던 미국 유학과 방랑 여행, 유창한 영어, 미국문학 번역 실적 등이 졸지에 '서울 정착' 수단으로 돌변했다. 미군정의 서울시청 통역을 맡은 그는 고위 대우를 받으며 서울 필동의 근사한 적산가옥을 살림집으로 얻는다.

　한흑구의 서울 안착과 가족의 서울 합류, 그 기간의 사정들에 대한 궁금증을 장남 한동웅의 회고가 엔간히 메워준다.

　개성시는 북위 38도 선이 통과한다. 송악선 밑은 38도, 그 위는 37도에 속한다. 6·25 전쟁이 개성시를 통째로 휴전선 북쪽에 넣어 버렸다. 해방공간 시기에 북한 서북지역에서 월남한 사람들은 대체로 송악산 언저리를 넘어야 했다.

"아버지는 11월에 식구들에게 월남하라는 전갈을 보내셨어. 연곡리 집을 떠날 때 어머니가 염소를 가리키며 네 엄마에게 인사하라고 하시더군. 어머니가 나를 낳고는 젖이 잘 안 나와 젖동냥을 하기도 했는데 이따금 염소젖을 먹이셨나 봐."[2]

눈망울이 선한 염소의 뺨을 부벼주며 가슴이 뭉클했던 기억을 생생히 간직한 한동웅은 강서역으로 걸어가서 어디론가 여행을 떠나는 기분으로 기차를 탔다고 기억한다.

"강서역에서 기차 소리를 처음 들었는데 꿈만 같았어. 기차 타고 개성역에 도착했고, 백천온천에서 하룻밤을 묵었지. 백천온천은 당시 한반도에서 최고로 치던 온천이야."[3]

백천온천 다다미방은 따뜻했다. 아니, 뜨거웠다. 한동웅이 먹다 남은 강엿을 문지방 위에 올려놓았는데 아침에 일어나니 다 녹아서 방바닥까지 흘러 내려와 있었다. 그랬다. 백천온천에 하룻밤을 묵은 때까지는 여행 같았다. 이제 눈앞에 기다리는 38선, 그 보이지 않는 선이 문제였다.

"당시 11월은 꽤 추웠어. 낮에 움직이면 인민군에 걸리니까 어둠을 틈타 관목(灌木) 사이로 기어서 남쪽으로 이동했지. 여러 사람이 한꺼번에 숨죽이며 이동했어. 인민군이 한 번씩 공포탄을 쏘았는데 총소리에 놀란 꿩들이 갑자기 날아가는 바람에 깜짝깜짝 놀랐지."[4]

위험지역을 통과하는 동안은 거리가 짧더라도 이동 시간이 고무줄처럼 늘어나기 마련이다. 실제 걸린 시간보다 심리적으로 훨씬 더 늘려 버리는 것이다. 한동웅은 누군가의 안내를 따라 밤을 새워 관목들 사이로 기어나온 것 같았다.

"아침 6~7시쯤 위험지역을 통과하니 식당 딸린 집 한 채가 보이더군. 그 집에서 쉬면서 백숙을 맛있게 먹었는데, 오랜만에 기름진 음식을 먹어서 그런지 곧바로 설사를 하고 말았지."[5]

그리고 어디선가 트럭이 왔다. 한동웅은 짐칸에 올랐다. 운전석에 탄 사람이 고춧가루를 껴안았는지 그게 그의 눈에 날아들어서 한바탕 애를 먹었다. 아버지는 언제 만나나. 이 조바심을 깜빡 놓아버리게 해준 뜻밖의 '고마운 사건'이었다. 문득 매운 트럭이 멈춰섰다.

"아버지와 소련군이 보였어. 아버지가 '떠라비쉬(동지)' 하니까 통과시켜 주더군. 아버지가 식구들을 위해 만반의 준비를 해놓고 기다린 거지."[6]

1945년 11월만 해도 한반도를 반반씩 관장하는 소군정과 미군정이 서로 총부리를 겨누지는 않았다. 나중에야 견원지간으로 바뀌어도 아직은 고위층끼리 삿대질 없이 대화를 나누는 관계였다. '한흑구의 만반의 준비'에는 아마도 그러한 양측 관계를 적절히 활용하는 방안에다 미제 물품도 담았을 것이다.

"우리 식구는 미군이 운전하는 쓰리쿼트(three-quarter)를 타고 서울에 도착했어. 숭례문 인근의 대동여관에서 하룻밤 자고 중구 필동 9번지 집에서 짐을 풀었지. 필동은 고위층이 많이 살던 동네로, 우리가 짐을 푼 곳은 경성제국대학 미술과 교수가 살던 집이었어. 방 여덟 개가 있는 이층집이었고, 작은 연못과 정원, 불교식 등(燈) 두 개가 있었어. 서울시의 통역관이었던 아버지가 상당한 예우를 받았다는 얘기지."[7]

어린 장남의 기억에 고스란히 찍힌 필동의 이층집, 그 적산가옥에는 미처 일본으로 떠나지 못한 일본인 노부부가 기거하고 있었다. 부엌 옆 온돌방에 박힌 키 작은 노부부는 나라가 패망하여 죄인처럼 숨어 지내며 안전한 귀국의 기회를 기다리는 처지이고, 한흑구 가족은 해방된 나라가 이념과 냉전의 칼날에 두 동강 나서 고향을 버리는 탈출에 성공하여 그들의 오랜 둥지를 빼앗은 처지였다. 일본인 노부부는 무사히 일본 가는 뱃길에 오른다. 한흑구의 손길이 닿은 일이다. 어린 장남은 어느 날 갑자기 괴나리봇짐을 둘러메고 손을 흔들며 떠나가는 노부부의 뒷모습을 짠하게 바라본다. 영영 지워지지 않는 그것이 그의 기억에 남은 패망한 일제의 마지막 모습이다.

한흑구 가족은 아버지까지 모두 서울에 안착했다. 일흔 고개를 몇 년 앞둔 한승곤은 세 해에 걸친 감옥살이의 후유증으로 이미 쇠약한 노인이었다. 게다가 안창호의 죽음마저 헛되이 나라와 민족이 둘로 갈라져서 조만식마저 버려두고 떠나왔으니……. 한승곤은 1947년 눈을 감는다. 이듬해 출범한 대한민국 정부는 1993년 고인에게 건국훈장 애국장을 추서한다. 그 늦어진 지각의 예의는 명리(名利)를 밀어내는 한흑구가 자신의 생을 마치는 날까지 아버지의 성함을 독립유공자에 올리는 일마저 멀리한 탓이다.

극단적 이념대결과 정파적 헤게모니 투쟁이 남한사회를 혼란의 소용돌이로 몰아넣은 해방공간, 그래도 아이들은 자라나고 있었다. 한흑구와 방정분의 자녀는 넷으로, 아들 셋과 딸 하나였다. 마츠다 교장의 군도소리에 겁을 먹었던 장남은 남산국민학교에 입학해서 일산국민학교로 옮겼다. 평양 말씨가 교실의 눈길들을 끌긴 해도 마냥 즐거운 학교 생활이었다.

미군정청 서울시 통역관 한흑구는 월급도 끗발도 아주 센 사람이었다. 하지만 흥사단 정신이 심신에 밴 문학인이었다. 일찍이 1929년 인사동 보성전문학교에 입학하면서 서울에 첫발을 디뎌 한 해를 살았고, 1936년 가을부터 종합지《백광》의 주간 같은 역할을 맡아 열차로 서울을 뻔질나게 드나들었다. 이제는 아주 붙박

힐 듯이 서울에 안착하여 낮에는 통역관으로 일하고, 밤에는 두툼한 월급봉투로 가난한 문인들을 술집으로 데려가고, 또 일제 말기의 성대장에서 절필했던 펜을 다시 들게 되는데…….

서울 시절(37세)의 한흑구

1) 한흑구의 「효석과 지훈」에서
2)~7) 김도형 외, 『원로에게 듣는 포항근현대사 2』(연오랑, 2022)

어머니의 품과 같은 나무
묵상하는 시인과 같은 나무

1946년 여름, 서울 남산 아래인 필동에 살고 있을 때 「나무」라는 열 장 정도의 짧은 수필을 한 편 초(草)했다.

나무에 대한 글을 하나 써보려고 마음먹고 있은 것은 거의 구 년째나 되었다. 가끔 나무에 대한 착상을 해보았으나 좀처럼 작품으로 구성이 되지 않았다. 그러던 중에 이상로 씨가 『문화』라는 잡지를 창간하는데, 짧은 글 하나를 꼭 써달라고 졸라댔다. 처음에는 시로 써보려고 했던 것을 좀 늘려서 수필로 쓴 것이 아홉 장 반의 짧은 산문이 되고 말았다.

이렇게 한흑구는 1961년 6월 《대구매일신문》(현 《매일신문》)에 발표한 수필 「나무-기이(其二)」에서 수필 「나무」의 초고를 쓴 시기와 집필 동기를 털어놓는다. 그가 「나무」의 초고를 잘 가다듬은 때는 이듬해(1947년) 봄의 길목에서다.

이상로(1916-1973)는 시인·수필가·언론인으로, 그때 그는 요절한 소설가 함대훈(1907-1949)이 발행하는 《문화일보》에 영화인이며 삽화가인 안석영(1901-1951), 소설가 김광주(1910-1973)와 함께 편집을 맡고 있었다.

한흑구의 「나무」를 원고 상태로 읽은 김광주는 어느 지면으로 보내도 환영받겠다는 판단을 세웠다. 미군정청 통역관인 한흑구 같은 주주(酒主)급 몇몇을 예외로 빼면, 해방공간의 가난한 문인들은 고료를 받아야 술자리 하나라도 더 꾸릴 수 있는 형편이었다. 오로지 술자리 마련을 위하여 김광주는 여기저기 「나무」를 보내고 고료를 받아냈다. 이것을 한흑구는 해학적으로 "나무를 팔았다"고 추억하는데……

다음은 「나무-기이」에 등장하는 일화이다.

한가한 틈이 있을 때, 김광주 씨가 경향신문사의 문화부장이었던 김동리 씨를 전화로 부르고 나서 옆에서 독서를 하고 있는 여기자를 불러서 원고를 베끼라고 명령을 하였다. 원고를 다 베끼고 난 여기자는 원고를 갖고 밖으로 나갔다. 얼마 후에 여기자는 봉투를 하나 들고 들어와서 김광주 씨에게 주었다.

김광주 씨는 나를 보고 웃으면서 그 봉투를 나의 앞으로 던졌다. 봉투 속에는 백 환짜리 열 장이 들어 있었다. "아니, 이게 웬 돈이야?" 물었다. "응, 그거 나무 판 돈이야. 나무." 광주 씨는 웃으면서 더 설명하려 하지 않고, "술이나 한 잔 사아!" 하고 말머리를 돌렸다.

매일 마시는 술값이 쪼들리던 때라, 내 「나무」라는 수필을 《경향신문》에다가 중매를 한 셈이었다. 한 번만 중매를 했으면 그만이었겠지만, 독서와 교정에 바쁜 여기자를 시켜서 광주 씨는 나의 「나무」를 갖고 장안에 나무장사를 펴놓았다. 그 후 그는 같은 방법으로, 서울신문사에서 발행하던 《서울주간》과, 심지어는 《농업은행회보》에까지 내 「나무」를 팔았다.

땔나무가 없어서 내 나무가 잘 팔렸는지, 선비들의 술값을 동정해서인지, 김광주 씨 바람에 본의 아닌 나무장수가 되어 버렸다.

그 다음 일 년 후에는 문교부에서도 나의 「나무」를 사들여서 중등 국어책에 실었으나, 술값 한 푼, 주문서 한 장 받지를 못했다.

분단의 독립정부를 출범하여 마냥 어수선했으니 저작권료에 대한 개념도, 그것을 지급할 예산 항목도 없었을 대한민국 문교부(교육부)만 공짜로 지고 간 한흑구의 「나무」는 그러나 그의 장남에게 일생 잊을 수 없는 뿌듯한 기억을 선물하게 된다. 한동웅이 포항에서 중학교를 다니는 1950년대 초반 전쟁 기간의 어느 날, 국어수업 시간.

"중학교 1학년 때인가 2학년 때, 서상원 선생님이 국어를 가르치셨지. 국어 교과서에 아버지의 수필 「나무」가 실렸는데, 수업시간에 서상원 선생님이 이 수필의 필자가 누군지 아느냐고 아이들에게 물었어. 아이들은 묵묵부답이었고, 선생님은 너희들의 친구 한동웅의 아버지라고 말했지. 그 순간 아이들이 나를 쳐다보는 시선이 어땠겠어? 삽시간에 소문이 퍼져 전교생이 그 사실을 알게 되었고, 그때부터 나는 언행을 조심할 수밖에 없었지."[1]

'수필의 형식과 정신'은 어떤 것인가? 한흑구는 명확히 말한다.

    1. 먼저 수필은 시의 정신으로 창작되어야 할 것이다
    2. 시는 작자의 주관적인 직관력과 사색적인 인생철학에서 이루어지는 것과 같이, 수필도 작자의 주관적인 인생철학에서 이루어지는 하나의 산문적인 작품인 것이다.
    3. 수필은 하나의 산문적인 정신으로 창작되어야 할 것이며, 줄이면 한 편의 시가 되어야 할 것이다.

위의 글은 1971년 출간한 한흑구 수필집 《동해산문》의 「수필의 형식과 정신」에 나오는데, 1947년에 발표한 그의 「나무」는 이미 시적 품격의 문장과 형식을 갖추고 명징하며 심오한 사유를 간직하고 있었다. 「나무」 전문이다.

나는 나무를 사랑한다.
  뜰 앞에 서 있는 나무, 시냇가에 서 있는 나무, 우물둑에 그림자를 드리운 나무, 길가에 서 있어 길 가는 사람들의 쉼터를 주는 나무, 산꼭대기 위에 서 있는 나무.

나는 나무를 사랑한다.

그것이 어떠한 나무인 것을 상관하지 않는다.

꽃이 있건 없건, 열매를 맺건 말건, 잎이 떨어지건 말건, 나는 그런 것을 상관하지 않는다.

나는 나무를 사랑한다.

그것이 아메바로부터 진화하였건 말았건, 그러한 나무의 역사를 상관하지 않는다.

흙에서 나고, 해와 햇볕 속에서 아무 말이 없이 자라나는 나무.

나는 나무를 사랑한다.

아침에는 떠오르는 해를 온 얼굴에 맞으며, 동산 위에 홀로 서서, 성자인 양 조용히 머리를 수그리고 기도하는 나무.

낮에는 노래하는 새들을 품안에 품고, 잎마다 잎마다 햇볕과 속삭이는 성장(盛裝)한 여인과 같은 나무.

저녁에는 엷어가는 놀이 머리끝에 머물러 날아드는 새들과 돌아오는 목동들을 부르고 서 있는 사랑스러운 젊은 어머니와 같은 나무.

밤에는 잎마다 맑은 이슬을 머금고, 흘러가는 달빛과 별 밝은 밤을 이야기하고, 떨어지는 별똥들을 헤아리면서 한두 마디 역사의 기록을 암송하는 시인과 같은 나무.

나는 나무를 사랑한다.

"너는 십일홍의 들꽃이 되지 말고, 송림이 되었다가 후일에 나라의 큰 재목이 되어라."

이것은 내가 중학 시절에 멀리 미국에 망명 중이던 아버님이 편지마다 쓰시던 구절이다.

지금도 나는 돌아가신 아버님을 생각할 때마다, 먼저 아버님의 이 편지 구절을 생각하게 된다.

"높은 산꼭대기에 서 있는 소나무가 높이 쳐다보이는 것은 그 자체가 높아서가 아니라, 다만 높은 산꼭대기 위에 서 있기 때문이다.

그러나, 산꼭대기 위에 서 있는 나무는 비와 바람에 흔들리어, 뿌리는 마음대로 뻗지 못하고, 가지들은 구부러져서, 후일에는 한낱 화목(火木)밖에 될 것이 없다.

사람의 발이 미치지 않는 깊은 산골짜기 시냇가에 힘차게 자라는 나무들은 사람의 눈에는 잘 띄지 않으나, 후일에는 좋은 재목(材木)이 된다."

이러한 선철(先哲)의 말씀도, 내가 나무를 사랑하는 마음을 더욱 북돋워 주었다.

나는 나무를 사랑한다.

나는 마음속이 산란할 때마다, 창문을 열고 남산 위에 서 있는 송림을 바라본다.

송림이 없다 하면 남산이 무엇이랴?

나무가 없다 하면 산이 무엇이며, 언덕이 무엇이며, 시내 강변이 무엇이랴?

나무는 산과 벌에서 자란다.

고요한 봄 아침에도, 비 오는 여름 낮에도, 눈 오는 추운 겨울 밤에도 나무는 아무 말이 없이 소복소복 자라난다.

　나는 나무를 사랑한다. 성자와 같은 나무. 아름다운 여인과 같은 나무. 끝없는 사랑을 지닌 어머니의 품과 같은 나무. 묵상하는 시인과 같은 나무.

　나는 나무를 사랑한다.

　나는 언제나 나무를 사랑한다.

「나무」는 한국현대문학사에 남은 시적 수필의 효시로서 빼어난 명작이다.
　한흑구는 작품과 이론을 겸비한 수필가이다. 청년 시절부터 수필의 문학적 양식화에 대해 '수필문학론'으로 정돈하고 주장한 문학인이었다. 벌써 1934년 7월 초순이었다. 그는 《조선중앙일보》에 「수필문학론-ESSAY 연구」를 발표했다. 뛰어난 조예와 통찰을 담은 그것은 조선 문단에 선구적으로 올려놓은 '수필문학론'의 전범이었다.

1) 김도형, 앞의 책

문학의 장르로서 수필의 독자적 가치와 양식을
한국문학사에 개척하고 정립하다

어머니의 병환 소식에 미국 유학을 접고 1934년 4월 평양으로 돌아왔던 한흑구는 석 달쯤 지난 1934년 7월 2일부터 5일까지《조선중앙일보》에 '한세광'의 이름으로 세 차례에 나눠서 평문「수필문학론-ESSAY연구」를 발표한 적 있었다.

먼저 그는 '어의(語義)'부터 설명했다.

> 에세이를 동양에서는 대체로 수필이라고 역(譯)한다. 수상문(隨想文)이니 감상문(感想文)이니 즉 감록(感錄), 수상록, 잡감록(雜感錄)이니 하는 모든 산문형식이 다 이 에세이의 부문에 유속(類屬)한 것이다. 종합적 명칭으로 수필이라고 명명하는 것이 적합한 듯하다. 에세이가 최초로 출현한 것은 불란서의 저술가 몬테인이의 'ESSAI'를 1580년에 출간한 것으로써 비롯한다. 'ESSAI' 또는 'ESSAY'라는 말은 작자가 생각하는 무엇을 '보여주고자 하는' 요소, '말하고자 하는' 요소 등이다.

이어서 그는 '특징'을 정리했다.

> 에세이는 한 산문형식이다. 그러나 그 문체에 있어서 매우 정적이며 주관적인 것이 서정시에 가깝다.
> 그리고 내용에 있어서 일정한 형식이 없으므로 어떠한 사물에 대하든지 작자의 관조하는 바를 주관적 입장에서 서술한다.

'산문형식이지만 서정시에 가깝다.' 이것이 에세이(수필)라는 한흑구는 그 특징을 더 구체화했다.

> 에세이를 정의하는 데는 세 가지의 특징을 열거할 수 있으니 (1) 작자 자신의 인격과 철학이 출중하여 그의 관찰력이 독자를 지도할 만할 것 (2) 산문적일 것 (3) 무엇보다 예술적 가치를 가질 것 등을 생각할 수 있다.

'결론'에서 한흑구는 전영택, 이광수, 홍명희, 김동인, 이윤재, 양주동, 최서해 등이 '예술적 가치'와 '사회개조적 정감'을 갖춘 에세이를 내놓았다고 평가하면서도 에세이에 대해 무관심한 현실을 강하게 비판했다. 그 요지는 이러했다.

> 우리에게는 너무나 출중한 에세이스트가 적고 에세이의 출판량이 적다.
> 이렇게 조선의 문학은 방향이 없고 이렇게 조선의 사색계는 고갈하였나?
> 요컨대 조선문학의 사명은 조선의 방향을 선봉 서는 데 있지 않는가?
> 나는 조선문단에 수필문학의 새 기운을 촉진하고자 한다.

'나는 조선문단에 수필문학의 새 기운을 촉진하고자 한다'라는 1934년 7월 한흑구의 자못 도발적인 선언은 물론 빈말이 아니었다. 실제로 그는 1935년 즈음부터 시 창작에 거의 손을 놓고 산문 시대로 들어섰으며 친일문학을 거부하는 절필의 시기를 거쳐 해방 후 드디어 「나무」와 같은 '서정시'적이고 철학적 사색의 기품이 은은히 우러나는 '시적 수필'을 완성하기에 이르는 것이다.

한국문학사에서 '에세이'라는 용어가 처음 등장한 글은 1922년 3월 《개벽》 제21호에 발표한 소설가 이광수의 「문학에 뜻을 두는 이에게」이다. 여기서 그는 '영어 에세이 Essay'에 대해 비록 '적당치는 않아도' 자신은 '논문'이라고 지칭한다며 '칼라일, 에머슨 같은 이는 영문학에 유명 논문작가 Essayist'라고 언급했다. 이광수는 '에세이'를 '수필'이라 번역하지 않았을뿐더러 '수필가' 대신 '논문작가'라 칭했다.

한흑구보다 몇 달 앞에는 시인 김광섭이 1933년 12월 25일 발행된 《문학》 창간호의 「수필문학소고」에서 '에세이'를 다루었다. 그는 '위대한 영국의 문학에 있어서 수필에 유사한 것은 에세이'라면서 조선 문단에서 사용하는 '수필'이 '에세이'의 수준에 미치지 못한다는 인식을 전제하고 '만일 본래의 에세이와 우리의 수필 사이에 문학의 수준에서 귀납되지 않는 어의(語義)의 차이가 있다면 우리는 수필의 지위를 에세이의 수준에까지 올리는 데서 비로소 문학으로서 동위(同位)될 것'이라고 주장했다.

'에세이'와 '수필'을 동등한 용어로 사용한 한흑구와 달리 김광섭은 '에세이'를 '수필'보다 문학적 우위의 자리에 앉혔다. 또한 김광섭은 한흑구의 '서정시에 가까운'과 같은, 수필의 문체와 형식에 대한 인식을 보여주지 않았다.

> 한흑구가 쓴 「수필문학론」(《조선중앙일보》, 1934.7. 2~7.5)은 수필 양식에 대한 규정을 시도하고 있어 문학사적으로 의의가 깊은 글이다. 이 글에서 한흑구가 수필을 서정시에 가깝다고 한 것은 유명한데, 이러한 수필 양식의 특성에 대한 규정은, 수필이 시나 소설과 같은 엄연한 문학의 한 갈래로 자리잡지 못하고 그에 미달하는 것으로 매도되고 있던 시기에 수필 양식을 정착시키는 데 큰 역할을 하였다.[1]

소설가 김광주가 한흑구의 수필 「나무」를 여기저기 땔감처럼 팔아서 몇 차례나 술자리를 마련하는 일화를 남기고(1947년) 한 해쯤 더 지나간 가을, 한흑구는 다시 한 번 '문학으로서 수필이론'에 대하여, 즉 '수필문학론'에 대하여 공을 들인다. 1948년 11월 《백민》에 발표한 「수필문학론 - Essay의 형식 고찰」이 그것이다. 그 즈음의 한흑구는 수필문학에 정진해 나갈 새 삶의 터전을 마련하고 있었다. 그곳은 영일만 바닷가, 포항이었다.

「수필문학론 - Essay의 형식 고찰」에서 한흑구는 '우리나라에서 수필이라고 말하는 것은 영문학에서 말하는 essay를 의미하는 것'이라는 점을 거듭 명백히 밝히고 영문학으로서 essay에 대한 다양한 지식을 제공한다.

영문의 'essay'는 불문의 'essai'라는 말에서 온 것이다. 이 말의 어의는 '말하려고 하는 것' 또는 '무엇인가 하고 싶은 것', '시도(試圖)', '기도(企圖)' 등의 뜻을 갖고 있는 만큼, 즉 시언(試言), 시필(試筆)을 의미한 것이다. 이러한 의미에서부터 출발한 'essay'를 '수필'이라고 부르게 된 것이 적역인지 아닌지는 알 수 없으나, 수필의 새로운 형식을 우리는 어디까지나 구명해야 할 것이며, 또한 그것의 발전을 위해 힘써야 할 것이다.

'essay'의 형식을 맨 처음 발표한 이는 불문학자 몽테뉴였다. 그는 자신의 우주관과 인생관을 붓이 가는 대로 시필해서, 이것을 '몽테뉴의 Essais'라고 출간하였다. 평론가 페터슨의 소개문에는 이렇게 소개되어 있다.

1580년 몽테뉴는 처음으로 그의 사견과 견해에 대한 솔직하고 탐구적인 두 권의 저서를 'Essais'라고 이름해서 출간하였다. 그것은 시론, 실험, 노력 등을 의미한 것이었다. 이것이 'Essais'라는 말을 이런 의미로서 처음으로 사용하기 시작한 것이다. 그리고 저명한 여러 학자의 견해에 의해서 그것은 'essay'의 시초가 된 것이다.

저명한 영국의 수필가 피이터도 아래와 같이 표명하였다.

수필을 시필하려는 모든 작가들이나 혹은 수필가들은 넓은 의미에 있어서 참으로 몽테뉴를 본받은 바가 많은 것이다.

몽테뉴의 'Essais'가 나온 후, 영국 문단에서 저명한 essayists(수필가)를 많이 발견할 수 있게 되었다.

프란시스 베이컨을 필두로 스위프트, 스틸, 에디슨, 존슨 등의 수필은 초기에 있어서 대표적인 것들이었다.

철학적인 수필로서 골드스미스, 시론으로는 칼라일, 사회평론으로 러스킨, 과학 방면에 헉슬리, 문학평론에 아놀드, 페이터 등의 수필은 산문문학의 금자탑이라고 할 수 있을 것이다. 또한 이들과 함께 연파의 수필가로서 해즐릿, 퀜시, 램 등의 대가를 들 수 있다.

근대의 저명한 수필가로서 체스터턴, 벨로크, 러카스, 울프, 헉슬리 등이 있지만, 금일에 있어서는 거의 모든 나라에 모든 작가들이 다 수필을 쓰고 있는 현상이다.

문학평론가 캠벨은 독자와의 대화에 대해서 이렇게 말했다.

> 만일 우리가 독자들로 하여금 우리의 글을 계속해서 읽도록 하려면 우리는 그들의 말로 이야기해야만 한다.

애이레의 시인 예이츠는 수필에 대해 또 이렇게 말했다.

> 좋은 문장이라는 것은 테이블 건너편에 앉은 인텔리 친구에게 대화로써 사용할 수 있는 그런 회화다.

위의 인용에 나오듯이 한흑구는 '연파(軟派)의 수필가'라는 용어를 사용했다. 이 글에서 또 하나 중시하고 주목할 것이 수필(에세이)의 종류를 '경수필(硬隨筆, 형식적 에세이, Formal Essay)와 연수필(軟隨筆, 비형식적 에세이, Informal Essay)'로 구분했다는 점이다. 그는 수필의 종류를 '중수필(重隨筆, 에세이)과 경수필(輕隨筆, 미셀러니)'로 구분하지 않았다.

대범(大凡) 수필(에세이)은 두 종류로 구분한다. 첫째는 형식적Formal 에세이라 부르고, 둘째는 비형식적Informal 에세이 또는 친화적(親和的) 에세이라고 부른다.

전자를 경수필(硬隨筆), 후자를 연수필(軟隨筆)이라고 분류하는 문학자도 있다.

베이컨의 에세이 같이 어데까지나 객관적 논점에서 써여진 것을 형식적 에세이 즉 경수필이라 부르게 되고, 몽테뉴의 에세이 같이 작가 자신을 중심으로 하고 어데까지나 주관적으로 써여진 것을 비형식적 도는 친화적 연수필이라 부르게 된 것이다. 이러한 의미에서 우리가 지금 조선문학에서 수필이라고 명명하는 것은 연수필에 속하는 자일 것이다.

여기서 오늘의 수필문학계나 국어교육계에서 진지하게 성찰해볼 논의의 대상이 출현한다. 이것은 수필의 분류 명칭에 관한 문제이다.

한흑구가 처음으로 우리 문단에 수용, 적용한 형식적 수필(경수필)과 비형식적 수필(연수필)이란 분류 방법은 확산해 일반화하지 못한다. 오히려 몇 년 늦게 소개된 에세이와 미셀러니의 양분법이 한국 수필의 확고부동한 이론으로 정착한다. 이같은 분류 방법, 특히 미셀러니라는 용어가 한국문학사에서 누구에 의해 사용되었는지 정확하게 알 수 없다. 필자가 조사한 바로는 1950년대 김동리와 조연현이 각자의 『문학개론』에서 이 용어를 처음으로 사용한 것 같다. 에세이를 중수필, 경수필로 분류하는 것은 문학교육 현장에서 고착되어 문제점을 안고 있는데도 수정되지 않고 지금까지 이어지고 있다. 어차피 서구의 에세이 분류 방법을 채택할 것 같으면 그 근거가 확실한 한흑구의 분류 방식이 통용되어야 하겠다.[2]

1948년 11월 《백민》에 내놓은 '수필문학론'의 결론에서 한흑구는 수필에 대한 자신의 견해를 확고히 천명한다.

> 한 편의 시나, 한 폭의 그림과 같이, 수필도 그것이 가진 theme(주제)을 어디까지나 문학적으로 표현해야 할 것이다.

한흑구는 한국현대문학사에서 문학의 한 장르로서 수필의 독자적 가치와 지위와 역사적 맥락을 확실히 정립한 선구자이다. 수필의 창작과 이론을 겸비한 그는 1967년, 1971년, 1975년에도 흔들림 없이 시종일관하는 '수필론'을 피력한다. 그리고 1934년 7월 《조선중앙일보》에 "나는 조선 문단에 수필문학의 새 기운을 촉진하고자 한다"라고 밝혀놓은 선언을 말에서 그치지 않고 실제로 선두에 서서 실천해 나간다.

---

1) 안서영, 「해방 후 한흑구 수필과 민족적 장소애」(『한흑구의 삶과 문학』, 아시아, 2022)
2) 신재기, 「한흑구 수필론 연구」(『일제강점기 한국 영문학과 한국 수필문학의 개척자 한흑구』, 아시아, 2024)

해방공간의 한흑구가 서울에서 대작한
대주가(大酒家)급 문인들

미군정청 서울시 통역관으로서 수필과 평문을 발표하는 한흑구는 해방공간의 서울에 거주하는 어느 문학인보다 주머니 사정이 넉넉한 편이었다. 1937년 상반기에 평양에서 열차를 타고 경성으로 원고를 구하러 오던 시절에는 돈뭉치를 지녔어도 공금이니 한 푼도 허투루 쓸 수 없었지만, 미군정청에서 받는 월급은 어디로든 그의 마음을 따라 흘러갈 수 있었다. 한흑구는 가난한 문인 동료들과 함께하는 자리에서는 언제나 안주머니의 지갑을 아낌없이 빼내는 사람이었다. 물론 그 시절에 문인들의 회합은 '반드시'라고 해도 될 만큼 언제나 성큼성큼 술자리로 가서 흔들흔들 길거리에서 헤어졌다.

> 우리 문학인 중에는 술을 못 마시는 사람이 별로 없는 것 같다. 내가 함께 술을 마셔 본 이들 중에서 제일급(第一級)을 꼽아보면 상당히 많다고 생각한다.
> 우선 수주(樹洲)를 비롯해서, 월탄(月灘), 청천(聽川), 공초(空超), 춘해(春海), 무애(无涯) 제씨(諸氏) 등이 두주급(斗酒級)에 속했지만, 지금은 고인이 되신 분도 있고 노년이 되어서 애주가급에 머무르고 있을 것으로 생각된다.
> 해방 당시에 대주가급은 청마(靑馬), 지훈(芝薰), 미당(未堂), 해송(海松), 광주(光洲), 인욱(仁旭), 구상(具常) 등을 들 수 있다.
> 대주가급에 속하는 이들은 주량이 약주로 친다면 대두(大斗)나 반두(半斗)쯤은 처리할 수 있고, 맥주라면 몇 타(打)씩, 위스키일지라도 사합(四合)들이 한 병은 감당했다.
> 그러나 노쇠한 지금에는 매주 두서너 병으로 그치고, 엑스터시고 인스피레

이선이고 다 청춘과 함께 사라져가고 있을 것이다.

이 회고는 한흑구가 1973년 2월 《월간문학》에 발표한 수필 「주도소칙(酒道小則)」에 담은 것이다. 등장인물들과 거나하게 대작한 과거의 시간은 팔팔했던 삼십대 후반의 해방공간으로, 그의 주머니 사정이 누구 못잖게 넉넉한 시절이었다. 진열된 주호들의 실명은 이러하다.

수주는 영문학자이며 시인인 변영로(卞榮魯, 1898-1961), 월탄은 소설가 박종화(朴鍾和, 1901-1981), 청천은 독문학자이며 수필가인 김진섭(金晉燮, 1908-미상). 공초는 시인 오상순(吳相淳, 1894-1963), 춘해는 시인이며 소설가인 방인근(方仁根, 1899-1975), 무애는 신라 향가를 연구한 학자이며 시인인 양주동(梁柱東, 1903-1977), 청마는 시인 유치환(柳致環, 1908-1967), 지훈은 고려대 국문학과 교수를 지낸 시인 조지훈(趙芝薰, 1920-1968), 미당은 시인 서정주(徐廷柱, 1915-2000), 해송은 아동문학가 마해송(馬海松, 1905-1966), 광주는 소설가 김광주(金光洲, 1910-1973), 인욱은 소설가 최인욱(崔仁旭, 1920-1972)이다. 그리고 구상(具常, 1919-2004)은 본명이 구상준으로 한흑구와 유사한 신변 위협에 닥쳐 1947년 2월 원산을 탈출해 서울 문단에 합류한 시인이다.

구상이 월남 탈주에 나선 1947년 2월은 한흑구의 1945년 9월과는 견줄 수 없을 정도로 인민군의 38선 경계가 삼엄해진 때였다. 다만 북한 문학계의 동향은 다를 것이 없었다. 구상의 탈출 전후 사정을 들어보는 것은 해방 직후에 평양의 조만식과 한흑구가 예측했던 '가까운 장래'가 얼마나 정확했는가를 헤아릴 수 있게 해준다.

동이 트는 하늘에
까마귀 날아

밤과 새벽이 갈릴 무렵이면

> 카스바마냥 수상한 이 거리는
> 기인 그림자 배회하는 무서운
> 골목……

1946년 12월 구상의 친구인 화가 이중섭이 표지 장정을 맡고 원산문학가동맹이 회원들의 시를 모아서 펴낸 시집 『응향』에 실린 구상의 시 「여명도」 1연, 2연이다. 『응향』에 구상은 시 세 편을 실었다. 그것이 엄청난 화를 불러왔다.

> 구상의 시적 경향에 대해 북한 문예지도부는 "현실에 대한 그로테스크한 인상에서 오는 허무한 표현의 유희이며, 낙오자로서의 죽어져 가는 애상의 표현밖에 찾아볼 수 없다"고 지적했다.[1]

구상은 주저 없이 곧바로 탈출에 필요한 위조 증명서 등을 갖춰서 월남의 길을 떠났다. 그러나 경기도 연천의 38선 경계선에서 인민군 경비병에 붙잡혀 옥사에 갇힌다. 과연 뜻이 있는 곳에 길은 있었다. 그는 재래식 변소 밑으로 기어 내려가 구사일생 기적의 탈출에 성공한다.

구상을 그물처럼 덮치려 했던 필화의 구실은 한마디로 당과 인민에 복무하지 않는, 퇴폐적이고 공상적이고 반동적인 글을 썼다는 것이었다. 만약 1947년 2월 그때 한흑구가 평양에 남아 있었다고 가정해보면, 결단코 '당'을 '님'이라 여길 수도 없고 부를 수도 없는 그의 운명은 어떻게 되었을까? 더구나 조만식과 함께했으니.

일찍감치 서울 문단에 합류한 한흑구가 문학판 주호들 가운데 각별한 술잔을 자주 나눈 문인은 동년배나 다름없는 청마 유치환과 소설가 김광주, 여남은 살 아래의 조지훈, 열댓 살 손위의 공초 오상순, 그리고 여섯 살 아래의 미당 서정주였다.

---

1) 이숭원, 『구상평전』(분도출판사, 2019)

한흑구의 영혼에 '생명의 서'를 새기고
'바위'로 남은 청마 유치환

> 나의 지식이 독한 회의(懷疑)를 구(求)하지 못하고
> 내 또한 삶의 애증(愛憎)을 다 짐지지 못하여
> 병든 나무처럼 부대낄 때
> 저 머나먼 아라비아 사막으로 나는 가자.

청마 유치환의 「생명의 서(書)」 첫 연이다. 한흑구의 시적 기질에는 당대 한국 시단에서 「생명의 서」에 우러나는 청마의 시풍을 높이 여겼을 것이다.

> 어디로 향해도 거기 또 하나 나의 자태여.

유치환의 시 「구름」 전문이다. 외줄 시다. 한흑구가 마음에 담은 시였다.

한흑구는 1930년대 초 미국 시카고에서 유치환을 알았다. 얼굴이 아니라 그의 성명과 시를 지면에서 만났다. 그때 유치환도 이름 밑에 '재미국(在美國)'이란 꼬리표를 달고 지면에 등장한 '한세광'을 만났을 것이다. 이광수와 주요한이 주재하고 있던 흥사단 계열 잡지 《동광》의 문예란에는 신석정, 서정주, 김현승, 유치환, 모윤숙, 김상옥, 김광균, 노천명, 한세광 등 젊은 시인들이 등장하고 있었으니.

한흑구가 유치환과 처음 대면한 것은 1934년 4월 미국에서 평양으로 돌아온 다음이었다.

유치환을 처음으로 만나게 된 것은 바로 내 고향인 평양에서였다. 문우들을 통해서 그를 알게 되었고, 그의 현부인(賢夫人)은 딸 둘을 기르고 계신 아주 단란한 가정이었다. 그는 어떤 회사의 지사원으로 근무하고 있었는데, 내가 그를 안 지 두 달이 채 못 되고, 몇 차례의 술상을 나누기도 전에 서울 본사로 영전하고 말았다.

문우들이 모여서 기자림(箕子林) 숲을 즐길 때에는 치환(致環)은 가고, 우리의 화제의 인물이 되고 말았다.

술상을 놓고 앉아서도 말을 잘 하지 않는 그는 눈으로 말하는 듯, 늘 웃는 얼굴을 하였다. 그 가느다란 눈의 가느다란 웃음. 그의 시는 우람찬 노송과 같은 향기를 풍기지만, 그는 좀처럼 소리를 내서 이야기를 하지 않았다.

혹시 말을 꺼내면 인사 정도의 이야기였고, 목소리도 여자의 목소리같이 가늘고 부드러운 알토였다.

누구나 술에 취하면 말이 많고, 남을 비평하는 투가 보통인데, 치환은 술에 취하는 것을 볼 수가 없었다.

이젠 너도 취했겠지 하고 생각하면 그는 어디 간다는 소리도 없이 주석(酒席)을 떠나서 사라져버리기가 일쑤였다.

나중에야 안 일이지만, 그는 자기 혼자서 강변이나, 숲속으로 산책하기를 좋아하는 좋은 버릇을 가지고 있었다. 그는 술에 취한 주붕(酒朋)들을 상대로 떠드는 것보다, 말없이 서 있는 대자연과 대화하고, 노래하기를 좋아한 것이었다.[1]

평양을 탈출한 한흑구가 서울에 들어선 해방 직후, 그때 유치환은 남쪽 바다 고향(통영)으로 내려가 있었다. 그가 서울에 나타난 것은 1947년 시집 『생명의 서』를 출간한 다음이었다. 문우들이 종로에서 출판기념회를 마련했다. 뒤풀이는 당연히 술자리였다. 한흑구의 지갑이 두둑한 시절이었다.

비바람이 부는 밤에 그를 데리고 2차 축하회를 갖기로 하고 몇몇만이 주점으로 가기로 했었다.
 4, 5명 정도로 가기로 했는데 주점에 모인 문우는 7, 8명이었다. 다 기억이 나지 않지만, 그때 모인 친구는 청마를 비롯해서 김광주, 조지훈, 서정주. 조연현, 이한직, 이봉구, 윤경섭 등이었다.
 "형의 필명을 왜 청마라고 지었소?"
 이때, 처음으로 청마라는 호가 세상에 알려지기 시작했다. 그는 대답 대신 가느다란 눈으로 미소만 지어 보였다.
 "청마라고 하지 말고, 비마(飛馬)라고 하지!"
 나는 다시 이렇게 비추어 보았으나, 그는 아무 설명도 하지 않고 그냥 미소만 짓고 있었다. 나는 더 물어보려 하지 않고, 나 혼자서 생각했다.
 '서양에서는 시의 신을 페가수스(Pegasus)라고 한다. 페가수스는 날개 돋친 말이라는 뜻으로, 두 날개를 벌리고 하늘로 올라가는 그림으로 나타낸, 시신의 상징인 것이다. 그리스 신화로 시신 또는 시의 영감을 의미하는 것이다.'
 참으로 시인다운 좋은 아호(雅號)라고 속으로 혼자 생각했을 뿐이었다.
 술상이 들어오자, 각기 자기가 좋아하는 술을 청하기로 했다.
 "그래, 청마는 무슨 술을 들겠어?"
 "무엇이나 흑구가 좋아하는 술을 들지. 소주를 좋아하지!"
 그는 내가 소주를 좋아하는 것을 잘 알고 있었다.
 옆에 있던 한직이가,
 "둘이 한번 시합을 해봐!"
 "그래, 그래 누가 센가 해봐!"

모두가 떠들어댔다.

둘의 앞에는 소주 한 되씩 든 큰 병이 하나씩 놓였고, 다른 이들에게는 약주가 돌아갔다. 통금 시간이 가까워져서 한 되씩의 책임량만 비우고, 모두 집으로 돌아갔다.

이튿날 아침 아홉 시가 되도록 나는 자리에 누워서 일어나지 못하고 있었다. 이때, 김광주가 찾아왔다.

"그래, 청마는 집에 돌아가서 잘 잤나?"

근심스러워서 물어보았다.

"벌써, 아침 여덟 시 차로 고향에 내려갔대."

"무어? 야, 정정하구나! 내가 졌다! 난, 일어도 못 나고 골치가 아파."[2]

'소주 시합'에서 한흑구에게 판정승을 거두고 통영으로 내려간 유치환. 두 문우가 재회하는 것은 6·25전쟁 초반이다. 한흑구가 솔가하여 포항에서 부산으로 피난을 가고, 유치환은 종군작가단의 일원으로 부산에 머문다. 이때 부산 미군부대에 통역관으로 들어간 한흑구는 종군작가로 부산에 머무는 문인들(조지훈, 오상순, 유치환)과 거의 날마다 저물 무렵이면 '에덴다방'에서 뭉치게 되고……

전쟁이 끝나서, 나는 포항으로 되돌아오고, 청마는 가까운 경주시의 경주고등학교장으로 왔었다.

그가 나를 찾아와서 밤이 새도록 소줏되를 비웠지만 한 번도 시 얘기, 문학 얘기를 하는 것을 듣지 못했다. 나도 그의 시를 좋아해서 읽었지만, 그를 칭찬하거나, 그의 시에 대한 감상 같은 것도 통 말하지 않았다. 침통한 성격을 갖고 있으면서도 늘 '모나리자'의 웃음을 지니고 있는 그의 얼굴을 잘 알고 있기 때문이었다.[3]

아, 그러나 청마 유치환은 1967년 2월 부산에서 교통사고로 세상을 떠난다. 존중하는 문우의 참변 소식에 한흑구는 가슴 치는 탄식을 남긴다.

꿈 같은 이야기! 믿어지지 않는 인생! [4]

그리고 한흑구는 경주 불국사 어귀에 「생명의 서」를 새긴 '청마 시비'로 찾아간다. 술병을 들고 가는 걸음인데 친구의 시 「바위」를 암송한다.

내 죽으면 한 개 바위가 되리라.
아예 애련(愛憐)에 물들지 않고
희로(喜怒)에 움직이지 않고
비와 바람에 깎이는 대로
억년(億年) 비정의 함묵(緘默)에
안으로 안으로만 채찍질하여
드디어 생명도 망각하고
흐르는 구름
머언 원뢰(遠雷)
꿈꾸어도 노래하지 않고
두 쪽으로 깨뜨려져도
소리하지 않는 바위가 되리라.

그래서 한흑구는 이렇게 추념한다.

청마!
그대는 아무데도 못 가고

불국사 어귀의 왕모래 언덕 위에
한 덩어리의 식은 바위가 되어서
말없이 말없이, 웃고 섰구나! [5]

유치환 시인   조지훈 시인

1)~5) 한흑구의 「청마와의 교우기」에서

푸른 자기(磁器)의 선(線)에서
슬픈 역사를 읽어낸 지훈이여

얇은 사(絲) 하이얀 고깔은
고이 접어서 나빌레라.

조지훈의 시 「승무」 첫 연이다. 이 알려진 시에서도 우리 고유의 선(線)을 포착하는 시인의 예리한 시선을 감지할 수 있지만, 조지훈과 무수한 술잔을 나누었던 한흑구는 이십대 후반 한때의 조지훈이 유난히 한국의 선에 애착을 기울인 시인이었다는 사실을 잘 알고 있었다.

아름다이 휘어져 넘은 선(線)은
사랑에 주우린 영혼의 향기

원한과 기원과 희구와…… 조촐한 마음이
그 선으로 흘러 흘러

푸른 자기(磁器) 아득한 살결에서
슬픔의 역사를 읽어 본다.

조지훈의 시 「선(線)」 앞부분이다.
해방공간의 갈등을 감당하고 분단을 예감하는 서울 문인들의 질펀한 술자리, 주흥과 주담(酒談)에 시간이 모자라 통금시간에 걸리면 조지훈은 필동의 한흑구 집에

묵곤 했다. 으레 둘이서 더 마셨다. 후배는 도연히 피어오르는 술기운을 즐기듯 고개 들어 눈을 감고 자작시 「선」을 마치 염불 외는 것처럼 암송했다. 그 모습을 선배는 오래 잊지 못한다.

한흑구는 조지훈보다 여남은 살 손위여도 후배의 재능과 인품을 높이 보며 허물없이 다정한 문우로 지냈다. 두 사람의 첫 대면은 월남한 한흑구가 조선청년문학가협회에 들어간 자리에서 이뤄졌다. 그때 아직 서른 살도 되지 않았던 조지훈의 첫인상이 그의 눈에는 원숙한 사십대 장년 같았다.

키도 크고, 얼굴도 크고, 목소리도 크고, 늠름한 장년의 기상이었다. 얼굴도 길고 크고, 코도 입도 다 큰 편인데, 눈은 얼굴에 비해서 좀 작은 편이었고, 근시거나 난시인지 늘 굵은 테의 안경을 쓰고 있었다.

술을 즐겨 마셨고, 술상을 대하면 안주보다 이야기를 좋아했다. 계속해서 이야기를 하자니까, 안주를 들 사이도 없었겠지만, 그의 이야기는 그의 시와 같이 유창해서, 듣고 있는 우리들도 안주를 잊고, 그의 이야기에 취하는 것이 보통이었다.

영국 시단에서 20대에 중견 시인이 되었던 키츠나 셸리나 바이런 같이 지훈도 상당히 조숙한 시인이었다. 그는 시 쓰는 재주도 뛰어났지만, 모든 방면에 출중한 박식을 갖고 있었다.

나이는 젊으나 장년의 모습을 지니고 있었고, 시에 대한 천재적 소질을 가지고 있었으며, 또한 인생에 대한 애착심과 정열을 가지고 있었다.

그는 사람을 대하거나, 자연을 대하거나, 늘 웃음으로 대하였다. 그의 시는 자연의 아름다움을 노래함이었고, 인간의 진실성을 강조하는 것이었다.

그는 가끔 주석에서 인간의 허위성과 위선을 꾸짖었다. 그러나 그것은 어떤 개인이거나 단체를 상대자로 하고 규탄하는 것이 아니고, 인생 전체를 향해서 절규하는 것이었다. 그것은 마치 예수에게 전도하던 세례 요한의 설교와도 같았고, 아테네 거리에서 행하던 소크라테스의 설교와도 같은 것이었다. 옆에 앉아서 듣고 있던 우리들은 술이 다 깨는 듯한 기분으로 잠잠해지고 말았다.

어떤 친구가 그의 흥분을 가라앉히기 위해서, "지훈, 염불이나 한번 해줘!" 하면, 그는 서슴지 않고 젓가락으로 술상을 두드리면서, 굵고 낮은 목소리로 눈을 감고 염불을 외었다.

"수리, 수리, 마하수리, 수수리, 사바하…"

한참, 눈을 감고 외다가, 하하 하고, 입을 크게 벌리고 웃었다.

"이 속된 놈들 술이나 마셔!"

하고, 그는 상 위에 놓인 술잔을 들어 단숨에 마셔버렸다.[1]

이렇게 순수하고 박식하고 재능 많고 사람 좋고 또 유쾌한 조지훈을 한흑구는 미군정청 통역관 시절에 만나서 마시고 또 만나서 또 마셨다.

지훈은 거의 매일 같이 명동에서 만났고, 광주, 인욱, 공초 선생과 같이 술값이 싸다는 '무궁화' 주점에서 놀았다.

통금 시간이 되어도 술이 부족하면, 우리 집으로 가서 밤을 새워가며 술을 마시는 일도 여러 번 있었다.

그는 약주도 잘 마셨지만 소주, 빼주(빼갈), 위스키 무엇이나 다 잘 마셨다.

대한민국 정부 출범 후 포항으로 내려간 한흑구는 전쟁 중 피난 시절의 부산에서 다시 조지훈과 어울려 마신다. 전후에는 대구에서 만나기도 하고 그가 문우들과 같이 포항을 찾아와서 며칠씩 놀다 가기도 한다.

여름철이 되어서 지훈이 마해송 씨와 함께 동해로 놀러와 여러 날 놀고 가기도 했다. 해변 백사장 소나무 그늘 아래서 술상을 놓고, 술을 이야기하고, 시를 이야기하면서 수평선 위에 달이 떠올라올 때까지 늦도록 술을 마신 적이 한두 번이 아니었다.[2]

4·19혁명이 일어나는 당시에 한흑구의 장남 한동웅은 고려대 재학생이다. 만약 그가 정치외교학과가 아니라 국문학과에 다녔다면 조지훈의 제자가 되었을 텐데…….

한흑구는 청마 유치환에 이어 또 한 사람의 귀중한 문우를 1968년 5월 영원히 잃어버린다. 그때 조지훈의 나이 겨우 마흔여덟 살.

한흑구는 조지훈이 생전에 남긴 「자전적 시론」에 나오는 한 구절을 다시 읽게 된다.

> 처음 시 공부를 할 때, 나는 시인이란 미의 사제요, 미의 건축사여야 한다고 믿었다. 그래서, 사상이고 무어고 간에 시는 우리에게 아름다움만을 주면 되는 것이라는 상당한 심미주의적 경향을 띠고 있었다.[3]

그리고 한흑구는 다음과 같은 추모를 남긴다.

> 지훈은 영국의 미의 시인 키츠를 좋아한다고 하였다. 그러나 키츠는 시만 썼지만, 지훈은 국문학, 사학, 민속학, 종교 등을 통해서도 미를 탐구하려는 노력이 컸다고 생각한다.
> 키츠는 26세에 조사(早死)했지만 지훈도 키츠처럼 미의 학도이어서인가 너무나 아깝게 요절하고 말았다. 인생의 무상함을 탄한들 무엇하리요. 다 한 번 가야 하는 길을. 지훈의 고운 인정이 늘 이 땅 위에 꽃피어 있기를 빌 뿐이다.[4]

---

1)~4) 한흑구의 「지훈의 인정미」에서(앞의 책)

"한 형, 나 아직 주정 안 했지?" 하고
히히 웃는 '귀촉도' 시인

> 눈물 아롱아롱
> 피리 불고 가신 님의 밟으신 길은
> 진달래 꽃비 오는 서역(西域) 삼만 리
> 흰 옷깃 여며 여며 가옵신 님의
> 다시 오진 못하는 파촉(巴蜀) 삼만 리.

미당 서정주의 시「귀촉도」첫 연이다. '촉나라 망제가 죽어서 귀촉도(소쩍새)가 되었다'라는 전설을 모티브로 삼아 이별의 정한을 노래한 시이다. 1948년 4월 서정주가 두 번째 시집『귀촉도』를 상재했다. 한흑구가《경향신문》에 신간평을 썼다. 이런 문장이 들어 있었다.

> 바보야 허이연 민들레가 피었다.
> 내 눈썹을 적시우는 용천의 하늘 밑에
> 히히 우습다 바보야.

> 적어도「민들레」의 1편은 인간 정주의 일면을 대할 수 있는 그의 자화상이 아닐까도 생각된다.[1]

1945년 가을, 서울 문단에 합류한 한흑구는 조선청년문학가협회에서 처음 인사를 나누었던 서정주를 조지훈, 김광주 등과 함께 거의 매일 만났다. 아직은 호 '미당'으로 알려지지 않은 서정주는 야릇한 성벽과 유별난 웃음을 지닌 시인이었다.

그는 술상이 들어오지 않으면 아무 말도 하지 않고 움직거리지도 않았다. 한편에 부처님같이 고개를 들고 앉아서 눈 하나 깜짝이지 않고 뜰 밖을 내다볼 뿐이었다.

얼마간 앉아 있으면, 또 싫증이 나는지, 그대로 팔꿈치를 베고 반듯이 누워버리는 습관이 있었다.

누워 있으면 눈이라도 감고 있는 것이 아니라, 얼굴에 비해서는 크다고 할 만한 두 눈을 초롱같이 동그랗게 뜨고 천장만 바라보고 있는 것이었다.

흰 천장 위에는 파리 한 마리도 없었다.

"무얼 보고 있어!" 하면, 정신을 차리는 듯이 큰 입을 좌우로 벌리고 히히 하고 웃어버리고 일어나지도 않았다.

이러한 그의 성벽(性癖)을 좋아하지 않는 친구들도 있는 것 같았다.

그러나, 나는 어쩐 일인지 그의 독특한 성벽에 일종의 매력을 느꼈다.

그는 그대로의 주관이 서 있는 것 같았고, 자부심이 강한 것 같았기 때문이었다.

청마는 웃지 않는 것이 특색이라면, 정주는 잘 웃는 것이 특색이었다. 청마는 가느다란 미소로써 웃음을 대신하지만, 정주는 웃음이 너무나 넘쳐서 웃음이라기보다는 세상을 원망하는 울부짖음과도 같았다.[2)]

한흑구는 술을 마시는 자신과 문우들을 위한 최상급 변호도 넉넉히 마련해두고 있었다. 천도교 사상가로 일제강점기에 잡지《개벽》을 창간한 이돈화의 말, 중국 당나라 시인 이백, 그리고 영어의 어원도 끌어댔다.

역사가인 이돈화 선생의 이러한 말을 나는 늘 기억하고 있다.

"술을 마실 줄 모르는 사람은 하나의 세상을 잃어버리고, 하나의 세상을 모르고 사는 사람이다."

이백은 술에 취해서 물 위에 떠 있는 달을 잡으려고 뛰어들었다가 익사하였다는 이야기도 있지만, 술은 우리의 정신을 최고조로 이끌어주는 일종의 마력이 있는지 모른다.

서양에서는, 술에 취해서 느끼는 이러한 정신상태를 엑스터시(ecstasy)라고 이른다. 이 영어 단어는 고대 불어와 라틴어에서 온 것으로, 그 어의를 웹스터사전(Webster's Dictionary)에서 찾아보면 아래와 같은 세 가지의 뜻이 적혀 있다.
1. 모든 이치도 자제도 불관하는 하나의 정서적인 상태.
2. 위대한 정서적인 상태, 특히 환희, 무아경적인 황홀감, 또는 광기.
3. 신비적인 또는 시적인 광희.[3]

소설가 김광주가 돈암동에서 청계천변 좁은 골목 안에 작은 셋방을 얻어서 이사한 다음의 어느 저녁이었다. 한흑구, 조지훈, 서정주 등 서넛이 거기로 몰려가게 되었다. 한흑구가 마련한 술병들을 꿰차고서.

부인과 애들도 있고 하니, 웃거나 떠들지 말고, 곱게 앉아서 술을 마시기로 단단히 약속을 하였다.
"너, 오늘 또 떠들었단 안 돼!"
나는 주먹을 내밀면서 정주에게 부탁했다. 그는 한 번 빙그레 웃고,
"그래."
하고 고개를 끄덕였다.

지훈도, 나도 꽤 떠드는 편이었지만, 아무 얘기도 하지 않고, 마른오징어 발만 씹고 있었다.

한참 말없이 마시는 술이 한 되가 거의 다 내려가고, 사분의 일 정도밖에 남지 않았다.

"한형, 나 아직 주정 안 했지?"

얼마 남지 않은 술병을 들어보고 정주가 나에게 묻는 것이었다.

"그래. 오늘은 참 용하구먼. 주정도 안 하구. 오늘은 술이 센데. 술 두 되를 다 먹구두, 말 한마디 안 하구."

나는 이렇게 말하면서 뒤에 감추어 두었던 술 한 되를 그의 앞에 내놓았다.

"허허, 글쎄 내가 안 취했어! 한 병이 아직 남았구먼."

그는 좋아서 입을 크게 벌리고 웃었다. 나는 그에게 떠들지 말도록 또 부탁을 했고, 그는 좋아서 고개를 끄떡하였다.

그는 취하기만 하면 곧 엑스터시를 느끼는 것이었고, 엑스터시도 제3조 항에 있는 '시적인 광상과 광희병'에 걸려서 무아경에 빠지는 수가 많기 때문이었다.

이날, 우리는 방 안에서 조용히 술을 마셨지만, 오히려 밖에서 여인네들이 떠드는 소리가 쉴 새 없이 들려왔다. 이 때문에 우리는 떠들지도 못하고 술만 마셨는지도 모른다.

이 떠들어대는 소리를 듣고, 광주는 「청계천변」이란 단편을 하나 쓰게 되었고, 정주는 엑스터시를 안은 채 곱게 마포 집으로 돌아갔다.[4]

소설가 김광주는 2012년 장편소설 『칼의 노래』로 널리 이름을 알린 소설가 김훈의 아버지이다. 김훈은 1948년 5월에 태어났으니 그날 청계천변 셋방에서 벌어진 '특별히 조용한 술판'을 하얗게 모르는 일이다.

한흑구는 1948년 겨울 들머리에 서울을 떠나 포항으로 내려온 뒤부터 이십 년 가까이 서정주와 만나지 못한다. 6·25전쟁 중에 부산으로 피난 가서 서정주는 목포로 내려갔다는 소문만 들을 뿐이다.

그러한 서정주가 한흑구를 위하여 한 번 헌신하는 것은 1971년 상반기이다. 포항에 은둔하는 그의 수필집 『동해산문』 원고 뭉치를 받아든 서정주는 직접 출판사를 찾아가는 노고를 아끼지 않을 뿐만 아니라 발문도 쓰는 것이다. 그때 서정주는 본명 앞의 '미당'과 함께 시 「국화 옆에서」, 「동천」 등으로 한창 떠오르는 시절이다. 친일 전력의 비난에 휘말리는 것은 더 먼 후일이고…….

"수필집이라도 내시라"는 포항 후학들의 간청에 떠밀린 한흑구가 생애의 첫 작품집으로 수필집을 하나 엮어 보겠다는 마음을 먹은 즈음, 1970년 가을의 어느 날, 그는 경주 신라문화제에 내려온 서정주와 우연히 조우한다.

> 전의 모습과 달라진 것이 없고, 달라진 것이 있다면 입을 크게 벌리고 웃던 웃음이 미소로 변하였고, 그의 이름이 요사이 '미당'이라는 호로 부르게 되었다는 것뿐이었다. 그러나 그의 마음속에는 많은 변화가 있었고, 발전해온 모습이 그의 태도에도 나타나 보였다.
> "그래, 요새도 술 잘하나?"
> 나는 이렇게 물었다.
> "아, 이젠 줄었어! 가끔 맥주나 몇 잔씩 들지."
> "그래. 나도 술에 녹았어. 이젠 술에 주의해야 돼."
> 그도 나도 술에는 녹은 것을 동감했다. 술의 엑스터시는 어디로 갔나.[5]

---

1)~5) 한흑구의 「미당과 술과 시」에서(앞의 책)

미군정청 통역관 한흑구가 진정으로 기원한
시인 베네의 유언 같은 자유와 평화

미군정청 통역관으로 서울에 살면서 문우들의 술자리도 기꺼이 뒷바라지하는 한흑구의 문학적 영혼이 진정으로 소망한 일은 무엇이었을까? 그의 수필 「기원」에 잘 나타나 있었다. 1947년 《경향신문》에 발표했다. 1971년 펴내는 수필집 『동해산문』에도 수록한다.

UN 창립 개회석상에서 맨 처음으로 각국 회원들 앞에서 낭독한 것은 미국의 노시인 베네의 「UN을 위한 기도」의 시문이었다. 이 기도문의 골자에는 이러한 문구들이 있어서, 지금까지 나의 머리 가운데 깊이 간직되어 있다.

> 자유의 신이여
> 오늘 우리는 충성과 생명으로써
> 인류의 자유를 맹세하옵나이다.
>
> 모든 자유인과 국가들을
> 속박하고 노예화하려는 폭군들로부터,
> 승리를 얻게 하옵소서.
> 자유를 위해서 싸우고 있는
> 우리의 형제들과
> 서로 사랑할 수 있는
> 그러한 충심과 이해력을

가질 수 있게 하옵소서.

......

우리의 지구는
우주의 한낱 작은 별에
지나지 않습니다.
우리가 만일 원하는 바가 있다면,
우리가 또한 선택하는 바가 있다면,
그것은 전쟁의 해독(害毒)이 없는
아름다운 하나의 유성이 되는 것이며,
공포와 기아의 곤란도 없으며,
인종의 색별(色別)도 없으며,
주의(主義)에 대한 무지한 차별도 없는
자유로운 유성이 되는 것입니다.

    이러한 기원문의 거룩한 음성이 전파를 타고 동과 서로 대양을 건너서, 이 작은 지구의 유성 위로 퍼져서 나갈 때에, 지구 위의 만민은 머리를 수그리고 귀담아 들었던 것이다.
    이 기원은 시인 베네 한 사람만의 기원이 아니었고, 온 인류의 가슴 깊이 애원하는 기원이었던 것이다.
    승자도, 패자도, 해방된 자도 다 같이 갈망하는 인류의 참다운 기원이었던 것이다.
    기도문은 또한 이러한 음조로 이어갔다.

인간의 정신은 각성되었고
인간의 영혼은 향상하였나이다.
우리들에게 지혜를 주시옵고,
개성의 이해를 초월해서
분투할 수 있는
용기와 정신을 이해하고
내다볼 수 있는 시각을 주시옵소서.

……

또한 우리에게
총명과 용기를 주시옵고,
약육강식의 낡은 원리로써
압제정치를 일삼는
세계를 정화하여 주시옵소서.

……

무엇보다도
우리들에게 사랑할 수 있는
사해동포의 우정을 주시옵소서.
만일
우리들의 형제들이 압박을 받는다면,
곧 우리들이 압박을 받는 것이며,
그들이 또한 굶주린다면

곧 우리가 굶주리는 것이며,
그들의 자유가 속박된다면,
우리들의 자유도 보장되지 못할 것입니다.

이 참다운 인간의 마음. 아름다운 인간의 애정. 이것은 노시인 베네의 참다운 마음과 아름다운 사랑만이 아닌 것이다.
지구상에 있는 모든 남녀의 마음이며, 인간 본연의 자세인 것이다.
동과 서의 구별이 없이, 인종의 황, 백, 흑, 홍의 차별도 없이, 붉고 뜨거운 핏속에서 우러나오는 인류애의 거룩한 부르짖음이요, 참다운 기원인 것이다.
기원문은 이렇게 끝맺었다.

하느님이여,
빵과 평화를 아는
평범한 충성을 갖게 하시옵소서.
공정과 자유와 안전을 위해
같은 기회와 같은 힘으로써
각자가 최선을 다할 수 있는,
평범한 인간의 충성을
우리들에게 다 같이 주옵소서.

세계 각국에 사는 사람들에게도
다 같이 갖도록 하시옵소서.

언제나
이 신념 안에서,

우리의 손으로 창조할 수 있는

새로운 세계를 향하여

행진하게 하시옵소서. 아멘.

이 아름답고 참된 기도문을 지은 시인 베네는 작년 여름에 작고하였다. 이 기도문은 그의 최후의 유언인 듯이 남아 있다.

포항시 남빈동의 낡은 집을 둥지로 삼는
검은 갈매기

1948년 8월 15일 대한민국 정부가 출범했다. 미군정이 막을 내렸다. 애국가가 울려 퍼졌다. '동해물과 백두산이 마르고 닳도록~~' 두 동강으로 갈라진 분단국가, 그러나 '백두산'은 그대로 애국가의 상징으로 등장했다. 곡조는 달라졌다. 스코틀랜드 민요 〈올드 랭 사인〉이 아니었다. 유럽에 살고 있다는, 세계적 음악가로 알아준다는 안익태가 작곡한 노래였다.

한흑구는 감회에 젖었다. 필라델피아 교외 윌리 부부의 전원주택에서 몇 시간 전에 작곡했다는 〈코리아 판타지〉 서곡을 피아노로 연주하는 안익태, 친구의 청에 따라 우리나라 민요들을 떠오르는 대로 무려 한 시간쯤 목청껏 불러대는 한흑구. 어느덧 열여섯 해나 흘러간 어느 토요일 한낮이 그의 눈앞에 엊그제 장면처럼 생생히 떠올랐다.

'안익태는 음악으로 꿈을 성취했다. 됐다. 고맙고 장하다. 이제 나는 어떻게 살아갈 것인가.'

한흑구는 자신의 앞날을 고민하고 있었다. 마음만 먹고 나서면 미군정청 고위의 추천서를 받아 이제 막 닻을 올린 대한민국의 외교부든 주미대사관이든 정부의 어느 자리든 맡을 수 있는 실력과 경력을 쌓아뒀다. 하지만 그는 그런 방향으로 눈길조차 보내지 않았다. 심경이 복잡했다.

첫째, 건강에 적신호가 켜졌다. 폐에 잠복성 결핵균이 발견됐다. 현재는 잠복성 결핵이어서 기침이 전혀 없고 일상생활에도 아무런 지장이 없지만, 어쩌다 면역력이 떨어지면 활동성 결핵으로 돌변해 생명을 위협하거나 가족부터 감염시킬 수 있는 '위험한 놈'이었다. "세포 속에 잠복한 균들을 모조리 척결하자면 꾸준히 약을 복용하면서 신선한 공기를 마시고 신선한 해물을 자주 섭치하는 것이 좋다." 이것이 의사의 소견이고 권유였다.

둘째, 분단 독립은 자신이 갈망해온 독립이 아니었다. 더구나 《타임》이나 《뉴스위크》 같은 영어 신문들이 보도하고 분석하는 세계 정세를 통찰해 보면 장제스의 국민당과 마오쩌둥의 공산당이 전쟁하고 있듯이 어쩌면 한반도에서 그와 유사한 사변이 발발할 것만 같았다.

셋째, 청탁과 부패의 유혹이 끊일 줄 모르는 권력의 자리와는 척을 지고 싶었다. 그것은 고학으로 미국 대륙을 유랑하며 추구해온, 무실역행을 생활의 기둥으로 삼아온, 문학을 영혼의 양식으로 삼는 '한흑구의 길'이 아니라고 생각했다.

'정부가 출범했다. 미군정이 끝났다. 분단의 독립국가……. 명리를 좇아서 무엇 하겠나. 여기까지다. 서울을 떠나자.'

안익태 작곡의 애국가가 울려 퍼진 새로운 국가, 새로운 정부의 출범에 즈음하여 한흑구는 서울을 떠나겠다는 결심을 굳혔다.

틈틈이 미군 도서관을 드나들며 준비해온 작업도 거의 마쳐뒀다. 그것은 미국 현대시단을 대표하는 시인과 시를 선택하여 작품과 정보를 정리하고 번역하는 일이었다. 한흑구는 번역시집 『현대미국시선』 출간을 준비하고 있었다. 문학의 굴레를 벗을 수 없는 운명이었다.

신생·독립·분단국가에 가을이 돌아왔다. 들판이 제법 누렇게 물들고 있었다. 여행하기 좋은 절기였다. 한흑구는 서울의 문우들과 함께 경주로 내려왔다. 석굴암, 불국사를 비롯해 고분들을 둘러보았다. 석굴암으로 올라가는 걸음에 그는 석굴암의 조각미를 찬양한 미국인의 글을 떠올렸다.

1932년 미국 《아시아》에 실린, 펜실베이니아대학교 박물관장이 쓴 논문으로, 제목은 「한국 미술의 영광」이었다.

> 동양의 조각 예술은 인도와 중국에서 성행했고, 한국반도에 와서 그 미의 극치를 완성하였다. 인도와 중국의 조각은 정련되지 못한 조품(粗品)이 많으나, 한국의 조각미는 극히 미려하고, 고아하고, 세련된 것들이다. 그리고 일본의 조각은 이 여러 나라의 조각을 모방하는 데 그친 것들이다.[1]

그 논문은 무엇보다 석굴암의 조각미를 세계 일류라고 극찬하였다.

> 석굴암 입구에 있는 역사(力士)의 조각미는 미켈란젤로나 로댕의 작품에 비견할 만하다. 특히 석굴암 내부 우측 벽에 새겨진 셋째 보살의 조각의 형상이나, 그 섬세한 선의 미는 살아 있는 형상과 같고 특히 그 손가락의 곡선미는 어루만져 보고 싶은 애정을 느끼게 한다.[2]

경주 여행에서도 문우들의 저녁은 늘 그랬듯 재담 넘치는 술자리로 이어졌다. 떠들썩한 이야기들 가운데 문득 한흑구의 고막을 세게 자극하는 말이 나왔다. 경주에서 가까운 포항 송도해수욕장이 동해안의 명승이라는 칭송이었다.

> "아버지가 문인들과 고적지 순례를 왔다가 포항 바닷가가 좋다는 얘기를 듣고는 일행과 떨어져 포항에 잠깐 들렀지. 포항 바다를 본 순간 바로 여기다 싶으셨던 거야." [3]

장남 한동웅의 증언이다. 물론 아버지한테서 전해 들은 내용이다. 한흑구는 포항 바다(송도해수욕장)에 대한 첫인상을 글로 남기진 않았다. 다만 그곳은 그때부터 그에게 앞으로 서른 해에 걸쳐 날마다 거니는 사색의 산책로가 된다.
 2023년 가을의 포항 송도해수욕장에서 1948년 가을의 정취를 느낄 수는 없다. 상전벽해, 이 한마디면 족할 듯하다.
 한흑구를 반하게 만들었던 1948년 가을의 포항 송도해수욕장은 일찍이 자연이 창조한 본모습을 간직하고 있었다. 커다란 수박처럼 잘 생긴 원형(圓形)에서 수평선 근처의 꼭대기만 잘라낸 것 같은 영일만, 그 안에 드넓은 호수처럼 안겨든 푸른 바다—이 풍광에서 한흑구는 대뜸 시카고 미시간호반을 그려보았는지 모른다. 그가 하와이 와이키키에 비교한 백사장은 새하얀 세모래의 명사십리였다. 사람이 자연의 재해를 막자고 백사장을 따라 두텁게 심어둔 해송들은 사시사철 푸른 숲을 이뤄서 마치 오래된 원형(原形)의 일부처럼 어우러져 있었다. 한흑구는 방사·방풍의 송림을 바라보며 평양의 기자림을 떠올리지 않았으려나. 영일만은 유장한 흐름을 마치며 이윽고 바다의 품에 안기는 강과 천(川)을 받고 있다. 대동강, 보통강보다 규모는 작다. 경주를 가로질러 흘러온 형산강이 송도 백사장 동쪽을 넓게 끊어내서 영일만으로 들고, 형산강의 샛강 같은 칠성천은 그 서쪽을 끊어 송도를 포항 시가지와 분리하면서 영일만으로 든다. 끼룩, 끼룩, 끼룩. 영일만 바다 위를 유영하는 흰 갈매기들이 백사장에 외로이 서성이는 '검은 갈매기'를 발견하고는 반갑다, 반갑다, 어서 오라고 환영하듯 그의 눈앞을 떠나지 않았을 것이고…….

 서울로 올라간 한흑구는 아내 방정분과 짐을 꾸렸다. 가재도구며 책들은 트럭으로 보내기로 하고, 가족은 모두 열차를 타기로 했다. 그의 가족은 모두 여섯이었다. 막내로 태어난 아기(딸)와 삼형제 아들, 그리고 부부.
 어둠 속으로, 어둠 속으로, 느려터진 야간열차는 서울에서 포항까지 12시간을 달렸다. 영일만 수평선 위로 새말간 해가 이마를 내미는 즈음, 한흑구 가족은 포항역 광장으로 나섰다. 이주민 행색이 아니라 여행객 같았다. 해장국 같은 것으로 속을 데우고 나면 어떤 집으로 갈 것인가. 사리 분별력이 송아지의 뿔만큼은 돋아난 장남은 궁금했다.

"해군 제독이 살던 여천동 ㄴ자 큰 기와집에 잠깐 살다가 남빈동 530번지 집을 사서 이사했어." 4)

그러니까 한흑구는 급하게 임시 거처를 마련하는 데는 관청에 힘을 넣었다. 일본 해군의 장성이 기거하던 적산가옥이었으니 어린 장남의 눈에도 서울 필동의 집보다야 못해도 썩 괜찮은 집이었을 것이다. 그가 여천동 적산가옥을 불하받는 것은 충분히 가능한 일이었다. 서울의 요로에 청탁을 넣으면 일사천리로 해결될 수 있었다. 하지만 그러한 일들에 넌덜머리를 내고 서울을 떠났을 뿐만 아니라, 인생을 꾸려 나가는 정신적 중추는 변함없이 무실역행의 흥사단 사상이었다. 곧 그가 포항에서 마련한 남빈동 530번지 '내 집'은 어떠했을까. 장남의 기억에 찍혀 있다.

"방 세 개가 있는 집이었는데, 달전 사람이 70년 전에 지었다고 했지. 집이 오래되어 용마루가 파도처럼 울퉁불퉁했어." 5)

달전은 포항 북쪽으로 이십 리쯤 떨어진 동네이다. 달전에 살았던 어떤 솜씨 좋은 목수가 일흔 해나 견디도록 지어놓은 집은 서울 필동의 호화 기와집에 비하면 거의 헛간 수준이었다.

제일 큰 이삿짐은 책이었다. 영어책만 1000권이 넘었다. 포켓북 형태의 소설도 많았고, 대다수가 시집과 철학서였다. 장남은 아마도 그 책들이 뿌듯하게 자랑스러웠을 것이다. 한동웅은 이렇게 회고했다.

"잘 해독을 못했지만 윌리엄 사로얀, 존 스타인백, 윌리엄 포커너, 에드가 앨런 포, 화이트 헤드 등 미국 작가나 철학자들의 이름을 알게 됐고, 영화 잡지를 통해 글래머러스(glamorous), 엘리전트(elegant)한 미국 여배우들의 이름을 200명 이상 스펠링 하나 안 틀리고 적을 수 있을 정도로 됐어." 6)

   1948년 영일만 너머로 포항 토박이들이 '샛바람'이라 부르는 맵찬 북서풍이 불어오는 겨울의 초입, 한흑구는 송도 바닷가와 동빈내항, 죽도시장을 거닐었다. 이듬해 광복절에 시(市)로 승격되는 인구 5만의 한적한 포구 도시에서 그저 갈매기와 고독을 벗으로 삼았다.

1), 2) 한흑구의 「일사일언」에서
3)~6) 김노행, 앞의 책.

내 머리 위엔 감투가 아니라
태양의 따뜻한 볕이 필요하니

서로 한 떼가 되어서 힘을 합하고 손을 합하여 부지런히 노역하는 개미의 떼를 맘 깊게 바라본다.

1948년 8월 《개벽》에 실린 한흑구의 수필 「여름단상」 끝부분이다. '개미들의 그 성력(誠力), 그 합심, 그 노역을 더욱 배우고 사랑해야 하는' 신생·분단 독립국 국민의 처지를 각성하자는 목소리였다. 그해 늦가을부터 1950년 늦여름까지 한흑구는 포항에 붙박여 있었다.

신약(身弱)한 나의 몸을 동해와 벗하여 한가히 살고자 푸른 바다와 갈매기에 정이 들었다.[1)]

서울을 등지기 앞서 1948년 4월 '미국 유학 안내'라는 부제를 붙인 단행본 『미국의 대학제도』를 문학 서적이 아니라 '한세광'이란 본명으로 출간했던 한흑구는 포항에 정주해 영일만의 신선한 공기와 싱싱한 해산물로 건강을 북돋우며 '푸른 바다와 갈매기에 정이 들면서' 펜도 쉬지는 않았다. 평문 「흑인문학의 지위」, 「미국문학의 기원」, 「최근의 미국소설」, 수필 「나의 벽서(壁書)」, 「미국 여성의 지위」 등을 발표하고, 독문학자 청천 김진섭의 수필집에 대한 서평을 《동아일보》에 내놓았다. 그리고 서울에서 틈틈이 미군 도서관을 드나들며 뽑아놓은 시편들을 묶어 1949년 번역시집 『현대미국시선』을 펴냈다.

정부 요직에는 관심도 없는 한흑구가 왜 『미국의 대학제도』 같은 책을 펴냈겠는

가. 우리 민족의 고등교육 기회를 최대한 봉쇄할 목적에 따라 한반도에는 전문학교만 인가해오던 일제가 우리 민족의 힘으로 세우려는 4년제 대학을 선제적으로 막아내기 위해 1924년 유일하게 경성제국대학을 설립했으니, 신생 대한민국에는 젊은이들을 국가의 동량으로 길러낼 대학교육조차 미비한 상태였다. 이래서 그는 그럴 수만 있다면 젊은 인재들에게 미국 유학을 권장하고 싶었다.

포항에 정착한 한흑구의 심경은 1949년 《문예》에 발표한 수필 「나의 벽서」를 통해 들여다볼 수 있다. '최근에 그린 상념'이란 부제까지 달아 놓았으니.

불혹(不惑)의 나이, 어느덧 마흔 고개에 올라선 한흑구의 단상은 인생의 여섯 가지를 응시하고 있었다. 죽음, 사랑, 감투, 욕망, 피, 수업 등이었다. 그 차례대로 몇 문장씩 옮겨놓는다.

죽음은 삶의 목적도 아니고, 수단도 아니다. 한낱 삶의 과정의 종결이다.

내가 나의 삶을 마음대로 향유할 수 없는 것같이, 죽음도 나의 마음대로 할 수 없는 것이다.

우리는 다 산다. 우리는 다 죽는다. 살고, 죽는 것은 우리의 숙제가 아니다.

다만 어떻게 살고, 어떻게 죽어야 우리의 삶의 과정을 아름답게, 또한 진실하게 결실할 수 있을까가 문제다.

"육체는 죽어도 영혼은 죽지 않는다."

소크라테스의 말이다.

"지혜로운 사람은 일생에 단 한 번 죽어도, 어리석은 사람은 열두 번 죽는다."

셰익스피어의 말이다.

나는 단 한 번 죽으리라. 땅 위에서 죽어도 좋고, 물속에서 죽어도 좋고, 하늘 허공중에서 죽어도 좋다.

다만, 나는 성삼문의 시정(詩情)에서, 죽어서 '독야청청'하고 싶다.

— '죽음'에서

나는 다만 그대를 사랑한다. 그대의 살과, 피와, 뼈와, 그대의 심장 속에서 우러나오는 그대의 말을 사랑한다.

그대가 죽어서 말이 없고, 살이 없는 해골이 되어도 나는 그대 하나만을 사랑하지 않을 수 없다.

옆에 잠들고 누운 아내의 얼굴. 곤고와 악몽에 파리해진 얼굴.
- '사랑'에서

나에게는 모자도 쓸데없다. 더구나 감투는 필요치 않다.

여름에는 더위를 막아내지 못하는 감투.

더구나 겨울에는 추위도 막아낼 수 없고, 눈보라에 날아가기 쉬운 감투다.

나에게는 감투가 필요치 않다. 오직 나의 머리 위에 필요한 것이 있다면, 비도, 안개도, 구름도 아닌, 광휘 있는 태양의 따뜻한 볕이다.
- '감투'에서

욕망이 없었다면 나는 무엇하려고 세상에 태어났을 것인가? 그러나 욕망은 얼마나 많은 사람에게 만족함을 줄 수 있나?

아름다운 나의 욕망은 검은 비애만을 가져온다. 검은 비애는 오히려 나에게 아름다운 것이기도 하다. 그것은 항상 실망하는 나의 마음속을 채워줄 수 있는 친한 우정일 때도 많다.

"Plain living, high thinking. 평범한 생활, 고상한 이상."

찰스 램의 이 명구는 나의 벽서 중에서 가장 오랫동안 붙어 있는 글이다.
- '욕망'에서

피는 전통을 낳을 수 있고, 또한 전통에서 살 수도 있는 것이다. 피는 시간적인 전통의 낡음을 새롭게 할 수도 있고, 또한 그것을 버릴 수도 있는 것이다.

새집은 반드시 옛 토대 위에 세우지 않아도 좋을 것이다. 우리의 전통이 빈약하였고, 또한 표현되지 못하였다고 해서 우리의 피가 아주 고갈되었던 것은 아니다.

우리는 반만년의 역사를 자랑하기 전에, 목전의 실제를 자랑할 수 있어야 할 것이다. 차라리 우리는 빈약한 문학 전통을 탓하느니보다 우리의 창작력이 될 수 있는 우리의 피가 얼마나 끓고 있는가 생각할 필요가 있다.

우리는 우리의 피에서 과거의 유물적(遺物的)인 전통을 찾는 것보다는 새로운 세대를 창조할 수 있는 우리의 피의 순결성과 활력소를 요구하고 있다.

- '피'에서

나는 문학 수업이 가장 어려운 것으로 생각한다.

평론가이던 앙드레 지드가 처음으로 소설을 쓴 것은 1926년에 발표한 「위폐범들(Counterfeiters)」이었고, 그가 57세이던 때이다.

톨스토이의 명작들이나, 밀턴의 『실락원』도 60대, 70대에 쓰인 것이다.

"나는 내 나이 칠십이 된 오늘까지 소설을 공부하고 있다. 그러나 오늘에 와서야 나는 문학에 아무 재간도 없는 것을 발견하였다. 그래서 지금 내가 소설 쓰는 것을 중지하고 싶은 생각도 없지 않으나, 세상에서는 내가 너무나 유명한 소설가로 알려져 있기 때문에 그만둘 수도 없다."

이것은 영국의 어떤 노작가가 익명으로 발표한 고백이다.

우리는 문단에 데뷔하기에 초조하기보다는 수업으로 일생을 보낼 것이 아닌가.

- '수업'에서

---

1) 한흑구의 「파인과 최정희」에서(앞의 책)

포항에 정착해 번역시집 『현대미국시선』을 출간하고
월트 휘트먼과 흑인 시인의 비명(碑銘)을 되새기다

1949년 포항의 한흑구가 서울 '선문사'에서 출간한 번역시집 『현대미국시선』의 서문에는 "미국문학을 공부하는 이에게 도움이 되기를 바랄 뿐"이라는 역자의 겸손한 말이 찍혀 있다. 그 뜻을 펴주는 알찬 시집이다.

월트 휘트먼, 에밀리 딕슨, 에드윈 알링톤 로빈슨, 애드거 리 마스터스, 스테펜 크레인, 로버트 프로스트, 칼 샌드버그, 조이스 킬머, 랭스톤 휴즈, 카운티 컬린 등 20세기 전반기 기준으로 미국 시단을 대표하는 시인 20명의 대표작을 뽑아 원문 영시와 번역시를 나란히 싣고, 뒤에는 그들의 약력을 한 사람씩 따로 소개하는 별도 지면을 덧붙였다.

이 번역시집에도 한흑구는 월트 휘트먼에 대한 예우를 바치고 있다. 역자 소개란에 자신의 사진보다 더 큼직한 월트 휘트먼의 사진을 얹고 시편이나 시인 소개에 제일 많은 지면을 할애한 것이다. 그러한 가운데도 그는 아쉬움을 토로한다.

'나는 육체의 시인이요,
또한 영혼의 시인이다.'

월트 휘트먼은 이렇게 자기 자신을 노래하였다. 무엇보다도 그의 시는 장편(長篇)에 더욱 좋은 것이 많으나 지면상 이 시집에 넣을 수 없는 것이 퍽도 유감이다.

1934년 7월 《조선중앙일보》에 「현대시의 선구자 월트 휘트먼 연구」를 발표했던 한흑구는 『현대미국시선』에 휘트먼의 시 여섯 편을 맨 앞에 배치했다. 그의 말마따나 '퍽도 유감'으로 짧은 시가 「미국이 노래함을 듣는다」, 「버림받은 창부에게」 등 다섯 편이고 '장편'이라 부를 만한 시는 「광휘 있는 침묵의 태양을 나에게 달라」 한 편뿐이다.

「미국이 노래함을 듣는다」 앞부분이다.

> 미국이 노래함을 듣는다. 그 여러 노래를 나는 듣는다.
> 직공들의 그 힘차고 쾌활한 노래를, 저마다 부르는 그 노래를.
> 기둥과 판재 말리며 부르는 목공들의 노래를,
> 일하러 오며, 담아주며 돌아가는 석공들의 노래를.
> 배 안에서 부르는 선부(船夫)의 노래와, 갑판 위에서 저마다 부르는 선공(船工)들의 노래를.

「버림받은 창부에게」 앞부분이다.

> 마음을 놓고—나와 흠 없이 이야기해—나는 '자연'과 같이 관대하고 자유스런 월트 휘트먼이다.
> 태양이 너를 버리지 않는 한 나는 너를 버리지 않을 것이다.
> 물결들이 너를 위해 곱게 비추고, 나뭇잎들이 너를 위해서 소근대기를 거절하지 않는 한 나의 이야기도 너를 위해 비추고 속삭일 것이다.

한흑구는 해방의 환희를 기념하는 수필 「닭 울음」에도 짧게 초대했던 장시 「광휘 있는 침묵의 태양을 나에게 달라」 전문을 번역해 실었다. 앞부분의 다섯 행이다.

> 있는 모든 광열을 퍼붓는 침묵의 태양을 나에게 달라.

과수원에서 빨갛게 익어서 즙이 많은 가을 열매를 나에게 달라.
비어 보지 않은 풀이 무성하게 자라는 하나의 초원을 나에게 달라.
원두막을 나에게 달라. 포도 넝쿨을 나에게 달라.
신선한 옥수수와 말을 나에게 달라. 잘 길들은 순한 동물을 나에게 달라.

한흑구는 번역시집에 남긴 '퍽도 유감'을 스스로 조금 푸는 것처럼 1950년 1월에는 《신사조》에 평문 「월트 휘트먼론」을 발표한다. 여기서는 월트 휘트먼의 인간과 시에 대하여 이렇게 평가한다.

그는 어디까지나 겸손하였고, 그는 어디까지나 순정한 인간이었다.
'가장 상스럽고, 가장 천하고, 가장 자연스럽고, 가장 대범한 것이 나다.'
그는 자기 자신을 늘 이렇게 생각하였고, 이렇게 행동하였고, 또한 이렇게 노래하였다.
이와 같이 노동자, 기계공, 농부, 목공, 초부, 수병, 병사, 창부, 젊은 여인들과 늙은 어머니들에까지 그의 노래의 주제로 하려 하였고, 인생의 진리를 노래하려 하였다.
그는 자연을 노래하였다. 풀 잎새를 노래하였고, 숲을 노래하였고, 바다와 하늘을 노래하였고, 별과 태양을 노래하였다.

한흑구의 번역시집 『현대미국시선』에는 「나무」라는 단 한 편의 시로 등장한 시인이 있다. 조이스 킬머(1886-1918)이다. 나무를 사랑하는 그는 조이스 킬머의 시 「나무」와 마주쳤던 사연을 기록으로 남겨둔다.

나는 『현대미국시선』을 만들기 위해서 미군 도서관을 드나들면서 1900년대 이후의 현대 미국시를 백여 편이나 수집해서 읽어보았다. 그중에서 나의 마음을 끌게 한 것이 조이스 킬머의 「나무(tree)」라는 한 편의 짧은 시였다. 그의 시를 우리말로 옮겨도 조금도 어색하지 않은, 아래와 같은 곱고 감격적인 시였다.

나무와 같이 사랑스러운 시(詩)는
내 한평생 다시 볼 수 없으리.

달콤한 젖이 흐르는 대지의 젖가슴에
목마른 입을 대고 있는 나무.

하루 종일 하느님을 바라보며
잎이 무성한 팔들을 들고 기도하며 섰는 나무.

여름철에는 그의 머리털 속에
로빈(새)의 둥지를 이고 있고,

비와 정다웁게 살아가는 그의 품에
흰 눈을 지니고 있는 나무.

시는 나 같은 바보가 쓰지만
나무는 하느님만이 만들 수 있다.[1]

나무를 사랑하는 한흑구가 도저히 보듬지 않을 수 없는 시였다. 그는 이렇게도 털어놓았다.

킬머의 이 시를 읽은 후부터 나무에 대한 나의 관심과 감상은 더 커갔다. 나무를 사랑하는 나의 마음은 더 커갔고, 더 깊어갔다.
그리고 나무에 대한 글은 더욱 흥미 있게 읽었다.[2]

흑인문학에 각별한 관심과 애정을 기울여온 한흑구는 두 흑인 시인의 작품으로 『현대미국시선』을 마무리 짓는다. 랭스튼 휴즈(1902-1967)와 카운티 컬린(1903-1946)이다.

『현대미국시선』의 맨 끝을 지키는 카운티 컬린의 시에는 '검은 여인'의 비명(碑銘)에 새겨준 구절이 박혀 있다.

> 그는 천국(天國)에 올라가서도
> 그의 계급은 천하고 낮은 줄 안다.

한세광 지음 『미국의 대학제도』 (1948, 서울국제출판사)

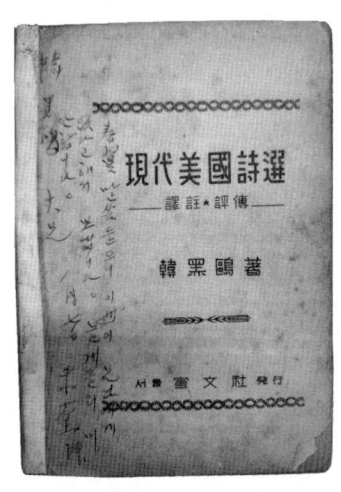
한흑구 번역시집 『현대미국시선』 (1949, 선문사)

1), 2) 한흑구의 「나무·기이」에서

길가의 다복솔아, 우리가 죽어가도
너만은 푸른빛을 잃지 말고

누가 통일은 도둑같이 올 거라고 하는가. 전쟁이 도둑같이 왔었다. 인민군의 기습적 전면전 남침으로, 1950년 6월 25일 새벽에.

그때로부터 두 달도 못 버틴 8월 10일, 동해 남단의 포항마저 인민군이 점령할 형세에 처하게 되었다. 1950년 광복절 무렵에 맥아더 사령관의 대전략은 낙동강 방어선을 사수하며 인천상륙작전을 감행하여 인민군의 허리를 잘라버림으로써 일시에 전세를 뒤엎는 것이었다. 포항은 낙동강 전선의 요충지이자 위장·교란 상륙작전 후보지로 찍힌 지역이었다.

8월 10일은 점령을 목표로 삼은 군대든 방어와 위장·교란을 목표로 삼은 군대든 쌍방이 화력을 포항 시가지에 집중할 시각으로 다가서는 날이었다. 해방 후 월남해서 포항에 새 터전을 잡은 실향민도, 각처에서 포항으로 모여든 피난민도, 전쟁을 뉴스와 소문으로만 들어온 포항 토박이도 남부여대의 행렬에 나서야 했다.

> "포항에 온 실향민들이 죽도시장에 많았어. 평양냉면집은 딱 한 군데 있었지. 8월 10일 아버지가 그 냉면집에서 술을 드시다가 인민군이 달전까지 왔다는 소식을 들은 거야. 이튿날 새벽에 아버지가 피난 가야 한다며 짐을 꾸리라고 하시더군. 어머니가 하나라도 더 챙기려고 하니까 아버지는 몸만 살면 먹을 것은 생긴다면서 최소한의 짐만 꾸리라고 하셨지. 어머니가 시집을 때 가져온 은수저 스무 벌을 담요 안에 넣던 기억이 나." [1]

1950년 여름에 만(滿)으로 열두 살이었던 장남 한동웅은 그날 이후로 일흔세 해를 더 살아오는 동안 아마도 수백 번은 되뇌었을 피난의 기억을 여든다섯 살 노인이 되어도 손금처럼 간직하고 있다.

> "죽도시장에 살던 실향민과 우리 식구까지 합쳐서 모두 73명이 해도동을 거쳐 형산강에 도착했어. 강둑을 따라 연일 쪽으로 가는 피난민들의 기나긴 행렬이 보이더군. 형산강 입구는 미군 헌병이 지키고 있었지. 아버지가 헌병과 대화를 나눈 뒤에 헌병이 형산강 다리를 건너도록 허락하더군. 우리 일행은 오천을 지나 감포 쪽으로 방향을 잡았어. 오천에 K3 비행장이 있었으니까 비행장 안전 때문에 그쪽 길은 피난민들이 지나갈 수 없도록 통제했던 것 같아." [2]

포항시 지리를 잘 모르는 사람들의 이해를 돕자면, 현재 포항제철소와 해도동 사이를 가로질러 영일만으로 흘러드는 형산강 하구에는 그때도 식민지시대에 놓아둔 현대식 다리가 있었다. 시내 쪽에서 다리를 건너 곧장 나아가면 십여 리 못 미쳐 오른쪽 언덕배기에 일제가 닦은 군용 비행장이 있고(전쟁 때 미군의 K3 비행장, 현 포항비행장), 거기서 내처 삼십 리쯤 더 달리면 호미반도 오른편의 동해 바닷가 구룡포에 닿는다. 구룡포에서 해안을 따라 양포, 감포, 울산, 기장, 부산으로 내려갈 수 있다. 한동웅의 회고에 나온 길은 포항비행장 못 미친 지점에서 오른쪽으로 갈라져 오천, 양포, 감포, 울산으로 이어지는 도로이다. 포항에서 구룡포를 거쳐 울산에 닿는 길과 포항에서 오천을 거쳐 울산에 닿는 길을 맞대면 후자가 전자보다 한참 짧다. 양자 간 거리 차이를 직삼각형 생김새에 빗댈 만한데, 후자는 그 빗변이라 하겠다.

> "울산에 도착하니까 일행의 의견이 갈렸어. 울산이면 안전하지 않느냐 하는 의견이 나온 거지. 결국 우리 식구만 부산으로 가기로 하고 나머지는 울산에

남기로 했어." ³⁾

포항을 떠나 꼬박 일주일 걸려 동래온천 근처의 다리 밑에 도착했다는 한동웅은 이튿날 아침의 '이상한 장관'을 일생에 잊지 못한다.

"하룻밤 자고 나니 온 산이 하얗더군. 피난민들이 밤에 덮었던 이불을 말리느라 관목 위에 올려놓은 거야. 그 풍경이 장관이었어." ⁴⁾

어린 장남은 온통 산을 뒤덮은 이불을 잊지 못하고, 이 책의 첫머리에 나온 것처럼 아버지는 팔도 사람들의 노래를 잊지 못하는 피난도시 부산의 첫날. 여기까지가 한흑구 가족에게는 고생의 길이었다. 가장(家長)이 피난 보따리를 꾸릴 때부터 작심했던 그대로 곧장 미군부대를 찾아가 통역관 자리를 잡았으니…….

부산항에는 한국전쟁의 병참 역을 맡아 경제재건의 발전기를 신나게 돌리고 있는 일본에서 건너온 각종 군수품이 산더미를 이루었다. 수영비행장에도 미군 수송기들이 바쁘게 뜨고 내렸다. 울산에 멈추지 않은 한흑구는 그러한 사정을 꿰차고 있었다. 더구나 부산에는 서울을 탈출한 종군작가단의 문우들도 머물고 있었다.

그러나, 그러나, 아, 동족상잔이라니!

한흑구는 피난의 걸음마다 통한의 눈물을 삼키며 부산에 닿았다. 도산 선생이시여, 아버님이시여, 고당 선생이시여, 이러한 독립을 위하여 당신들이, 또 우리가 그토록 순정한 뜨거움으로 삶을 바쳤단 말입니까. 이 뼈저린 통탄을 가만가만 안으로 녹이며 발길을 옮기고 또 옮겼다.

포항이 점령되기 하루 전에 가족과 걸어서 한 주일 만에 부산으로 피난을 갔다. 안강, 경주, 울산을 거쳐서 부산으로 가는 길이 안강전투 때문에 길이 막혀버렸다.

할 수 없이, 동해변을 따라서 양포, 감포, 송정을 휘돌아 울산으로 들어가는 길밖에 없었다.

열세 살, 열한 살, 일곱 살짜리 아들 삼형제를 앞세우고, 아내와 나는 네 살 난 딸애를 번갈아 업으며 한 주일을 꼬박 걸어가야만 했다.

'힘이다! 약자는 짓밟히고 쫓겨가야만 하나!'

"나는 백날을 양으로 사는 것보다 하루를 사자와 같이 굳세게 살겠다!"

이렇게 부르짖고 스탈린에게서 떨어져 나온 유고슬라비아의 티토 대통령의 말을 되새기면서, 나는 동해변의 자갈길을 걸어서 부산으로 쫓겨갈 수밖에 없었다.

너, 길가에 서 있는
작은 다복솔아!
우리가 다 죽어가도,
너만은 푸른빛을 잃지 말고
이 땅을 지켜다고.

나는 이런 탄식을 하면서, 남으로 남으로 쫓겨갔다.[5]

---

1)~4) 김도형, 앞의 책.
5) 한흑구의 「청마와의 교우기」에서

폐허의 포항 시가지에 멀쩡히 남은
너무 낡은 '평화의 집'으로

낮에는 미군부대에서 통역관으로 일하고, 퇴근하는 걸음에 '에덴다방'으로 나가 조지훈, 유치환, 오상순 등 종군작가단 문인들의 커피값과 담뱃값을 계산하고, 어둠이 내리면 그들과 술집으로 옮겨가서 다시 지갑을 펼치는 한흑구의 부산 피난살이는 미군정 시절의 서울살이와 얼추 닮은 꼴이었다.

1950년 가을에는 너도나도 희망에 부풀었다. 부산 바닥은 들떠 있었다. 떡 본 김에 제사 지낸다는 말이 있지만, 먼저 저놈들이 피를 불렀으니 피 본 김에 북진통일 완수하자, 이런 분위기였다. '눈보라가 휘날리는 바람 찬 흥남부두에 목을 놓아 불러봤다 찾아도 봤다 금순아 어데로 갔나~' 이 쓰라린 현인의 노래가 비극과 통절의 국민가요처럼 불리게 될 줄이야 꿈에도 모르는 사람들이었다. 한흑구는 내놓고 말을 못 해도 어딘가 좀 찜찜했다. 《타임》, 《뉴스위크》 등을 꼼꼼히 읽어보면 특히 마오쩌둥의 중국 공산당이 껄끄러웠다.

제2차 세계대전에서 항복한 일본이 중국 대륙에서 쫓겨나자 장제스의 국민당과 마오쩌둥의 공산당은 전면적 내전으로 치달았다. 1946년부터 1949년까지 4년에 걸친 국공내전은 공산당의 승리로 돌아갔다. 1949년 9월 스탈린의 소련이 원자폭탄 보유를 선언한 데 이어, 1949년 10월 1일 중국 공산당은 중화인민공화국 건국을 선포했다. 장제스의 부패한 국민당은 타이완으로 몰려나 간신히 쪽박살림을 차렸다. 세계는 이미 냉전체제로 재편되었다. 이러한 국제정세를 타고 스탈린과 마오쩌둥의 승인을 얻어 남침 전쟁을 감행한 김일성의 인민군은 9월 15일 인천상륙작전 직후부터 마치 전쟁 초반기에 끝없는 후퇴를 거듭하던 국군처럼 끝없는 후퇴를 거듭하고 있었다.

그런데 압록강에 미군이 주둔한다면? 두만강에 미군이 얼쩡거린다면? 마오쩌둥으로서는 견딜 수 없는 위협이 상존한다고 판단할 것이었다. 이것이 패장(敗將) 김일성으로서는 마오쩌둥을 끌어들일 최적의 미끼였다. 게다가 미국 국내에는 반전 여론이 최고조에 도달해 있었다.

한흑구는 국군과 유엔군이 평양을 수복했을 때 문인 대표로 평양에 같이 가자는 조지훈의 제안을 사양했다.

"모란봉에 모란꽃이 피면 나는 평양에 가겠네."

듣는 시인은 내년 봄날에나 편안하게 고향(평양)에 가겠다는 뜻으로 받아들였을 것이다. 하지만 모란봉에는 어떤 찬란한 봄날에도 모란꽃이 피지 않는다.

해가 바뀌었다. 1·4후퇴가 한파처럼 엄습했다. 국군과 유엔군이 37도선 평택-안성까지 밀리면서 다시 서울을 내준다. 1월 24일 시작된 유엔군과 국군의 서울 재수복 대공세. 리치웨이 미8군 사령관이 23만 대병력을 지휘한다. 4월 21일 드디어 서울 재수복에 성공한다. 곧바로 중공군이 80만 대군으로 3차 서울 점령을 획책한다. 하지만 유엔군과 국군이 필사의 방어로 끝내 더 북쪽으로 밀어 올린다.

1951년 5월부터 전선은 38선을 중심으로 한반도의 허리에 울룩불룩한 곡선을 형성하고, 이승만 대통령의 북진 소원에 워싱턴은 귀를 닫아 버린다.

한흑구는 부산에 주저앉을 마음도 없지 않았다. 포항이나 부산이나 거의 이천 리 길 타관이기는 마찬가지였다. 보나 마나 다 부서졌을 포항의 낡은 집은 피난민에게 주듯이 버려두고 부산에 집을 장만해서 통역관을 직업 삼아 얼마든지 새로 시작해도 좋았다. 그런데 어쩌자고 영일만 바다와 갈매기, 송도해수욕장, 동빈내항, 죽도시장이 자주 눈앞에 삼삼했다. 정말 정이 든 모양이었다.

포성 없는 부산에서 그의 가족들은 비교적 편안하게 지냈다. 포항으로 돌아간다고 하자 장남과 차남은 입이 비쭉 나왔다. 무엇보다 전차 때문이었다. 서울에는 있었고 포항에는 없었는데 부산에 와서 다시 만난 전차를 제일 아쉬워했다.

"서울에서 본 전차를 부산에서 다시 보니 얼마나 좋았는지 몰라. 그런데 포항에 가면 전차를 볼 수 없잖아. 어린 마음에 그게 그렇게 섭섭하더군. 그래서 전차표 한 묶음 사서 동생 동명이와 둘이서 온종일 전차를 타고 다녔어. 대신동에서 서면, 서면에서 동래온천까지 계속 다녔어." [1]

장남과 차남의 부산 이탈 준비는 전차 타고 즐기기였다. 차남 동명은 뒷날에 원양어선 선장이 된다. 진정한 바다 사나이의 고독한 길을 멋지게 가라고 아버지는 격려를 해주고…….

한흑구는 1951년 봄날에 가족을 데리고 부산을 떠났다. 피난 가던 때는 짐을 지고 어린 딸을 업고 일주일을 꼬박 걸었지만, 돌아오는 길은 트럭을 탔으니 거의 금의환향 행색이었다.

시민들이 집을 비운 동안 포항 시가지는 무참히 부서졌다. 함포, 야포, 폭격. 온갖 포탄들이 다 떨어졌다. 폐허, 그 자체였다. 파괴된 건물의 조각들만 즐비했다.

장남이 증언한다.

"트럭을 타고 늦은 오후에 포항 효자에 들어섰어. 거기서 시내를 바라보니 폭격이 얼마나 심했던지 허허벌판이 되어버린 거야. 제일교회(현 소망교회) 건물만 솟아 있고 멀리 송도 솔숲이 보이더군." [2]

폐허 한복판에 제일교회 예배당만 오롯이 버티는 시가지를 바라보는 순간, 한흑구는 어차피 새로 시작할 바에는 부산으로 돌아갈까 하는 생각이 다시 불끈거렸다. 예배당 근처의 '낡은 집'도 산산조각 흩어졌을 듯했다.

나는 포항으로 되돌아와서, 고가(古家)이나마 포격에 부서지지 않고 견디어 낸 나의 집에 다시 들어서 살 수 있었다.

포항의 전투는 격렬하여서 두 번이나 적의 점령을 당하였고, 건물의 칠할 이상이 폭파되었다.

그런데도 나의 집이 남아 있었던 것은 하느님의 은혜라고 생각하고, 진정한 평화가 오기까지 이 집에서 살아본다는 것이 오늘까지의 일이 되고 말았다.[3]

모든 포탄이 건드리지 못한 나의 집, 이 평화의 집에서 내가 해야 할 일을 하자. 그는 호흡을 가다듬었다. 그러는 틈새로 파괴된 공동체를 재건하는 일은 이미 한흑구 쪽으로 달려오고 있었다

---

1), 2) 김도형, 앞의 책.
3) 한흑구의「지훈의 인정미」에서

학도병 47명의 넋이 모란꽃처럼 떨어진 포항여자중학교부터 재건하다

포항시 남빈동 530번지, 이미 일흔 살도 더 묵은 낡은 집, 주인의 표현 그대로 고가(古家). 그러나 가까이 있는 예배당과 함께 하느님의 은혜를 입은 듯이 무자비한 포탄에도 멀쩡히 살아남은 평화의 집. 다시 밥 냄새가 피어나고 아이들의 웃음소리가 살아난 집으로 하루는 미군 장교가 찾아왔다.

"프로펠러 전투기인 F-51 무스탕, 제트 엔진 전투기인 F-86 세이버가 우리 집 위로 지나다녔는데, 미군이 아버지를 찾아왔고, 아버지는 K3 미국 공군 통역관으로 들어갔어." [1]

장남이 기억하는 그대로 한흑구는 K3 미공군 통역관으로 들어갔다. 퇴근할 때도 정문의 헌병 앞에 서지 않는 특별 대우를 받았다. 손에 무엇을 들고나오든 그는 그냥 통과했다. 프리-패스 맨, 이것은 미군 장교들이 문학인 한흑구의 인격에 보내는 존경과 신뢰였다.

어머님! 나는 사람을 죽였습니다. 그것도 돌담 하나를 사이에 두고 10여 명은 될 것입니다. 무서운 폭발 무기를 던져 일순간에 죽이고 말았습니다. 지금 이 글을 쓰고 있는 순간에도 귓속에는 무서운 굉음으로 가득 차 있습니다. 더욱이 같은 언어와 같은 피를 나눈 동족이라고 생각하니 가슴이 답답하고 무겁습니다.

이 편지는 6·25전쟁에 군번 없이 총을 들었던 이우근(당시 17세·서울 동성중학교 3학년) 학도병이 전투 중에 쓴 것이다. 1950년 8월 11일 새벽, 이우근은 학도병 전우 70명과 함께 포항여중(현 포항여고)에서 인민군을 기다리고 있었다. 일흔한 송이의 모란꽃들, 그중 마흔일곱 송이가 떨어지는 전투는 그날 4시 30분에 첫 총성을 울렸다.

배우 권상우, 차승원이 주연을 맡은 〈포화 속으로〉, 이 영화는 실제 상황을 바탕으로 촬영한 것이다.

수도사단에 김석원 사단장을 존경하는 학도병 87명이 종군하고 있었다. 김 장군이 3사단장으로 옮기면서 그들에게 집으로 돌아가도 좋다고 했다. 그러나 71명이 김 사단장을 따라 포항까지 내려왔다. 8월 9일 학도병들은 3사단 후방사령부로 지정된 포항여중에 대기했다. 이름만 후방사령부였다. 포항여중에는 연락장교와 20여 명의 군악대뿐이었다. 전투부대는 포항 위의 영덕지역에서 인민군 5사단과 치열한 공방을 벌이는 중이었다. 인민군 766 유격대가 8월 11일 4시 30분 포항여중 앞에 들이닥쳤다. 장장 11시간을 넘기는 지옥의 시간이 열리게 되고…….

현재, 서울 용산의 전쟁기념관에는 다음과 같은 표지가 붙어 있다.

학생들이 사단 후방지휘소가 있는 포항여중에 도착한 것은 8월 9일 무렵이었다. 당시 제3사단은 포위될 위기에 처해 있었다. 8월 11일 북한군이 공격하자, 학도병들은 사단의 철수를 엄호하기 위해 포항여중에 남았다. 치열한 교전 끝에 포항여중은 결국 북한군에 점령당하였고, 71명의 학도병 중 47명이 전사하였다. 그러나 이들의 희생으로 사단과 포항시민들은 무사히 철수할 수 있었다.

이우근의 편지는 이렇게 황급히 끝을 맺었다.

꼭 살아서 가겠습니다. 상추쌈이 먹고 싶습니다. 찬 옹달샘에서 이가 시리도록 차가운 냉수를 한없이 들이키고 싶습니다. 아! 놈들이 다가오고 있습니다. 어머니 안녕! 아~ 안녕은 아닙니다. 다시 쓸 테니까요.

그러나 아들은 다시는 '어머님 전상서'를 쓰지 못한다. 부치지 못한 그 편지를 어머니의 얼굴처럼 가슴에 품고서 피를 흘리며 눈을 감았다.
사흘 뒤, 8월 14일, 국군은 낙동강 전선의 요충지 포항을 탈환했다. 포항여중은 처참히 불타 버렸다. 장렬히 전사한 학도병들의 해체된 무덤 같았다.
미공군 통역관 한흑구는 전선이 38선 중심으로 고착한 상황에서 포항에는 무엇보다 학교시설과 보건시설의 재건이 급선무라고 판단했다. 이 문제에 대한 해결능력을 당장에는 미군만 보유하고 있었다. 그는 부대장을 만났다.

"아버지는 포항 미군부대에 근무하면서 알게 모르게 포항 사람들에게 많은 도움을 주셨지. 6·25전쟁 때 불타버린 포항여고 교사(校舍) 복구라든지 미해병 기념 소아진료소 지원에도 아버지의 손길이 닿았어. 그때는 그런 일이 미군의 지원 없이는 불가능했거든." [2]

장남 한동웅은 '알게 모르게'라고 표현했다. '알게'는 미군을 데리고 현장에 나타나 샬라샬라 설명하는 한흑구의 모습을 신기한 눈으로 지켜보았던 사람들의 입에서 번져 나간 소문이었고, '모르게'는 그야말로 드러내지 않는 자리에서 전쟁고아를 보듬은 곳에 미군의 지원을 끌어낸 노력이었다. 그는 준다고 해도 손을 내저었겠으나 무슨 감사패 따위를 받은 적이 없었다.

1), 2) 김도형, 앞의 책.

영일만 이무기를 잡았으니
용왕님께 용서를 빌자는 '포항사람 한흑구'

1953년 7월 27일 동족상잔은 휴전협정에 따라 총성을 멈추었다. 지구의 가장 살벌한 철책선이 한반도의 허리를 다시 쓰라리게 갈라놓는다.

한흑구는 개인적으로 큰 아픔을 겪었다. 셋째 동현이가 뇌막염으로 숨을 거둔 것이었다. 아버지도 어머니도 가슴에 묻어야 하는 자식이었다.

셋째를 보낸 방정분은 막 시작했던 유치원 교사를 그만두고 말았다. 아이들을 돌보자니 죽은 아들이 눈에 밟혀서 도저히 버틸 수가 없었다. 슬픔과 아픔을 견딜 만해지면 큰 아이들을 가르치고 싶었다. 길은 있었다. 이화여전 음악과를 나오고 홍난파와 공연도 했으니 중학교 음악교사로 나갈 생각이었다.

전후 한국에는 먹을 것과 입을 것이 너무나 빈핍하듯이 모든 방면에 인재가 턱없이 부족했다. 교사도 마찬가지였다. 방정분은 남편이 복구에 앞장섰던 공립 포항여중에서 음악교사로 교편을 잡았다.

전쟁 기간에 세계 철강왕으로 불리는 미국 앤드루 카네기의 「출세 비화록」 같은 서너 편의 잡문만 쓰고 말았던 한흑구는 휴전 후 다시 문학의 펜을 들었다.

먼저, 포항을 한국사회에 알리고 싶었다. 미국에서 고학으로 대학을 다니던 젊은 시절에 부조리 사회의 혁파를 꿈꾸는 시카고의 한인 친구들을 격려한 시 「시카고」에서 '시카고는 나의 둘째 고향'이라 부른 적이 있었다. 1932년 4월 21일 《신한민보》에 실렸다.

> 시카고는 나의 둘째 고향
> 거기는 나의 동무가 있고,

삶을 위하여 쌈 싸우는
나의 동무들의 숨길이 있는 곳.

호숫가에는 공원과 호텔
'카지노 클럽'으로 가는 자동차들.
이곳에 혼자 나와 앉아
수심하는 동무의 낯이여.

'클락'가를 건너 서편에는
백 년 늙은 헌집 속에 먼지 더미.
밤늦어 이 골목으로 들어가는
동무의 무겁게 수그러진 머리여.

시카고는 나의 둘째 고향.
거기에는 '아리스토크랫'의 밤이 있고
'룸펜'의 배고픈 아침이 있는 곳.
그리고 그릇 나르고 얻어먹던 밥집이여!

　1932년 그때 청년시인 한흑구가 '둘째(제2의) 고향'이라 부른 시카고, 그 도시는 그에게 식당의 그릇을 날라 밥을 먹고 학비를 마련한 도시였다. 대공황이 적나라하게 드러낸 '부익부 빈익빈' 사회체제를 혁파해야 한다는 이상도 품게 해준 도시였다.
　초토의 포항 시가지에서 이적처럼 전화(戰禍)를 피했던 '평화의 집'으로 돌아온 한흑구는 어느덧 포항을 '진정한 제2의 고향'으로, 아니, '뼈를 묻을 고향'으로 생각하고 있있다. '내평양'을 꿈꾸기노 했던 본향은 돌아갈 수 없는 고향, 꿈속의 고향으로 남았다.

  그는 포항시민의 일원으로서 각처 사람들이 어우러져 전후 폐허를 이겨내는 포항의 활기찬 기상을 널리 알려주고 싶었다. 이것이 1954년 《신천지》에 발표한 수필 「동해안의 신흥도시 포항」이다. 제목 그대로 활기찬 포항의 기세를 널리 알리는 애향의 글이다.

> 푸르고 맑기로 이름난 동해, 영일만의 호수와 같이 잔잔한 물결 위에는 날마다 밤의 장막을 들치고 한국의 새날이 고요히 열린다. 날이 새기도 전부터 수십 척의 고기잡이배들이 만심(灣心)을 채우고, 밤사이의 공복을 채우려고 감도는 갈매기들의 떼들이 호수 위를 나즉이 날은다.
>   이 그윽한 광경을 클로즈업하며 불쑥 지평선을 솟아오르는 태양의 얼굴은 한없이 엄숙하고, 새맑고, 따뜻하다. 이 빛나고 깨끗한 아침을 맞는 만곡(灣曲)을 이름하여 영일만(迎日灣)이라고 부르고, 이 둥그런 영일만을 두르고 있는 지대를 영일군이라 이름한다. 포항은 바로 이 영일 군내(郡內)에 위치한 어항의 신도시이며, 북위 36도, 동경 129도에 놓여 있다.

  전쟁의 폐허를 극복하고 있는 1954년의 포항을 한흑구는 '한국의 새날이 고요히 열리는 어항의 신도시'라 불렀다. 이 신도시는 1970년 4월 포항종합제철(POSCO) 건설 대역사(大役事)의 막을 올려 '한국 산업화의 새날'을 열게 되고, 1995년 1월 1일 포항시는 영일군을 통합하게 된다.

  포탄들이 건드리지 못한 늙고 낡은 집, '평화의 집'으로 멀쩡하게 돌아와서 느닷없이 셋째 아들을 가슴에 묻어야 했던 한흑구는 지아비로서 아버지로서 한결 더 살뜰해졌다. 밥 짓고 설거지하고 출근도 하는 아내를 위하여 손수 톱과 망치를 들어 싱크대를 만들고 거실도 현대적으로 바꾸었다. 목수 아버지를 도와주던 월트 휘트먼에 비하면 이빨도 안 생긴 격이라는 싱거운 생각도 더러 해보는 즐거운 마음으로.

그뿐 아니었다. 남자는 부엌에 얼씬거리면 안 된다라는 누대 전승의 한국적 인습을 기어코 내 손으로 없애버리겠다고 작심한 것처럼 요리를 자주 해내고 만두를 잘 만들었다. 김장철에는 아내와 김장도 같이 담갔다. 마당 구석에 닭을 쳐서 달걀을 받아냈다. 이따금 닭고기 육수로 조리한 국수도 밥상에 올렸다.

한흑구는 장남 동웅과 차남 동명을 데리고 곧잘 낚시를 나갔다. 뒷날에 장남은 낚시를 취미로 삼아 낚시 마니아로 불리게 되고, 앞서 말했듯 차남은 아예 원양어선을 타고 대양으로 나가 마도로스라 불리게 되고…….

"내가 어릴 때, 아버지와 동생 동명이 그리고 나, 셋이서 낚시를 자주 다녔어. 나룻배를 타고 영일만에 나간 적도 여러 번 있었지. 과거 영일만에는 고기가 엄청 많았어. 특히 바닥을 뱀장어로 깔아둔 게 아닌가 싶을 정도로 뱀장어가 많았지. 하루는 얼마나 큰 뱀장어가 잡혔는지 아버지도 기분이 꺼림칙했던 모양이야. 영일만 이무기가 올라온 것 같다며 용왕님께 잘못한 걸 빌고 집으로 가자고 하셨어." [1]

한흑구는 평양을 떠난 뒤부터, 그러니까 1937년 수양동우회 사건으로 체포돼 고초를 겪고 나서 평남 강서군 성태면 연곡리로 옮겨갔던 그때부터 교회에 예배 보러 나가지 않았다. 그것은 포항에 정착한 다음에도 변함이 없었다. 아내에게 보낸 편지에는 '하나님'을 불러온 적이 있었으나 교회에 다니지는 않았다. 그 이유를 밝혀놓은 글도 남아 있지 않다. 자녀들에게는 종교를 강요한 적이 없었다. 장남의 증언이다.

"아버지는 교회에 안 나갔어. 자식들에게 종교는 가지되 광신도는 되지 말라

고 하셨지. 나도 은퇴 장로지만 아버지의 견해에 동의해." [2]

1954년 겨울부터 한흑구는 가끔 보리밭으로 나갔다. 이른바 '보릿고개'라는 말이 초근목피로 연명하는 민초의 굶주리는 봄날을 상징하는 시절, 포항 지역이든 대한민국 어느 지역이든 보리밭은 우리 산하의 겨울 들녘을 녹색으로 물들이고 있었다.

정부가 경제개발5개년계획에 도전장을 던지고 "우리도 한번 잘살아 보세"를 국민 총동원의 진군나팔로 불어대는 1960년대에 우리 민족의 '가혹한 빈곤의 역사'를 흔히 '5천년 대물림의 절대빈곤'이라 부르게 되지만, 초토에 널브러진 전후 한국사회에서 보릿고개는 가을걷이 양식이 떨어진 춘삼월과 보리타작을 하는 오뉴월 사이의 굶주리는 날들을 일컫는 말이었다. 먹을 만한 풀뿌리와 송기 따위의 봄물 오른 나무 속껍질로 허기를 견뎌내는 비참한 기간…….

굶주려서 부황드는 민초, 굶주려서 영양실조 걸리는 아이들의 잔인한 봄날을 구제해주는 보리. 한흑구는 보리의 생장 과정을 관찰하듯 살피며 생각에 잠기곤 했다. 송도 백사장에서 동쪽으로 바라보는 영일만 건너편에 긴 능선으로 뻗어난, 한반도 지형에서 '범꼬리'라 불리는 호미곶의 보리밭이 넓다는 소문을 듣고 하루를 바쳐 다녀오기도 했다.

늦가을에 씨를 뿌리고 겨울에 싹을 틔워 추위를 이기며 손가락만큼 올라오면 '기특한 놈아, 부디 얼어 죽지 말아'고 농부 가족이 일부러 발로 지그시 밟아주는데, 봄이면 언제 밟혔나 싶게 무릎 위로 싱싱하게 자라나 초여름 햇볕을 받으며 황금색으로 물드는 보리.

'전후의 한국인이여, 저 보리처럼만!'

한흑구는 보리를 위하여 책상에 앉을 수 있는 날을 기다렸다.

'시적 수필로 쓰자. 보리의 생장 과정만 충실히 묘사해도 내 뜻은 잘 살아나리라.'

잔인한 보릿고개 봄날에 그는 보리 예찬의 펜을 들었다.

오뉴월의 보리밭

자택에서 한흑구·방정분 부부

1), 2) 김도형, 앞의 책.

모든 고초와 비명을 다 마친 성자인 양
기도 드리는 '보리'

한흑구는 서울 올라간 걸음에 《동아일보》의 수필 청탁을 받았다. 원고지에 쓴 「보리」를 포항우체국에서 우편으로 띄웠다.

1955년 4월 28일 《동아일보》에 「보리」가 실렸다. 그는 지면에 나온 작품을 꼼꼼히 읽어보며 군데군데 윤문을 하고 싶은 생각이 들었다. 일단 묵혀 두기로 했다.

그로부터 다섯 해쯤 지났다. 1960년 출판사 민중서관에서 『한국문학전집』을 만든다며 '수필편'에 「보리」를 싣고 싶다는 서면을 보내왔다. 그 기회에 한흑구는 몇 년 묵힌 「보리」를 꺼내 눈에 거슬리는 곳을 찬찬히 가다듬었다.

다시 다섯 해쯤 더 지났다. 문교부(현 교육부)에서 「보리」를 중학교 국어 교과서에 싣겠다고 했다. 「나무」의 경우와는 달리 예의범절을 갖춘 제안이었다.

1966년부터 시행된 제3차 교육과정의 중학교 1학년 1학기 국어 교과서에 「보리」가 실렸다. 《동아일보》의 원문은 물론이고 민중서관의 『한국문학전집』에 나온 수정본과 비교해도 여러 군데 새로 수정돼 있다.

> 문장 다듬기가 철저히 이루어지고, 긴 문장은 짧은 문장으로 나누어 종결하였고, 어휘도 표준어로 바꾸었을 뿐만 아니라, 중학교 1학년 수준에 맞게 수정했다. 몇 가지 예를 들면, '아무런 나락'이 '다른 곡식'으로, '낮으막하니'가 '나지막하게'로, '아지랑이'와 '노고지리'가 '아지랭이'와 '종다리'로 바뀐 것이 그 예가 된다.[1]

또다시 다섯 해쯤 지난 1971년, 한흑구는 생애의 첫 수필집 『동해산문』을 출간한다. 여기에 그가 결정하는 「보리」의 최종본이 실린다. 『한국문학전집』의 「보리」를 따르면서 조금 더 윤문을 해놓은 것이다.

아래의 「보리」는 『동해산문』에 수록된 그대로이다.

1

보리.

너는 차가운 땅속에서 온 겨울을 자라왔다.

이미 한 해도 저물어, 벼도 아무런 곡식도 남김없이 다 거두어들인 뒤에, 해도 짧은 늦은 가을날, 농부는 밭을 갈고, 논을 잘 손질하여서, 너를 차디찬 땅속에 깊이 묻어 놓았었다.

차가움에 응결된 흙덩이들을, 호미와 고무래로 낱낱이 부숴 가며, 농부는 너를 추위에 얼지 않도록 주의해서 굳고 차가운 땅속에 깊이 심어 놓았었다. "씨도 제 키의 열 길이 넘도록 심으면, 움이 나오기 힘이 든다." 옛 늙은이의 가르침을 잊지 않으며, 농부는 너를 정성껏 땅속에 묻어 놓고, 이에 늦은 가을의 짧은 해도 서산을 넘은 지 오래고, 날개를 자주 저어 까마귀들이 깃을 찾아간 지도 오랜, 어두운 들길을 걸어서, 농부는 희망의 봄을 머릿속에 간직하며, 굳어진 허리도 잊으면서 집으로 돌아오곤 했다.

2

온갖 벌레들도, 부지런한 꿀벌들과 개미들도, 다 제 구멍 속으로 들어가고, 몇 마리의 산새만이 나지막하게 울고 있던 무덤가에는, 온 여름 동안 키만 자랐던 억새풀 더미가, 갈대꽃 같은 솜꽃만을 싸늘한 하늘에 날리고 있었다.

물도 흐르지 않고, 다 말라버린 갯강변 밭둑 위에는 앙상한 가시덤불 밑에 늦게 핀 들국화들이 찬 서리를 맞고 고개를 숙이고 있었다.
 논둑 위에 깔렸던 잔디들도 푸르른 빛을 잃어버리고, 그 맑고 높던 하늘도 검푸른 구름을 지니고 찌푸리고 있는데, 너, 보리만은 차가운 대기 속에서도 솔잎과 같은 새파란 머리를 들고, 하늘을 향하여, 하늘을 향하여 솟아오르고만 있었다.

 이제, 모든 화초는 지심(地心) 속에 따스함을 찾아서 다 잠자고 있을 때, 너, 보리만은 그 억센 팔을 내뻗치고, 새말간 얼굴로 생명의 보금자리를 깊이 뿌리박고 자라왔다.

 날이 갈수록 해는 빛을 잃고, 따스함을 잃었어도, 너는 꿈쩍도 아니하고, 그 푸른 얼굴을 잃지 않고 자라왔다.
 칼날같이 매서운 바람이 너의 등을 밀고, 얼음같이 차디찬 눈이 너의 온몸을 덮어 엎눌러도, 너는 너의 푸른 생명을 잃지 않았었다.

 지금, 어둡고 찬 눈 밑에서도, 너, 보리는 장미꽃 향내를 풍겨오는 그윽한 6월의 훈풍과, 노고지리 우짖는 새파란 하늘과, 산 밑을 훤히 비추어 주는 태양을 꿈꾸면서, 오로지 기다림과 희망 속에서 아무 말이 없이 참고 견디어 왔으며, 5월의 맑은 하늘 아래서 아직도 쌀쌀한 바람에 자라고 있었다.

3
 춥고 어두운 겨울이 오랜 것은 아니었다.
 어느덧 남향 언덕 위에 누렇던 잔디가 파아란 속잎을 날리고, 들판마다 민들레가 웃음을 웃을 때면 너, 보리는 논과 밭과 산등성이에까지, 이미 푸른 바다의 물결로써 온 누리를 뒤덮는다.

낮은 논에도, 높은 밭에도, 산등성이 위에도 보리다.
푸른 보리다. 푸른 봄이다.

아지랑이를 몰고 가는 봄바람과 함께 온 누리는 푸른 봄의 물결을 이고, 들에도, 언덕 위에서도, 산등성이 위에도, 봄의 춤이 벌어진다.

푸르른 생명의 춤, 새말간 봄의 춤이 흘러넘친다.
이윽고 봄은 너의 얼굴에서, 또한 너의 춤 속에서 노래하고 또한 자라난다.

아침 이슬을 머금고, 너의 푸른 얼굴이 새날과 함께 빛날 때에는, 노고지리들이 쌍쌍이 짝을 지어 너의 머리 위에서 봄의 노래를 자지러지게 불러대고, 또한 너의 깊고 아늑한 품속에 깃을 들이고, 사랑의 보금자리를 틀어 놓는다.

4
어느덧 갯가에 서 있는 수양버들이 그의 그늘을 시내 속에 깊게 드리우고, 나비들과 꿀벌들이 들과 산 위를 넘나들고, 뜰 안에 장미들이 그 무르익은 향기를 솜같이 부드러운 바람에 풍겨 보낼 때면, 너, 보리는 고요히 머리를 숙이기 시작한다.

온 겨울의 어둠과 추위를 다 이겨내고, 봄의 아지랑이와, 따뜻한 햇볕과 무르익은 장미의 그윽한 향기를 온몸에 지니면서, 너, 보리는 이제 모든 고초와 비명을 다 마친 듯이 고요히 머리를 숙이고, 성자인 양 기도를 드린다.

5
이마 위에는 땀방울을 흘리면서, 농부는 기쁜 얼굴로 너를 한 아름 덥석 안아서, 낫으로 스르릉스르릉 너를 거둔다.

너, 보리는 그 순박하고, 억세고, 참을성 많은 농부들과 함께 자라나고, 또한 농부들은 너를 심고, 너를 키우고, 너를 사랑하면서 살아간다.

6
보리, 너는 항상 순박하고, 억세고, 참을성 많은 농부들과 함께, 이 땅에서 영원히 사라지지 않을 것이다.

한흑구의 「보리」는 「나무」와 함께 그가 창발한 시적 수필의 명작으로 회자하고 있다. 두 명작은 황금빛 보리밭과 그 언저리의 푸른 나무들처럼 길이 길이, 그리고 사색의 은둔자로서 고요히 고요히 빛날 것이다.

1) 민충환, 「한흑구론1」(『한흑구문학선집 I』, 아시아, 2009)

새벽이 오기 전이 제일 어둡다, 어서 우리의 밤이 다해지기를!

    1955년 4월 그 가혹한 보릿고개에 '온 겨울의 어둠과 추위를 다 이겨내고' '쌍쌍이 짝을 짓는 노고지리들에게 사랑의 보금자리를 틀게' 해주는 「보리」를 내놓은 때부터 1960년에 이르는 동안 한흑구는 뒷날 자신의 수필집에 수록하는 대다수 작품을 《동아일보》에 발표한다.

    1955년의 「보리」, 「눈」, 1956년의 「감」, 「비가 옵니다」, 「집」, 「귀뚜라미 소리를 들으며」, 1957년의 「진달래」, 「밤을 달리는 기차」, 「7월의 바다」, 「성하의 바다」, 「새봄빛」, 1958년의 「여름 아침의 동해」, 「미국의 현대시-Dylan Thomas를 중심으로」, 「새벽」, 1959년의 「애지자(愛知者)를 등용하자」, 「외관 위주 건물」, 1960년의 「봄비」 등이다.

> 눈은 또한 먼 뜰 앞, 언덕 위에 깔린 누런 잔디 속에서 꿈틀거리고 있는 벌레들과 벌레의 알들도, 다 같이 흰 이불로써 고이 덮어준다.
>   냉이와 달래의 속잎도, 민들레와 할미꽃의 가는 뿌리도, 눈은 다 같이 따스한 이불로써 가리어준다.
>   - 「눈」에서

> 아무리 부지런한 벌들도 오늘은 다 쉬고 있을 겝니다.
>   내일 해가 반짝 날 때에 두 곱이나 일하기 위해서, 비 오는 오늘은 다 쉬고 있을 겝니다.

하나의 찰나에서 무한한 영겁을 안을 수 있는 것이 사람의 마음이 아니겠습니까?

하루라도 참되게, 착하게, 아름답게 살 수 있다면, 얼마나 행복한 인생이라고 하겠습니까?

　　　　　-「비가 옵니다」에서

봄이 오고, 비가 내리고, 잠자던 나무에서 새싹이 나온다는 것은, 어떻게 보면 하나의 평범한 사실일지도 모르겠지만, 꽃도 열매도 맺어 보지 못한 나에게는 하나의 무서운 진리가 아닐 수 없다. 하물며 나의 집, 나의 민족, 나라를 생각할 때에는 더욱 그러하지 않은가?

　　　　　-「봄비」에서

어릴 때에 보던 모란봉(牡丹峯) 위의 진달래, 나의 고향의 진달래, 한 송이 따서 입속에 넣던 아기 진달래.

진달래 동산으로 유명한 영변(寧邊) 약산(藥山) 동대(東臺)의 진달래.
바위 틈마다, 바위들을 뒤덮을 듯이 피어나오던 진달래.
분홍 치마들을 깔아 놓은 듯이 동대 위를 덮었던 진달래.
30대의 소월이가 노래하던 약산 동대의 진달래.
20대의 나도 구경 갔던 동대의 진달래. 평안북도라, 5월에야 늦게 피던 진달래였다.

봄마다 진달래는 우리 땅 어느 산에도 어느 언덕에도 피어나왔다. 우리는 해마다 진달래를 보고서 봄을 느꼈고, 봄을 꿈꾸었다.

　　　　　-「진달래」에서

「진달래」는 포항에서 서울로 올라가는 완행열차에 앉아 차창 너머의 진달래 산천을 바라본 감흥을 살려 그날 밤 여관에 엎드려 쓴 글을 그대로 신문사에 넘긴 경우였다.

안강역에서 올라온 여학생들이 고개를 내밀고 손으로 가리키면서 진달래꽃이 곱다고 떠드는 것을 보았소. 여기도 있다, 저기도 있다. 이렇게 진달래가 곱다고 떠들면서도, 왜 진달래가 고운지 설명하거나, 감상을 말하는 학생은 하나도 없었소. 그래서, 그 길로 서울에 올라가서 「진달래」를 수필로 써서 《동아일보》에 발표하였던 것이오.

위의 글은 1970년 봄날에 한흑구가 아내에게 쓴 편지 형식의 수필 「차창 풍경」에 나오는 한 부분으로, 그즈음 《수필문학》에 실린 것이다.

개 짖는 소리와 함께 애들은 밤마다 감을 향하여 돌과 몽둥이를 던진다.
"여보, 또 개가 짖어요! 애들이 또 감을 따나 봐요!"
아내는 성가시게도, 잠들고 있는 나를 깨운다.
"놔두우. 몽둥이와 돌은 열매를 맺는 나무에만 던진다는 옛사람의 말이 있지 않소!"
나는 12세기 로마의 시인이었던 세네카의 말을 빌려 아내를 만류한다.

Sticks and stones are thrown into the fruit-bearing tree.

우리 집 울 안엔 아직도 몽둥이와 돌에서도 견디어 낸 몇 알의 익은 감이 남아서 푸른 하늘 한복판에 매달려 있다.
모든 쓴맛과 떫은맛이 다 사라지고, 어린애와, 어른과, 늙은이도 다 좋아할

단감이 아직도 몇 알이 매달려 있다.

- 「감」에서

우리 집 속에는 고운 화초를 심은 화분이 없어도 좋다.

그 대신, 샛별같이 반짝이는 두 눈을 갖고, 초저녁 하늘 위의 별들을 헤아릴 수 있는 아들애와 딸들이 있어서, 별나라, 달나라의 이야기로 꽃을 피워 줄 수 있다면 그만이다.

그들은 '우리 집'의 꽃이며, 우리나라의 희망이다. '우주선'의 만화를 베갯머리에 편 채로 놓아두고, 가느다란 숨소리로 고요히 잠자고 있는 그들의 얼굴을 들여다보라! 얼마나 귀엽고, 사랑스럽고, 알뜰한가?

그 희고, 보드랍고, 따스한 볼을 가만히 쓰다듬어 볼 때, 우리의 가슴은 흐뭇한 사랑의 전파로 채워지고, 애정의 뜨거운 샘 속으로 잠기지 않는가?

지금, 이 고요한 밤에, 그러나 길고, 추운 이 밤에 무엇을 꿈꾸고 있을까?

- 「집」에서

"속아서 산다."

가끔 우리는 이런 말을 한다.

이 말은 어느 철학자의 말보다도 값있는 말이다.

다른 동물들은 다 삶을 즐기면서 살고 있는데, 욕망이 많은 우리 인간은 늘 속아서 살게 마련이다.

그러나, 일생을 속아서 살아도 좋고, 헐벗고 살아도 좋다. 다만 남을 속이지 말고, 참되게 살 수 있는 것이 행복한 것이다.

- 「새봄빛」에서

그리고 한흑구는 1958년 잡지 《새벽》에서 「새벽」을 통해 시대의 새벽을 갈망했다.

미소를 머금은

햇빛들은

춤을 추는 물결들과 입을 맞추고 있다.

이러한 셸리의 시는 동이 트는 새벽의 즐거운 생명을 노래한 것이다.

새벽은 이렇게 아름답고, 줄기찬 생명을 가져오는 시간이라고 나는 늘 생각한다.

그러나 나는 "새벽이 오기 전이 제일 어둡다"고 말한 선철의 가르침을 생각하면서, 어둡고 답답한 밤이 어서 다해지기를 기다리는 밤도 적지 않다.

전후에 가장 많은 아기가 태어난 1958년, 이른바 '58개띠들'이 방방곡곡에서 탄생의 울음소리를 으앙으앙 세차게 터트리고 있는 그해, '어둡고 답답한 밤이 어서 다해서' 부디 그들은 시대적 여명의 소년이 될 수 있기를 기원하는 한흑구. 이미 그는 포항에서 날마다 바라보는 바다를 어머니의 품처럼 느끼고 있었다.

수억 년의 오랜 바다의 역사와 생리를 지니고 있는 듯한 하얀 모래벌판 위에는 여기저기 해당화가 피어나기 시작한다.

조수 위에 한가한 갈매기들은 흰 나래를 길게 펴고, 푸름 위에 흰 동그라미를 그리면서 고기떼를 노리고 있다.

온갖 생명과 빛을 한몸에 지니고서 푸르고, 싱싱하고, 부드러운 어머님의 품과 같은 성하의 바다여.

  - 「성하의 바다」에서

땅은 좁고, 농민은 많고, 먹을 것은 적으니
우리가 어떻게 해야 살아나갈까

한흑구는 1956년부터 1957년에 걸쳐 포항시 남빈동의 늙고 낡은 집에서 《농민생활》에 연재하는 장편소설 「마을을 내려다보며」를 집필한다. 시대의 어둠이 하루빨리 걷히고 나라의 새벽이 열리기를 갈망하는 작가의 소망을 담아낸 계몽소설이다. 1935년부터 1936년까지 역시 《농민생활》에 장편소설 「사형제」를 연재했으니 그가 두 번째 발표한 장편소설로 남게 된다.

「마을을 내려다보며」의 문철주는 한국의 전형적인 시골인 삼치골에 '현대적이고 과학적인 농촌'을 건설하고자 하는데, 이때 미국은 대타자라고 할 정도로 문철주가 지향하는 농촌의 절대적인 지표로서 기능한다. 미국은 우리가 무조건 믿고 배워야 할 대상으로서, 제목인 '마을을 내려다보며'에서 내려다보는 주체는 바로 미국이라고 할 수 있다.

평소 문철주는 미국에서 온 농민 잡지를 읽으며, 미국 농장의 시설을 그림에서 볼 때마다 "잠을 잘 수가 없을 지경"으로 동경한다. 문철주는 한 점의 의심이나 비판도 없이 "농사짓기도 돼지 치기도 다 과학적으로 연구를 해서" 시행하는 미국과 똑같이 농사를 짓고 가축을 기르고 싶은 욕망에 들려 있는 것이다. '선진국으로서의 미국/후진국으로서의 한국'이라는 구도는 이 작품의 핵심적인 주제를 이루며, 작품의 곳곳에서 반복해 나타난다.

"땅은 좁고, 농민은 많고, 먹을 것도 적으니 어떻게 해야 우리가 살아나갈까 하는 것은 여간한 문제가 아니란 말입니다. 땅도 많고, 농사도 과학적으로 하고 있는 미국 같은 나라는 막대한 잉여 농산물이 연년이 쌓여지어서 우리와 정반대의 문젯거리가 되지만, 먹을 것이 없어서 문젯거리가 되는 것과 먹을 것이 너무나 많아서 문젯거리가 된다는 것은 참 기가 막힌 대조이죠."

"여러분도 다 아시다시피 우리나라에는 무엇보다 농촌의 현대화 과학화가 절대로 요망되고 있습니다. 현대에 있어서 모든 나라가 공업시대를 걷고 있지만, 공업의 원료를 제공하는 것도 농촌입니다. 미국 같은 나라는 공업의 원료를 원활하게 제공할 뿐만 아니라 식량은 몇 해를 두고 먹어도 부족함이 없을 잉여 양곡 때문에 곡가 조절에 골머리를 앓고 있는 형편이 아닙니까. (중략) 어린이들과 늙은이들의 영양에 절대로 필요한 우유, 크림, 버터 등을 생산하지 못하는 나라는 현대국가라고 말할 수 없다고 어떤 이가 말하였습니다."

첫 번째 인용은 문철주가 이선생과의 대화에서 나오는 말이고, 두 번째 인용은 문철주의 아들인 춘우의 미국유학 환송회에서 이선생이 하는 연설의 일부이다. 문철주와 이선생은 이 작품의 관점인물이라고 할 수 있으며, 이들의 발언에는 '미국/한국', '선진/후진', '우등/열등'이라는 선명한 이분법이 아로새겨져 있다. 미국이 "통조림 우유"를 만들 정도로 발달한 곳인 것과 달리, 한국은 "독립이 된 지 십 년이 넘어서도 남의 원조를 받아야 되니 민족의 장래를 생각할 때에도 한심하고, 암담하지 않을 수 없"다고 일컬어지는 곳이다.

「마을을 내려다보며」에서 수남 아버지는 분단으로 고통 받으며 자립할 능력을 상실한 전후(이 작품의 시간적 배경은 1954년부터 1955년까지이다)의 한국인을 상징한다. 해방 이전 북간도에 있을 때 철주네 집의 일을 하던 늙은 수남 아버지는, 우연히 동대문 시장에서 철주를 만나 삼치골에 살게 된다. 북한에서 온갖 험한 일을 당하다 집안은 풍비박산 나고, 수남 아버지 홀로 월남한 것이다. 이런 수남 아버지에게 철주는 "그 악마 같은 공산주의의 악당들도 벌을 받고 다 망해버릴 겝니다. 그렇게 되면 새로 세운 대한민국이 남북을 통일하게 되고, 수백만 명이 만주에서 땀을 흘려 이룩한 땅의 권리도 찾을 수 있게 되겠죠."라고 말한다. 모든 것을 잃어버리고, 가족과도 헤어진 채, 철주를 만난 이후에도 "매일같이 일만 하던 수남 아버지"는 결국 병으로 죽고 만다.

이 작품에서 문철주의 아들인 문춘우는 미국과 삼치골을 이어주는 중개자로서, 이 작품의 전망을 상징하는 인물이라고 할 수 있다. 문춘우는 과학을 좋아하며 관비생으로 미국 유학을 가려고 한다. 춘우는 "대학은 미국에 가서 해야지 연구를 할 수 있을 것 같아요."라고 생각하는 것이다. 이 작품에서 미국은 그야말로 '희망' 그 자체이다. 춘우가 미국 관비 유학생 시험에서 통과되는 것이 핵심 내용인 14장의 제목은 '희망의 문'이고, 춘우가 미국으로 유학을 가는 것이 핵심 내용인 15장의 제목은 '희망의 나라로'일 정도이다. 춘우는 아버지의 권유로, 오리건 주립대에 가서 "농산물, 축산물의 재배, 양육에 대한 화학적 연구"를 하고자 한다. 이러한 공부는 이선생의 "춘우 군도 미국에 유학 가면, 우리들의 얘기를 잊지 말고 열심히 공부를 하여야 하네. 너희들 세대까지 이렇게 못살아간다면 한국은 아주 열등국가로도 존재해 갈 수가 없네."라는 말에서 알 수 있듯이, 미국을 절대적인 스승으로 삼아서 열등한 상태를 벗어나 발전(진화)시키는 일에 해당하는 것이다.[1]

---

1) 이경재, 「불멸의 민족혼 한흑구와 그의 소설에 나타난 미국」(앞의 책)

마음은 평양의 고향 집을 더듬고
심야의 기차는 포항으로 달리고

    1956년 겨울부터 이듬해 봄까지, 한흑구는 오랜만에 집안의 일로 신경을 좀 곤두세운다. 장남 한동웅의 대학 입시가 당면 문제였다. 서울로 올라가야 하는 아들에게 젊은 날의 아버지가 미국에서 그랬듯이 '열심히 고학하라'며 내몰 수야 없는 일이었다.

    비만 좀 내리면 운동장이 물에 잠기고, 교사 수급이 제대로 안 돼서 체육교사가 임시로 국어를 가르치기도 하고, 새 교사를 지어 이사하느라 법석을 떨어야 했던 공립 포항고등학교를 졸업하는 한동웅은 1957년 봄날에 서울대학교 영문학과 신입생으로 들어가려는 원서를 작성했다. 어린 시절부터 아버지의 영어 서적과 뒹굴었으니 친숙한 길이었다.

    "당시 포항고는 동(東)반, 서(西)반 두 개 반이 있었고, 졸업동기는 157명이었어. 허화평, 재생 이명석 선생의 차남 이태우, 로얄와이셔츠 대표 박영래, 1군 사령관 허정, 비왕산업 대표 임용우가 동기야. 성적은 허화평이 1등이었고, 나도 곧잘 하는 편이었지.

    아버지 서재에 있던 수많은 영어책 덕분에 영어와 친숙한 환경에서 성장했지. 당시 서울대 인문계에서는 영문학과 커트라인이 가장 높았는데, 영어를 좋아했고, 이왕이면 가장 높은 곳에 지원해보자고 생각한 거야. 결과는 불합격이었어. 서울대 영문학과에 이양하 교수라고 있었어. 평남 강서 출신으로 수필가와 영문학자로 명성이 높았던 분이지. 아버지와 가까운 사이였는데, 아버지가 이양하 교수에게 내 성적을 물어보니 근소한 차이로 불합격되었다

고 했다더군." [1]

낙방한 장남이 재수하겠다고 선언한 봄날, 아버지는 산책 삼아 걸어서 출근할 수 있는 포항수산초급대학에 강의를 나가고 있었다. 선진 어업을 개척할 청년들에게 교양 영어와 문학 강의를 시작한 그는 이듬해 교수(전임강사)로 부임하고 부교수를 거쳐 1964년 정교수 사령장(辭令狀)을 받는다.

한동웅은 집에서 재수 시늉으로 시간을 보내다 가을 들머리에야 친구를 따라 서울로 올라가 학원에 등록했다.

"고려대 농과대에 들어간 친구가 여름방학에 와서 이러면 안 된다며 서울 가서 공부를 제대로 하자고 하더군. 그렇게 서울 가서 공부에 열을 올렸지. 종로3가 EMI 학원에서 안원필 원장의 강의를 들었는데, 명성대로 실력이 대단했어." [2]

장남이 서울에 올라갔다. 한 해에 몇 차례씩 서울 나들이를 해온 한흑구에게 서울 볼일이 하나 더 늘어났다. 야간 완행열차, 이것이 그의 교통편이었다. 호랑이 담배 피우던 시절이란 말이 있지만, 그때는 기차 안에서 맘껏 담배를 피울 수 있었다.

"아직, 병이 낫지 않았는데, 왜 퇴원을 했어요? 잘 고치고 나오지!"

맞은편에 앉아 있던 장사꾼인 듯한 40대의 여인이 딸인 듯한 여인에게 물었다.

"병원에서도 무슨 병인지 모른대요. 석 달이 되었어도 안 낫는 걸…… 돈도 없고, 죽어도 집에 가서 죽는다요!"

늙은이의 딸은 기운 없이 대답하면서 새끼손가락으로 눈시울을 문질렀다. 늙은이는 또 기침을 하면서 자리에서 일어나려고 뼈만 남은 흰 손을 차창가로 내둘렀다.

"가만히 누워 계셔요! 다리를 이리로 뻗으시고. 병을 완전히 고치시지도 않고!"

장사꾼인 듯한 여인은 친절하게 말하면서, 늙은이의 다리를 자기 옆으로 걸치게 하였다.

"죽어야지! 집에 가서 죽어야지!"

늙은이는 혼잣말같이, 거쉰 목소리로 말하며, 또 캄캄한 어두운 차창을 쳐다보았다. 창 위에는 달도, 별도, 새벽놀도, 아무것도 비치지 않았다.

기차는 쉬지 않고, '칙칙 펑펑' 소리를 하면서 천천히 기어올랐다. 언덕을 넘고, 굴을 뚫고 추풍령 고개로 올라가는 모양이었다.

옆에 앉은 대학생도, 늙은 할머니도, 다 숨소리도 없이 교의에 기대어서 잠이 들어 있었다. 맞은편에 앉아 있는 20대의 청년은 입을 있는 대로 벌리고 고개를 꺾은 채 수그러져, 잠을 자고 있었다.

신사도, 여인도, 다 머리를 맞대고 잠을 자고 있었다. 통로 옆에 있는 노동자 두 사람도, 장사꾼 여인도, 늙은이의 딸도, 다 고개를 숙이고 잠들고 있었다.

시계는 새벽 두 시 반을 가리키고 있었다.

나는 혼자서 담배 연기를 내뿜으면서, 늙은이의 희멀건 눈이 떠 있는 것을 바라보았다. 그의 턱에 매달린 흰 수염을, 나는 말없이 바라다보았다.

"죽어야지! 집에 가서 죽어야지!"

금방이라도, 또 늙은이가 일어나서, 이렇게 말할 것만 같이 보였다.

기차는 아직도 숨이 가쁘게, 어두운 밤의 고개를 넘어가고 있었다.

'칙칙 펑펑' 언덕을 기어오르고, 산의 굴을 뚫으면서, 아직도 추풍령 고개를, 우리나라의 지붕인 추풍령 고개를 넘어가느라고 애를 쓰고 있었다.

'우리는 모두 집으로 돌아가고 있는 것인가……'

이렇게 생각하면서, 나도 이북에 있는 나의 집을 다시 한번 머릿속에 그려 보았다.

그러나, 기차는 아직도 숨찬 소리를 내면서, 추풍령을 넘어 남으로, 남으로 달리고 있었다.

달도, 별도, 새벽도 없는 캄캄한 검은 밤을, 기차는 그냥 내달리고 있었다.[3]

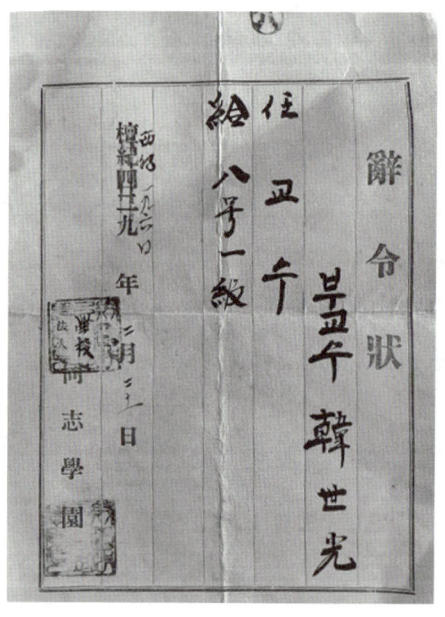

한흑구 교수 승진 사령장

1), 2) 김도형, 앞의 책.
3) 한흑구의 「밤을 달리는 기차」에서

불타는 눈망울로 의혈과 환희의 4월을 보낸 장남과 함께 포항으로

그날 너희 오래 참고 참았던 의분이 터져
노도와 같이 거리로 거리로 몰려가던 그때
나는 그런 줄도 모르고 연구실 창턱에 기대앉아
먼 산을 넋없이 바라보고 있었다.

오후 2시 거리에 나갔다가 비로소 나는
너희들 그 무엇으로도 막을 수 없는 물결이
의사당 앞에 넘치고 있음을 알고
늬들 옆에서 우리는 너희의
불타는 눈망울을 보고 있었다.

시인 조지훈이 고려대 국문과 교수로서 4·19혁명 주역인 학생들에게 바친 헌시 「늬들 마음을 우리가 안다」 앞부분이다. '어느 스승의 뉘우침에서'라는 부제가 일러주듯이 그 시는 타락하고 부패하고 무능한 자유당 독재정권 아래서 목소리를 내지 못했던 교수들의 통렬한 자기반성을 담아 민주주의 제단에 청춘을 바치는 제자들에게 찬사를 바치고 있다. 1960년 5월 3일 《고대신문》에 실렸다. 존중하는 후배 문우이며 포항에서 만나든 서울에서 만나든 언제나 허물없는 술벗의 장중한 노래를 한흑구는 귀중히 여겼다.

1960년 4월에 한흑구는 포항에 있었고, 한동웅은 서울에 있었다. 아버지는 국내 언론과 영어 신문을 통해 4·19를 통찰하고, 장남은 4·19를 고려대 학생시위의 선두에서 체득했다.

한동웅은 1958년 고려대 정치외교학과에 들어갔다. 1929년 보성전문학교 상과를 한 해만 다니고 미국으로 떠났던 아버지의 맥을 잇자고 택한 것은 아니었다.

> "두 번째 대학 지원은 고려대 정치외교과를 택했지. 서울대 영문학과에 또 지원했다가 떨어지면 낭패니까 안전 지원을 한 거야. 정치외교학은 내 영어 실력이 통할 수 있는 분야라는 생각이 들었고. 그런데 경쟁률이 무려 12 대 1이어서 긴장이 되더군. 다행스럽게도 무난히 합격하고 신세계백화점 옆에 있는 중앙우체국에 가서 아버지에게 합격했다는 전보를 보냈지." [1]

여든다섯 살도 훌쩍 넘어 저렇게 회고한 스무살 장남이 신입생으로서 보내온 긴 편지를 한흑구는 1958년 봄날에 받았다. 한 편의 시 같은 노래 가사도 적힌 '부모님 전상서'였다.

> 바위고개 언덕을 혼자 넘자니
> 옛 님이 그리워 눈물 납니다
> 고개 위에 숨어서 기다리던 님
> 그리워 그리워 눈물 납니다

이흥렬 작사·작곡의 〈바위고개〉다. 한동웅이 신입생 환영회에서 듣고 눈물을 글썽였던 노래의 '님'은 포항의 부모님이었다.

장남의 편지를 읽은 한흑구는 이미 아득히 멀어진 자신의 스무 살을 회억했을 것이다. 나라를 잃은 청년에게는 나라가 님이고 독립이 님이지 않았던가. 그래서 그는 또 생각했을 것이다. 이제는 장남도 부모를 넘어선 어떤 이상(理想)의 '님'을 가슴속에 품을 때가 되었노라고…….

어쩌면 아버지와 장남의 이심전심이었을까. 아니면 기질의 대물림이었을까.

> "정치외교과 신입생 중에 경기고, 경복고, 용산고, 경동고 출신이 거의 8할이더군. 포항 출신은 나밖에 없고. 학과별로 총학생회 대의원을 한두 명씩 선출했는데 나도 당선되어서 상당한 역할을 했지." [2]

'기질의 대물림'이란 한흑구가 필라델피아 템플대학 시절에 학생회 대표를 맡았던 경력을 상기한 말인데, 한동웅의 '진짜 상당한 역할'은 그가 3학년 때 맞은 1960년의 4·19, 그리고 그것이 이승만 대통령의 하야와 자유당 정권의 붕괴와 내각제 민주당 정권의 탄생으로 이어진 4월혁명의 공간에서 이뤄졌다.

1960년 4월 18일 고려대 학생들은 스크럼을 짜고 교문 바깥으로 나갔다. 신설동 로터리에서 학생처장이 자동차 지붕에 올라서서 학교로 돌아가라고 외쳤다. 그의 머리와 지식으로는 도저히 상상할 수 없는 역사의 물결을 자동차 하나로 막아보려는 부질없는 짓이었다. 아스팔트의 드센 물결은 시민들의 열렬한 박수를 받으며 오후 2시쯤 태평로 국회의사당 앞에 도착했다. 썩어빠진 자유당 정권을 폭파할 수 있는 4·19의 기다란 도화선이 국회의사당 플러그에 꽂힌 것이었다. 총학생회 간부 한동웅은 줄곧 선두를 지키고 있었다.

> "집회를 마치고 학교로 돌아가는 길에 테러를 당했어. 당시 청계4가에 천일백화점이 있었는데 그 앞을 지나가다가 체인과 갈고리, 몽둥이를 든 깡패들의 습격을 당한 거야. 현장은 순식간에 아수라장이 되고 말았어." [3]

깡패들이 사라지기 바쁘게 경찰이 나타났다. 경찰과 짠 테러였다. 그것이 국회의사당에 꽂아둔 도화선에 불을 붙였다.

한동웅의 턱 부위에는 평생 지워지지 않는 흉터가 남는다. 포목점 안으로 피신

했으나 깡패가 휘두른 갈고리에 턱을 맞은 것이었다. 아버지도 따뜻하게 쓰다듬고 살펴본 흉터, 그것은 4·19의 선물이었다.

"피가 많이 흘렀어. 경찰차를 타고 이화여대 의과대학 응급실로 가 상처를 꿰 맸는데, 하얀 턱뼈가 보일 정도의 부상이었어." 4)

일본 자민당 정권이 거꾸로 한국 자유당 정권을 커닝하는 것인지, 한 달 뒤에는 도쿄에서 야쿠자 조직원들이 학생 시위대를 몽둥이로 진압하려 날뛰는 유혈사태가 발발한다. 1960년 5월 19일 기시 노부스케 내각이 의회에 기동대를 투입한다. 미일안보조약(미국과 일본의 상호협력과 안정보장에 관한 조약) 비준을 저지하려 연좌농성을 벌이고 있던 야당 의원들이 짐짝처럼 끌려 나간다. 다음날 자민당이 단독으로 비준안 통과 방망이를 두들긴다. 이에 격렬히 반대하는 시위대가 도쿄 중심가를 점령한다. 기시 노부스케 내각이 편의와 이권과 자금을 제공하는 조건으로 야꾸자 조직들을 동원한다. 이 비렬한 정치적 거래에 의거한 야쿠자의 폭력은 부상자 속출과 도쿄대학 한 여학생의 죽음을 남기고 거리에서 쫓겨난다. 미국 대통령 아이젠하워가 일본 방문을 취소하고, 기시 노부스케는 사퇴하고…….

고려대 총학생회 모의국회는 전후 한국사회에서 언론과 시민의 주목을 받으며 관록을 쌓아왔다. 해마다 서울 명동의 국립극장에서 열렸다. 전국 50개 대학의 대표가 참여했다. 그날은 극장이 미어터졌다. 극장 바깥을 에워싼 시민들을 위해 건물 밖에도 스피커를 달았다.

3학년 때 모의국회 부의장을 맡았던 한동웅은 4학년에 오르자 자연스럽게 의장을 맡고 싶은 목표가 세워졌다. 의장은 정치권에서도 알아줬다. 의장 출신 14명 중 8명이 국회로 진출한 정도였다.

모의국회 의장은 총학생회 회장이 지명했다. 그가 지지 연설도 하며 열심히 지원한 후보가 회장에 당선됐다. 이제 한동웅에게 모의국회 의장은 '따 놓은 당상'이었다.

포항에서 소식을 들은 한흑구는 장남이 정치의 길로 나갈 수도 있겠다는 생각을 했다. 인생은 항해이고, 배의 선장은 자신이다. 풍파 없는 항해는 없겠지만 선장의 지혜와 용기에 달렸다. 이렇게 아버지는 그냥 지켜볼 따름이었다.

"그런데 날벼락이 떨어졌어. 5·16군사정변이 터진 거야. 계엄령이 선포되면서 모든 집회가 금지되었어. 나는 무기력하게 물러설 수 없었지. 정경대 학장을 찾아가 내무부 장관을 찾아가 설득할 테니 허락해달라고 했어. 그래서 당시 내무부 장관인 한신 장군을 찾아갔지. 을지로2가에 있던 내무부에서 한신 장군을 만나 모의국회가 개최될 수 있도록 허가해달라고 요청했어. 한신 장군은 가능하다면서 조건을 다는 거야." [5]

그러한 조건에는 대체로 한 사람의 운명이 걸리게 된다. 잘 받으면 설령 그것이 다른 사정들 때문에 이뤄지지 못하더라도 새로운 기회로 열리고, 싹둑 거절하면 그 순간에 바로 새로운 기회의 문이 철컥 잠긴다.

한신 장군이 내건 조건은 간단했다.

"모의국회가 5·16 주체 세력의 의제를 다루라는 것이었어." [6]

한흑구는 장남 졸업식을 가족의 서울 나들이로 꾸렸다. 학사모를 쓰고 사진을 찍은 졸업생은 포항으로 돌아가야 했다. 그가 한신 장관의 유연한 제안을 '싹둑' 거절했으니 모의국회 의장의 꿈이 담배 연기처럼 흔적 없이 사라지면서 새로운 기회의 문도 '철컥' 잠긴 것이었다.

장남의 선택에 아버지는 그 어깨만 쓰다듬었다. 아들아, 너의 인생은 너의 것이다. 이런 말을 담은 손길이었다.

장남 한동웅의 고려대 졸업식에서

1)~6), 김도형, 앞의 책.

쇼팽은 망명길에 폴란드 흙을 봉투에 넣었는데
안익태 너도 언젠가 조국의 흙과 만나기를

《위키백과》는 제2차 세계대전 중 안익태가 스페인으로 옮긴 때부터의 일생을 다음과 같이 요약하고 있다.

> 전황이 악화되자 1944년 4월에 파리에서 베토벤 축제 연주회를 마친 직후 독일의 우방인 스페인으로 피난했으며, 그해 12월에는 그의 대표작인 '한국환상곡'의 현존하는 가장 오래된 자필 악보를 완성했다. 1945년 리카르도라는 세례명으로 카톨릭 세례를 받았다.
> 1946년에는 스페인 여성 롤리타 탈라베라와 결혼하여 마요르카 섬으로 이주했고, 마요르카 교향악단의 상임지휘자가 되었다. 이후 스위스, 맥시코, 과테말라 등에서 지휘했고, 1955년 3월에 대한민국 정부 수립 후 처음으로 고국을 방문했다.
> 1962년~4년까지 3년간 서울에서 국제음악회를 주관했고, 런던 교향악단과 런던 필하모닉 오케스트라, 도쿄 교향악단 등을 객원 지휘했다. 1965년 7월 4일에 런던의 필하모닉 오케스트라와 마지막 연주회를 가진 직후 건강 상태가 악화되었고, 9월 16일에 스페인의 바르셀로나 병원에서 60세의 나이로 타계했다.

1933년 12월 뉴욕 정거장에서 한흑구와 눈물의 결별을 했던 안익태가 1955년 3월 처음 대한민국을 방문했을 때는 우리 정부의 초청을 받았다. 이승만 대통령 팔순 생일 기념 연주회를 지휘했다. 그런 다음에 음악의 일(서울국제음악회)로 1962년부터 세 해 동안 해마다 한 차례씩 더 서울을 방문했다. 한국 신문과 영어 신문을 읽는 한흑구가 안익태의 한국 방문을 몰랐을 리가 만무했다. 하지만 그는 친구를 만나러 서울로 올라가지 않았다. 자신의 축원대로 죽마고우가 음악으로 세계적 대성을 성취했으니 그것만으로 그저 흡족하고 행복했다.

안익태는 한흑구의 종적을 알았을까? 미국에? 평양에? 전쟁 중 숙청 또는 사망? 서울에? 한국 어딘가에? 어떤 생각을 했을까? 아니면 한흑구를 잊었을까? 다만 하나 분명한 것은, 네 차례에 걸쳐 서울에 머문 안익태는 정부 관료나 문화계의 누군가에게 "혹시 한세광을 아느냐?" 찾지는 않은 모양이었다.

묘한 노릇은 한흑구도 서울에 체류하는 안익태에게 연락을 취했지만 불발했다거나 또는 만나고 싶었지만 참았다거나 따위 한마디 글을 남기지 않았다. 다만 그는 작가로서 '안익태의 추억'을 실화 그대로의 장편소설로 불러들인다. 「젊은 예술가」가 그것이다.

이번에도 1935년의 단편소설 「어떤 젊은 예술가」에서와 같이 실명은 쓰지 않았다. 안익태는 A라 하고, 자신은 K라 불렀다. 법무부에서 발행하는 《새길》에 4회 연재한다. 1961년 6월호, 7월·8월 합병호, 9월호, 10월호이다. 현재까지는 오래된 《새길》에만 묻혀 있는 「젊은 예술가」, 그러니까 한흑구는 서울에서 안익태가 주관하는 제1회 국제음악회가 열리기 전에 이미 그 소설을 발표한 것이었다. 차라리 소설에다 실명을 그대로 썼더라면 누군가 한두 사람쯤은 알아채고 깜짝 놀라서 눈물의 재회를 주선해주지 않았으려나?

「젊은 예술가」에는 해방과 한국전쟁을 거치며 이상화된 미국의 모습이 선명하게 드러나 있다. 이 작품에서 A라고 불리는 음악가는 안익태에 해당하고, K로 불리는 A의 친구는 바로 저자 한흑구에 해당한다. 이 작품은 1930년대 필라델피아, 시카고, 뉴욕 등의 대도시를 배경으로 하여, 안익태가 음악가로서 성장하는 모습과 그 과정에서 절대적인 도움을 주는 한흑구의 모습을 사실에 바탕하여 그리고 있다.

이 작품은 직접적으로 미국을 배경으로 하고 있기 때문에 해방 이후 달라진 한흑구 소설의 미국 표상을 살펴보는 데 유용하다. 「젊은 예술가」는 한흑구가 미국에 머물 당시를 그렸다는 점에서, 해방 이전 한흑구의 미국 배경 소설들과 매우 유사하다. 그러나 그 구체적인 모습에는 변화가 많이 느껴지며, 이를 통해 해방 이후 달라진 한흑구의 미국관을 이해하는 실마리를 얻을 수 있다.

해방 이전 작품과 비교할 때, 가장 주목되는 것 중의 하나는 온정을 베푸는 미국인들이 다수 등장한다는 점이다. 해방 이전 창작된 미국 배경의 소설에서 조선인들은 미국인들의 도움을 거의 받지 못한다. 미국인들의 도움을 받는 대목은 「어떤 젊은 예술가」에서 B목사가 교회에서 연주할 기회를 마련해 주고, 「미국 고양이」에서 "어떤 교수"가 '스쿨보이'의 일을 소개해 준 정도이다. 대부분의 미국 백인들이 인종차별주의자로 등장할 뿐이다.

그러나 「젊은 예술가」에서 미국에 사는 백인들은 모두 A와 K에게 여러 가지 도움과 온정을 베푼다. 이것은 「어떤 젊은 예술가」에서 "A가 지금 싸워 나가고 있는 세상에는 그를 도와주는—아니 그의 괴로움을 위로라도 해주는 사람이 하나도 없"다고 여기던 것과는 매우 다르다. A는 "이 미국이라는 돈 세상에서 도무지 그의 예술을 빛낼 수 없다"거나 "동양 사람 동양 사람 중에도 조선 사람"이기 때문에 출세할 기회를 갖지 못하였다고 비관하는 모습까지 보여주었다.

「젊은 예술가」에서 처음 K가 세를 얻어 사는 집의 주인 할머니는 커티스 음악학교 장학생 입학 시험을 하루 앞둔 A를 위해 손자의 방을 임시로 빌려준다. A는 커티스 음악학교의 짐바리스트에게 일주일에 한 시간이라도 개인 교수를 받고 싶다 부탁하고, 짐바리스트는 A의 부탁을 들어준다. 빤하우스 목사는 "아버님같이" K를 대해주며, A에게도 여러 가지 도움을 준다. 빤하우스 목사는 월리라는 노부부에게 A군을 소개하여, 월리 부부는 "생활의 지장이 없어"질 정도로 A를 도와준다. 시카고대학에서 첼로 독주회를 할 때는, 강습회 회장인 P교수가 힘을 보탰다.

더욱 주목할 것은 은혜로운 미국인들이 한국의 독립과 발전에 큰 관심을 갖고 지원한다는 점이다. 짐바리스트는 "나라도 없는 한국학생이기 때문에 A군은 잘 지도해주려는 거요."라고 말한다. 빤하우스 목사는 이미 "경북 안동읍에 선교사를 보냈고 안동에다 예배당을 경영"하고 있으며, "한국, 한국사람을 늘 생각하고 도와주려고 노력하는 사람"이다. 또한 그는 "한국이 독립만 하면 만사가 해결될 터인데!"라고 말하며, 늘 한국의 독립을 성원한다. 이러한 특성은 "다른 미국의 지성인들도 그렇지만 이 목사님은 더 진실하게 성원하였다."라고 하여, 미국 지성인 일반의 특성으로까지 확장된다.

이러한 도움들로 인해 A와 K 앞에는 별다른 난관이라고 할 만한 것이 존재하지 않는다. 시카고 박람회에서는 "좋은 구경도 많이 하고, 돈도 꽤 많이 벌었"으며, 시카고대학서 연 첼로 독주회에서는 A가 "우뢰 같은 박수를 받았으며 팔백육십 딸라의 수입"을 얻는다. 마치 노력만 하면, 모든 꿈을 이룰 수 있다는 아메리칸 드림이 그대로 A와 K에게도 적용되는 곳이 「젊은 예술가」의 미국인 것이다.[1)]

A의 천재적 재능과 절차탁마의 노력, K가 엮어낸 K 주변의 '좋은 미국인들'의 도움, 이 삼박자를 타고 A가 세계적 음악가의 반열에 올라서는 것으로 끝맺는 「젊은 예술가」는 소설임에도 불구하고 한흑구가 회고적 산문 「예술가 안익태」에 담아둔 실화의 테두리를 벗어나지 않는다. 그것은 이미 이 책의 앞쪽에서 살펴본 이야기이다.

스페인에 귀화했다는 안익태의 '조국 방문' 뉴스를 읽은 한흑구는 그날 포항 송도 바닷가를 거닐며, 아니면 죽도시장 선술집에서 고독하게 소주를 마시며 이런 생각을 했는지 모른다.

'폴란드의 쇼팽은 망명길에 나설 때 조국의 한 줌 흙을 봉투에 넣어 마치 가슴속에 품듯이 지니고 출국하였다. 외국 땅에서 묻히는 한이 있어도 조국의 한 줌 흙과 함께 묻히고 싶은 심정이었으리라. 너와 나는 미국에서 고학할 때 쇼팽의 흙 이야기는 나누지 않았지만, 안익태, 너도 언젠가 조국의 흙과 만나는 날이 오게 되리라.'

한흑구는 1974년 9월 발표하는 수필 「흙」에 '쇼팽의 흙 한 줌'을 쓰게 되고, 안익태의 유해는 1977년 7월 국립 서울현충원 국가유공자 묘역으로 봉환된다.

1) 이경재, 앞의 글.

가을의 흘러가는 소리는
인생을 불러가는 하느님의 말씀인지 모르니

1953년 포항수산학숙으로 시작하여 이듬해 2년제로 개교한 포항수산초급대학은 1970년까지 동해 남단에서 한국 어업의 선진화와 대양 진출에 앞장설 젊은 인재들을 배출하는 요람이었다. 한흑구의 차남도 여기서 소양을 닦고 바다로 나가 원양어선 선장으로 퇴역하게 된다.

1963년의 한흑구 가족은 교편을 잡은 사람이 셋이었다. 아버지와 어머니, 그리고 장남. 고려대 총학생회 모의국회 의장을 허망하게 날리면서 새로운 기회에도 주저 없이 등을 돌려 포항으로 돌아온 한동웅은 고향에서 교사가 되었다.

이제 늙고 낡은 남빈동 집에는 여고생 막내를 넣어 넷만 남았다. 정부 수립 후 서울에서 야간열차를 타고 내려왔을 때는 여섯이었으니 둘이 줄었다. 셋째 아들은 이미 여남은 해 전에 어버이의 가슴에 묻었고, 포항수산대학을 졸업한 차남은 머나먼 바다로 나갔다.

가을이 무르익었다. 한흑구는 소탈하고 조용한 날들을 지내고 있었다. 글을 쓰고 싶으면 펜을 들고, 휴일에는 낚싯대를 챙겨 바닷가나 저수지를 찾았다. 말벗, 술벗은 일제강점기에 우국청년으로 살았던 김대정이었다. 연하의 그를 아호대로 '심당'이라 불렀다.

한흑구는 자신이 창간을 주도한 대학 학보사의 원고청탁을 받고 한참 동안 가을 하늘을 우러러보았다. 젊은이들에게 하고 싶은 말이 거기 어딘가에서 들려왔다. 수필 「가을 하늘같이」를 썼다. 《포항수산대학보》(1963)에 실렸다.

나는 가을 하늘같이 살고 싶다.

그렇게 높이, 그렇게 맑게, 그렇게 푸르게, 그렇게 곱고 빛나고 아름답게 살고 싶다.

한흑구는 펜을 쉬었다. 자신의 삶을 돌아보았다. 방금 써놓은 문장이 적어도 부끄럽진 않았다.

가만히 누워서 창 너머로 별 밝은 가을 하늘을 쳐다본다. 빛나는 큰 별들, 반짝이는 작은 별들, 그리고 수많은 별이 뭉쳐서 흘러가는 듯한 은하수도 물끄러미 바라본다. 참으로 상쾌하다.
  바라볼수록 마음이 깨끗하고, 맑고, 밝아 오는 듯 삶의 기쁨마저 느껴볼 수가 있다.
  아무 욕망도 없이 가만히 누워서 가을의 별 밝은 하늘을 쳐다보는 것은 인간이 가질 수 있는 가장 고상한 순간이 아닌가 생각해 본다.

    하늘은 우리들의 눈이 날마다 필요로 하는 양식이다.

철인 에머슨은 이렇게 말하였지만, "하늘은 우리의 눈을 통해서 얻을 수 있는 마음의 양식이다"라고 나는 말하고 싶다.
  로마의 철인 키케로도 기원전 100년에 다음과 같은 말을 하였다.

    천체의 사물을 명상하는 마음은 인간의 세사(世事)를 계리(計理)하는 데보다 고상하고, 장엄하게 사색하고, 또한 행동할 수 있는 마음을 가질 수 있게 만든다.

서양에서는 시인이 아니라도 'Sweet May(훈훈한 5월)'라든지, 'Golden

October(황금색 10월)'이라는 말을 누구나 다 쓰고 있다. 가을의 들과 산은 모두 황금색으로 물들기 마련이다. 그러나 10월의 하늘만은 푸르고, 맑고, 높이 보이는 것이 한국 하늘의 특색이다.

이어서 한흑구는 가을의 소리를 음악으로 들려준다.

가을은 또한 소리와 음악의 계절이기도 하다. 특히 가을밤은 얼마나 고요하고 조용한지, 여기저기서 들려오는 소리마다 다 아름다운 음악이라고 해도 과한 말이 아니다.

앞뜰의 벼 이삭들을 흔들면서 불어오는 바람이라든지, 뒤 언덕에서 흘러내리는 냇물도 다 고운 음악 소리가 아닌가!

더구나, 구석진 섬돌 밑에서 울려 나오는 귀뚜라미의 울음은 사람이 만든 악기에서 나오는 소리보다도 더 처량하고, 자연스럽지 않은가!

어쩌다 잠이 오지 않는 밤에, 하늘가로 지나가는 이름 모를 새 소리를 들을 때에는 가슴속이 구슬퍼지기도 한다. 흘러가는 소리, 그것은 흘러가는 인생과도 같다. 혹은, 인생을 불러 가는 하느님의 말씀인지도 모르겠다.

그리고 한흑구는 바이런의 시를 초대한다.

> There's music in the sighing of a reed;
> There's music in the gushing of a rill;
> There's music in all things, if men had ears.
>
> 한 대의 갈대가 한숨짓는 곳에도
> 음악이 있고,

빨리 흐르는 냇물가에도
음악이 있고,
우리가 귀만 갖고 있으면,
모든 것이 다 음악이다.

이러한 아름답고 처량한 가을의 음악을 들으면서, 나는 하늘의 별들을 쳐다본다.
크고 작은 별들이 얼굴을 고요히 빤짝거리며 속삭이는, 맑고 밝은 가을의 하늘.
우리도 저 가을 하늘같이, 저 하늘의 별들같이 고요하고 빛나게 한번 살아가고 싶다.

포항수산대학 실습선 갑판의 한흑구

아들뻘 문학청년들과 술벗으로 지내며
포항에서 문학을 일구고 가꾸기

> 대한의 새벽날이 밝아 새는 이 고장
> 형산강 흐름 끝에 송도 명사 고와서
> 동해의 고기떼가 모여드는 영일만
> 갈매기 흥겨워서 파도 곁에 춤춘다

 1980년대 중반까지 불린 〈포항시민의 노래〉 첫 절이다. 한흑구는 그 가사를 높이 보았다. 영일만 포항의 풍광을 시적 품격으로 잘 표현한 것이라 여겼다.
 작사자는 이명석(李明錫)으로, 한흑구보다 다섯 살 위이다. 장차 두 사람은 같은 해(1979년)에 소천한다.
 1904년에 태어난 이명석은 일제 후반기부터 포항에 뿌리를 내린 토박이나 다름없는 독실한 기독교인으로, 포항의 애린사업과 문화예술 방면에 남다른 선구적 공적을 남긴 인물이다.
 포항에 정착한 한흑구가 말벗 후배로 맨 먼저 사귄 이는 김대정, 그와 가까운 기자 출신의 사진작가 박영달이었다. 하루는 두 후배가 선배를 안내해 간판 점포로 갔다.

 가을이었다. 친하게 지내던 후배 박영달이 키가 훤칠하고 점잖게 생긴 사람을 간판 작업장으로 데려왔다. 옆에 일을 거들던 아내가 벌써 눈치를 주었다. 평양이 고향인 문학가 흑구 한세광이었다.[1]

타고난 그림 소질을 살려 간판으로 생업 삼는 이명석은 김대정, 박영달과 함께 포항에도 문학이 살아나야 한다며 전전긍긍 뜻을 세우는 중이었다. 그들에게 한흑구는 정말 뜻밖에 출현한 의인이고 귀인이었다.

이명석, 한흑구, 김대정, 박영달, 네 사람은 '청포도 다방'에 모여 앉았다. 김대정은 일제 말기 때 포항에서 휴양하던 시인 이육사와 만난 적도 있었다. 그날들을 잊지 못하는 없는 김대정의 추억담을 한흑구는 뒷날에 「이육사의 청포도」라는 수필로 남겨두는데, 포항시가지를 폐허로 망가뜨린 6·25전쟁이 38선 부근에 전선을 고착하여 일진일퇴를 반복하고 있던 1952년에 벌써 박영달은 '청포도 다방'을 포항 중심가 적산가옥에다 꾸려놓았다. 언제나 고전음악이 흐르고 그의 사진작품들이 벽을 장식한 '청포도 다방'은 그때부터 포항의 문화·예술인이 꼬여드는 살롱 같은 역할을 담당하고 있었다. 물론 그들 네 사람은 '청포도 다방'의 주인과 진배없는 터줏대감이었다.

> 한흑구가 미군 부대에 통역 일을 맡으면서부터 미군 장교들도 네 사람의 만남 자리에 함께하는 일도 생겨났다. 뿐만 아니었다. 경주와 대구, 서울에 있는 문인들이 한흑구를 방문하는 일도 생겨났다. 문학 중심의 문화운동이 작지만 꿈틀거리기 시작했다.[2]

이명석, 한흑구, 김대정, 박영달, 그리고 지역의 문학청년 몇몇이 모여 앉아 포항문인협회를 결성한 것은 1961년이었다. 한국문인협회의 지부로 인가받은 단체는 아니었다.

척박한 문학의 땅에 뿌려놓은 씨앗이 제대로 싹을 틔우고 묘목으로 올라오는 때는 1966년 새해부터 1968년 새해까지 이태 동안이었다. 그 기간의 한흑구는 포항의 문학운동에 두 소매를 걷어 올리고 있었다. 때마침 포항으로서는 문학적 경사도 이어졌다.

한흑구의 수필 「보리」가 1966년 새 학기부터 중학교 국어 교과서에 실렸다. 「나무」에 이어 두 번째였다.

한흑구의 포항수산대학 제자로서 교편을 잡은 손춘익(1940-2000)이 1966년 《조선일보》, 《대구매일신문》의 신춘문예에 동화로 당선했다. 한흑구는 축배를 냈다. 술을 마시지 않는 이명석은 손춘익을 얼싸안았다.

1968년에는 전남 장흥 출신으로 포항에서 아이들을 가르치는 김녹촌이 《동아일보》의 신춘문예에 동시로 당선했다.

김녹촌과 손춘익은 작품을 합쳐 1969년 『소라가 크는 집』이라는 공저를 펴낸다.

한흑구는 포항 문학운동의 새로운 구심점을 만들었다. 1967년에 출범한 '흐름회'가 그것이다. 기존의 포항문인협회 회원들이 주축이었고 새 활력소는 김녹촌과 손춘익이었다. 포항 출신으로 1958년 《동아일보》, 《한국일보》의 신춘문예에 시로 입선한(뒷날에 동시와 시조로 나아감) 박경용(1940-)도 힘을 보탰다.

나이로는 김녹촌이 사십대에 들었고 손춘익은 한흑구의 차남과 또래였다. 하지만 '은둔과 사색의 검은 갈매기'는 진실로 '문학을 하겠다'는 이에게는 노소를 불문에 부쳤다. 그냥 글벗이요 말벗이요 술벗이었다.

2023년 현재 회갑을 넘어 일흔 고개를 바라보는 포항 출신 문학인이나 지식인의 상당수는 1960년대 말기나 1970년대 초기의 흐름회 주최 백일장을 추억할 수 있다. 송도해수욕장 앞 솔숲 속 포항수산대학 교정에서 열렸다. 상장이라도 받으면 그 소중한 종이에는 국어책에서 만났거나 만나게 되는 「보리」의 한흑구가 '흐름회 회장'으로 박혀 있었다. 김녹촌·손춘익 공저의 『소라가 크는 집』, 이 책의 포장지에는 '상품'이란 인장이 찍혀 있었고.

1), 2) 김일광, 『재생 이명석』(애린문화재단, 2018)

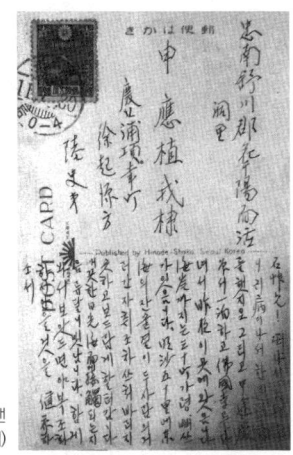

이육사가 포항에서 신석초에게 보낸
엽신(이육사문학관 소재)

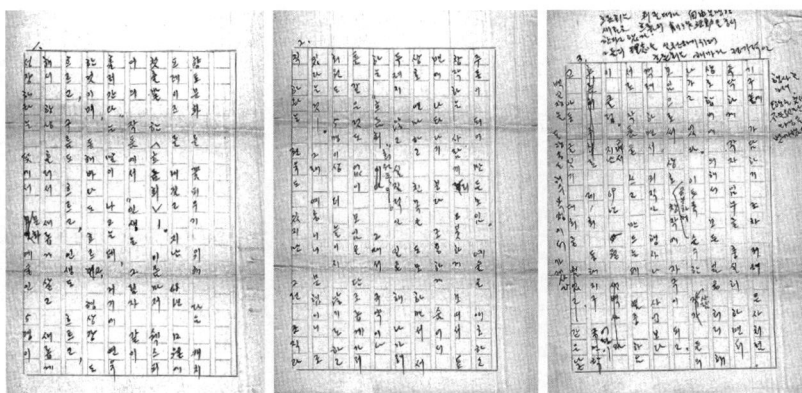

'흐름회' 창립 취지가 담긴 한흑구의 육필 원고

'청포도 다방'의 박영달 사진전 기념
(오른쪽 세 번째가 한흑구, 맨 오른쪽은 손춘익)

'청포도 다방' 살롱 시절에서
한흑구 중심의 '흐름회' 시절로

내 고장 칠월은
청포도가 익어 가는 시절

이 마을 전설이 주저리주저리 열리고
먼 데 하늘이 꿈꾸며 알알이 들어와 박혀

하늘 밑 푸른 바다가 가슴을 열고
흰 돛단배가 곱게 밀려서 오면

내가 바라는 손님은 고달픈 몸으로
청포(靑袍)를 입고 찾아온다고 했으니

내 그를 맞아 이 포도를 따 먹으면
두 손은 함뿍 적셔도 좋으련

아이야 우리 식탁엔 은쟁반에
하이얀 모시 수건을 마련해두렴

이육사의 시 「청포도」 전문이다. 1939년 8월 《문장》에 처음 출현했다.

옆에 앉아 있던 심당이 빙그레 웃고,

"도 시인은 참 멋이 있어. 잘 읊었어. 육사가 '푸른 바다가 가슴을 열고'라고 한 것이 바로 이 바다야. 여기야."

"아, 그래요!"

그는 깜짝 놀라는 표정을 하였다.

"옛날 육사가 이곳에 친구들이 많아서 삼사 개월씩 놀다 갔는데, 저기 저 종합제철 뒤에 있는 고갯마루에 일본동척회사(日本東拓會社)가 경영하던 동양 최대의 포도밭이 있었어. 미츠와(三輪) 포도주를 만들어서 일본으로 가져갔고, 해방 후엔 마라톤 포도주라는 상표를 붙여서 팔았지 않나. 바로 그 포도 농장에 놀러 다니면서 얻은 소재의 시야. 저기 보이는 저 언덕 위에 오십만 평도 더 되는 농장에서 바다를 내려다보면 바다가 앞뜰 모양으로 속속들이 내려다보여."

"아 그렇습니까. 그것은 하나의 중요한 사실입니다. 나는 고교의 국어 선생인데 그걸 전혀 몰랐습니다. 그래서 작자와 작품을 하나하나 설명해야 하는데……."

그는 볼펜과 종이를 꺼내 들면서 이렇게 물었다.

"글쎄, 육사의 고향인 안동에는 포도밭이 별로 많지도 않았을 게고, 더구나 바다는 있을 수 없고. 그럼 육사 선생님이 그 시의 소재를 얻은 곳이 바로 여긴데, 아직도 그 포도밭이 남아 있습니까?"

"없어. 한국전쟁 때 미군들이 비행장을 만들면서 포도밭을 다 불태워 버렸어."

심당의 대답이었다.

전쟁 때 미해병 제1항공사단이 농장 전부를 항공기지로 사용하다가, 돌아갈 때는 한국 해병대에게 넘겨주었다. 우리 해병대에는 항공대가 없기 때문에 비행장은 KAL기들이 사용하는 현재의 포항공항이 되었다. 이 비행장은 태평양전쟁 말기에 일인들이 소규모로 만들었던 것이다.

1973년 10월《시문학》에 실리는 한흑구의 수필 「이육사의 청포도」 한 부분이다. 이 글에 등장한 '심당'은 김대정, '도 시인'은 대구에 거주하고 있던 1941년생 도광의 시인이다. 하늘과 바다가 마냥 하나같이 푸르른 1973년 가을의 어느 주말에 도광의가 포항으로 한흑구에게 인사하러 와서 세 사람이 포항 바닷가에 앉아 맥주를 마시는 가운데 서른두 살 젊은 시인이 영일만 아득한 바다 정취에 시심을 자극받아 이육사의 「청포도」를 암송하자, 김대정이 잊을 수 없는 시인 이육사와 「청포도」에 얽힌 사연을 펼쳐놓은 것이다. 물론 한흑구는 이미 오래전에 친구 같은 후배한테서 소상히 들었던 추억담이다.

심당 김대정은 문학이나 예술과 씨름하는 사람이 아니었으나 '코주부사'라는 가게를 운영하면서 깜냥껏 문화예술을 후원하는 지사적 인간형으로, 젊은 시절부터 사진기자 출신의 사진작가이며 문학적 감성과 예술적 논리를 갖춘 박영달(1914-1986)과 단짝 친구로 지내고 있었다. 대한민국 정부가 출범하고 어느 날 느닷없이 포항에 일어난 문화적 사건처럼 평양 출신의 한흑구가 포항에 삶의 닻을 내리자 두 사람은 그를 존경하는 선배로 받들면서 친구처럼 어우러졌다.

일제강점기를 우국청년으로 살았던 김대정은 포항시(영일군) 기계면에 사는 이육사의 집안 동생 이상흔과 가까운 벗이었고, 이상흔은 이육사와 편지를 주고받는 사이였다. 그때 기계면에는 이육사의 집안 아저씨인 이영우가 살고 있었다. 1929년 광주학생항일투쟁 1주년을 맞아 대구 거리에 항일격문을 붙인 혐의로 체포된 이육사가 여섯 달 지나 풀려났다. 몸이 몹시 쇠약한 상태였다. 악랄한 고문의 후유증이었다. 이육사는 기계면 이영우의 집으로 와서 두어 달 요양을 했다. 이 기간에 그는 이상흔과 어울려 가끔 포항 송도해수욕장으로 나갔고, 이상흔은 김대정을 시인과 한자리에 앉도록 주선했다. 이때 인연은 뒤로 이어졌다.

김대정이 1936년 7월 경주 남산에 요양 차 와 있던 육사를 포항으로 초청하여, 송도 바닷가와 오천 미쯔와 포도농원으로 안내하여 옥고에 지친 그의 심신을 위로해 주었다.[1]

미쯔와 포도농장은 요즘 '포항경주공항'으로도 불리는, 포항시 동해면 일월동 해병사단 내 비행장을 중심으로 드넓게 펼쳐져 있었다. 지금도 그러한데 영일만이 한눈에 내려다보이는 기다랗고 편편한 언덕배기이다. 그야말로 '하늘 밑 푸른 바다가 가슴을 열고/흰 돛단배가 곱게 밀려서 오'는 광경을 가슴 떨리게 지켜볼 수 있는 포도밭이었다.

이육사가 포항 송도 백사장에 남긴 발자취는 한흑구와 동갑내기 시인 신석초(1909~1975)에게 띄운 엽신에도 남아 있다.

> 깨끗한 日光, 海面에 접촉되는 즈음 유달리 빛났소. 함께 와서 보았다면 여북 좋아하지 않을 것을. 건강하소서.

김대정은 맨 먼저 박영달에게 이육사의 「청포도」에 얽힌 사연을 들려줬다. 이것이 1952년 박영달의 '청포도 다방'으로 태어났다. 그가 매입한 건물은 아이러니하게도 적산가옥이었다. 위치는 현재 포항시 중앙상가의 포항우체국 옆, 신흥동 820-10번지였다.

청년시절에 만주 일대를 섭렵하고 신의주 출신의 여성과 결혼한 박영달은 바이올리니스트의 꿈을 간직한 사진기자로 생업을 삼기도 했으나 6·25전쟁의 피난 북새통에 바이올린을 분실하고는 카메라 앵글에 예술의 심안(心眼)을 옮겨놓았다. 이러한 그의 젊은 시절은 고전음악이 흐르고 사진작품들이 벽면을 장식한 '청포도 다방'으로 꾸려졌다. 그는 문학적 감성과 문장력에다 자신의 예술론도 겸비하고 있었다. 아주 뒷날이 되지만, 스스로 문학적 재능을 증명하듯 1976년 예순네 살에 이르러 늦깎이 수필가로 등단하고 서너 해 더 지난 1982년 생애 처음이자 마지막인 수필집 「난(蘭)을 치는 두 마음」[2]을 상재한다.

'청포도 다방'은 전후(戰後) 포항의 살롱과 같았다. 18세기 프랑스의 살롱은 여성이 이끌었다지만, '청포도 다방'은 그 이름만으로도 너끈히 살롱 역할을 감당했다.

> "문화예술인들의 약속과 모임의 장소였고, 특별히 할 일도 없고 약속이 없는 날에도 그냥 '청포도 다방'에서 하루를 보내기 좋은 문화공간이었다."[3]

살롱 같은 분위기의 중심에는 한흑구와 이명석, 박영달, 그리고 김대정 같은 문화운동가들의 역할이 컸다. 이들 4인은 청포도 다방을 포항문화예술공간으로서 활기차게 만들었던 중심인물들이었다.[4]

십수 년에 걸쳐 한결같이 포항의 살롱 역할을 맡아온 '청포도 다방'이 문을 닫았다. 문화예술의 분위기는 엔간히 일궈졌으니 이제 새로운 구심점이 필요했다.

이번에는 한흑구가 나섰다. 1967년 12월 '흐름회'를 결성했다. 출발은 다섯이었으나 머잖아 아홉으로 늘어났다. 한흑구, 박영달, 김대정, 최성소, 김녹촌, 김상훈, 신상률, 손춘익, 최정석. 이들 모두는 '청포도 다방'을 숱하게 드나든 면면들이었다.

'향토문화를 꽃피우기 위해!'

이것이 '흐름회'의 캐치프레이즈였다. 그런데 '흐름회'라니? 이름이 유별났다. 한흑구의 제안이었다.

'인생은 그림자같이 흘러간다.'

셰익스피어의 말이다. 여기서 따온 이름이 '흐름회'였다.

그는 손수 결성 취지문도 썼다. '동해 바다도 흐르고, 형산강도 흐르고, 구름도 흐르고, 인생도 흐르고…….' 모든 것이 흐른다. 다만 그는 제행무상(諸行無常)에 강하게 토를 달았으니, '항상 흘러서 새롭게 살고 새롭게 성장하는 것'이라 했다.

조그만 문학단체 '흐름회', 그러나 취지문을 쓰는 한흑구의 펜에서는 마치 본능이 반응하는 것처럼 도산 안창호의 흥사단 정신이 흘러나왔다. '상호 연마하고 친목을 도모하면서 서두르지 않고 실질적인 일을 해나가려 한다.'

'흐름회'가 주최하는 '실질적인' 문학 행사는 포항 최초의 일들이었다. 동해지구 학생 백일장 대회, 밤새 여객선을 타고 찾아간 '울릉도 백일장 대회', 출판기념회, 문학강연회……. 한흑구가 초청하는 문학강연회 연사는 소설가 황순원, 시인 서정주, 아동문학가 이원수 등 널리 문명을 떨치는 문인들이었다. 그는 속으로 새삼스레 못내 아쉬워하는 두 지음(知音)이 있었다. 이미 이승을 떠난 청마 유치환과 조지훈이었다.

어쩌랴. 인생은 그림자같이 흘러가는 것을. '흐름회'도 그렇게 흘러간다. 1979년 11월 한흑구가 눈을 감은 다음에는 1980년 박영달이 회장을 이어받는데 이듬해 한국문인협회 포항지부가 출범하면서 '흐름회'는 그가 취지문에 써둔 그대로 '흘러서 새롭게 성장하는' 흐름 속으로 스며들어 고요히 자취를 감춘다.

포항 송도 해수욕장 한 식당에서
소설가 황순원(왼쪽)과 함께

1) 박경숙, 「추당 박영달과 청포도 다방」, 2017. 12. 포은도서관 학술행사 발제문.
2) 1982년 2월 '교음사'에서 초판을 출간했다. 2023년 12월 포항에 살고 있는 화가·큐레이터 박경숙의 정성으로 '나루'에서 복간했고, 이 책에는 박영달의 사진작품들과 박경숙의 상기 논문도 실렸다.
3) 위의 글에 나오는 최성소(1963년부터 1980년까지 《조선일보》 포항 주재기자 지냄)의 회고에서.
4) 박경숙, 위의 글.

갈매기, 너는 한낱 슬프고 험하고
기막힌 방랑자이니

흑구, 검은 갈매기, 그러나 포항 송도, 영일만 바다에는 흰 갈매기들이 너울너울 날아다닌다. 감정이입이란 말이 있다. 갈매기에게 한흑구는 방랑을 이입했다.

솔씨를 먹고 사는 산새들은 신비하고 아름다운 노래를 부르지만, 산 고기만 먹고 사는 너희들의 노래는 노래가 아니고, 듣기에도 소름이 끼치는 울음일 따름이다.

그러기에 너는 바다의 왕자도 아니고, 더구나 시신(詩神)이 될 수는 없다. 너의 흰 날개, 너의 긴 날개는 춤을 추는 무희같이 멋지게 훨훨 날리지만, 너는 한낱 슬픈 방랑자인 것이다.

그러나, 너의 날개는 거센 파도에 단련을 받아서 강해졌고, 너의 두 눈은 깊은 물속을 들여다보고 있어서 독수리의 눈보다 더 날카롭다.

너는 먼바다의 고기떼를 찾아내기 힘들지 않고, 깊은 물속에 헤엄쳐 달아나는 고기떼를 잡아내기 문제없다.

너희들이 모여서 고기를 잡아내는 곳에 어부들은 기꺼이 쫓아간다. 너도 먹기 위해서 바다를 떠돌아다니고, 어부들도 먹기 위해서 너의 길잡이를 기뻐한다.

거센 파도가 출렁이는 검은 바다 위를 항상 헤매야 하는 너는, 같은 흰 빛깔을 하고 있는 두루미와 학과 백로보다 얼마나 험하고 기막힌 신세인가.

오늘 아침에도, 나는 너의 황금색이 어린, 너의 활짝 벌린 힘찬 날개를 쳐다본다.[1]

《대구일보》에 실린 한흑구의 「갈매기」 후반부이다. 이 수필을 발표한 1969년은 그의 생애 첫 수필집 『동해산문』이 출간되기 이태 전이고, 포항에 뿌리를 내린 지도 어언 스무 해를 헤아리고 있었다. 바야흐로 포항에서 토박이나 진배없이 살아가는 한흑구의 일상에서 빼놓을 수 없는 필수 일과가 바닷가 산책이었다.

> 푸르고, 맑고, 볼륨이 넓고, 거센 바닷가에서 한가히 살고자 동해변으로 온 지가 꼭 이십 년이 되었다.
> 　거의 하루같이 바닷가를 걸어보았다.
> 　인생 자체를 항해에 비하지만, 나는 바닷가에 혼자 서서, 나의 존재의 미미함을 느낀 적이 한두 번이 아니었다.

1971년에 출간하는 『동해산문』의 '서문'에 적어두는 고백이다. 한흑구가 '하루같이 걸어보았다'는 송도 백사장으로 가는 길도 마냥 아름다운 시절인데…….

포항시 남빈동에 사는 누군가가 집을 나와 송도 백사장으로 가는 방법은 세 가지였다. 영일만으로 흘러드는 민물 반 짠물 반의 동빈내항을 가로질러 헤엄쳐 건너가든지, 나룻배를 타고 건너가든지, 죽도시장 쪽으로 내려가 시장 뒷덜미(어시장)와 송도를 이어주는 '검둥다리'를 지나가든지.

한흑구는 나룻배를 타거나 검둥다리를 지나서 동빈내항 건너편의 포항수산대학으로 강의를 다니고, 그 뒤쪽의 명사십리 송도 백사장으로 나갔다. 그의 시대에는 검둥다리를 지난 지점부터 백사장 입구에 이르는 길이 측백나무의 터널 같았다. 제아무리 강렬한 여름 햇빛도 간신히 가시처럼 침입할 수 있었다. 또한 개발의 톱날이 미치지 않은 송도 솔숲은 드넓고 웅장했다.

> "시내와 송도 사이에 검정색 콜타르를 칠한 나무 다리가 있었는데, 이걸 검둥다리라 불렀시. 검둥다리를 건너면 길 양편에 수십 년 된 측백나무 가로수가

하늘을 덮고 있었어. 여기를 지나면 한기를 느낄 정도였지. 측백나무의 터널을 지나가면 높다란 언덕이 나타났고, 여기에 올라서면 푸른 바다가 한눈에 들어왔어." [2]

포항 토박이로서 수필가인 박이득의 회고다. 그는 청년 시절에 손춘익과 함께 한흑구를 "선생님"이라 부르며 자주 모셨다. 여든 살 넘어서도 포항에 붙박여 살아가는 박이득은 생의 황혼에 이르러 고향을 잃어버린 실향민이라 탄식한다.

형산강 언덕에 서서 어디를 둘러보아도 내 유년기, 소년기, 청년기의 고향이 아니다. 1950년대부터 1980년대까지의 고향은 어디로 갔을까? 형산강 그 푸른 강변의 연가는 어디서 들을 수 있을까. 이른 봄 영일만의 그 물빛으로 토하는 봄의 소리는 또 어디서 볼 수 있을까.

한흑구가 삶을 마친 뒤로 서른여덟 해나 지난 2017년 2월 《월간문학》에 발표한 박이득의 수필 「영일만, 그 푸른 해변의 노래」 일부분이다.

한흑구가 사색의 발자국을 수없이 찍어둔 송도 백사장, 박이득의 그 고향에 어마어마한 변화를 불러올 포항의 대격변은 1970년 4월 1일 그 개시의 굉음을 울렸다. 그날, 포항종합제철(POSCO) 건설 대장정의 막이 올랐던 것이다.

그즈음 한흑구는 수필 「책」, 「부드러운 여름밤」, 「차창 풍경」, 「새」 등을 발표했다. 「책」에는 심하게 꾸짖는 경종의 목소리도 담았다.

책 읽기를 싫어하는 사람이 있다. 그는 글을 좋아하지 않고, 이야기를 좋아하지 않고, 생각하기를 좋아하지 않는 사람이다.
이런 사람의 머리는 하나의 돌덩어리나 마찬가지다. [3]

「부드러운 여름밤」에는 《백조》 동인이었고 문예지 《신인문학》도 창간했던 시인 노춘성(1900-1940)의 시 한 소절을 불러와 바닷바람이 불어오는 포항의 여름밤에 바친다.

> 부드러운 여름밤
> 껴안고 싶은 여름밤.
> 이렇게 시원스럽고
> 새뜻한 여름밤이여.

좀 센티멘탈한 듯하나, 포항의 여름밤을 표현한 듯한 느낌이 든다.[4]

방랑자 신세의 갈매기와 진실로 벗하며 지내는 한흑구가 1970년 가을 들어서부터는 좀 시달리고 있었다. 술자리의 젊은 후학들이 고집을 그만 부리시고 수필집을 내자며 자꾸만 성화를 부려대는 것이었다.

---

1) 한흑구의 「갈매기」에서
2) 김도형 외, 『원로에게 듣는 포항근현대사 1』(연오랑, 2021)
3) 한흑구의 「책」에서
4) 한흑구의 「부드러운 여름밤」에서

까다롭지만 자진 종생의 귀양살이라도 능히 해낼
묘한 은둔의 사색가

　수필집을 내시라는 '흐름회' 젊은 문학인들의 끈덕진 성화에 떠밀리는 한흑구가 우연히 아주 오랜만에, 거의 스무 해를 건너뛰어 경주 신라문화제에서 시인 서정주와 해후했다. 그는 경주 출신의 소설가 김동리와 함께 문학강연을 하러 서울에서 내려온 걸음이었다.
　전혀 뜻밖에 해후한 한흑구의 손을 잡은 서정주는 근황을 캐묻더니 무조건 수필집부터 한 권 내자며 원고를 정리해서 어서 서울로 올라오라고 잡아끌었다. 그의 진심을 느낀 한흑구가 얼떨결에 그러마 하고 약속을 걸었다.
　막상 원고를 챙겨보자고 덤비니 만만한 일이 아니었다. 요새처럼 컴퓨터가 있고 인터넷이 있다면야 묵은 파일들을 불러내서 손톱처럼 생긴 도구에 담거나 이메일에 올려두면 된다. 하지만 육필은 미발표만 원고 상태로 남아 있을 뿐이고, 잡지사나 신문사로 보내버린 작품은 서재의 어느 구석에서 해당 지면을 찾아내 그냥 챙기거나 조금 윤문을 해가며 다시 원고지에 옮겨야 했다. 분실한 것도 많았다. 미국에서 평양으로, 평양에서 서울로, 서울에서 포항으로, 포항에서 피난처 부산으로, 그리고 다시 포항으로. 그 방랑자 같은 역정에 놓아버리고 잃어버린 것들.
　새봄이 돌아왔다. 한흑구는 원고 챙기기를 마쳤다. 최근에 발표한 작품들도 보태졌다. 근년에 차례로 통탄의 비보를 남긴 청마 유치환, 조지훈과의 교우기, 그리고 한창 주목을 받는 미당 서정주와의 교우기가 그것이다.
　원고 보따리를 다 꾸린 한흑구가 후배들과 술잔을 나누었다.
　"선생님, 원고를 007가방에는 넣어 가지 마세요."
　모두가 일제히 웃음보를 터뜨렸다.

벌써 십여 년 전이었다. 야간열차가 긴 터널 속으로 달리고 있었다. 실내등이 나가버린 기차 안에는 반딧불 하나 없이 마냥 캄캄했다. 007가방이라 불리는 멋진 가방을 머리 위 짐칸에 올려둔 한흑구는 마치 몸과 정신이 분리된 것 같은 상념에 젖어 있었다. 기차가 터널을 빠져나왔다. 문득 그는 쓰고 있던 모자를 벗은 듯이 허전한 기운을 느꼈다. 눈을 들었다. 가방이 보이지 않았다. 멋진 가방과 함께 사라진 것은 돈이 아니었다. 번역원고였다. 미국 소설가 마가릿 미첼의 장편소설 『바람과 함께 사라지다』, 실내등이 나가버린 터널 속 기차 안에서 번역원고는 제목 그대로 바람처럼 사라지고 말았다.

서정주는 포항에서 올라온 한흑구를 따뜻하게 맞았다. "서울에서 사라진 흑구 형이." 이 말을 연발했다. 그리고 그때 큰 출판사로 알려져 있던 일지사 김성재 사장실로 안내했다. 이래서 한흑구의 첫 창작집이요 수필집인 『동해산문』이 독자들의 눈빛과 만나게 되었다.

1971년 5월 서정주는 관악산 '봉산산방'에서 추억의 정이 농익은 발문도 달았다.

> 외우(畏友) 한흑구 형이 이경(離京) 이십수 년 만에 그의 그동안 동해변의 사색들을 모아 이 『동해산문』을 내게 된 것은 무척 반갑고 기쁜 일이다.
>
> 그는 1930년대에 오 년여의 공부를 마치고 미국에서 돌아온 뒤 몇 해 동안 우리 시단에 그 글을 보이더니, 이래 1945년의 해방 때까지 어디서 무엇을 하는지 우리들의 눈에 띄지 않게 지내왔다. 1945년 해방이 되자 다시 붓과 소주를 벗해 서울에 나타나서 1950년의 6·25사변 가까울 무렵까지 우리를 기쁘게 하더니, 또 이내 어디론지 사라져 자취를 감추었다. 뒤에 들으니 신라고도 경주에서 산 하나 넘어 포항읍의 바닷가에서 누가 그를 보았다고 했다.
>
> 그리고 이십여 년, 그는 그의 글도 세상에 내놓지 않았을 뿐 아니라 그의 벙글거리는 항시 동안의 얼굴도 우리 앞에 나타내지 않았다. 그런 그가 오랫동안의 침묵을 깨고 동해 바닷가의 이십수 년의 정신의 체험을 문장화하여

이 정선(精選)한 수필집을 우리에게 다시 보이게 되었다. 스물 몇 해 만에 다시 하늘과 바다가 맞붙은 곳에서 듣는, 큰 바다 갈매기의 영원을 마찰하고 있는 소리처럼, 크게 반가운 일이 아닐 수 없는 것이다.

까다롭다면 무척 까다로운 이 필자, 은둔자라면 또 자진 종생의 귀양살이라도 능히 해낼 수 있는 이 묘한 은둔의 사색가, 인간을 되도록이면 멀찍한 거리에서 오래 두고 성찰하고 사랑하기에 초점을 모아온 이 이해자(理解者)를 우리가 다시 만나게 된 것은 우리의 매우 드문 기쁨이다.

외우 한흑구 형의 이 『동해산문』을 진심으로 환영하며, 형의 수명이 형의 이순 60대를 쪽빛 바다같이 늘 찰찰하게 해서 칠, 팔, 구십…… 오래도록, 문득 한번씩 그 반가운 갈매기 울음을 이어 우리에게 보내주시기만을 바란다.

한흑구는 서문에서 이렇게 밝혔다.

『동해산문』이라고 붙인 것은 동해에 대해서 썼다기보다는 동해변인 포항에서 살면서 썼다는 뜻이 되는 것이다.

그리고, 몇 편의 평론으로 수필에 대한 나의 신념을 펴보았는데, 이것은 순수한 나의 주관적인 고찰에 불과하다는 것을 말해 둔다.

문단 교우록의 세 편은 하나의 신변 기록이지만, 문청(文靑)의 기록을 남겨 놓기 위해서 실었다.

또, 원고를 간추리는 데 신고(新稿), 구고(舊稿)를 가려내지 않고 그대로 뒤섞어 놓았다.

여태까지 있다가, 변변치 못한 소품들을 내어놓기에는 한편 부끄러움도 없지 않지만, 우리의 수필 문학을 위해서 조그마한 벽돌 한 장이라도 되어주었으면 하고 바랄 뿐이다. 우리도 어느 때에 가서는, 구미의 수필 문학과 같이 완벽한 전통과 광휘 있는 수필 문학을 수립할 수 있으리라고 믿고, 또한 염원하는 바이다.

책 제목으로 삼은 수필 「동해산문」 아래에는 다시 다섯의 소제목이 있다. 「바다」, 「6월의 동해」, 「갈매기」, 「성하(盛夏)의 바다」, 「겨울의 바다」 등이다. 각각 다른 지면에 발표한 독립의 작품들을 「동해산문」으로 다시 묶은 것이다.

돈도 명예도 권세도 마다하며 포항에서 종생의 은둔자로 살아가는 한흑구에게 바다는 언제나 그저 좋은 벗이었다.

> 광막한 바다여!
> 너의 크고, 넓고, 황량(慌浪)한 것이 나는 좋다.
>   - 「바다」에서

> 그렇다고, 너 바다도 아무리 크고, 넓고, 깊다고 해도, 너는 신은 아니다. 또한 불멸의 화신도 아니다.
>   - 「6월의 동해」에서

김녹촌과 함께 떠난 호남순례 여정을
작전지도처럼 그려둔 한흑구

수필집 『동해산문』 상재를 전후한 시기에 한흑구의 말벗과 술벗에는 아들뻘 후학도 포함되었다고 밝혔지만, 그때 이틀이 멀다하고 어울린 일원이었던 아동문학가 김녹촌의 회고문에도 나와 있다.

선생님을 생각할 때 가장 인상 깊게 떠오르는 것이 그 서민적인 인간미이다. 지금으로부터 12년 전 포항에 있을 당시, 남빈동에 있는 선생님 댁으로 선생님을 처음 찾아뵈러 갔을 때, 선생님의 집과 세간살이를 보고 나는 크게 놀라지 않을 수가 없었다.

집은 남빈동 뒷골목 여느 빈민들의 초가집처럼 조그마한 오두막집이었고, 가재도구도 너무나도 수수하고 검소하여, 왕년엔 미국 유학을 하신 바 있고 현재는 대학교수로 계신다는 것이 믿어지지 않을 정도였다.

그렇게, 우악스런 바닷가 빈민들 속에 끼어 우거하시면서도, 그걸 조금도 언짢게 생각하시거나 남부끄럽게 생각하지도 않을뿐더러, 오히려 그런 허물없는 이웃들 속에 묻혀 숨어사는 것을 만족스럽게 여기며, 동해바다를 벗삼아 은둔도사처럼 유유자적하게 살아가는 생활태도를 보고, 나는 선생님에 대한 모든 것을 한눈에 읽을 수가 있었다.

선생님의 생활과 인간이 그렇게 소박 소탈 유유자적하였듯이, 선생님의 인생관이나 사상과 철학 및 문학에 있어서도 거짓과 꾸밈과 허욕이 없어 유유자적 초월해 있었으며, 또한 진실되고 유명유실(有名有實)하기 위해 무실역행(務實力行)하라는 도산정신에 철저히 무장되어 있었기 때문에, 언제나 만나면 진실추구에 애국애족에 대한 이야길 빠뜨리는 일이 없었다.

선생님은 이렇게 언제나 봐도 느긋하고 사심이 없고 천의무봉하다 하리만큼 솔직담백하였기 때문에 쉽게 친숙해질 수가 있었고, 그래서 자주 술자리에 어울려 그 해박하고 생생한 체험담이나 문학에 대한 이야기를 듣곤 하였다. 선생님은 특히 수치에 대한 기억력이 비상하여 모년 모월 모일에 모물(某物)이 기월기십기전(幾月幾十幾錢)하였다는 것까지 정확하게 댐으로써 이야기가 더욱 재미있었고 흥미진진하였었다.

술도 드시는 걸 보면 아주 서민적이었다. 서민들의 술인 소주와 막걸리를 주로 좋아했으며, 술집도 노동자들이 단골로 드나드는 죽도시장 근처 대폿집을 즐겨 찾곤 하셨다. 선생님을 찾다가 댁에 부재중일 때는, 죽도시장 대폿집 아니면 송도 해수욕장 북쪽 끝 외진 노인집을 뒤지면(?) 노동자들 사이에 끼어서 혼자서 술을 들고 계시곤 하였다.

선생님이 계시는 곳엔 언제나 따라붙는 패들이 있었으니 그들은 '흐름회' 회원들이었다. 심당 김대정, 추당 박영달, 손춘익, 최성소, 그리고 나 이렇게 다섯 사람이었다. 한 달에 한 번씩 정식모임이 있기도 하였지만, 일과를 마치고 짬이 나면 서로가 그리워 이틀이 멀다 하고 모이곤 하였다. 모이면 으레 "이야기를 사먹기 위해"(이북에선 술 마시러 가는 것을 이렇게 말한다고 자주 선생님께서 말씀하셨음) 술집으로 가기 마련이었고, 거기서 이야기꽃을 피우며 많은 이야기를 서로 사고팔았다. 술이 거나해질수록 선생님의 이야기도 무르익어갔다. 평양 이야기, 미국 이야기, 그리고 문학과 문인들 이야기 등으로 화제는 돌고 돌았다. 언제나 들어도 화제는 늘 새로운 것이었고, 한번 이야기가 시작되면 명주 실꾸리처럼 끝이 없었다.

미국 이야기를 할 때도 우리나라가 더 아름답고, 우리 민족도 아주 우수한 민족이라는 말씀을 자주 하셨다. 미국만 갔다 오면 미국 예찬에 침이 마를 지경이고 '미국것'이라고 하면 사족을 못 쓰는 판인데, 선생님께선 언제나 우리

나라를 사랑하고 아끼는 주체성을 견지하면서 '한국혼'이 담긴 말씀을 소신 있게 해주시곤 하였다. 또한 선생님께선 현지인 못지않게 영어를 유창하게 구사할 수 있으면서도 좀처럼 그런 티를 보이질 않으셨다. 나는 그런 줏대가 박힌 선생님의 언동이 마음에 들었다. 그래서 나는 선생님을 따라다니며 많은 이야기를 들었다.

선생님의 말씀 중에는 도산 안창호 선생에 대한 회고담이 많았기 때문에, 도산사상에 대해 많은 것을 배울 수가 있었고, 또 많은 정신적 지원을 받을 수도 있었다. 선생님께서는 직접 도산 선생을 모시고 흥사단의 일원으로서 활동하였기 때문에, 도산 선생의 사상과 인격에 대해선 익히 잘 알고 계셨다. 따지고 보면, 한흑구 선생님의 주체성도 애국애족정신도 모두가 도산사상의 영향과 도산 선생의 인격적 감화에서 연유된 것으로 믿어진다.[1]

한흑구가 전남 장흥 출신의 김녹촌과 함께 호남여행을 떠난 때는 1971년 여름 방학이었다. 이 책의 앞쪽, 1930년 여름에 미국 시카고의 한흑구가 부친 한승곤의 상업하러 가는 길을 따라 캐나다 토론토로 향발하는 장면에 이르러, 김녹촌의 회고 가운데 불러와서 '절약과 검소의 여행'을 준비하는 한흑구의 삽화 하나를 미리 펼친 적 있었는데, 그 구체적 실상을 들여다보면…….

예정대로 그 이튿날 포항을 출발해서 부산, 순천, 여수, 장흥, 완도, 목포, 광주, 남원, 전주, 대전을 거쳐 다시 포항으로 돌아오는 4박5일의 호남지방 여행을 무사히 마쳤는데, 목포에서 건어물을 선물로 사가지고 왔는데도 돈이 남아 3천 원씩 돌려받았으니, 얼마나 구두쇠 여행을 했는가를 알 수 있을 것이다.

순천에서 잘 때 둘이서 3백원 주고 최하급 하숙방에서 허름한 모기장 속에서 잔 일도 있었으며, 음식도 포장집에 가서 값싼 라면이나 콩국수 따위로 끼니를 때우기도 하였다. 그러면서도 여행은 즐거웠고 속이 편했고 가난한 서민들의 구수한 인정을 맛볼 수가 있어 흐뭇하였다.

목포에서 유달산에 올랐을 때, 선생님께서 다도해를 바라보시고 "목포는 과연 한국의 나폴리야!" 하고 찬탄을 아끼지 않으시던 일이며, 부두 노동자들이 우글거리는 선창가 대폿집에서 어리게젓으로 밥을 잡수시며 어리게젓이 그리 맛있다며 쩝쩝 입맛을 다시시던 모습이 지금도 눈에 선하다.

그리고 전주에 들러서 시인 신석정 선생님을 자택으로 찾아뵙고 정담을 나누던 일 또한 잊을 수 없는 추억의 하나다.

신석정 선생님은 키도 훨씬하게 크고 코도 큰 데다가 얼굴이 까무잡잡해서 흡사 라틴계 남미 사람 같은 풍모를 지닌 분이었다. 뜰에는 모란과 연꽃 등 갖가지 귀한 화초가 심어져 있었으며, 목조 한옥 방 안에는 힘찬 필력의 산수화로 가득차 있어 구성진 남도 풍류의 진수를 맛보는 것 같아 황홀하기만 했다.

특히 방 안 세 벽을 빙 둘러 걸어놓은 소백산맥 연봉을 그린 듯한 산맥도(山脈圖)는 명화 중의 명화였으며, 가람 이병기 선생한테서 얻어와 시멘트 토관에 심어놓았다는 흰 연꽃의 너울거리는 연잎의 인상은 평생 잊을 수 없을 것 같다.

아무튼 침식을 같이하며 고생을 같이 나눈 호남지방 여행을 통해서 선생님과 나는 더욱 가까워질 수 있었다. 언행이 일치하기란 참으로 어려운 일인 것이다. 입으로 비단 같은 말을 하면서도 막상 실생활의 뒷면을 들여다보면 위선자의 추한 면이 드러나 실망하기 마련인데, 선생님을 가까이서 모셔보니, 선생님은 항심(恒心)의 소유자여서, 언제 어디를 가더라도 안색을 바꾸거나 변심할 분이 아니라는 것을 피부로 느낄 수가 있었다. 언제나 보아도 수수하고 느긋하고 너그럽고 따뜻하고 신사답고 그릇이 큰 참으로 좋은 분이었다.[2]

여정을 구체적으로 밝히지 않은 김녹촌은 4박5일이라 했다. 그러나 실제는 7박8일이었다. 때는 1971년 8월 10일부터 17일까지였다. 이것은 한흑구가 남긴 아래의 작전지도 같은 메모 그림에 야무지게 박혀 있다. 한자로 쓴 제목도 선명하다. 〈호남순례 1주일, 녹촌과 함께〉.

교통편은 기차, 기선(배), 버스, 택시를 고루 이용했다. 기선은 한 번이고, 용당에서 목포까지로, 짧은 거리였다. 또 한 번은 택시를 탔다. 전주에서 대전까지다. 먼 거리다. 택시비가 엄청 나왔을 것이다. 그런데 포항에 도착해서 2만원씩 갹출했던 여비 중에 남은 돈 3천원씩을 나눠 가졌다? 한흑구를 존중한 신석정의 호의가 아니었을까. 전주에서 대전까지는 택시를 잡아 드릴 테니 사양하지 말라는……. 한흑구보다 두 해 앞선 1907년에 태어나 한흑구보다 다섯 해 앞선 1974년에 생을 거두는 시인 신석정.

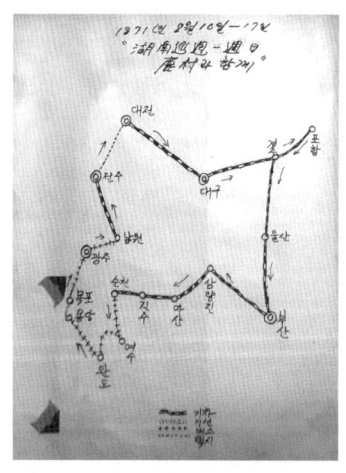
한흑구가 손수 그린 김녹촌과의 호남순례 여정

1971년 여름, 전주에서 만난 한흑구와 신석정(오른쪽)

1), 2) 김녹촌, 「잃어버린 한 시절」(앞의 책)

빈곤의 골짜기에서 풍요의 지평으로 건너가는 철교(鐵橋) 건설을 축원하며 '사농공상'을 비판하다

1973년 7월 3일, 온 나라가 들썩이는 대경사가 있었다. 1970년 4월 1일에 착공했던 포항종합제철(POSCO. 포항에서는 '종철', 서울을 비롯한 다른 지역에서는 '포철'이라 불렀음)이 스스로 '포항 1기'라 칭하는 연산 조강 103만 톤 체제를 완공하여 종합준공식을 거행한 것이었다.

서울 광화문에 경축아치가 세워지고, 기념우표가 발행되고, 박정희 대통령이 포항으로 내려오고, 모든 언론이 찬사를 쏟아냈다. 한마디로 국가적, 국민적, 시대적 경축일이었다.

왜 그래야 했는가? 무(無)의 상태에서 산업화의 견인차를 만들어낸 역사적 성취였기 때문이다. 그날 비로소 대한민국은 자립경제의 가장 중요한 국가기간산업인 종합제철 대장정의 첫 개가를 올렸고, 자주국방의 주춧돌을 놓았다. 그해 남한경제가 처음으로 북한경제를 앞질렀다.

무(無)의 상태란 무엇이었는가? 1968년 4월 1일 포항종합제철이 출범했지만, 자본도 기술도 경험도 원료도 전무(全無)한 회사였다는 것이다. 자본과 기술 제공은 한국에 종합제철을 지어주기로 계약한 KISA(미국·서독·영국·이탈리아·프랑스의 컨소시엄)가 책임을 맡기로 하고 있었다. 그러나 결국 그들은 한국 정부를 배반했다. 오죽했으면 1968년 11월 영일만의 부지 정비 현장을 처음 찾아온 박정희가 "이거 남의 집 다 허물어놓고 제철소가 되기는 되는 건가?" 하고 쓸쓸히 독백했을 정도였다. 실제로 그때 포스코는 파산과 청산의 백척간두 위에 놓여 있었다.

대통령의 독백을 듣고 모골이 송연했던 포철 사장 박태준은 황경로(2대 포스코 회장)에게 "회사 청산 절차를 준비하라"라는 비밀 지시를 해두고 미국 피츠버그로 날아가 KISA의 배반을 직접 확인하고는 크게 낙담했다. 하지만 귀국길의 하와이에서 대일청구권자금 전용 아이디어에 착상하고, 그의 건의를 대통령이 전격 수용하면서 포스코는 기사회생·전화위복의 전기를 맞았다. 물론, 일본 정부와 일본 철강업계 지도자들을 설득하는 일은 그에게 또 다른 난관 돌파의 강행군을 요구했다. 그때 박태준은 그들에게 "내가 종합제철을 성공시켜 국가의 초석을 놓는 일은 한국 땅에 태어난 이유"라며 절박하고 단호한 영혼의 목소리로 말했다.

1968년 4월 1일 출범한 포스코는 꼬박 이태를 더 노심초사로 '자본과 기술을 기다리는 시간'을 보내는 가운데 대일청구권자금 일부 투입과 일본의 기술 제공이 결정돼 1970년 4월 1일 비로소 착공식을 마련할 수 있었다. 이때 박정희-박태준-김학렬(경제부총리) 3인이 발파 버튼을 눌렀다. 그리고 다시 서른여덟 달의 고투를 바친 1973년 6월 9일 대한민국 산업화 대성취의 신호탄 같은 첫 쇳물을 받아내고 눈물범벅 감격의 만세를 부른 데 이어, 7월 3일 단위공장 22개와 부대시설 모두를 완공함으로써 역사상 최초의 일관(종합)제철소 준공식을 마련할 수 있었다. 서른여덟 달에 걸쳐 연인원 810만 명, 경부고속도로 건설비의 3배에 해당하는 자금이 투입되었다. 말 그대로, 단군 이래 최대 역사(役事)는 빈곤의 골짜기에 처박힌 조국을 풍요의 지평으로 끌어나갈 첫 번째 철교(鐵橋)를 완성한 역사적 건설이었다.

한흑구는 포항에서 '종철'의 진척에 응원을 보냈다. 고난과 시련의 속사정을 세세히 알진 못해도 신문을 통해서, 포항에 넘쳐나는 일꾼들을 통해서 어마어마한 공사 현장의 소식을 듣고 있었다.

그해 8월 한흑구는《조선일보》에 포철에 대한 감회를 담아「공업도시」라는 수필을 발표했다. 그것은 누가 읽어도 영락없는 포항 토박이의 글이었다.

> 새로운 공업도시로서 포항은 그 성격을 세 번이나 바꾸었다. 해방 직후의 포항은 포항읍이라는 하나의 어촌에 불과하였다. 다만 대구선(大邱線)의 종점이 됨으로써 강원도를 이을 수 있고, 또한 영일만의 목인 포구가 되는 학산동의

선창(船艙)으로서 동해안을 이을 수 있고, 울릉도를 붙들어 맬 수 있는 징검다리의 구실을 하여 주는 어물 집산지로서 양항(良港)이 되었다. 이러한 어촌의 성격을 띠고 있던 포항이 육 년 전엔 국제개항장으로 약진하게 되었다.

6·25사변 중에는 군사도시의 역할을 하게 되었다. 시와 근접해 있는 오천면에 있는 왜병들의 조그만 항공기지를 미국 해병대의 제1항공사단이 사변 중에 그 기지를 확장하여 사용함으로써 군도(軍都)의 성격을 띠게 되었고, 미 해병들이 철수하자 우리 해병들이 그 기지를 사용하게 되었다.

이러한 포항이 종합제철공장이 완공됨으로써 세 번째로 대공업도시로서의 면모를 갖추기 시작하였다. 지금까지 포항 인구는 7만에 불과하였던 것이 포스코(POSCO)가 창설됨으로써 갑자기 12만을 돌파함에 이르렀고, 30만 내지 50만의 대공업도시를 지향하고 있다.

우리나라의 근대사에는 사농공상(士農工商)이라는 정신으로 살아온 기록이 있고, 지금까지도 그러한 보수적인 소극성을 갖고 있는 것이 보통이다.

그러나 구미(歐美)에서는 이와는 정반대의 정신으로 살아온 것이다. 즉 상공농사(商工農士)의 정신이다.

우리는 벼슬을 하는 선비를 첫째로 삼고, 벼슬이 높은 양반들도 먹어야 사니까 농부들을 그다음으로 생각하고, 또 농사를 지으려면 호미, 낫, 쟁기 등이 필요하니까 공장(工匠)이를 쳐주고, 상업을 하는 사람들은 이득을 취해서 먹는다고 해서 꼴찌로 박대한 것이 사실이다.

그러나 구미에서는 일찍부터, 상품을 팔아야 공장에 주문을 주어서 돌아갈 수 있고, 농사를 지어야 공업의 원료를 만들 수 있으므로 상공을 중시하고, 사회에 봉사하고 국가를 운영하는 데 필요한 관리들은 비교적 작은 봉급을 받는다. 말하자면, 우리와는 반대인 상, 공, 농, 사의 정신인 것이다.

이상하게도, 나는 상공업도시에서 살게 된 팔자를 타고난 모양이다.

나는 상공도시 평양에서 태어났다. 20대엔 상공도시인 미국의 시카고에서 살게 되었고, 6·25 후엔 고적한 포항의 바닷가에서 살려고 했으나 공장은 또다시 나를 찾아왔다.

그래서 나는, 영일만 위에 아침 해를 맞이하면서, 종철(綜鐵)의 굴뚝에서 용광로의 불길이 빨갛게 뿜어 나오는 것을 바라보며 조국의 무한한 번영을 축원한다.

1973년 6월 9일 포항제철 고로에서 첫 쇳물이 나온 순간에 박태준 사장과 직원들이 눈물의 만세를 부르고 있다.

노년에는 인생의 주석을 단다는 쇼펜하우어를 생각하며 오랜만에 낚싯대의 먼지를 털다

5월 17일 오전 9시 42분, 경주역에서 청량리행 기차를 탄다. 안동의 어떤 학교에서 근무하고 있는 아내를 찾아가기 위함이다.

전에도 중앙선 기차를 수십 번 타본 적이 있었지만, 특급이나 급행차는 거의 없고, 사람을 짐짝처럼 싣고 가는 만원 열차라고 할 만한 것뿐이다.

낡고, 기울어진 교의(交椅)에 세 사람씩 앉고도, 자리가 없어서 서 있는 사람이 많은 것이 보통인데, 오늘은 맨 앞차에 가서 두 사람이 앉아 있는 자리의 한 모퉁이를 겨우 얻어서 엉덩이를 붙인다.

경주를 떠난 지 세 시간 만에 기차는 낙동강 철교를 넘어 안동역으로 들어가고 있다.

강 이편에 우뚝 서 있는 영호루(映湖樓)를 바라보고, 강 건너와서 서 있는 이육사의 시비도 잊지 않고 또 한번 눈여겨본다.

역 출구까지 출영 나온 아내의 얼굴을 오랜만에 바라볼 때에, 세상엔 나를 기쁘게 해주는 이도 있는 것을 퍽 행복하게 생각하면서, 웃음으로 손을 흔들어 보인다.

한흑구가 1972년 6월 《수필문학》에 발표한 「5월의 중앙선」 첫머리와 끝맺음이다. 공립학교 음악교사인 아내(방정분)는 포항을 떠나 안동에 근무하고 남편은 포항수산대학 교수 정년을 이태 앞둔 그때, 한흑구는 진작부터 노년의 자세를 가다듬고 있었다.

사십은 청춘의 노년이요
오십은 노년의 청춘이다.

한국인에게는 소설 『레미제라블』의 '장발장'으로 잘 알려진 빅토르 위고의 말이다. 한흑구는 회갑을 서너 해 앞두고 있던 시절부터 저 그럴싸한 말을 새겨보기도 했다. 그래서 그즈음에는 낚싯대도 놓다시피 했었다. 이를테면 '노년의 청춘'을 아끼려 했던 것이다. 그런데 회갑도 서너 해를 지나고 나니 생각이 달라졌다.

처음의 인생 사십 년은 우리에게 과제를 주고, 그다음 삼십 년은 우리가 그 과제에 주석을 붙인다.

이는 쇼펜하우어의 말이다.[1]

눈물 어린 눈에 황혼이 비칠 때, 이해력을 갖고, 황혼의 그림자가 차차 넓어지고 깊어감을 느낄 줄 알아야 한다.

이는 롱펠로의 말이다.[2]

한흑구는 철학자와 시인의 생각에 매력을 느꼈다. 청춘은 나이로 따지지 않는다던, 노병은 죽지 않는다던 맥아더 장군도 지상에서 사라지지 않았나.

1초도, 1분도, 하루도
분만(分娩) 없이는 지나지 않고,
1초도, 1분도, 하루도
주검 없이는 지나지 않는다.

이는 시간에 대한 생각을 노래한 휘트먼의 시 한 소절이다.[3]

한흑구는 끊임없는 탄생과 소멸의 여로에서 틀림없이 이제부터 자신도 열심히 주석을 달고 황혼의 너비와 깊이를 지켜봐야 하는 나이라고 생각했다. 아주 오랜 만에, 거의 십여 년 만에 낚싯대의 먼지를 털었다.

지나간 주말, 나는 낚싯대와 점심 꾸러미를 들고 신광(神光)에 있는 법광사(法光寺)와 그 아래에 있는 넓은 못을 찾았다. 포항에서 서북으로 40리나 들어간 구석진 곳으로, 공기가 좋고, 비학산(飛鶴山)의 숲이 좋고, 범촌(虎里)못의 붕어 낚시터가 좋다고 해서 찾아갔다. '신(神)', '호(虎)', '광(光)' 자 등의 무서움과 두려움에 소스라칠 이름들이라고 생각하면서도 '광' 자를 생각할 때 한결 마음 속이 빛나는 것 같은 법열을 느끼고, 또한 한껏 외경감을 갖기도 했다.
　낚시질을 해본 것도 어느덧 십여 년이 지났다. 그때 나는, 나의 애들이 읽던 『슈바이처의 소년 시절』을 읽어 본 일이 있었다.

　　나는 동무들과 함께 낚시질을 가보았다. 그러나 지렁이를 낚시에 끼우려고 할 때, 지렁이가 아파서 꿈틀거리는 것을 차마 볼 수 없어서 나는 그때부터 낚시질을 그만두기로 했다.

나는 슈바이처의 고운 마음에도 동감이었지만, 불교의 "살생하지 말라" 하는 훈계에도 통하는 말이었기에 그 후부터 낚시질을 그리 즐기지 않았다.
　그러나 노년에 든 나에게 취미와 운동이 필요하다면 낚시질밖에 할 일이 없을 것 같고, 또한 좋은 공기를 마실 수 있고 고운 새 소리를 들을 수 있기 때문에, 나는 낚시질을 다시 하기로 했다.[4]

정년의 시간으로 다가가며 낚싯대도 다시 잡기로 작정한 1973년 여름, 한흑구는 덕지덕지 달라붙은 빈곤의 외피를 막 벗겨내기 시작한 한국사회에 새로운 유행의 대세처럼 만연해가는 "돈만 벌면 된다"라는 배금주의를 염려했다. 1973년 8월 《조선일보》에 발표한 「배금사상」에 잘 나타나 있었다.

> 1930년, 미국에서 공부할 때의 일이다. 미국 대학 친구들은 "머니 톡스(Money talks)"란 말을 잘했다. "돈이 말씀하신다"라는 이 뜻은 일종의 배금사상인 것 같아서 불쾌했다.
> 윌리엄스 교수의 실용주의와 존 듀이 교수의 실험주의와 에머스의 보상법을 통해서 달러리즘의 합리화를 더 인식할 수 있었다.
> 우리나라에서도 "돈이 말씀하신다"라는 배금사상이 날로 더 해가고 있다. 그러나 우리가 버는 그 대금(大金)은 실력에서 얻은 보상금이 아니고, '가짜'나, '사기'나, '거짓'으로 얻는 것이 많음을 알 때, 민족의 장래를 생각하여 가슴 아픈 일이 아닐 수 없다고 느껴진다.

1)~3) 한흑구의 「노년」에서
4) 한흑구의 「숲과 못가의 새소리」에서(《영남일보》, 1973. 7.)

운명의 슬픔을 아프게 생각하는 것보다도
저 노목의 그늘 드리우는 사명을 부러워한다

신라시대에 일으킨 포항의 대표적 고찰은 송라면의 보경사와 오천읍의 오어사이다. 보경사 앞에는 아름드리 노거수가 많다. 1974년에는 오백 년 묵은 느티나무가 살아 있었다. 나무를 사랑해온 한흑구는 정년 퇴임을 하는 그해 가을에 장엄하게 늙은 느티나무를 우러러보며 영혼에서 우러나온 헌사를 바쳤다. 1974년 10월 《수필문학》에 발표한 수필「노목을 우러러보며」, 이것이다. 고전음악처럼 가끔 음미해볼 명작이다.

나는, 오늘 보경사 앞뜰에 앉아서, 하늘 높이 솟아오른 느티나무 노목 하나를 쳐다본다.

오백 년이나 넘어 살았다는 이 노목은 시간과 공간의 제한을 모르는 듯이 상하좌우로 확 퍼져 올라섰다.

그러나, 지금 이 노목은 검푸른 그늘을 새파란 잔디 위에 드리우고 있지만, 그 다섯 세기의 길고 오랜 세월을 지니고 있으면서도, 그 넓은 허공에 조그마한 한 점의 공간을 차지할 수밖에 없다는 것은 어딘가 이상스럽기도 하다.

한때, 큰 번개에 맞아서 찢겼다는 큰 가지 하나가 떨어져 나간 부분에는 크고 기다란 구멍이 뚫려 있다.

이 늙은 나무 속에는 얼마나 많은 구멍이 아래위로 뚫려 있는지는 알 수 없으나, 겉으로 보기에도 큰 구렁이들이 얼마든지 드나들기에 충분하다.

구렁이들이 살지 않는다면, 달밤마다 꿀밤을 주워먹는 다람쥐들이 몇 가족이라도 숨어서 살 수 있을 만하다.

달 밝은, 고요한 가을밤에 한 가락 실바람이 불어오면, 저 노목은 콧구멍도, 입구멍도 아닌 저 큰 구멍으로 한 가락 신비로운 소리로 슬픈 노래라도 부를 것 같다.

*

"나무는 늙어도 재목으로 쓰이지만, 사람은 늙으면 아무 쓸모가 없어진다."
이러한 말을 나는 들었다.
그러나 프랜시스 베이컨은 늙은 것, 오래된 것을 좋다고 주장하였다.

Old wood best to burn, old wine to drink, old friends to trust, and old authors to read.
고목은 불을 때기에 좋고, 오래 묵은 술은 마시기에 좋고, 오랜 친구는 믿을 수 있고, 노련한 작가는 읽을 만하다.

이 말의 참뜻은, 시간의 흐름에서, 오래도록 늙고 낡은 것을 뜻함이 아니고, 그 오랜 시간을 시련과 곤고에서 이겨내서 숙달되고, 노련해진 것을 뜻하는 말인 것이다.
나는 묵묵히 앉아서 이 구멍이 뚫리고, 가지들이 땅으로 쳐져서 한편으로 쓰러질 듯이 기우뚱한 큰 노목을 한참 동안이나 쳐다본다.
구부러진 가는 가지마다가 얼마나 많은 비바람에 휘갈김을 견디어냈으며 얼마나 많은 찬 서리에 굵은 가지들이 울룩불룩한 가죽과 같은 껍데기로써 씌워졌을까.
어린나무에서는 찾아볼 수도 없는 이 거칠고, 꽉꽉한 껍데기들은 이 늙은 나무의 괴로움과 슬픔의 정이 솟구쳐 나와서 말라붙은 흔적이나 허물이 아닌지.

이러한 상념에 잠겨서, 나는 이 늙은 나무의 모양을 우러러보면서, 나 자신의 걸어온 길을 가만히 더듬어 보기도 한다.

*

나는 어려서부터 나무를 좋아했다.

오월이면 꿀 냄새가 풍기는 아카시아꽃을 따서 먹기를 좋아했다.

유월이면 꽃이 피는 밤나무 그늘 아래에서 안서(岸曙)의 시집 『해파리의 노래』와 주요한의 시집 『아름다운 새벽』을 몇 번이고 줄줄 외기도 했다.

버드나무 꼭대기에 올라가서 나의 이름 석 자를 칼로 새겨놓고, 그것이 해마다 나무와 함께 커가는 것을 보면서 기특하게 생각하기도 했다.

지금도 고향에 돌아가면 그 버드나무가 살아 있을까, 육십이 넘은 오늘까지도 가끔 생각해본다.

나무는 오랫동안 산다.

우리나라에도 천 년이 넘은 노목거수가 있지만, 미국의 서북부에는 오천 년이 넘는 노목이 많다는 것이 나무의 나이테와 함께 기록되어 있다.

*

나무는 한곳에 가만히 서서도 오랜 세월을 살지만, 사람은 이곳저곳 떠다니면서 별별 것을 다 찾아먹으면서도 백 년을 살기가 힘이 든다.

사람도 육십이 넘으면, 노목의 껍데기마냥 피부에 이상한 증상이 나타나기 시작한다.

손잔등은 거칠어지고, 검은 티들이 덮이고, 얼굴엔 검은 주근깨들과 검버

섯들이 돋고, 어깨와 잔등에도 많은 주근깨와 반점들이 덮인다.

그뿐인가. 폐를 앓았던 나의 허파에는 구멍이 뚫린 곳도 있을 것이고, 그 독한 파스와 아이나의 복용으로 위장은 헐고, 나른해졌을 것이다.

저 노목은 그의 구멍 속으로 다람쥐들이 드나들어도 끄떡없고, 소슬바람에는 신비스러운 음악 소리를 내고, 해가 쪼이는 뙤약볕에서는 서늘한 그늘을 덮어줄 수도 있지만, 사람은 늙어서도 왜 그러한 신비력을 가질 수 있게 태어나지 못하였을까.

이제, 나의 몸속에서 이름도 모를, 눈에도 보이지 않는 벌레들이, 나의 오장육부를 쑤시어 먹는 날에는, 나는 저 노목과 같이, 푸른 잎도, 가지도, 꽃도, 열매도 맺어 보지 못하고 죽어야 하지 않는가.

나는 다시 한 번 저 노목을 우러러본다.

시간의 흐름을 탓하고, 운명의 슬픔을 아프게 생각하는 것보다도, 나는 저 노목이 아무 말도 없이 높이 서 있으면서, 다만, 그늘만을 잔디 위에 덮어주는 하나의 사명만을 갖고 있다는 사실을 부러워하지 않을 수 없다.

나도 죽고, 저 노목도 언젠가는 다 죽어야 한다.

그러나 저 노목은 다 썩어서 구멍이 뚫리고, 다람쥐가 드나들어도, 그냥 속임수 하나도 없이, 서늘한 그늘만 드리우는 사명 하나만을 갖고서도 저렇게 오래 살 수가 있다.

그러한 저 노목이 나는 자꾸만 쳐다보이고 우러러보인다.

나는 일종의 외경심마저 느껴 본다.

정년을 기념하듯 『인생산문』을 준비하며
'한 오라기의 허구 없이' 죽마고우 안익태를 회고하다

1974년 포항수산대학 정년 퇴임을 기념하듯 한흑구는 일지사에서 두 번째 수필집 『인생산문』을 출간한다. 머리말에는 1971년 『동해산문』을 펴낸 뒤에 쓴 것들을 모았다고 밝히고 있다. 「노목을 우러러보며」가 책의 맨 앞을 우람하게 지켜서서 짙은 그늘을 드리워주고 새들의 지저귐과 소슬바람의 신비한 음악을 들려준다.

책의 중간에 앉힌 「싸라기말」에서 한흑구는 사색의 언어를 '꼰대의 잔소리'라며 겸손해한다. 〈범은 가죽을, 사람은 이름을〉, 〈시는 문학의 모체〉, 〈각국의 국민성〉, 〈꽃도 해와 달을〉, 〈한 알의 밥알〉, 〈용기(容器)와 내용〉, 〈고독〉, 〈자유시(free verse)와 이미지스트(imagist)〉 등 여덟 개의 주제로 짜인 단상들이다.

〈범은 가죽을, 사람은 이름을〉에는 이런 문장이 나온다.

> 명예는 자기 스스로가 얻을 수 있는 것이 아니라, 남이 씌워주는 월계관인 것이다. 우리는 영웅이나 위인이 되기 이전에 모름지기 하나의 평범하고 성실한 인간이 되어야 할 것이다.

〈한 알의 밥알〉에는 누구나 금언으로 새기고 살아가야 하는 비유가 허를 찌른다.

> 밥을 주식으로 하는 우리들은 한 알의 밥알이라도 귀중하게 여긴다.
> 그러나, 아무리 귀중한 밥알이라고 할지라도, 그것이 국그릇이나 김치그릇 같은 데 떨어졌을 때에는 곧 불쾌해져서 젓가락으로 집어내 버린다.
> 사람도 제자리를 잃어버리면 버림을 받을 수 있다.

〈용기(容器)와 내용〉은 '형식과 내용'의 다른 이름이며, 역시 한흑구는 둘의 일치를 중시한다.

> 형식과 내용은 항상 품위를 같이하여야 할 것이다. 그러나 현대인은 내용보다 용기와 포장에 더 신경을 쓰고 있는 것 같다.

『인생산문』의 고즈넉한 뒤뜰은 다시 우람한 노거수 같은 존재가 지키고 있다. 미발표 산문, 회고록 성격의 글 「예술가 안익태」가 그것이다. 〈고학의 길〉, 〈노부부의 온정〉, 〈시카고의 호반〉, 〈뉴욕에서의 작별〉 등 4부로 구성하고 있다. 분량은 단편소설 세 편에 가깝다. 부제는 '젊은 시절의 교우기'이다. 제목 밑에는 특별히 눈길을 끄는 특별한 메모를 붙여두고 있다.

> 이 교우기는 픽션적인 소설이 아니고, 나의 죽마교우(竹馬交友)인 안익태 씨와 미국에서 같이 고학하던 젊은 시절을 사실대로 기록해 두려는 것이다.
> 　이 시절은 그의 일생에서, 음악학도로서 가장 중요한 20대의 청춘기였던 것이다.
> 　나의 기억에서 상실된 것은 아쉽게도 잃어버린 사실이 있을지언정, 픽션적인 이야기는 한 오라기도 첨가하지 않고, 다만 옛 기억을 하나하나 더듬어 가는 이야기체로 기록해 두려는 것이다.

'한 오라기의 허구적 문장'도 첨가하지 않은 「예술가 안익태」, 이 회고에 나오는 이야기들이 이 책의 비교적 앞쪽에 나오는, 미국에서 난처한 지경에 빠진, 젊은 첼리스트 안익태를 가형(家兄)처럼 도와주고 보살피는 한흑구의 모습이다.

1935년의 단편소설 「어떤 젊은 예술가」, 1961년의 장편소설 「젊은 예술가」, 이들 소설의 형식에 불러들인 A라는 인물(안익태)에 대해서는 독자들이 아무래도 허구적 요소가 들었다고 생각할 선입견을 깨고 싶었을 것이다. 두 소설의 A는 안익태이고 K는 한흑구라는 사실을 굳이 더는 덮어두고 싶지도 않았을 것이다. 그때는 안익태가 스페인 바르셀로나에서 생을 마친 지도 어언 여남은 해를 헤아리고, 정부가 고인의 유해를 국립 현충원으로 모셔오기 세 해 앞이었다.

한흑구

안익태

허허, 새도 못 주워 먹는 것을
어찌 버릴 수 있겠나?

정년 퇴임으로 물러난 한흑구에게 대한민국 문교부(교육부)가 다시 예우를 보내왔다. 수필 「닭 울음」을 1975년부터 중학교 1학년 국어 교과서에 실은 것이다. 「나무」, 「보리」에 이어지는 세 번째였다. 이 책의 앞쪽에서 이미 평남 강서군 성태면 연곡리 '성대장'의 「닭 울음」 소리를 들었다. 그 장면에서 익히 보았다시피, 꼬끼오—, 이 새벽을 알리는 음향에 귀 기울이는 그의 모습은 조국의 밝은 날이 서서 오기를 기도하는 사람이었다.

> 오늘도 닭의 울음을 들으며 일어나자, 흐릿한 하늘을 우러러, 우리의 새로운 희망이 빨리 이루어지기를 하느님께 기도하였다.[1]

한흑구는 이사를 했다. 서른 해를 조금 덜 채우게 살아온 남빈동의 고가를 나와 오 리쯤 떨어진 죽도2동의 반듯한 주택으로 옮겼다. 승승장구 성장하는 포항제철과 더불어 팽창해 나가는 포항이니 몇 년 못 가서 번잡하게 변화하지만 이사한 당시에는 조용한 동네였다.

> 벌판과 같은 변두리에 옮겨와서는 오히려 소리가 그리워질 정도로 고요 속에서 소리를 들으려고 애쓰고 있다.[2]

1975년 봄날부터 한흑구는 일주일에 한 번씩 여행 가는 기분으로 대구 가는 기차나 버스에 올랐다. 효성여자대학(현 대구가톨릭대학) 시간강사로 초빙된 것이었다. 수필가인 최정석 교수가 주선했다. 한흑구보다 열다섯 살 아래로 '흐름회'도 같이 했던 그는 포항의 선배에게 깊은 존경을 보내는 문학인이었다.

나는 선생에게 응석을 부리며 그 체취를 본받으려 했다. 선생께선 평소에 술을 좋아하셨고, 수하(手下)들과의 대화를 통하여 그 담담한 인품을 보여주시기도 했다. 저무는 동해의 수평선을 바라보며 포항 송도의 사장(沙場)에서 간혹 모시던 술자리는 내 일생의 기억에서 사라질 수가 없다. 그럴 때마다 나는 방종이 되풀이되었지만 선생은 그것을 탓하시는 일이 없으셨고 잔잔하고도 조용한 호탕을 보이시며 감싸주셨다. 선생의 인품은 소위 이심전심의 방법으로 후진들에게 일깨움을 주시는 흔치 않은 그런 것이 있었다.[3]

최정석의 청탁을 받아 한흑구는 1973년 《효대학보》에 수필 「나의 좌우명」을 발표한 적 있었다. 그때 그는 여대생들에게 인생의 진선미를 일러줬었다.

나는 중학 시절에 영국의 시인 존 키츠의 시에서 이러한 구절을 읽어서 기억하고 있다.

    Truth is Beauty, Beauty is Truth.
    진은 미요,
    미는 진이다.

과연, 참된 것이 아름다움이며, 아름다움이 참된 것임을 우리는 다 잘 느낄 수 있다.

대구에서 달려온 최정석이 드문드문 끼긴 했지만, 1970년대 후반 들어 포항 송도해수욕장 생선회 식당에 한흑구와 단골로 모이는 말벗·술벗은 김대정과 손춘익, 그리고 빈남수(1927-2003)였다. 그때 김녹촌은 포항에서 멀리 떨어져 있었다.

범우사에서 출간한 수필집 『괄호 밖의 인생』을 들고 1976년 2월 동해의료원(현 포항의료원) 내과과장으로 부임해와 1980년부터 포항에서 내과의원을 개원하는 빈남수는 경남 사천 출신으로 성품이 호탕하고 문우들과 술자리에서 지갑 열기를 주저하는 법이 없었다.

그들의 술자리에서 왁자한 웃음이 터지는 장면 하나는 거의 고정된 것과 마찬가지였다. 잔을 채워주다 술을 흘리는 경우, 잔을 엎지르는 경우, 잔 바닥에 찌꺼기처럼 깔린 술을 버리는 경우. 누구 하나가 무심결에 그리하면 맨 먼저 발견한 이가 점잖게 나무라고 혀를 찬다.

"허허, 새도 못 주워 먹는 것을. 쯧쯧."

곧바로 모두가 한꺼번에 한흑구를 쳐다보며 홍소를 터트린다. 그도 싱긋이 웃고…….

그 말의 저작권자는 바로 애주가 한흑구였다. 그는 수필 「주도세칙」 중 세 번째 소제목 〈새도 못 주워 먹는 것〉에서 그 말이 생겨난 일화를 남겼다.

> 내가 30대에 술을 늘 같이 마시던 50대의 술 선배 한 분이 계셨다. 그는 술도 잘 마시고 기지적인 좌담도 잘하셨다.
>
> 왜정(倭政) 말기에는 소주 배급을 타는 정도로 술이 퍽 귀했다. 자기에게 술잔이 가면 술잔을 가득히 채우라고 야단이었다.
>
> "자, 화경알같이 붓거나, 잠자리 눈알같이 톡 도두러지도록 부어!"
>
> 하고 잔을 앞에 놓고 지켜보았다.
>
> 술잔을 가득히 붓다가 한 방울이라도 넘치면,
>
> "이 사람아 술을 쏟으면 어떡하나! 새도 못 주워 먹는걸."

그는 이렇게 교훈같이 말하곤 했다.

나락으로 만든 귀한 술이지만 술은 닭도 새도 주워 먹을 수 없는 것이 사실이다. 참으로 애석하고 아까운 것이다.[4]

내친걸음에 한흑구는 술맛과 술잔의 상관성도 일러줬다.

여기서 잠깐, 술과 술잔에 대한 이야기를 하고 싶다. 말하자면 내용과 형식에 대한 이야기도 될 듯하다.

농부가 들에서 일을 하다가 목이 갈갈하고 타올 때 샘물을 맥주잔으로 한 잔 두 잔 퍼마신다면 별로 물맛이 시원하지 않을 것이다. 큰 바가지로 샘물을 퍼가지고 목젖이 오르내리도록 단숨에 마셔버려야 속이 시원할 것이다.

또한 그와는 반대로, 맥주를 커다랗고 시원해 보이는 유리잔에다 마셔야지, 바가지로 떠먹어서는 맥주의 맛이 나지 않을 것이다.[5]

그리고 그는 애주가답게 한마디 칭찬도 덧붙여 놓았다.

해방 후에 술잔이 조금 커진 것은 좋은 일이라고 생각한다.[6]

정년 퇴임이 시간의 속박을 풀어줘서 문우들과 어울리는 시간을 늘렸지만, 펜을 드는 시간도 늘릴 수 있었다. 1975년부터 1977년까지 한흑구는 수필 발표가 왕성한 편이었다.

저 아득한 노스파크대학 청년시절의 첫사랑 스웨덴 처녀를 순정한 인간상의 모습으로 가만히 불러낸 「순정의 학우 알바」(『신동아』 1975년 2월호)로 새해를 맞은 1975년의 「흙」, 「구름이 뭉게뭉게」, 「흰 목련」, 「직관력과 영감」, 「오십천을 찾아」, 「소리」, 1976년의 「고요」, 「내가 만난 간호원들」, 「봄소식」, 「노년이 맞이하는 1

년」, 「어시장」, 「'뻐저리' 아저씨」, 「연기」, 「충무에 보내는 편지」, 1977년의 「세상이 돌아가게 하는 건 오직 사랑」, 「아름다움」, 「새봄의 기쁨」, 「나는 수필을 즐겨 쓴다」, 「떡전 골목」 등이다. 현재도 여기저기 산재하는 수필들이다.

포항 송도에서 겨울 바닷가를 거니는 노년의 한흑구

1) 한흑구의 「닭 울음」에서
2) 한흑구의 「고요」에서(《수필문학》 1976.1.)
3) 최정석, 「흑구 선생을 추억하다」(《포항문학》 창간호, 1981)
4)~6) 한흑구의 「주도세칙」에서

서울중심주의는 민주주의와 문화 발달에 역행하니
신석정의 '전원'과 예이츠의 '이니스프리'처럼

1975년 세밑, 겨울바람을 안아 들이며 거칠게 파도치는 영일만 바다의 한흑구가 서울 사당동의 미당 서정주 시인에게 긴 편지를 쓴다. 먼저, 해방공간의 젊은 날들에 곧잘 어우러졌던 술자리 추억을 더듬는다.

> 문학하는 사람들이나 예술가들이 다 술을 즐기지만 형이나 작고한 공초(空超), 광주(光洲), 지훈(芝薰), 인욱(仁旭) 들과 함께 소주를 됫병으로 마시던 시절이 그립습니다.[1]

이 편지를 쓰는 한흑구는 '서울중심주의'의 잘못될 수밖에 없는 우리의 미래를 내다보고 있었다. 이것이 시대적이고 국가적인 거대 난제로 대두한 현재의 '지방소멸'이다. 그는 역설한다. 문학인들이 먼저 솔선수범으로 서울을 떠나 전원으로, 고향으로 삶의 터전을 옮겨야 한다고. 서정주에게도 당부한다. '더 늙기 전에 전원으로' 내려가야 한다고. 그래서 전주에 살다 지난해 여름에 타계한 시인 신석정의 수필「전원으로 내려오십시오」의 한 구절도 인용하고 있다.

> 인간에 의한 자연의 파괴와 환경의 오염이 인간의 생존을 위협하고 있는 오늘, 자연을 이해하고 자연을 보호하고 자연과 융화한다는 것은 얼마나 시급한 일이겠습니까![2]

이어서 한흑구는 1971년 여름에 후배 김녹촌과 같이했던 호남 순례 일주 때 전주에 들러 신석정의 자택을 방문했던 기억을 들춰내고는, '그의 얼굴은 인자하고 겸허하고 좀 검은 편이어서 라틴계의 스페인 사람 같은 인상을 주는 시원한 사나이'였다며 "화려한 강산을 두고도 서울에서 사는 것은 불행한 일"이라 했던 그의 말을 그때 받은 귀중한 선물처럼 옮겨놓는다.

  물론 한흑구는 '매일같이 대학에 강의를 나가고 원고를 쓰는' 서정주의 형편도 헤아려준다. 그러나 곧바로 시인 예이츠를 소환한다.

    아일랜드의 시인 예이츠(W. B. Yeats)도 런던에서 대도시의 오염된 공기와 소음의 생활에 지쳐서 고향인 예이츠로 돌아갔지 않았습니까. 그가 고향에 있는 친구에게 낙향하는 편지를 썼는데 이런 구절이 있었습니다.

    나는 하루빨리 나의 향수와 망향심(望鄕心)의 신병(身病)을 고치기 위해서 고향으로 가겠네. 친구는 나를 기쁘게 맞아줄 줄 믿네. 이 편지가 더러운 런던의 오염된 거리를 빠져서 빨리 배달부의 배낭 속에 들어서 춤을 추며, 시원한 벌판을 달려서, 친구에게 찾아갈 것을 부럽게 생각하네.

    그는 이런 편지를 쓰고 런던을 떠날 때 유명한 시 「호수의 섬 이니스프리(The Lake Isle of Innisfree)」를 쓰지 않았습니까.

    나는 일어나 가리라, 이니스프리로.
    거기에 작은 오두막집을 짓고
    아홉 이랑에 콩도 심어놓고
    꿀벌이통도 하나 놓고
    벌떼 요란한 숲속에서
    나는 혼자만이 살아가리라.

거기에서 나는 평화를 찾게 되고
차차 나의 마음이 가라앉고
아침 해가 솟아오르는 때부터
귀뚜라미 우는 밤중까지
나의 마음은 평화를 찾을 게다.
희미한 빛이 빛나는 대낮이나
홍방울새들의 날개로 채우는 저녁이나.

나는 지금 일어나 가리라,
나는 밤낮으로 호숫물이 늘 호숫가를 시쳐주는
낮은 물결소리를 들으리라,
내가 길가에 서 있을 때나
회색의 포도(鋪道) 위에 서 있을 때에도
나는 나의 마음속 깊이까지
그 호숫물 소리를 들으리라. 3)

한흑구는 내친걸음에 미국 문호들도 동원한다.

미국과 같이 고도의 문명생활을 하고 있는 나라에서도 모든 문학자들이 거의 다 전원이나 소도시에 살고 있었습니다. 대표적인 시인들 가운데도 보스톤 교외에 살던 에이미 로웰(Amy Lowell), 로버트 프로스트(Robert Frost), 에즈라 파운드(Ezra Pound), 시카고 근방에 살던 칼 샌드버그(Carl Sandburg), 배쉘 린드세이, 해리엣 몬로. 캠든의 소도시에서 살던 월트 휘트먼, 노벨 수상자급인 소설가들 헤밍웨이, 싱클레어 루이스, 의리남 포크너, 존 스타인벡은 캘리포니아의 작은 목장촌인 사리나에서 살고 있습니다. 4)

이 은둔의 사색가는 결론적으로 '서울중심주의'가 틀려먹었다고 일갈한다.

> 우리의 살림살이, 특히 문학인들의 생활이 그리 여유가 없기 때문에 직장문제도 있고 해서 할 수 없이 서울의 부조리 속에서 살아가는 줄 압니다. 그러나 문화의 발달을 서울중심주의로 해가는 것은 옳다고 할 수 없습니다. 문화운동을 지방으로 널리 보급해야 한다고 생각합니다. 진정한 민주주의는 온 백성의 민주정신의 총화로서만 이루어질 수 있을 것입니다. 정치, 교육, 산업 등 모든 활동이 서울 중심으로만 한다면 진정한 민주주의의 보급화를 속히 실현할 수 없을 줄 압니다. 5)

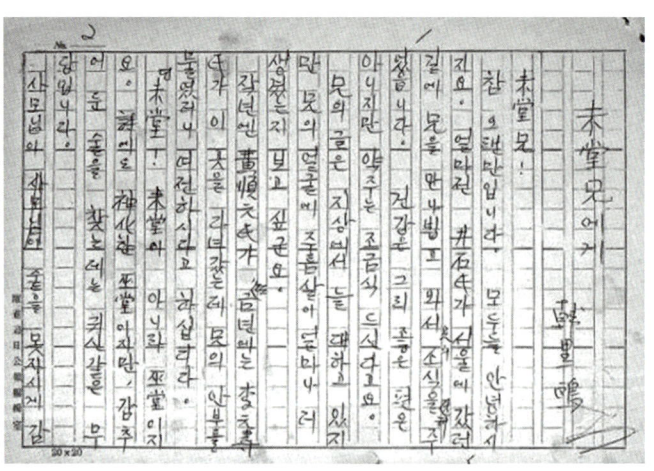

미당 서정주 시인에게 쓴 한흑구의 육필 편지

1)~5) 한흑구의 육필 편지 「미당 형에게」에서

"내 고향으로 날 보내주", 모란봉에 모란꽃이 핀다면

내 고향으로 날 보내주
오곡백화가 만발하게 피었고
종달새 높이 떠 지저귀는 곳
이 늙은 흑인의 본향이로다
내 상전 위하여 땀 흘려가며
그 누런 곡식을 거둬들였네
내 어릴 때 놀던 내 고향보다
더 정다운 곳 세상에 없도다

〈Carry me back to old Virginy〉, 내 고향으로 날 보내주, 미국 흑인노예의 노래이다.

켄터키 옛집에 햇빛 비춰어
여름날 검둥이 시절
저 새는 긴 날을 노래 부를 때
옥수수는 벌써 익었다
마루를 구르며 노는 어린 것
세상을 모르고 노나
어려운 시절이 닥쳐오려니
잘 쉬어라 켄터키 옛집

잘 쉬어라 쉬어 울지 말고 쉬어
그리운 저 켄터키 옛집 위하여
머나먼 집 노래를 부르네

〈My old Kentucky home〉, 켄터키 옛집, 미국 흑인노예의 노래이다.

두 노래는 한흑구의 '십팔번'이었다. 젊은 시절, 중년 시절에는 좀처럼 술자리에서 노래를 부르지 않았다. 그의 생애를 통틀어 한자리에서 가장 오래, 가장 많이, 가장 열정적으로 노래를 부른 것은 1933년 5월 어느 토요일 한낮, 필라델피아 교외 윌리 부부의 전원주택에서 〈코리아 판타지〉 서곡을 작곡한 안익태의 피아노 연주 곁에 서서 그의 원(願)대로 부를 수 있는 조선 민요를 몽땅 목청껏 불러댔던 일이다.

늙어가는 한흑구는 포항 송도 영일만 바닷가 술자리에서 굳이 노래를 마다하지 않았다. 손춘익은 곡조를 타지 못해 노래를 삼갔다. 빈남수는 거의 절창 수준이었다. '하동포구 팔십 리에 물새가 울고 하동포구 팔십 리에 달이~~' 향수를 담은 그의 저 노래에는 늘 "앵콜!"이 붙었다. 멀리서 문우가 찾아온 저녁에도 먼저 빈남수가 '하동포구'로 젓가락 장단의 술상 무대를 열었다. 그다음이 한흑구 차례였다. 달아오른 주흥을 좀 식히더라도 어쩌나. 그는 흑인노예의 두 노래 중 하나를 먼저 부르고 남은 하나로 "앵콜!"에 대처했다. "오리지널!" 요청에는 영어로 불렀다

나는 그와 알게 된 것을 참으로 다행하게 생각해왔다. 이야기를 해보면 무엇이거나 잘 통했다. 술자리에서도 속이 툭 트이는 주붕(酒朋)의 한 사람이었다. 그래서 나는 포항엘 갈 때마다 흑구 선생을 찾았고, 연락을 받은 흑구 선생은 나와서 자리를 같이하며 통쾌하게 즐겨주곤 했다. 흥이 나면 반드시 노래도 한가락 뽑는 풍류의 선비였다. 천장을 쳐다보면서 그 우람한 목청으로 노래

를 하고 있던 그의 선풍도골(仙風道骨)의 모습이 눈에 선연해온다.[1]

소설가이며 아동문학가인 이주홍(1906~1987)의 한흑구 회고에 담긴 문장이다. 한흑구가 천장을 쳐다보며 부른 흑인노예의 노래……. 버지니아든 켄터키든 한흑구에게는 그곳이 평양이었는지 모른다. 분단의 실향민, 차마 내놓기 싫은 그 쓸쓸한 심회를 흑인노예의 운명에 빗댔는지 모른다.

일흔 고개를 눈앞에 바라보는 한흑구는 이제 효성여대로 강의 나가는 일이 몸에 벅찼다. 최정석 교수에게 미안했다. 그냥 말로써 그만두겠다는 통지를 하는 것은 아무리 새까만 후배라도 예의가 아니라고 생각했다. 편지를 썼다. 이런 면모가 '사람 한흑구'였다.

다 노병(老病)이겠지만 1주 1회씩 출강하는 것도 나에겐 부담이 느껴져서 금년까지 3년을 했으니 공무(公務)에서 완전히 이탈해야 되겠습니다. 새 학기부터는 젊은 강사로 교체해서 저를 자유롭게 해주십시오. 이제 몇 날 남지 않은 여생을 글쓰기로 보내고 싶습니다.[2]

한흑구는 최정석에게 보낸 편지에 밝힌 대로 창작의 펜을 들었다. 포항 죽도시장의 부산하고 활기찬 모습을 담은 「생선시장」, 「세시기(歲時記)」, 「가을소식」, 「파도」, 「옥수수」, 그리고 「모란봉의 봄」 등이 1978년에 나왔다.

---

1) 이주홍, 「검은빛 동해의 취한 갈매기」,《포항문학》 창간호, 1981)
2) 최정석, 앞의 글.

꽁꽁 봉인해둔 '향수(鄕愁) 주머니'가 속절없이 터지니
불쑥 모란봉이 솟아나고 '뻐저리' 아저씨가 찾아오고

1972년 가을, 예순세 살의 한흑구는 향수에 대해 이렇게 쓴 적이 있었다.

> 내 나이 20대에 뉴욕시를 흘러내리는 허드슨강가에서 잿빛 잠자리 한 마리가 누런 잔디 위에 풀기 없이 앉아 있는 것을 바라본 일이 있다. 그때, 나는 한창 젊은 나이였는데도 가슴이 막히는 듯한 깊은 향수에 젖어버린 일이 있다.
>
> 그러나 육십이 넘은 오늘의 나는, 저 풀기 없이 앉아 있는 잠자리를 볼 때 또 무엇을 느낄 수 있는 것일까. 그것은 내가 떠나온 이북 고향에 대한 향수가 아니라, 일생을 살아온 인생의 향수가 아닌가.[1]

예순세 살의 한흑구는 고향에 대한 향수를 인생에 대한 향수로 대체했었다. 그러나 그것은 의식적이고 의지적인 노력의 산물이 아니었을까. 아마도 그때 그 자리에는 철학적 사색과 관조의 밑바닥을 이루는 심회에서 그리운 고향의 냄새들이 아련히 피어오르고 있었을 것이며, 의식을 관장하는 두뇌의 한 갈피가 그것을 서둘러 침묵 속으로 밀어 넣으려는 의지를 작동했을 것이다.

자주 말하는 애절한 그리움도 있을 수 있다. 길게 말하는 애절한 그리움도 있을 수 있다. 그러나 안으로 안으로 우겨넣으며 깨물고 또 깨물어 견고한 침묵 속에 봉인해두는 애절한 그리움이 있다. 이것이 한흑구의 '평양 향수'였다. 그러나 애절한 그리움을 완벽하게 봉인해줄 침묵이 어찌 있을 수 있으랴. 봉인의 실밥이 속절없이 터져버리는 찰나를 맞는 수밖에 없는 것이다.

1974년 가을, 예순다섯 살의 한흑구는 1945년 해방 직후 월남한 때로부터 거의 서른 해 가까이 침묵의 보자기 속에다 꽁꽁 봉인해온 고향에 대한 애절한 그리움의 한 자락을 불현듯 드러낸 적이 있었다.

> 내가 자라던 교회당의 풀밭이 지금은 서문통 대로가 되었고, 어머님의 비석이 서 있던 묘지에는 공장이 서 있다니, 어머님의 무덤과 나의 고향은 지금 어디로 갔을까.
> 　나의 마음속을 파고드는 나의 고향은 영원히 나의 가슴속에서 나와 함께 죽어가려고 하나.[2]

'나의 고향은 영원히 나의 가슴속에서 나와 함께 죽어가려고 하나.' 이것은 오랜 세월 동안 침묵으로 야무지게 봉인해둔 '향수 주머니'의 실밥이 기어이 두세 땀 터져버리는 신음 소리였다. 그때 순간적으로 맨 처음 그의 눈앞에 불쑥 솟아난 고향의 구체적 실체는 무엇이었을까. 아마도 소년 시절에 아침마다 두 손에 아령을 쥐고 뛰어오른 모란봉이었을 것이다.

1976년 1월에 쓰고 그해 3월 《수필문학》에 발표한 수필 「노년이 맞이하는 일년」에서 한흑구는 '일 년을 일생같이 살아야 하는' 노년을 맞아 '더 오래 살고 싶은 희망에 차 있는' 이유를 털어놓는다. 간결하게, 그러나 강렬하고 절박하게.

> 나의 고향으로 돌아가서 젊은 날에 뛰어놀던 나의 모란봉 꼭대기에 입을 맞추는 기쁨에 감격하고 싶은 것이다.

그해 늦봄의 어느 밤, 한흑구는 잠을 이루지 못하고 있었다. 향수 주머니의 실밥이 또 한두 땀 터지고 말았다. 귀신처럼 소리도 없이 방문을 열었는지, 홀연히 '뻐저리' 아저씨가 침실로 찾아왔다. 유년 시절부터 유난히 짙은 인상으로 새겨진 그이를 그는 얼싸안아도 모자랄 만큼 반가이 맞지 않을 수 없었다.

어린 때부터 우리집을 자주 찾아오시던 아저씨로서 나에게는 무섭고 또한 반갑지 않은 '술도깨비 아재비'였다. 그때 그의 나이는 사십이 넘었고, 몸집이 크고 뚱뚱하고 얼굴에 두 눈들이 자동차처럼 크고 빨갛고, 널따란 코와 두꺼운 입술이 도깨비와 같이 무서워 보였다.

더구나 하루도 빼놓지 않고 독한 소주를 마시고 대문을 열어젖히고 뜰 안에 들어서면, "누님, 내가 왔어요. 뻐저리, 내가 왔어요!" 하고 서성대면서 방안으로 들어오면, 두 다리를 버티고 두 팔로 방바닥을 뒤로 벌려짚고 젖히고 앉곤 했다.

이 '뻐저리' 아저씨는 평양서 육십 리 밖에 있는 강서라는 서촌 우리 어머님의 친정에서 온, 몇 촌 오라비벌이 되는 사람이었다. 그는 큰 장마에 농토를 다 잃어버리고 아주머니와 어린 딸 하나를 데리고 평양으로 들어와서 매일 품팔이를 해 가면서 살아가고 있었다.

어머님이 부엌에서 방안으로 들어오시면 그는 엎디어서 큰절을 하곤 하였다.

"누님, 이 불쌍한 뻐저리 동생을 용서해 주십시오. 늘 누님께 성가시게 굴어서 미안합니다. 오늘은 돈도 잘 벌고 술도 많이 먹었습니다."

그는 윗몸을 끼우뚱거리며 취한 목소리로 중얼거리다가, 한편 쪽에 웅크리고 무서워하는 표정을 하고 앉아 있는 나를 보고, "어, 이 귀둥(貴童)이, 우리 귀둥이 공부 잘 하냐?" 하면서 손길을 나에게로 내밀면 나는 뒤로 움츠리곤 했다.

"아니, 용서는 뭘 용서해. 좀 힘이 들겠지만 막벌이라도 힘써서 잘 하면 앞으로 더 좋은 일자리가 생기지 않겠나."

어머님은 위로하는 말씨로써 늘 그를 달래었다.

"누님, 걱정하시지 마시오. 나는 요새 가마 걸기, 온돌 놓기, 벽 바르기, 미장이로서는 신용이 있고, 성실히 잘 한다구 소문이 났어요. 허허! 나 같은 뻐저리가 있으니까 남들이 편리하게 잘 살지 않아요?"

"그래, 그래, 잘 해 봐라."

"그런데 누님, 먼젓번 장마 때 누님이 쌀을 사 주었던 쌀값을 가져왔어요. 오 원이지요, 여기 가져왔어요."

뻐저리 아저씨는 허리춤에서 돈주머니를 빼내고, 돈 오 원짜리 한 장을 어머님 앞에 내어 놓았다.

"아니, 그걸 안 가져오면 어떠니! 그래도 용하구나, 낙심하지 말고 힘써서 일을 잘 해라!"

"에, 에, 잘 하구 말구요, 누님. 조상이 물려준 작은 땅이나마 물에 다 떠내려 보내고, 내가 평양성에서 뻐저리 생활을 하고 있지만, 나 같은 사람도 다 세상에 필요한 것이 아니겠어요?"

그는 이런 말을 하다가 말을 돌려서, "어 이놈 귀둥이 놈, 참 잘 생겼어! 참 착하구, 공부도 잘 하구." 하면서 나에게로 다가와서는 나의 이마와 머리를 껄껄하고 두꺼운 손바닥으로 자꾸 쓸어대었다.

나는 속으로 몹시 싫어서 목을 움츠렸지만 얼굴에 싫은 표정을 지을 수는 없어서 무척 괴로웠다. 더구나 그의 흙에 터진 거친 손도 싫었지만, 그의 입에서 풍겨내는 문배 썩어진 냄새와 같은 술 냄새가 더욱 질색이었다.[3]

미국 유학을 떠났던 한흑구는 스물일곱 살 때 평양 집에서 '뻐저리' 아저씨와 재회했다. 어린 조카를 '귀둥아' 불렀던 술꾼은 어느덧 쉰다섯 살이었다. 그날 뒤로 그이의 발길이 잦아졌다.

어머님은 돌아가시고, 나는 결혼을 하여 새 살림을 하고 있을 때인데 그 옛날에 인상이 깊었던 그 아저씨는 심심치 않게 다시 나를 찾아 주시었다. 그리고 언제나 찾아오실 때에는 술에 거나해서 오시지만, 코끝이 빨갛고 두터운 입술에 늘 웃음을 짓고 있어서 반가웠다. 술을 좋아하시지만 나도 그에 못지않아서 같이 술을 즐기었다.

그는 술이 취하면 말도 많이 하시지만 그 중에도 "나는 뻐저리야! 나 같은 뻐저리가 있으니까 너희들이 다 편안하게 잘 사는 것이야!" 이 한마디는 이야기의 후렴처럼 잘 하기도 했었지만, "술이 나의 둘도 없는 친구야! 응, 이렇게 좋은 술을 주는 조카가 있어서 난 외롭지 않아! 하하, 이 뻐저리는 술만 주면 천국과 같이 좋아!"⁴⁾

기나긴 세월을 향수 주머니 속에 갇혀 지내다 마치 눌려 있던 용수철처럼 튀어나온 '뻐저리' 아저씨와 술 한 잔도 없이 만나느라 더더욱 잠을 이루지 못하는 그 밤, 한흑구는 그이가 되뇌었던 '뻐저리'의 참뜻을 거듭 헤아려본다.

아내에게 이렇게 물었다.

"여보, 당신 저 뻐저리라던 아저씨 생각이 나오?"

"생각이 나구 말구요. 자기 같은 뻐저리가 있어서 우리가 다 평안히 산다구 늘 그러시지 않았어요!"

"당신 기억력도 좋구려. 그 '뻐저리'가 무슨 뜻인지 알 수가 없어. 그런 사투리도 못 들어보고. 바보등신이라는 말인지, 무슨 벌레의 이름인지, 또는 뼈가 저리게 일하는 놈이라는 뜻인지……."

"뭐, 다른 뜻이겠어요! 나는 아무것도 모르니까 내 힘대로 흙일이나 하면서 남들이 잘 살도록 역사하고 있는 품팔이꾼에 불과한 못난이다, 라는 뜻이겠지요."⁵⁾

한흑구에게는 일찍이 '뻐저리' 아저씨와 굳게 맺었던 약속이 있었다. 그이의 부탁을 흔쾌히 받은 일이었다.

"당신, 그 아저씨가 나보고 '조카! 부탁이 하나 있어. 다름 아니라, 내가 죽거든 내 널(棺)이나 하나 사 달라구! 내가 죽어서 영원히 잠들 널집 말이야! 이건, 농담이 아니야, 꼭 내 널집을 조카가 하나 사 줘야 해!' 그러면 나는, '꼭 사드리고 말고요! 내 어머님을 생각해서라도 꼭 사드리겠습니다. 조금도 염려 마십시오.' 이렇게 말하면 그는 술을 더 마시자고 하고, 두 팔을 벌리고 '조카가 제일이야, 우리 조카가 제일이야!' 하시던 생각이 나오?"[6]

지키지 못한, 아니, 지킬 수 없었던 약속. 이것이 그칠 줄 모르는 전전반측으로 이어졌다.

나는 새벽 네 시에 사이렌 소리가 들려올 때까지 잠이 오지 않았다.
'뻐저리'라는 뜻은 아마 그 아저씨가 품팔이 노동의 품위가 낮은 일을 할망정 자신의 명분과 분수를 지켜서 성심껏 일하는 진실한 사람이라는 뜻일 것이고, 술은 육체와 정신의 피로를 풀어주는 둘도 없는 친구라는 뜻일 것이다.
나도 널집 속에 들어갈 날이 가까운 지금, 그 뻐저리 아저씨와 약속했던 널을 못 사드린 것이 얼마나 죄스러운지. 내가 고향에서 그 아저씨와 함께 살 수 있었던들 나는 그 약속을 지켰을 것이 아닌가. 돈이 없으면 빚을 내어서라도 그 약속을 꼭 지켰을 것이 아닌가.[7]

대학 강의도 스스로 작파하고 저만치 일흔 고개를 바라보는 길목에 닿은 즈음부터 한흑구는 아침에 일어나 정갈히 씻고 서재에 앉으면 커피에 소주를 탔다. 아니, 소주에 커피를 탔다. 소주와 커피의 칵테일, 어쩌면 그것은 홀로 마시는 그의 향수였다.

도연히 취기를 느끼며 서재를 나선 한흑구는 곧잘 바다로 나갔다. 남빈동 고가 시절보다는 멀어졌지만 그래도 걸어서 삼십 분에 닿을 수 있는 영일만 송도 바닷가를 거닐었다. 그의 느린 발길은 자신의 존엄성을 가다듬는 산책이었다.

'육체라는 것은 지극히 미소(微小)한 것이다. 육체로써 이 광막한 시간과 공간을 채울 수는 없다. 다만 사고(思考) — 그것이 인간의 본질인 것이다.'
 인간은 한낱 하나의 생각하는 갈대라고, 파스칼은 위와 같이 말하였다. 그는 또 아래와 같이 말하였다.
 '우리는 자신의 존엄성을 공간 속에서는 얻을 수 없다. 자신의 사색의 범위 안에서만 얻을 수 있을 뿐이다.'
 공간으로 해서 우주는 나를 포함하고, 또 보잘것없는 하나의 점인 양 나를 삼켜버린다. 그러나, 나는 사고에 의해서 내 자신 속에 하나의 우주까지도 포함할 수 있는 것이다.
 무수한 신비를 지니고 있는 높은 산을 바라보는 것도 좋다. 그러나 나는 늘 바다를 바라본다. 무한한 창공과 맞대어 있는 저 수평선 너머로 언제나 나의 사색은 물결처럼 쉬임없이 흘러넘쳐 간다.[8]

노년의 한흑구는 수필가로서 수필의 예술성을 중시하는 가운데 그 미(예술성)가 진(眞)과 통일된 미(美)라고 하면서 예술적 형식과 철학적 내용의 균형과 조화를 강조한다. 실제로 그의 명작 수필들은 그 균형, 그 조화를 추구하는 긴장이 미적 원리의 핵심을 이루고 있다. 1977년 6월 《수필춘추》에 발표한 「나는 수필을 즐겨 쓴다」에서도 그의 확고한 생각을 거듭 확인할 수 있다.

인생의 삼대 요소라고 일컫는 진(眞), 선(善), 미(美) 중에서 모든 예술과 문학은 미의 부문에 속한다. 그러므로 우리는 아름다움을 창조할 수 있는 문장으로서 철학적인 시정신(詩精神)이 담긴 작품을 창작하는 공부에 노력해 보기도 한다.

한국 근대문학에 수필이라는 문학 양식을 일깨우는 선구자에서 출발하여 궁극에는 진(眞)과 미(美)의 결합인 '철학적인 시정신'과 '시적 예술성'에 귀결한 한흑구의 '수필론'은 한국문학사에 어떤 의의로 존재하고 있는가.

한흑구의 수필론은 한국 근대문학사에 수필이라는 양식을 소개하고자 하였으며, 동양적인 '수필'의 명칭을 사용하고 서구와는 달리 비형식적이고 주관적인 연수필을 중심에 두었다. 또한 수필의 창작에 있어 처음에는 독자와의 소통을, 차차 수필 양식이 정착해 감에 따라서는 철학적인 깊이를 추구하고자 하였으며, 예술성은 필수적인 요건으로 제시하였다. 이처럼 한흑구는 근대문학의 서구 중심성에서 벗어나 독자적인 조선 수필의 구상을 마련하고 있었다. 그리고 독자적인 수필의 계보를 꾸리고 "전통과 광휘"를 얻고자 하였음을 알 수 있다.[9]

1975년 10월 《월간중앙》에 실린 수필 「오십천을 찾아」에서 동해 바닷가 언덕 위의 방풍림처럼 늘어선 옥수수를 바라보며 기억 속 고향의 옥수수를 떠올렸던 한흑구는 1978년 11월 《수필문학》에 아예 「옥수수」라는 수필을 발표했다. 아내가 시장에서 사 온 옥수수를 보며 저 까마득한 어린 시절의 어느 갈피에 흐릿한 동영상으로 존재하는 평양 근처 옥수수밭으로 걸어 들어간 그의 나이는 예순아홉 살이었다.

나는 어린 시절부터 옥수수를 퍽이나 좋아했다.
키가 2미터 이상이나 자라난 옥수수밭이 길 양쪽에 서 있는 좁은 길로 혼자서 지나갈 때에는 혹시 무서운 짐승이나 뛰어나올 것 같아서 머리털이 오싹 일어서는 것 같았다.

무엇보다 옥수수의 이파리들은 야자수의 이파리처럼 길게 뻗어 나무의 양쪽이 늘어져서 춤을 추는 모양을 하고 있는 것이 좋았다. 그러나 바람이 세차게 부는 날에는 병사들이 칼을 빼들고 열을 지어서 몰려나오는 것 같은 무서움도 주었다.

키가 큰 옥수수나무들이 강한 비바람에 줄기가 휘어서 절을 하는 모양을 하였다가도, 향일성(向日性)이 강한 탓으로 다시 태양을 향하여 고개를 곧바로 쳐들었다.

야자나무 수풀과 같이 우겨져 서 있던 옥수수나무들의 긴 이파리들이 너울너울 팔들을 벌리고 춤을 출 때면, 손가락을 벌린 듯이 높이 피어난 옥수수꽃의 꼭대기로 수많은 풍뎅이들이 소리를 내며 날아다녔다.

서늘한 바람과 함께 옥수수의 시원한 그늘 속에 뚫린 길을 혼자서 20리를 즐거운 마음으로 걸어다니던 어린 시절이 아름다운 풍경화와 같이 머릿속에 떠오른다.

안으로 안으로 우겨넣으며 꽁꽁 봉인해온 침묵의 향수(鄕愁)에 속절없이 그만 실밥이 한두 땀씩 터지는 것이었다. 기어이 그는 「모란봉의 봄」도 쓰고 말았다. 아, 모란봉의 봄이라니! 마침내 모란봉에 모란꽃이 피려나! 그러면 한흑구는 평양에 가야 하는데…….

---

1) 한흑구의 「가을의 숲속을 거닐며」에서
2) 한흑구의 「여름이 오면」에서
3)~7) 한흑구, 「'뻐저리' 아저씨」(《수필문학》 1976년 7월호)
8) 한흑구의 「동해산문」에서
9) 안서현, 「해방 이후 한흑구 수필과 민족적 장소애」(『한흑구의 삶과 문학』, 아시아, 2022)

수구초심이 '평양 지도'를 그려놓는데
고향 산천은 유구할 것인가

고요한 깊은 밤에 펜을 잡고 책상에 앉은 예순아홉의 한흑구는 여느 때보다 정신을 가다듬었다. 「모란봉의 봄」을 쓰고 있었다. 오랜 세월 봉인해온 향수 주머니를 마침내 자신의 손으로 개봉한 것이었다. 봉인의 자리를 잘라낼 가위도 준비했다. 그것은 늙은 문학인의 수구초심이었다. 글은 수필이었다. 그러나 수필이 아니었다. 일제강점기의 평양 '안내 지도'였다.

주체탑이 하늘을 찌르고 무슨 광장이 호화를 자랑하고 개선문이 개선장군 행세로 버티는 평양 시가지라 해도, 한흑구의 생각에 산천은 유구할 것이었다. 또, 그래야 한다고 고집하고 있었다. 시조시인 노산 이은상(1903~1982)은 어린 시절의 동산에 올라 '산천 유구란 말 옛 시인의 허사'라 한탄했다. 그는 노산의 한탄을 거부했다. 고향 산천이 평양 시가지처럼 붉게 물들었을지언정 그것은 껍데기이고 산천은 묵묵히 유구를 지키고 있을 것이라 믿었다.

> 나의 고향, 모란봉(牡丹峯)에는 올해에도 봄이 또 오고 있는가. 내가 고향을 떠나온 지도 어언 33년이 지나갔다. 물과 같이 흘러간 세월은 한낱 꿈과 같이 사라졌지만, 쓸쓸한 객지에서 어우렁더우렁 나의 아름다운 청춘을 시름없이 놓쳐버린 것을 생각하면, 인생이 허무하다 하지 않을 수가 없다.
> 해마다 철이 바뀔 때에는 고향 생각을 잊을 수가 없지만, 내 나이 칠십 고개를 올라서는 올해에는 고향 생각이 더욱 간절해진다. 노스탤지어 향수증(鄕愁症)과 홈식 회향병(懷鄕炳)이 떠나지 않는 오백만 북한 피난민들을 우리말 사전에도 없는 실향민(失鄕民)이라는 새 말로 호칭하는 서러운 형편이다. 왜

우리는 고향을 잃어버리고 실향민이 되었는지 통곡을 해야 할 우리 민족의 비극이다.

우리가 자라나고 정든 고향을 자랑하지 않는 사람은 없겠지만, 내가 태어난 우리 고향인 평양은 가장 아름다운 금수산(錦繡山)을 북쪽에 두고, 모란봉, 을밀대(乙密臺)는 그 일부분이요, 서남쪽에는 분지(盆地)와 같은 창광산(蒼光山)과 서기산(瑞氣山)이 있다. 부벽루(浮碧樓)에 오르면 커다란 현판(懸板)이 '제일강산(第一江山)'이라고 큰 글자로 씌어져 걸려있는 것을 볼 수가 있다.

중학시절에 나는 새벽마다 모란봉을 산책하는 것으로 새벽 일과를 삼았었다. 두 손에 아령을 쥐고 뛰기도 하고, 대동강(大同江) 물에 냉수마찰도 하였다. 서문(西門) 안에서 살고 있던 나의 산책 코스는 서편 길로 모란봉을 올라가곤 했다.

서문여고, 숭의여고, 정의여고가 서 있는 길 복판을 뚫고, 만수대(萬壽臺)를 넘어서 서평양에서 들어오는 큰길을 건너 토성을 끼고 칠성문을 지나 을밀대로 오르는 것이었다.

서평양에서 들어오는 큰 전찻길에는 어두운 새벽길에 채소 과실들을 손구루마에 싣고 장 보러오는 사람들로 메꾸었다. 을밀대가 가까워 오면 기자림(箕子林)의 송림(松林)이 우거져 있었고 길가에는 몇십 년을 묵은 벚꽃나무들이 줄을 지어서 나란히 서 있었다.

을밀대는 큰 돌로 성을 20미터쯤 쌓아 올리고 그 위에 세운 정각(亭閣)이어서 웅장하기 짝이 없었다. 기둥만 서 있고, 벽이 없어서 일명 사허정(四虛亭)이라고 불렀다. 이곳에서 북쪽으로 바라보이는 봉우리가 모란봉이고, 봉우리 아래로 북쪽으로 나가는 현무문(玄武門)이 있고, 봉우리 위에는 최승대(最勝臺)가 높이 서 있었다. 이곳에서 술을 즐기던 주객들로부터 방랑객 김립 시인(金笠 詩人)이 술을 얻어 마셨다는 이야기도 전해온다.

봄마다 모란봉에는 진달래가 많이 피었다. 진달래는 우거져 있어도 모란꽃은 한 포기도 구경할 수가 없었다. 뒤에 생각했지만, 모란꽃이 핀다고 해서 모란봉이 아니요, 모란같이 아름다운 산이라고 해서 모란봉으로 부른 것인 줄 알게 되었다.

을밀대에서 내려다보면 멀리 동편 사동(寺洞)에는 높은 산들이 둘러서 있고, 두 줄기로 흐르는 대동강은 수양버들로 가장자리에 선을 두른 능라도(綾羅島)를 에워싸고 감돌아 흐르고 있었다. 날로 그 색을 더욱 푸르게 하는 수양버들 사이에는 황금 같은 꾀꼬리들이 수없이 날아다니며 고운 노래를 불렀다.

"능라도의 수양버들을 내가 휘어잡고……."

팔을 벌리고, 춤을 추며 이렇게 노래하던 평양 기생들의 고운 모습이 지금도 눈에 선한 듯하다.

모란봉 중턱에 있는 넓은 뜰에는 역사가 깊은 영명사(永明寺)가 자리를 잡고 있으며, 아침저녁으로 울리는 종소리는 솔숲의 내음과 함께 대동강 물 위를 은근히 퍼져 나갔다. 영명사를 지나치면 부벽루의 웅장한 누각이 대동강의 흐름을 내려다보고 서 있다.

학생 시절에 젊은 주객들이 떠들며 지껄이던 소리가 지금도 잊혀지지 않는다.

"돈이 있으면 제1강산이요, 돈이 없으면 적막강산이다."

아무리 강산이 좋다고 하고, 명기(名妓)들이 절색(絶色)이라고 해도, 돈이 없으면 고독할 뿐이라는 젊은이들의 탄식이기도 했다.

그러나 나는 지금 또 이러한 탄식을 듣고 있는 것 같은 느낌이다.

"자유가 있으면 제1강산이요, 자유가 없으니 캄캄한 생지옥이다."

부벽루에서 돌층계를 내려가면 아담하게 생긴 전금문(轉錦門)이 있다. 말하자면 모란봉의 동문인 셈이다. 또한 현무문이 북문이라면 칠성문은 서문이다. 전금문을 나서면 깎아세운 듯한 청류벽(淸流壁) 아래로 강변도로가 길게 펼쳐 있다.

대동강 가에 있는 '떡바위'라고 불리우는 큰 암석 위에는 연광정(練光亭)이 ㄱ자로 서 있고 그 조금 옆에 대동문(大同門)이 높이 서 있다.

평양에는 동편엔 대동강이 흐르고 서편엔 보통강(普通江)이 흐르며, 오야리(梧野里) 남쪽에서 이 두 강이 합류하기 때문에 평양은 반도(半島)의 지형을 이루고 있다.

보통강변에는 보통문이 높이 서 있고 강 건너편에는 넓은 보통평야가 있어서 내 어렸을 때 즐겨서 뛰놀던 놀이터이기도 하다. 그러나 지금은 붕어잡이를 하던 개천과 게잡이를 하던 논두렁들이 모두 공업지대로 변하였다는 소식을 들은 지도 오래된 것 같다.[1]

---

1) 한흑구의 「모란봉의 봄」에서(《북한》, 1978)

갈매기같이 살겠다며 마지막으로
도산 안창호를 호출한 '검은 갈매기'

 칠십이 다 되어가는 나는 젊어서 나의 집과 땅과 재산과 고향마저 잃어버리고, 타향에서 늘 향수와 서러움 속에서 살고 있지만, 나는 잃었던 나의 조국을 찾은 기쁨과 행복 속에서 더 오래 살고 싶은 희망에 차 있는 것이다. 어서 남북이 통일이 되고, 나의 고향으로 돌아가서 젊은 날에 뛰어놀던 나의 모란봉 꼭대기에 입을 맞추는 기쁨에 감격하고 싶은 것이다.

 1976년 3월, 예순일곱의 한흑구가 《수필문학》에 발표한 수필 「노년이 맞이하는 1년」에 나오는 몇 문장이다. '모란봉 꼭대기에 입을 맞추는 기쁨', 이루지 못할 비원을 간직한 그는 그래도 같은 글에서 '소외감을 느껴보지는 않았다'라고 밝혀놓았다. '자기 스스로가 소외감을 느끼는 것은 하나의 자학행동이요, 자기의 명분을 잃어버리는 일'이기 때문이라는 것이었다.
 소외된 것과 은둔한 것, 양자의 근본적 차이를 한흑구는 알고 있었다. 은둔은 자학행동이 아니라 유유자적이다. 은둔은 철학적 선택을 담보한 상태이다. 미당 서정주가 읽어냈던 그대로 한흑구는 '자진 종생의 귀양살이도 능히 해낼 수 있는 묘한 은둔의 사색가'였다. 귀양살이, 이게 무엇인가? 한마디로 '부귀영화에서 소외당하는 삶'이다. 그 소외를 인생의 진선미로 담담히 받아들고 유유자적을 누려야 비로소 '은둔'의 경지이다.
 1979년 새해가 왔다. 1972년 7월 4일 국제적 데탕트 분위기를 타고 경천동지의 뉴스로 떠올랐던 '7·4남북공동성명'은 남과 북, 양측 권력자가 자신의 기반을 공고히 하는 수단으로 활용했다. 그리고 그것은 고작 한 해를 넘기지 못하여 역사박물관으로 보내지고 말았다.

　일곱 해 전 그때도 한흑구는 외신 기사들을 챙겨 읽으며 별 기대를 걸진 않았지만, 그나마 희망의 문서마저 휴지처럼 처박은 뒤부터 남북관계는 나날이 더 험악한 지경으로 치달으며 1970년대를 곱다시 허비하고 있었다. 이 사실이 그는 쓸쓸했다. 아무런 신용이 없는 정치적 공작도 새삼 허망해 보였다.

　일흔 고개에 올라선 한흑구.

　그는 몸이 쇠약해 오는 것을 느끼고 있었다. 겨우 회갑에 머나먼 이국땅에서 생을 마친 안익태 생각도 해보았다. 인생에 대한 미련을 비우려 했다.

　'나는 한 마리 갈매기 아닌가.'

　한흑구는 영일만 바다 위를 마치 생존을 위한 고기잡이와는 전혀 무관한 것처럼 유유자적 날아다니는 '방랑자'를 흐뭇한 미소로 바라보았다. 여름에 수필을 썼다. 1979년 8월 《수필문학》에 실렸다. 제목이 「나는 한 마리 갈매기요」이다. 1929년 2월 샌프란시스코로 가는 여객선을 집요하게 따라붙던 '검은 갈매기'를 다시는 만나지 못했으나 포항에 정착한 마흔 살 뒤로는 매일같이 찾아와준 '흰 갈매기' 아니던가. 바로 이때였다. 인생을 통틀어 최초이자 최후로 그는 '나(갈매기)'를 바다의 방랑자라 부르지 않는다. 언제부터인가 갈매기는 자신과 함께 포항에 정착하고 있어야 했다.

　「나는 한 마리 갈매기요」에서 '갈매기(나)'는 한흑구 자신으로 등장한다.

　　나는 바다의 왕자도 아니요, 방랑자도 아니요, 더구나 시신(詩神)이 될 수 없습니다.
　　　나의 울음을 한번 들어본 사람은, 나의 울음이 갓난애기의 젖을 달라는 시끄러운 소리라 하고, 나를 방랑객이라 하지만, 우리는 조상 때부터 추운 캄차

카 반도에서 살다가 물이 맑고, 아침 해가 선명하고, 고운 동해변에 정착지를 마련하고, 철새의 운명을 면하고 살아온다고 해요.

　제비나 다른 철새들은 철을 좇아서 덥고 아늑한 곳만 찾아서 떠돌이 생활을 즐기지만, 우리 갈매기들은 동해, 남해, 또한 서해에 정착해서 고운 섬들의 사이나, 조용한 만곡이나, 작은 포구에서 마음을 놓고 한가하게 살고 있어요.

심지어 한흑구는 갈매기의 말을 빌려 이렇게도 털어놓는다.

　나는 정든 내 고향을 떠날 수가 없어요.
　나는 철새들과 같이 헤매이고 싶지 않아요.
　나는 수많은 바위섬들과 함께 빛나는 동해에서 영원히 살아갈래요.

갈매기는 방랑자가 아니라고 선언한 한흑구는 1979년 10월 《샘터》에 「신용이 광고다」를 발표한다. 짤막한 수필이다. 《샘터》가 청탁한 길이에 딱 맞춘 글이다. 이것이 현재까지 찾아낸 그의 마지막 작품이다. 최후의 펜, 여기에 한흑구는 도산 안창호를 모셔 놓는다.

　자동차왕이라고 불리우던 헨리 포드의 명언을 나는 지금도 잊지 않고 있다.
　신문기자들이 그에게 "왜 선생님은 제너럴모터회사와 같이 당신의 포드 자동차의 광고를 많이 하시지 않습니까?" 하고 묻는 말에, 그는 "신용이 광고다."라고 간단하게 대답한 일이 있었다.
　다른 자동차회사들은 해마다 신문, 잡지, 라디오, TV 등에 막대한 돈으로 다투어서 선전광고를 냈지만, 포드회사는 새로운 모델이 나오는 연말마다 한

번씩 새 모델을 소개하는 간단한 광고로 광고비를 절약해서 제품의 신용을 더하였다. 이렇게 함으로써 포드회사는 세계 제일의 자동차 판매고를 획득하였다고 한다.

다른 동물사회에서라면 몰라도 사람의 사회에서는 신용이 광고요 또한 생명이다.

개인도 그렇고, 단체도 그렇고, 나아가서 국가도 그렇다. 하물며 국제무대에서 신용이 없다면 어떻게 선진대열에 낄 생각을 할 수나 있겠는가.

도산(島山) 선생의 말씀같이 '거짓말을 하지 말자. 농담에도, 꿈에도 거짓말은 하지 말자.'

거짓과 가짜가 판을 치는 우리의 생리 상태를 각 개개인이 하루빨리 청산해야 하겠다.

바야흐로 자연의 섭리를 받아 흙으로 돌아갈 예감에 마지막 남은 생을 맡겨둔 한흑구, 일찍이 젊은 시절부터 그의 삶과 정신에 굳건한 뿌리의 하나였던 도산 안창호. 머잖아 영일만 갈매기들에게 작별의 느린 손짓을 보낼 한흑구가 끝내 잊지 못한 도산 안창호의 이상(理想), 그가 도저히 이루지 못한, 아니 어떤 혁명가도 선지자도 메시아도 이룰 수 없는 그것은 어떤 세상인가?

1878년생 안창호는 고향에서의 십 년 한문 공부를 뒤로 하고 언드우드가 설립한 서울의 구세학당 수학과 독립협회 운동을 거쳐 태평양 너머 미국으로 건너가 샌프란시스코와 리버사이드 등에서 노동일을 하며 새로운 세계에 눈 뜨고 자신의 사상을 키워나갔다. 일본을 넘어 미국을 직접 경험하고 거기서 한인 공동체 운동을 시작한 안창호의 사상은 단순히 조선을 근대화하자는 것이 아니요, 자본주의적, 제국주의적 근대를 넘어 정의와 친애, 동정과 연민에 바탕을 둔, 유정한, 공동체적 이상사회를 건설하고자 하는 것이었고, 그는 일생을 두고 변함없이 실행적 삶을 지켜나갔다. 그의 이상사회론은 일본적 근대를 뛰어넘어 미국과 같은 서양적 근대를 모델로 삼으면서도 그러한 현실태에 얽매이지 않는 것이었다.[1]

위의 인용 가운데 '유정한'이란 말을 단순히 사전적 의미로 여기고 그저 넘기진 말아야 한다. '유정(有情)한 사회'란 도산 안창호가 추구한 이상적 공동체였기 때문이다. 도산은 '무정(無情)한 사회'와 '유정한 사회'를 다음과 같이 대조적으로 정의했다.

> 인류 중 불행하고 불쌍한 자 중에 가장 불행하고 불쌍한 자는 무정한 사회에 사는 사람이요, 다행하고 복있는 자 중에 가장 다행하고 복있는 자는 유정한 사회에 사는 사람이외다. 사회에 정의(情誼)가 있으면 화기(和氣)가 있고 화기가 있으면 흥미가 있고 흥미가 있으면 활동과 용기가 있습니다.
>
> 유정한 사회는 태양과 우로(雨露)를 받는 것 같고 화원에 있는 것 같아서 거기는 고통이 없을 뿐더러 만사가 진흥(振興)합니다. 흥미가 있으므로 용기가 나고 발전이 있으며 안락의 자료가 일어납니다. 이에 반하여 무정한 사회는 큰 가시밭과 같아서 사방에 괴로움뿐이므로 사람은 사회를 미워하게 됩니다.[2]

'사회에 정의(情誼)가 있으면'이라 했을 때 그 '정의'란 무엇인가? 도산은 포근한 목소리로 일러놓았다.

> 정의(情誼)는 친애와 동정의 결합이외다. 친애라 함은 어머니가 아들을 보고 귀여워서 정으로써 사랑함이요, 동정이라 함은 어머니가 아들의 당하는 고(苦)와 락(樂)을 자기가 당하는 것 같이 여김이외다.[3]

그렇다고 작가 한흑구가, 한흑구의 문학이 도산 사상의 범주 안에 머무를 수는 없었다. 부조리한 세계에 대응하는 작가와 문학은, 탄생부터 소멸까지 걸어가는 삶의 여정에서 언제든 '어디서 와서 어디로 가는가'라는 질문을 놓을 수 없는 작가와 문학은 어떤 위대한 사상이든 그것을 '안식의 방'으로 삼아 거주하지 않는다. 그것에 안겨서도 넘어서고, 그것을 품고서도 넘어선다. 이것이 그의 원초적 본능이고, 그래서 그의 운명이 된다.

한흑구 문학은 한편으로 도산 안창호의 사상에 접맥된 순수한 민족주의적 경향을 띠면서도 다른 한편으로 외부세계, 서양, 미대륙, 그리고 억압받는 제 민족과 인종, 계급을 향해 열려 있으며, 동시에 현대의 인류가 직면한 자본주의적 제 문제를 물질 중심적, 육체 중심적 비전 속에서만 해석하지 않는 독특한 영혼의 미학을 추구한 것이었다.[4]

일흔 살에 다가서는 한흑구

1) 방민호, 「한흑구 문학의 특질과 한국현대문학사에서의 의미」(앞의 책)
2) 안창호, 「유정한 사회와 무정한 사회-정의돈수의 의의와 요소」(《동광》 1926. 1.)
3) 안창호, 위의 글
4) 방민호, 위의 글

흰 갈매기의 울음소리를 들으러
검은 갈매기는 영일만 바닷가 흙 속으로

1979년 가을이 깊어가면서 한흑구는 마치 하루를 여는 열쇠처럼 집어 들었던 소주와 커피의 칵테일 잔을 책상 위에 그냥 비워 두었다. 송도 바닷가를 거닐지 못했다. 사색의 발길마저 멈춰야 하는 시각으로 다가서는 것이었다.

거리도 산천도 온통 단풍으로 찬란히 물들었건만 한국사회는 미증유의 혼돈에 빠져 있었다. 10월 26일 박정희 대통령 시해사건이 터진 것이었다. 그날 수필가 빈남수가 내과과장으로 근무하는 동해(포항)의료원에 누워 있었던 한흑구는 11월에 들며 퇴원을 해서 죽도2동 85-17번지 이사한 집으로 돌아왔다. 정신은 맑아도 몸은 누워야 하는 수준이었다.

한흑구가 포항에서 교편생활을 하는 장남 동웅을 불렀다.

"냉면이 먹고 싶다."

순간적으로 장남은 야릇한 느낌을 받았다.

'여름도 아닌데 냉면을 찾으시다니. 아, 고향 생각, 평양 생각을 하시는구나. 수구초심, 그 심정에 들어가 계시는구나.'

장남은 아버지가 즐겨 찾던 냉면집으로 달려가 포장을 해왔다. 한흑구는 냉면을 남기지 않았다. 그리고 이틀 지났다. 행동거지에 어설픈 그가 장롱에 부딪혔다. 넘어졌다. 일어서지 못했다. 장남이 가정의(家庭醫) 역할을 맡아준 의사에게 연락했다. 빈남수가 청진 가방을 챙겨 달려왔다.

"마음의 준비를 하세요."

이 말을 장남에게 일러준 빈남수가 아동문학가 손춘익을 불렀다.

"겸허와 달관의 경지로 살아오신 우리 흑구 선생님, 이제 하느님은 그분에게 앞으로 사흘쯤을 더 주실 것 같으니, 우리도 준비를 해야지."

 사흘째 되는 날, 1979년 11월 7일, 한흑구는 조용히 눈을 감았다.

 조촐한 가족장이었다. 고인의 말벗이요 글벗이요 술벗이었던 후배들이 가만있을 수는 없었다. 손춘익이 추모사를 바쳤다. 더 뒷날에 그는 한흑구를 이렇게 추억한다.

> 한흑구 선생은 청탁불문, 장소불문은 물론이거니와 두주불사도 서슴지 않으면서도 위낙 조용하고 깨끗했다. 어느 술자리에서도 그는 결코 품위를 잃은 적이 없었다. 비록 밤을 새워 통음을 한다고 해도 그는 항상 단정한 자세를 흐트리지 않거니와, 다만 주흥이 도도해지면 달변이 되는 것이 그의 주벽이랄까, 아마 그래서인지 그는 흔히 "한잔 하자"는 말보다도 즐겨 "말 사먹으러 가자"고 하기가 일쑤였다. 술자리에서 그가 들려준 이야기를 다 모아놓으면, 필경 요즘 유행하는 베스트셀러 목록 상위권을 차지할지도 모른다.
>
> 한흑구 선생의 단골집은 으레 뒷골목 선술집이었다. 동네 부근이나 시장 어딘가에 껴묻혀 있는 초라한 선술집 한구석에 앉아, 그는 일쑤 조용히 소주잔을 비우곤 했다. 가난한 늙은이나 젊은 노동자들 틈에 끼여 그렇게 앉아 있는 시간이 그는 아마 더할 나위 없이 평온하고 만족스러운 것인 듯했다.
>
> "새도 못 쪼아 먹는다."
>
> 술자리에서 누군가가 술잔을 엎지르거나 술을 흘리게 되면 그는 농담 삼아서라도 으레 이 말을 잊지 않았다. 만일 금주령 시대에 태어났더라면 그는 무엇과 더불어 살아갔을까.[1]

이 글에는 널리 회자하고 남을 에피소드 하나도 채록돼 있다.

 언젠가 술자리에서 한흑구 선생은 문득 수주 변영로 시인에 관한 회고담을 들려준 적이 있었다. 50년대 어느 때, 장소는 서울 어딘지는 분명치 않으나, 우연히 거리에서 수주 변영로 시인과 마주친 적이 있었는데, 두 주객이 천재일우의 기회를 맞이한 것은 축복할 만했으나, 불행히도 그 무렵 수주는 인후암인가 하는 병마에 시달린 터라 부득불 금주령을 언도받은 처지였다.

하지만 그렇다고 결코 그대로 싱겁게 헤어질 두 분이 아니었다. 그날 수주는 불문곡직하고 한흑구 선생을 부근에 있는 구멍가게로 끌고 가, 2홉들이 소주 한 병을 사서는 대접을 빌려 한꺼번에 따라 놓고, 단숨에 그것을 마시라고 명령을 내렸다. 불감청고소원인 그가 대접 채로 그것을 꿀꺽꿀꺽 마시자, 수주는 곁에서 마냥 감개무량한 시선으로 지켜보고 있었다고 한다.[2]

〈거룩한 분노는/종교보다도 깊고/불붙는 정열은/사랑보다도 강하다.//아, 강낭콩꽃보다도 더 푸른/그 물결 위에/양귀비꽃보다도 더 붉은/그 마음 흘러라.〉 시「논개」부터 떠올리게 하는 수주 변영로(1898-1961). 1915년 조선중앙기독교청년회학교 영어반에 입학해 영어 실력을 닦고 1919년 기미독립선언문을 영역(英譯)한 그는 1920년 '폐허' 동인에 함께했다. 소년 한흑구가 문학동인 '혜성'을 결성한 즈음인 1924년에는 「논개」도 담은 시집 『조선의 마음』을 펴냈다. '조선심(朝鮮心)'을 '님'이라 부른 그 시집을 조선총독부가 곧 폐기해 버렸다. 1931년 미국 캘리포니아주립 산호세대학에서 수학했다. 끝까지 민족적 지조를 지켜내며 친일문학을 거부한 「논개」의 시인은 광복 후 영문학 교수로서 영시도 창작했다. 그리고 그는 문학판 술꾼들의 갖가지 취중기행(醉中奇行)에 더없이 위안을 선사하는 산문집 『명정사십년』을 남겼다시피, 수주(樹州)라는 호를 주주(酒州)라 바꿔 불러야 더 어울릴 것 같은 두주불사형이었다.

혼란이 넘쳐나는 해방공간의 서울에서 드문드문 변영로와도 스스럼없이 무진장 술잔을 나누었던 한흑구는 일찍이 '조선심'을 일깨웠던 선배가 1947년 여름에 영문시집 『Grove of Azalea』를 펴냈을 때는 서평을 맡았다. 한때 영시 창작에도 열중했던 비평적 독자의 시선이 빛나는 글이었다. '흔히 우리는 영시를 쓸 때 음율과 각운 등 형식에만 사로잡혀 조선적인 특수한 정서를 살리지 못하지만 조선적인 어구를 살리는 수주 선생의 특재에는 천식(賤識)한 나로서는 경의를 표할 뿐'이라며 그 시집의 가장 소중한 성과를 한 문장에 담아 남겼다.

> 무엇보다도 그는 영시를 영시풍으로 쓰지 않고 조선적인 에스프리로써 표현한 데 특징이 있고 생명이 있다고 생각한다. [3]

장남은 아버지를 공원묘원으로 모실 준비를 해놓고 있었다. 하지만 불현듯 막아서는 사람이 나타났다.

"아버지를 경주 아화에 있는 공원묘원으로 모시려고 계약을 마치고 빈소에서 조문객을 맞았지. 그런데 앞서 얘기했지만 서울에 있을 때 나에게 없던 삼촌이 생겼다고 했잖아." [4]

한동웅이 말한 삼촌이란, 한흑구가 미군정청 통역관으로 일하던 서울 시절에 그의 필동 집으로 찾아와 도움을 호소한, 먼 친척뻘 되는, 평양에서 내려온 한종호이다. 어떡하든 남쪽에서 살아보겠다는 고향 청년에게 한흑구는 "그러면 내 친동생으로 호적에 올리자"라는 호의를 베풀었다. 이름도 새로 지어줬다. '세영(世英)'이라고. 월남한 청년이 '세광(世光)'의 친동생으로 둔갑하기에 딱 알맞은 이름이었다. 그런 곡절로 졸지에 생겨났던 한흑구의 동생이 형님의 빈소에 찾아와 다른 제안을 내놨다.

"빈소에 온 삼촌이 장지를 묻길래 경주라고 했더니 잠깐 기다려보라는 거야. 삼촌의 처가가 있는 죽천에 가서 다른 장지를 알아보겠다고 하면서 말이야.

그리고 다시 나타나서는 괜찮은 장지를 찾았으니 한번 가보지 않겠느냐고 해. 상중에 상주가 빈소를 비우기는 곤란하잖아. 그래도 삼촌의 성의를 생각해서 따라나섰지. 현장에 도착해보니 바로 여기구나 싶은 거야. 아버지가 영일만을 얼마나 좋아하셨나. 삼촌이 찾아놓은 장지는 영일만이 한눈에 들어왔어. 그래서 단박에 그곳으로 결정했지." 5)

죽천은 포항 죽도시장에서 해변을 따라 북쪽으로 이십여 리 떨어진 바닷가 동네로, 영일만 바다와 그 너머 야트막한 산맥처럼 길게 드러누운 호미반도를 한눈에 바라볼 수 있는 곳이다.

나는 배 한 척 떠 있지 않은, 거칠고 검푸른 겨울의 성낸 바다를 한참 내다보고 서 있을 뿐이다.6)

이제 다시는 사색의 발길을 느릿느릿 움직여 겨울 바다 앞에 서 볼 수 없는 '은둔의 검은 갈매기'는 사시사철 밤낮없이 이어지는 파도 소리의 틈새로 들려오는 흰 갈매기의 울음소리를 들으러 영일만 바닷가 유택으로 들어갔다.

겨울을 예감하는 하늘이 눈 시리게 푸른 빛으로 고스란히 내려앉은 영일만 바다, 잔잔히 일렁이는 물결 위로는 갈매기들이 꺽꺽한 소리로 서로를 부르며 낮게 떠돌고 있었다. 마치 오랜 친구와 영영 헤어지는 영결의 슬픔을 나누는 것 같았다. 음유시인의 풍모를 갖춘 대중가수 최백호의 노래 〈영일만 친구〉는 그즈음 '수평선까지 달려 나가는 젊은 날 푸른 가슴'과 가슴을 타고 이 나라 방방곡곡 '갈매기 나래 위에 시를 적어 띄우는' 중이었다. 갈매기 나래 위에 인생과 문학과 세계에 대한 사유의 언어를 띄우고 띄우고 또 띄운, 최초의 진정한 '영일만 친구'가 필생의 그 과업을 홀가분히 내려놓았으니…….

장남은 아버지의 묘소 둘레에 개나리를 심었다. 어린 시절의 기억을 노랗게 물들여준, 평남 강서군 성태면 연곡리, 한흑구가 '단 한 편(片)의 친일문장도 쓰지 않은 영광된 작가'로 버텨내느라 펜을 놓고 삽을 들었던 성대장, 그 둘레에 봄날 한철을 노랗게 에워싸던 개나리를 떠올린 일이었다.

사람은 흙에서 나서, 흙에서 나오는 것을 먹으면서 살다가 흙으로 돌아가는 것이, 다른 모든 생물이 하는 것과 같은 하나의 본연의 자세인 것이다.[7]

그 본연, 그 섭리를 평안히 받은 한흑구……. 다만 한 가지, 그의 앙상한 가슴속에 안내 지도처럼 펼쳐져 있던 평양은 어떻게 되었을까? 지금 여기, 아직도 모란봉에 모란꽃은 피지 않는데.

1), 2) 손춘익, 「동해에 숨어 산 검은 갈매기」(『깊은 밤 램프에 불을 켜고』, 1996, 책 만드는 집)
3) 한흑구, 「영문시집 Grove of Azalea를 읽고」, 《민중일보》 1947년 8월 24일.
4), 5) 김도형, 앞의 책.
6) 한흑구의 「동해산문」에서
7) 한흑구의 「흙」에서

모란봉에 모란꽃 피면 평양 가겠네

발행일	2024년 5월 20일 초판 1쇄 발행
	2024년 7월 10일 2쇄 발행, 8월 22일 3쇄 발행
	2024년 11월 7일 4쇄(증보판) 발행
지은이	이대환
펴낸이	김재범
펴낸곳	(주)아시아
출판등록	2006년 1월 27일 제406-2006-000004호
주소	경기도 파주시 회동길 445
	(서울 사무소 : 서울시 동작구 서달로 161-1, 3층)
전자우편	bookasia@hanmail.net

ISBN 979-11-5662-720-3
값 22,000원

한흑구 연구를 위한 주요 단행본

한흑구 지음, 수필집 『동해산문』(1971 일지사·2023 득수)

한흑구 지음, 수필집 『인생산문』(1974 일지사·2023 득수)

민충환 엮음, 『한흑구문학선집』(2009, 아시아)

민충환 엮음, 『한흑구문학선집·2』(2012, 아르코)

한명수 엮음, 『한흑구 시전집』(2019, 마중문학사)

방민호 외 공저 『한흑구의 삶과 문학』(2022, 아시아)

방민호 외 공저 『일제강점기 한국 영문학과 수필문학의 개척자』(2024, 아시아)

한흑구 문학비. 영남대학교 미술대학장을 지낸 조각가 홍성문(1930-2014)의 작품이다.
수필 「보리」의 마지막 문장 ― 보리, 너는 항상 순박하고 억세고 참을성 많은 농부들과 함께
이 땅에서 영원히 사라지지 않을 것이다 .― 이 새겨져 있다.
1983년 4월 후학들이 포항시 송라면 보경사 앞쪽에 세웠다.

* 2024년 5월 현재 포항시가 '한흑구문학관' 건립을 추진하는 가운데 이대공(애린재단이사장), 박이득(수필가), 김일광(아동문학가), 김동은(무용가), 류영재(화가), 서숙희(시인), 김도형(작가), 손창기(시인), 김동헌(시인), 김강(소설가) 등 포항에 살고 있는 문화예술인들이 한흑구문학기념사업을 꾸려 나가고 있다.

한국전쟁 고아·미국 입양·베트남전 참전 미군·탈영·망명 실패·유폐… 실존인물 김진수(그릭스)를 손진호(윌리엄)로 창조하다

> **국가나 거대폭력이 평화를 파괴할 수 있지만,
> 작은 인간의 영혼에 평화가 살고 있다면
> 평화는 패배하지 않는다.**

손진호라는 인물을 통해 김진수가 이데올로기의 편이 아니라 한 개인의 평화로운 일상을 희구하는 '평화'의 편이었음을 생생한 행로와 사상으로 형상화해낸 노작 _세계일보

전쟁의 운명을 거부하고 평화의 길을 개척한 '작은 인간'의 이야기 _매일경제

오랫동안 기억하게 만들어야 할 인생이 있다 _한겨레

한국 현대사와 세계사에 대한 거대 서사를 펼쳐 보이는 이 소설에서 평화와 개인의 의미는 새의 이미지를 통해 창조돼 손진호의 어린 시절을 지나 2018년 남북 정상이 만난 판문점 도보다리의 새 소리까지 이어진다 _연합뉴스

아시아 문학선 021

총구에 핀 꽃

이대환 장편소설
360쪽 | 값 15,000원

우리 가슴에 시들지 않는 평화의 꽃으로 피어난 이대환의 문학혼 _방현석 소설가·중앙대 교수

한국문단에 돌아온 치열한 문제의식의 거대서사 _방민호 문학평론가·서울대 교수

최인훈 『광장』의 세계사적 버전 _정은경 문학평론가·중앙대 교수

진정한 평화의 길을 모색한 지금 여기의 문제작 _이경재 문학평론가·숭실대 교수

죽느냐 사느냐, 이것은 햄릿의 문제였다. 죽이느냐 살아남느냐, 이것이 손진호의 문제다.

blog bookasia.blog.me   facebook facebook.com/asiapublshers   twitter @BookAsia   아시아

아시아 현대사 인물 탐구

이대환 지음
세계 최고의 철강인 박태준 평전

무사심 일류국가주의와 무소유 대기업가정신은 어떤 고투를 거쳐 어떻게 실현되는가, 이 책은 그 길이고 그 실체다.

1,032쪽 | 값 35,000원

외국에서 나오는 수작(秀作)의 전기에 비견할 만한 이 작품이 나온 것은 전적으로 저자의 노력 덕분이다. _조선일보

작가로서 내가 지켜본 박태준의 최고 매력은 무엇인가? 지장, 덕장, 용장의 리더십을 두루 갖춘 그의 탁월한 능력인가? 흔히들 그것을 꼽는다. 나도 흔쾌히 인정한다. 그러나 그것을 최고 매력으로 꼽진 않는다. 내 시선이 포착한 박태준의 최고 매력은 '정신적 가치'를 가치의 최상에 두는 삶의 태도였다. _'작가의 말'에서

한흑구문학연구서 1

한흑구의
삶과 문학

아시아 | 344쪽 | 18,000원

책머리에 | **이대환**, 한흑구 문학의 특질과 한국현대문학사에서의 의미 | **방민호**, 불멸의 민족혼 한흑구와 그의 소설에 나타난 미국 | **이경재**, 흑구 한세광은 민족시인이었다 | **한명수**, 인터넷 게시 사전류에 나타난 한흑구의 이력에 관하여 | **한명수**, 한흑구 초기시의 모더니즘 경향과 칼 샌드버그의 도시 민중시학 | **박현수**, 한흑구의 영미문학 수용과 문학관 정립 | **안미영**, 해방 이후 한흑구 수필과 민족적 장소애 | **안서현**

한흑구문학연구서 2

일제강점기
한국 영문학과
수필문학의 개척자

아시아 | 344쪽 | 18,000원

책머리에 | **이대환**, 일제강점기 '한국 영문학'의 네 가지 형식 | **방민호**, 한흑구 창작시와 월트 휘트먼 | **박진임**, 번역의 유토피아적 장소: 한흑구의 미국흑인 번역시를 중심으로 | **서주희**, 한흑구 수필론 연구 | **신재기**, 한흑구론 – 유화와 같은 수필 | **김시헌**, 한흑구 문학에 나타난 평양, 미국, 포항의 장소감 | **김미영**, 한흑구 문학에 나타난 미국 인식과 조선적 정체성 | **이희정**

뒤표지 사진 - 포항 송도 백사장을 거니는 한흑구

1948년 늦가을부터 세속적 명리를 등지고 포항에 은둔한 선생은 날마다 송도 백사장을 홀로 거닐며 바다의 언어를 영혼에 담았다.